み 宮 と

あ を つ

か 肩 か

（ ） の

） 一 矢 の

な 矢 に

の に て 年

ぶ す （ の

ち ぐ ）矢

ふ に で

れ 直 く ）

ば ち び は

（ に の

）船 す （

の ぐ ）

ふ に ば

ち ） か

）な り

う い に

し か （

て な ）

し る は

ま は つ

う づ み

ぞ み に

ほんやら洞日乗

甲斐扶佐義
Kai Fusayoshi

風媒社

2015年1月18日
ほんやら洞2階　炭化した蔵書群

2015年1月18日
炎上後、焼け跡から今出川通りを望む

◀ 2015 年 1 月
ほんやら洞 2 階
京都新聞文化部新年宴会

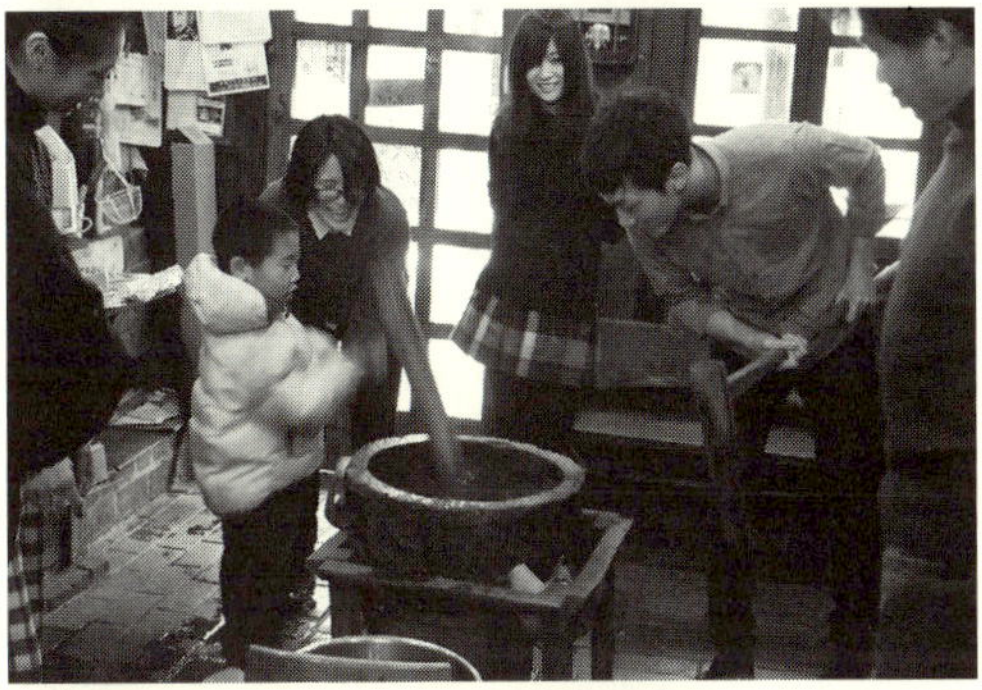

◀ 2014 年 12 月 28 日
ほんやら洞もちつき大会
子どもは山田悠裕ちゃん

◀ 2014年12月から2015年4月末日にむけて、
ほんやら洞のお客さんの本を販売する、徐々
に拡大するブックフェアを開催中だった

2014 年▶
同志社の AKP の学生が例年よく来てくれた。後ろは、いいだももの孫の飯田朔さん

2014 年▶
京都工芸繊維大（2 回生）松隈洋教授の課題で写真家甲斐のアトリエの設計を発表する学生たち

2014 年 8 月 11 日▲
中川五郎ほんやら洞ライブ

▲ 2005 年 3 月
アキノイサム展
母・秋野不矩さんは 50 歳代からインドに魅せられ、晩年はインド、アフリカと描いた。60 歳代に 2 度火事にあったが、それからの仕事が凄いのだという。亥左牟さんは不矩さんついてインドに渡り、以後、10 数年世界各地を放浪しながら絵を描いた。90 年代から我が家によく泊まり、ほんやら洞でも何度か個展（弟の子弦さんも）を開き、不矩さんも観に来た。本書の稲葉真以さんは姪。

◀ 2004 年 9 月 9 日
白石かずこポエトリー・リーディング。沖至さん（トランペット）、ミシェル・ピルツさん（クラリネット）

◀ 2001 年
NIKE の CM を歌っていた「フィード」のマヤちゃん（ダグラス・ラミスさんの長女）

1993年11月▶
帰ってきた脱走兵テリー・ホイットモアさんと講演旅行をする鶴見俊輔さん。左端は福生市議遠藤洋一さんと新宿西口広場での活動家大木晴子さん

1980年前後▶
レーゲンスブルグでパン作りの職人の修業から帰国したシゲ（青木茂幸）さん

1979年秋▲
ニコラ・ガイガーさんがドイツ大使館から借り出したドイツ映画「メトロポリス」（1927年フリッツ・ラング監督）、「最後の人」（F.W. ムルナウ監督）等を上映してくれたシネマリベルテの南光さん、元大映助監督の豊島啓さん、武市常雄さん、山内陽子さんもいる

◀ 1978 年
「第一回 出町界隈あなたも写ってませんか」
甲斐扶佐義写真展

▼ 1976 年 11 月
「ほんやら洞の詩人たち」（オーラル派）の名裏方、中山容さん。スタッフの相談役。ほんやら洞を境目に、アメリカ女性文学研究者からアジア系アメリカ文学研究者へと転進。ボブ・ディラン「全詩集」ジョン・オカダ「ノー・ノー・ボーイ」スタッズ・ターケル「仕事！」の訳者としても著名。ダイアン・デ・プリマ、ローレンス・ファーリンゲッティの著作の海賊版訳者としても人気がある

◀ 1975 年
ビート詩人の父祖ケネス・レクスロスさんと白石かずこさん

▼ 1975 年
ほんやら洞 2 階
ネガ乾燥とタオル干し

1975 年▲
韓国政治犯釈放運動に尽力したために 1975 年 4 月韓国から国外追放された帰りにほんやら洞による、ジェームス・シノット神父と打ち合わせをするニコラ・ガイガー（FWC「フレンド・ワールド・カレッジ」のディレクター。父はガイガーカウンター発明者）

1974 年▲
ほんやら洞 2 階　中尾ハジメと岡林信康

ほんやら洞日乗　目次

装画　エマニュエル・ギベール

本文デザイン、本扉・カバー背写真　浜田佐智子

装幀　夫馬　孝

二〇一四年
一月

伊方原発訴訟、フォークリポートわいせつ裁判の弁護団長
藤田一良さんを偲ぶ会。大阪「スカンポ」にて。小出裕章
さん、荻野晃也さん、中川五郎、中尾ハジメ、古川豪もいる。
遺影を持っているのは甲斐（2013.12）

二〇一四年一月一日（水）

大晦日、暇過ぎてやや酔ったまま増山実さんの「勇者たちへの伝言」読了。いろいろ、感慨深い好著。

昼前、八坂神社に行くも、冴えず。

ほんやら洞にて、飯を炊き、開店の準備をしてから糺の森へ。

ここでも、人出は、驚くばかり。神社も、商魂逞しく成る一方。ウンザリして戻る。脚の衰えは実感。

ほんやら洞、暇。うどん、餅、その他、いろいろくった。

八文字屋は、七時五十分オープン。

ほぼ同時に、ＪＰＳの前田欣一さんが、兄連れで来〈八〉。四時間余り歓談。前田さんは、松岡正剛のところに居たとか、沢渡朔との縁など喋る。兄が、カイ写真ファンなので、連れてきたと。

後は、段ちゃんが来ただけの寂しい元旦。

仕方なし。

一月二日（木）

十時まで、今日も、八文字屋の床に寝崩れていた。

ほんやら洞に行っても寒いし、電気代も掛かるので、出来るだけ、八文字屋で書き物をする。

昼、天神さんに行こうとしたら、四十年前のお客夫妻来店。一時間遅らせる。ツマミはないかと言ってくれるが、撮影を取りやめる訳はいかず、断わる。

天神さんも大変な賑わい。この人間の海から、ほんやら洞へ客を引っ張る体制、回路を作れてない不甲斐なさを痛感。店も、公的政治も反攻の余地ありだ。一〇%か二〇%の独裁者、情報で支配されている翼賛体制の打破を念じて、書初めだけ撮り、戻る。この数年間でのドラスティックな社会変化、右傾化という言葉を全く使わずにきたが、ならば、違う豊潤な社会をイメージ出来る言葉を産み出す必要がある。客が来ないと、座して寝言を言っている場合ではない。

日向太、明日来ると、メール。スタンフォード、UCSFへの研修との事。

八文字屋、八時オープン。パギやんの釜ヶ崎元旦ライブ、youtubeで見る。柄が悪くて良かった。片山茂樹さんより、TEL。ルパン、ステンレスを入れたと聞いたと言って来店。錦林小↓岡崎中↓鴨沂高校？コースを辿ったリアルさん来店、十一時まで二人でルパンを救済せねば、という話題。ルパンは、大腿骨の骨折。リアルさんの父母の事、母の店、ヅカ？の事、パリで待つガイとの事、その後の展望も話題。その後、プリペイド・チケット客のNHKの森下光泰さんが来て、濃い話題の連続。稲荷山を親戚の子どもと登って降りた所で、天川哲也さん、黒川有加さん（彼女の家は、元来、稲荷信仰周辺の小信仰集団の教祖）にあったという。彼と喋っていると、アサヒちゃん、岸千尋さん来店。

森下光泰さんには、江戸時代の、京都の三大祭りの一つ「稲荷祭り」は、乞食祭りと言われていたときく。氏子は、五条以南。神輿に賽銭を投げつけ、それを乞食が拾いながら、巡行は進んだのだ、と。明治維新で、稲荷信仰は、大きく、性格を変えたという。伏見稲荷大社の周辺には、今でも、群小信仰集団が蟠踞しているのだそうだ。彼の家は、藤森神社の氏子。

僕も、以前から、興味津々のポイントだ。「曙」百年以上の歴史も聴く。森下さんの母も昭和十二年生まれの鴨沂高校出身、高校生活をエンジョイしたと聞いているとのこと。気が付けば、五時。閉店。森下光泰さんらの編著「原発メルトダウンへの道」（NHK ETV取材班――原子力政策研究会百時間の証言――）新潮社二〇一三年十一月刊を貰う。一月四日午前二時〜三時三十分の「猪飼野の戦後史」（ＮＨＫ ＥＴＶ）も担当との事。十二月十三日大阪スカンポで「藤田一良さんを偲ぶ会」があったと言うと、森下光泰さんも出席したかったが、声が掛からなかったと残念がる。「原発メルトダウンへの道」には、荻野晃也さんも登場している。藤田一良さんを十全に活用出来なかったという。増山実さんに「勇者たちへの伝言」を細かいところまで、よく読んだ、と増山さん喜んでくれ「近々、もっと感想を聴かせろ、八文字屋に行くから」とメール。

カザフスタンの今用さんよりメールで「カザフスタン展、今年やろう」と来る。さあ、褌を締め直してかかろう。

一月三日（金）

午前中、家でゴロゴロ。

月曜社本、ダラダラ書いている場合でないのも、ハッキリした。

今日から反攻作戦を熟考して、攻勢にでねば、自滅あるのみ。

ネットワークの活性化を図り、大攻勢をかける！座して自滅せず。

去年は、ネット（Facebook）に嵌り、毎日新聞連載では試行錯誤を繰り返し、九〜十月のほんやら洞の営業を怠り、パリ、ウィーン行きを敢行、今、まさに、ほんやら洞二ケ月分の家賃相当の八文字屋の家賃滞納のまま存亡危機の淵で喘いでいる。

この体たらくにも拘らず、まず、一月十日からパリ展とライデンはシーボルトハウス展の準備の旅発ちである。さらに、今年は、多くの個展、写真集＆書下ろしの出版を目指す。

去年、ネットに拘泥したのは、文字通り「失われた二十年」を体現し、七〇年代、八〇年代の常連との紐帯、絆を失ってしまったほんやら洞の状況を鑑み、まず、せめてネット上での関係回復を図り、反攻に出る算段をするためだった。周辺の友人に笑われたが、これは事実であり、一定程度の回復は叶った。が、修復した先方もこちら同様、皆、十分に老い草臥れているのも、相互確認出来た。が、同時に、新たな繋がりも発見するという歩留まりもあった。

毎日新聞連載にも色々な思いはあるが、衰えていた脚力の回復に功を奏したのが、最大の成果だった。

まだ、「カイ的名所図会」も時期尚早と確認出来た。反面、毎週の撮影行で、ほんやら洞の営業を怠った欠落も大であった。

九月のパリ展は、この二〜三年粘り強く甲斐写真のパリでの流布に尽力しながらもシュバリエを受賞した西川浩樹さんのカルチェ・ラタンでの新ギャラリーの展開開始へのオマージュ展でもあった。十月のウィーン行は、北沢猛、ルリィーさんの僕に対する有難い慰労計画への甘えでもあった。

それぞれ、プラスに転嫁し得る要素もあるマイナスのオペレーションだらけで、これをこのまま放ったらかしにしていたら、まず、一月末に、八文字屋閉店の憂き目に会うという剣が峰に立っている。

周辺を見渡せば、僅か二〇%しか支持者のない政党が我が物顔で翼賛態勢作りを加速化させている。ネット社会も相似形にあり、デマゴギーが罷り通っている。

この中で、僕、ほんやら洞が生き延びるには、ほんやら洞での老若交えた我が陣営の相互啓発的な創造的活動の恒常化しかない。（連日イベントもあり）

二月以降も、八文字屋、ほんやら洞が延命できたならば、ほんやら洞を一日、一万円、二万円で貸し出すという、愉快なプロジェクトを実行させます。

九月、十月、十一月とオランダ展もあり、さらに、カザフスタンからの「甲斐扶佐義を今年こそ敢行しよう」というオファーがあり、これに応じるには、まず、四ケ月のカザフスタン、シルクロード行きという形で応じる事になる。これは、この四年の懸案でもあり、何としてでも決行したい。

それにつき、皆々さんのあらゆる形のご協力を仰ぎたいと、新年早々、虫のいい事をおもっている。

日向太来店。三月十五日から三月二十八日まで、シリコンバレーでのスタンフォード大学、UCSFのNPOの企画で、アジア系のアメリカ人の医学生の交流プログラムに、京大から五人、日本女子医大、日本大学医学部からも各五人参加との事。

日向太に、麻ちゃんから頂いた阿波牛のハンバーグをくわせて、八時に八文字屋入り。

トップ客さんは、青幻舎の編集者らときたことのあるチャーミングな滋賀の女性「月一くらいなら、八文字屋で働きたい」と言う。去年、ほんやら洞で個展をやっていた祇園祭の宵山時、手伝ってくれたというバイトで、訓練校で絵付けをやっている「佐々木香奈ちゃんに会いたい」と言う天川哲也さん、小・中学校、伏見稲荷で同級の、夕べの森下光泰さんのことも話題になるも、香奈さんの名が、ぽっと出てこず、この日乗を読み返し判明し、喜ぶので、直ぐにメールをしてあげる。彼は、プリペイド・チケットを買ってくれる。感謝。次は、久々にハッチャケのヨッシーが友人同伴。すぐに出て、また戻ってきては、次々に絡む。ワッキー、避けて、カウンターに近寄らず。おうちの嫁さんが「あんた、カイさんの代わりに入ってあげたら⁉」と言ったとかで「カイさん、で、どうなん⁉」としきりに言う。返答？を待っているようだが「あんたはんに、入って貰ってもねえ、気持ちは嬉しいが……」とも口にすべきだが、こんなに絡む男に、この場で言うのも、実際に店を託すのも、顰蹙もの。ティルさんが、大阪大学の研究者二人同伴。直ぐに二人は出て、ティルさんが残り、ヨッシーの餌食になるも、反論し、彼に背を向け、最後まで残り、「さっきのドイツ人は……」と言ってから「何も日本のことを知らないのに、何を聞かれても、〈日本は、集団主義でしょ〉の一本槍、めちゃめちゃな日本論しか展開しないのに、フクイチのことをどう思うか？　というＴＶのインタビューなどを受けて、いつも、尤もらしい風を装って、メチャを言う、何にも日本の事を理解してない奴」と腐すのに、鹿さんが「それはどういうこと？」と聞かずもがなの質問を結構して、やや眠くなる。武市さんも、ティルを捕まえて、自説開陳「京大の研究者には、碌な奴は居ない、いや、研究者には。デモ、集会に顔を出さない奴は、信用出来ん」といい、「沖縄を見ようとしないジャポノロジストはだめ！沖縄に行こう」と話し込む。嫁の父親が、同志社ブンドで、精華短大設立に深く関わったことが自慢で、議論の担保にでもなるとでも思っている節を垣間見せ、マジに言いがかりをつけ、武市さんへの空中戦を挑もうとするも「誰に向かって物をいってんだ！」と武市さんに一喝され、シャットアウト。この辺りからヨッシー、酔い崩れる。武市さんは「カイさんの周辺で信用出来るのは、中川五郎だけだ！」と言って帰って行く。

片山茂樹さんは、息子が洛星の教師である事、自分の予備校仲間に洛星出身の有名人がいる事を、いつものように、ネタにして、ヨッシーを慰労、懐柔しようと息子に、実際にＴＥＬしてヨッシーとしゃべらせたり、彼の肩を揉んだり、相変わらずの、訳のわからぬ、目眩まし作戦。先日、シミチュウさんと来店の（「八時二十分眉毛」とは、本人弁の）女性も博多の友人夫妻同伴するも、カウンターが取り込んでいて、喋る間なし。ワッキーとも同様。「さっきまで、トクちゃんといた、茜ちゃんのミス着物仲間が東京で開店した店で働く女性」と言って、この寒空にパンストは履いているもののジーンズをお洒落として乱雑にカットしたファッショナブルな老人悩殺超ホットパンツの可愛い女の子（本庄？　温子さん）を紹介してくれワンカットのみ撮る。性格は良さげ。

段ちゃんも一杯だけでも協力しようと顔をだし、「留守中の十三日だったら、僕、入るよ」と言ってくれる。「Twitterで、暇、大変とあり、心配してきたけど、お客さんいるじゃん！ タマにはブログに僕の事を紹介して」が開口一番の御幸町綾小路辺りのうどん屋「ヤマノヤ」の主人も来る。このご主人「リアルちゃんに飲んでもらって！」と言ってボトルをいれて行く。ポストカードも千円分頂戴と言ってくれる。鹿さんは「鹿さんとはあなた？」とヨッシーに言われた後は、「パチンコ台作りなんて!?」と人並みに絡まれる。鹿さん「朴ちゃんもパチンコというと、一歩引いた。ヨッシーにも、最近のパチンコ屋は、前のと違うといっても相手にされない」とぼやく。そう！ ヨッシーは、敢えて、八文字屋に、からみに（本人としては、店に喝をいれるつもりで）来店したのだった。

二時過ぎに、横になり、東義久さんと映画監督の故高林陽一さんのコラボ「夜が明けたら」（澪標）を捲っていたら、眠る。気がついたら、四十分後、京都岡崎出身の建築家、吉原健一さんが二時四十五分に入口に立っていた。四時閉店。

一月四日（土）

「毎日」から出動指令。新年に相応しい、明るい画像をじゃんじゃん送れ！ 言われてもな～、敢えて、下鴨神社の蹴鞠には、行かず。伏見稲荷、祇園を歩く。不発。

杵築高校の同窓生の名張在住の阿部清一から、同窓会に顔を出せ！ という賀状あり。高校時分は、ほとんど口をきいてなかったが、ＴＥＬ。

八文字屋、七時四十五分オープン。

ミルトン、岸さん、岸さんの後輩が持込みで来る。奈良井さんも直ぐに。

次に「なんや！ 暇と言っていたのにお客さんあるじゃないですか！」と東義久さん来店。

「山城国一揆」「アイ・ラブ・フレンズ」という二つの著書を頂戴。他にもミネルヴァ書房から出している「B級音楽空間についての一考察」というような書き物もある。いずれ、読ませて頂く。東さん「カイさんに、僕が、もう少し元気なときに会いたかった」という。同じ歳だ。かれは「第二回宇治市民文学賞・紫式部賞」を受賞している。帰った後に「アイ・ラブ・フレンズ」捲って、これの映画ヴァージョンでは、僕のプリントが使われたのを思い出す。ろう者の女性カメラマン（女優、藤田朋子）が撮って個展を開いて展示した写真二十五点？は、すべて、僕の作品。

海坊主がチャライ女のコ連れ。後は、「五時間掛けて来たのよ」という信州大学の教員に明日、決まるとも言う元京大シネ研のパーリ語の村田マナちゃん（一度、八文字屋の美女たちにでたいといい撮影）、歓談中に「ヴォガ」で和見に言うべき事を言ってきたという亮太郎、そして、僕が先制的に一喝を入れるべき、と思い、そうさせて貰ったアートカウンシルの新年会帰りの咲希ちゃんなんかの「ホシーノ・コシ（が？女のコは）ノー（の）先生」、これですべて。コシーノ先生、予想通り（蛞蝓のように這わせる）指先の動きを展開。塩を掛けられ、直ぐ縮んでいた。

九州の姉「猪飼野の戦後史」を一度みたような気がする、こんなに長くなかったが、と言う。見てくれたのだ。姉、相当ひどいようだが、兄夫婦、ほとんど関知しないようだ。一度、顔を出さないといけないのだが、姉は、それよりも悔いのない写真家活動でもなんでもして欲しい、と言う。五時半帰宅。

一月五日（日）

家でノンビリする。

残り少ない人生を見通して、今年の正月ほど、気分的に追い詰められた感じ、ピンチと感じたことは、これまでの七〜八年の中では、かつてなかった。金銭的な追い込まれ方で、もっとヒドイ時期は有ったが、これまでと比べて、表面上は今年は、さしたるダメージはない。しかし、肉体的な衰えは、歳寄る波には勝てず、著しく、このままでは、大怪我をしかねないほどのひどい、タダのお爺ちゃんになっており、大きな転換を迫られているのは間違いない。今こそ決断しなければ、ずるずる行き、応援してくれている近親者たちも、もう危機の淵に近づき、失うだろう。僕がこれまでただただひたすら把持し続けたものは何だったのか。周辺に理解されるようには、表現出来ないで来た。パリの支援者も、かつてなく究竟の中にありながら、冴え続けて、スマートなアイデアを繰り出し展開してくれているが、彼自身も日本のアパレル業界が、パリで築こうとする橋頭堡に載っかっており、これまで以上に、いわば、アクロバティックな動きを強いられており、彼に甘える訳にはいかない。彼も苦戦。一人で立ち回っている観は拭えない。その彼の意図を汲み取り、その下で動き、画策している人脈を忖度し、創造的動きで呼応するのは、楽しいのは、分かる。が、それに付いて行くには、それ相応の足腰が要求されるが、それが、僕にはもうない。応援してくれる素晴らしいメディア、ジャーナリズム、クリエイターにも恵まれているにもかかわらず、僕は周りを見渡し、ただ笑って立ち続けているだけだ。これは、一点のカリカチュアに過ぎない。ボケだ。きちっとした事さえすれば、波動的な支持が得られ、その輪がひろがるという、その寸前まで来ている。だから、これを逆風とも言うのだ。ワンポイントの欠落、これが、決定的だ。この糞翼賛政治的状況下においてでも、支持者は確保出来るだろう。が、手が、足りないのだ。圧倒的に。一手が打てない。いや、単に僕の思慮不足なのか？

　ああでもない、こうでもないと考えつつ、ゆっくりチャリを漕ぎ、ほんやら洞に急ぐ。すると、ここには、とんでもない訃報が待っていた。

フランソワ・クリストフの死である。冥福を祈るなんて、言えない。ショックだ。自分の間近な死の意識までが、一挙にせり上がってきた。

去年、パリのオデオンのギャラリーTOKOでの個展のオープニング・パーティにも、忙しい中、彼は駆けつけてくれた。

「まだ、八文字屋は、大丈夫⁉ KAI」と言って、これまでも、述べてきたアイデア、「八文字屋をキー・ステーションにして、フランスのラジオ番組を波状的に組み立てて行く計画には変わりはない。スポンサーの問題だけだ。来年実現しそうだ。これさえ動きだせば、八文字屋も、KAIも、徐々に、笑えるくらいの評判を取れると思うのだ。オンエアすればね。金以外は、すべて順調。固まっている。コリーヌも、OKだ。日本の各界の名士を八文字屋に呼び集め、KAIを絡めて、ここでの対話という線を一本とおし、日本の今の状況を炙りだすのだ。まだ、諦めてない」そう続けた。「それにKAIのドキュメンタリー映画も、もう少し撮影を付け加えれば、完成だ」と言ってくれていた。話が旨すぎると思って、笑って聞き流した。

このシリーズの計画には、コリーヌ・アトランが翻訳した作家たちも、当然の如く、ちゃっかり計算に組み込まれていて、笑わせてくれた。コリーヌの参加も得て、随時、インタビュー出来るだろう、と。「村上春樹は無理にしても、伊坂幸太郎、平野啓一郎、山本周五郎、辻仁成、黛まどかなどがいるが、(僕自身がもっと面白い人物を引っ張って来る事が要求されているというのだ) まあ、可能だろう。各方面からの支援も確かだ。その事によって、八文字屋も再生させよう。コリーヌ・アトランには、すでに言っている。彼女の協力も欠かせない」と終始和やかに語り、ギャラリーでは、隣にいるコリーヌにその話への相槌をもとめたりもした。

それが、彼との最後の会話となってしまう、とは。なんということだ。

来る一月十六日、やはり、TOKOでのギタリストのピエール・ラニョーと僕との二人展のヴェルニサージュで当然、会えるものと思っていた。それが、一月八日が葬式だなんて。彼は、まだ、四十二、三歳のはずだ。

彼がヴィラ九条山のアーチスト・イン・レジデンスで来日滞在して以来の付き合いで、必ずしも決して長い付き合いでもないが、FB上での付き合いは、ルーマニアにいるアラン・ラメットさん、ピアニストのラシム&ヌーインさん同様、エスプリの利いた画像を絶えず届けてくれるという形で続いていた。私事に矮小化すると、笑われるかもしれないが、何よりも、僕を撮り続けてくれ、それなりに商業ベースに乗る記録映画を作り上げる可く努力し、それがもう直に纏まる矢先とは、僕にとって皮肉な無念の出来事という他はない。カナリア諸島での事故死であった。八文字屋の元バイトの華春さん、島袋千秋ちゃんのことをも気遣ってくれ連絡して来る度に消息を尋ねて来たものだった。Take-bowのギターも然り。彼の多少エキセントリックな面も含めて、グザヴィエ同様、彼を可愛いがっていた。

僕を撮り始めたのは、僕的には、ちょうど、ほんやら洞の大家とのバトルの時期だった。僕は必要以上に(どうしてか、時としてそういう性向があるようだが、)落ち込み、小心者だから、怯えているともいえる、そのさなかだった。随分励ましてくれたものだ。猪熊兼勝先生の企画による京都橘大学での僕の支離滅裂な九十分の講演にもTVカメラを持ち込み付き合ってくれた。ほとんど、言葉が分からないにもかかわらず「これも使える、活かすのだ」との励ましも、チョっと勘違いの感想も僕の笑いを誘った。

あの汚い昼間の八文字屋に錚々たるメンツを呼び寄せるなんて、想像だに笑えるではないか。八文字屋キー・ステーションのフランス放送は、今、僕が毎日新聞(首都圏版、水曜、夕刊)で連載中の

「日本再発見」の海外での動画版ないしはラジオ版ともいえ、少し想像を絶する痛快な企画だ、何度、思い出しても笑える。

　前代未聞のいかにもフランス的ヒューマニズムの発露というやつだ。

　ほんやら洞、八文字屋への強力な援軍になりえた。もっと八文字屋臭さを充満させるという、茶目っ気のある文学的な、実現すれば、壮挙だった。八文字屋城（？）の内堀、外堀が、一挙に完成したに違いない。そのアイデア（「八文字屋との対話」）だけで十分だ。その構想は、形を変えて規模こそ、やや小さいが、大阪のプロダクションのKさんとFさんが既に実現してくれており、まさしく今、その映像が、陽の目を見ようとしている所だ。この三月八日にスカパーで第一回の放映がそれである。フランソワの話にもどせば、この企画に関しては、去年も三年前も、「きっと、上手く行く」と笑っていたのが、まるで昨日の事のように思い出される。あの笑顔が甦えってくる。

　パリの彼の家に、コリーヌ・アトラン、サッちゃんと共に招待してくれ、バイヤちゃんも、僕がプレゼントした寸詰まりの着物を着て、ニッコリと笑って魅せた。（この時の写真、ソフトフォーカスで、僕的には、結構、気にいっているのだが、肝心のフランソワは、画面の中では、背を向け、バイヤちゃんは、ここには、写ってない）

　あの日だったか、違う日だか、いまでは、一体になっているが、彼が長時間案内してくれた散歩が、懐かしい。彼の日常の散歩コースのピレネーあたりの取ってつけたような公園を揶揄しつつも案内しながら、僕がヤンチャそうなローティーンがたむろしているのに、気を停めて居るのをみるや、フランスでは「ああいうチンピラにかかずらわったり、撮ったりしたら、アカン」と予想外な諭し方をしたり、運河沿いを歩いては、フランスの名作映画のロケ地を特定し、説明したり、その場に立たせたりもした。遥か前方の落書きいっぱいの壁の下を、彼とサッちゃんが、先にスタスタ歩いて行っているのをロングで、背後から収めたショットの大判のプリントが、今、手元にある。

夜は夜で、オンボロ車でルーブル周辺を回ってくれたりもした。サッちゃんにとっても、彼は少し特別だったに違いない。

ルーアンからのサッちゃんの留学の帰りのトランジットでも、快く家族と歓迎してくれ（これは、僕が彼に頼みこんだのだが）何日も泊めてくれもした。僕はまだ見てない、そして、もうみることもないかも知れない彼のアフリカの映像を彼女は見せて貰ったり、していた。彼女のフランスの夢を育んだであろう。

二〇一四年の一月の、この一週間後のパリで彼と落ち合い旧交を暖める予定だった。

昨日、一昨日までに至るまで局面次第では、泊めてもらおうかと虫のいいことすら、考えては、勝手にひとりニンマリとしていたのだった。現実は厳しかった。去る十二月二十六日にもうすでに彼はこの世の人でなくなっていたのだ。

娘さんへのお土産を何にしよう？　明日、考えよう、金欠時だからな、と野暮な事まで、厚かましくも考えていた。

あの端正な美男子の「悪だくらみ？」は各方面で、皆を随分と楽しませていたに違いない。モテモテ男だった。多くの女性が泣くのを草場の陰できいているのだろう。

シリアからやって来たという奥さんのシルビアだったっけ？（失礼！）の鷹揚な応対も忘れ難い。彼女の悲痛な嘆きは察するに余りある。あの、とても可愛らしい愛娘、バイヤちゃんまで失ってしまったのだから。八日の葬儀には間に合わない。モンマルトルの墓地でしかもう彼には対面出来ない。サルトル、スーザン・ソンタグ、ボードレールも眠るあの墓地だ。（これは早とちり。サルトルらは、モンパルナス）

僕の「パリ写真集」も、やはり振り出しかな。彼と歩いたパリの道も取り込みたい。ネガも見直しだ。交流という観点をいれて、京都の彼も含める手もある。他の外国人とのやり取りもそうした方が、いいかな？　僕は、いつも、ネガに接するのは、こういう形だ。

彼のパリ案内ももう叶わぬことになった。大学で同窓の数学者のバンソンから貰ったという立派な車での遠出も遥か夢の果て。もっとも、休日の度に家族との遠出をさて置いてというのは、困難だったはずだ。「今度は、フランス北部の農家までこのオンボロ車で買い出しに行こうぜ」なんて珍しい申し出は何だったのか。この郊外への買い付け行きに誘いの声が、倍音に成って、脳裏に蘇り、木霊する。

ここまで記して、俺は、なんてオーバーな、しかも、勝手な嘆き節を綴っているのだ、と身勝手な自分が、滑稽におもえてくる。

そんなぼくをも、彼は許した。彼との来るべき計画も、何もかも消えてしまった。あのバイヤちゃんも一緒とは……、なんと惨い！　まだ十歳かそこらだった。

慌ててＦＢに、悲報をアップしてしまったので、少しリライトした。

彼の事で感傷に浸っているわけにはいかない。いつ、どこで、僕にももっと酷い死が、忍び、待っているかも知れないのだ。

サッちゃんも、同じく茫然としているのだろう。「忙しいので、画像送りなどには、行けない」というので、今日は、日向太を呼び出して、夕食後、毎日新聞へ画像を送信してもらう。

ついでに、村田マナちゃんと本庄（？）温子さんを酔人（詩人）の方に、アップする。（あとで斎木さんと判明）

八文字屋到着は、九時半になる。袖さんが、九時前から待っていたと言いに来る。先斗町に甥を待たせている。十二時ころ、また出直す、と。

袖さんと入れちがいざま直ぐに、冨樫が、スイス、フランス、カナダの飲めない四人を連れて来る。ポストカード二点売れる。片山さんは「永遠のゼロ」よかったわと言ってやっているのと同時にKei-Kも来る。Kei-Kは、一、二日とルパンを見舞う。浅利ちゃんにTELするも、応信なし。フランソワの件、彼にTake-bowへの伝言託す。袖さんは、弟の長男の小学館（少年マガジン担当）の編集者を同伴。甥、叔父で原発を巡り、激しい論争を見せる一幕もある。意外と、叔父の方が、過激だった。一時には、酔いつぶれたKei-Kのみになり、そこからが長くなった。

起こして帰ろうか、放って帰ろうか、と迷っていると、三時にはナッちゃんのお兄ちゃんがヘアー・スタイリスト同伴で三時四十五分まで。このアベックは、行灯展に行ってくれ、疲れていただけに、ホッとする。

四時二十分になっても、Kei-Kは起きないので、放って帰途に就く。チャリのキー紛失で徒歩帰宅は、五時三十五分。

パリまで、時間がない。三十分原稿。

一月六日（月）

パリ行き前の仕事のいろんな事を省略せねばならない。

午後一時まで、寝てしまい、さらに、その感つよし。毎日新聞には今日、原稿を一本送り、さらに、画像&コメントを木曜日までに二本送れ！と言って来る。つらい、つらい。今日、一本送り、後もう一本か。京都タワー？ＨＵＢ ＫＹＯＴＯ？

スカパー！216ch ベターライフチャンネル「ほんやら洞の甲斐さん」オン・エアは、三月八日午後九時〜九時三十分と決定。

八文字屋オープン八時半。お客さんはオイタさんのみ。スカパーの件、「喧伝」と記したのに加藤さんが「えっ！」と食いつく。そりゃ、そうだ。誤解されかねない僕の書き方だ。加藤さんには感謝しているし、傑作ができたと確信もしている。

チャリのキーを壊そうとするも、失敗。徒歩で二時十分に帰宅。チャリなしのため、パリ行きを控え、足腰の鍛錬になる。「捨てる神あらば、拾うかみあり」か？ 代わりに、重い荷のせいでやや脱肛気味。パリ展用ネガ探し。やはり、面白い（自画自賛）。インド、リスボン、パリ写真を考えていたが、やはり、京都にしようと思い直す。ヒルゲート展のタイトルも変えるべきかも。

ネガをチェックしていると、次の、人たちが次々とでてくる。

水上勉&千本健一郎、鶴見俊輔&「帰って来た脱走兵」のテリー・ホイットモア&大木晴子&「クジラ」こと、遠藤洋一（福生市会議員）、ニコラ・ガイガーと悉皆屋の高橋のおっちゃん、武市さん&知花昌一、七四年の駱駝館でのムサイ不精髭にエプロンかけで料理する鈴木マサホ、一九八〇年一月三十一日のほんやら洞での（来年、子供のペーターース・ユンクが広島に呼ばれて来るらしいが）ロベルト・ユンク&アイリーン・スミス&里深文彦さん&ニコラ&古川豪、一九七四年の片桐さむ&西尾志真子&甲斐、一九八〇年夏のほんやら洞での映画会に来た出町の子供たち、子猫&同志社女子中生、一九七八年ほんやら洞の餅つき大会、一九八三年の市会議員選挙でマサホの応援講演をする同志社神学部の名誉教授の和田洋一さん、若かりし日の国際禅学研究所副所長のウルス・アップさん、ゲイ・カップルのボケット&ウドム、初期ほんやら洞では写真指南役の佐野正明さん&若かりし日の日本歯科技工士連盟副会長の桑原敏勝&中尾ハジメ、一九七四年十二月五日の室謙二vs中尾ハジメのボクシング、一九八〇年の出町ふれあい広場（祭り）の準備の出町青年部、の面々、北沢恒彦&片桐ユズル&中尾ハジメ、一九七九年四月の出町国際交流センターの呼びかけ文、大沢基さん、藤田一良さん&三橋一夫さん&中尾ハジメ、「出町界隈あなたも写ってませんか」青空写真展に群がる同志社女子中学生たち、古川豪の娘二人（一九七七年）、京極小学校の百十周年記念のタイムカプセル委員会、一九八四年の星野高志郎&サバサバ・フェスティバル、一九八四年の部落解放センターでのマダン劇、一九七四年十一月十一日の中尾ハジメ&北沢恒彦の水晶谷探索行、一九七九年の原田君の会（三里塚闘争で逮捕の市職員不当解雇撤回を求める会、楽友会館）、額縁と日向太、一九八四年十一月十一日の生野民族文化祭（ヤンミンギさんに連れられて大阪へ）、一九八九年角理羽子&福原吉久の結婚式、一九九四年の西陣での都はるみ（アサヒグラフ建都千二百年特集取材）、ちんどん通信社の面々&日向太、徐勝先生&教え子、松木染色工場、イザベル・シャリエさんファミリー、鈴木貞美さん&銭鷗さん、日渓美佐子さん、鈴木はるかさん、井上章一&杉本秀太郎、冬木順子ベスト、中川祐子さん&朝日さん、書肆山田の鈴木一民さん、一九九八年の中山容さん追悼会、詩人の園田恵子&森詠さん、針生一郎夫妻、ルパンの嫁&娘、花園の荒物屋さん、一九九五年のアンフェール（恵文社）での個展、赤々舎社長、一九九八年雪の木屋町の大林マキ、一九九五年由布院まで来た美女、西村卓嗣&従兄妹の二至菁さん、清水正夫さんファミリー、椎名たか子さん&水上ふきさん、一九九五年の黒川創と朴和子さん、今江祥智さん&池田知隆さん、京都市長選立候補から二十年後の幡新守也さん、二〇〇一年三条大橋のホームレス、親鸞賞受賞インタビューを渋る水上勉&牧野茜、二〇〇二年の浜田佐智子出版記念パーティ、裏寺の「静」の少女、初めて会ったオイタさん、去年までオランダの下院議員の祇園のペータース・マリコ（元八文字屋バイト）、外人記者クラブ会長のオランダＮＲＣのジャーナリストのハンス、などのネガがでてくる。

僕は、こういう写真を全面的に押し出すべきときに来ているのだと痛感。このネガの入った合財袋ならぬ合財箱には、三年前に姉が送って来た関節痛・筋肉痛の塗り薬や一九七六年の出町国際交流センターを作るときの最初の素案まで入っていた。十年以上前から、たとえ海外展、店の経営破綻後でも、これさえあれば、十年は生きて行けると、漠然と考えてきたのだったが、その十年も過ぎ、さらに、問題が煮詰まっている二〇一四年の正月だ。

十六日からのパリのTOKO展では、猫のキャビネを十六点ワンプレートに挟むというのもありかとも考えもしたが、これは、余りに、安易か？N氏には、僕を押したてる意欲と、その余裕はあるか？写真集「遠い視線」には、元八文字屋バイトのオランダ下院議員のペータース・マリコ、伊方原発訴訟団団長で中川五郎わいせつ裁判弁護団団長でもあった藤田一良弁護士も、熊野勝之弁護士、室謙二、北沢恒彦、中尾ハジメ、五郎本人、慈子らと共に出ているのを再発見。

ヒルゲートでの五月の個展では、小沢信夫さんの本のタイトルを拝借して「私の上を通り過ぎた人々」でもいいかも知れない等々、あれこれ考える。サブタイトルは「わが師わが友」？キザだな。

七時十分まで、作業。

一月七日（火）

昼までダウン。

京大のキャンパスで、明日、修論を出すという、吉田寮のダニエル（オーストラリアから）に遭遇。

関田町で、サントロペの大東さんに会う。サントロペは、「毎日」にいいかもと思う。

HUB KYOTOの撮影、京都タワー周辺のうろつき、山田稔さんの「特別な一日」を少し読む。

ほんやら洞には、九州産業大学に就職の決まったジェローム・ブルベスさんが来店。ワッキーからは斎木温子さんのアップはどこか？と云う問い合わせある。名が間違っていたようだ。もっと目立たせて欲しかったとも言う。

Oプロの K さんが、日乗から誤解の可能性のある部分、営業に抵触しそうな箇所を払拭しろとのメール。そう、ネット社会は怖いのをついつい忘却す。巻き添えは避けねば。

別の話しだが、僕が金がないと言いすぎで、下品と思っている人たち（人種と言ってもいい）がいるようだ。確かに、身内が貧乏と言っていたんじゃ、ウチまで、貧乏と思われたらたまらん！お方もいるだろう。実際、僕は、貧乏で、「貧乏、貧乏」と、鳴いているだけ。色んなクレームってありよ、ね。また「他人の悪口に類似することを日々書き連ねているんでしょ、それはルール違反ですよ、ネットなんか、弄る資格がないですよ」との懇切な助言も辛い。そう直接、口を酸っぱくして言う友人も近くにいるんですよ。皆が行儀悪くなくなったら、オモロウないと思わないのかなあ!?

僕の FB の記述のせいで客の脚が遠退くという説には僕は与しない。単純に、美人客がへったからだ。ほんやら洞は綺麗にして、常時オープンできたらいい。もちろん、僕の FB の記述がお客の仕事で差し支える場合もあるのは、重々承知。八文字屋に何でも書かれる事を望む人もいて、それはそれで喜んで頂いたらいい。これ、かなり、コアな層だと、毎日、観察して、そう思う。それよりも、大きな動きを作り出せてない。それが問題。景気のせいにしたくない。FB は、僕のためにあるような物、何とかしなければ。

僕は少数派か。八文字屋は、いや、そんなに流行ってない店ではないですよ、と心配してくれる皆さんに言っておきたい。棲み分け理論を知らない方が、そう思っているだけです。僕は、この期に及んで、攻撃的に出ない手はない。今、まさにその時節の到来だ。そんな店、こんなアホもなければ、人生、面白くも何にもない！　逆に、こんなに恵まれているのに、ここから何も出来ないなんておかしい。何が、欠落しているというのか！　ソーシャル・ネットワークを、もっと有効に活用しよう、もっと、もっと。

Ｎ氏は、Ｎ氏で「何を細かいところに拘っているのだ⁉ ジュ・ド・ポームをみろ！　ライデンなんか比べ物にならないぜ、今しかないぞ！」と仰る。なんでもいいから、とっとといいプリントを、パリの俺の前に集めろ！　と言う。それも分かる。が、先立つもの、微妙な人手も必要。僕の現状は、今も今、かつかつの今こそが問題なんだ。潰えそうでしか、ないのをご存知ないようだ。僕は、お尻ON FIREのただの上げ底の底抜けのジャジャ漏れ野郎なんだ。今、まさに切れんとするタイトロープ。ただ、残りの人生を、写真を活用して、権威主義的でない道を歩くコースを設定せねばならない。ぼくは、そう信じている。

無数にあるネガと誰がどうやって付き合うというのだ！　有能な人々と組むことを渇望しつつ、果たせずに終わることは、避けたい。

八文字屋には、咲希ちゃんがはいってくれ、風邪で不調のオイタさん、アイウエオ、奈良井さんのみで十二時。皆引けた後の二時、山中コウジさんが、デザイナーさんと来店。

四時閉店。帰宅は歩いて、六時。

一月八日（水）

切れそうなタイトロープ。せめて、二日間、暗室入りを果たしたかった。

印画紙、現像液を買う金がないのでは、仕方ない。パリ行きにフィルムをもてず、どうする⁉ パリ展以降を見据えて、どうするか、大問題。

これから、どう展開すべきか。

月曜社の神林さんから、メール。それだけで嬉しくなる。単純なもの。

毎日の連載原稿三本送る。

家、ほんやら洞、八文字屋の掃除、ほとんど何も出来ないままで、出発となる。麻美ちゃんに迷惑三昧。八文字屋も、ひと頃の活力を欠いている。元気なのは、段ちゃんのみ。家賃問題に頬かぶりしてのパリ行き。

八文字屋には、久しぶりに、浅利ちゃんが入る。パリ行きの荷造り終わらず。朴ちゃん、奈良井さん、海坊主、カゲロヲ、竹ちゃん、片山さん、山形君。朝日放送の藤田貴久さんは初対面の学習院から京大に来た美女、才野英里子さん（八月二十五日生）を店を紹介すると言って案内してくれた。撮影。

二時、お客切れたが、六時までいる。ネットチェック一時間。

一月九日（木）

九時起床。一時間ネットを弄り、チャリンコ屋へ。キー取り替えに七百三十五円。

サッちゃんも、家にチャリのキーを忘れて、ほぼ同時間に鍵を切って貰い、営輪で、おニューを付けてもらって、かろうじてセーフ出勤と後できく。壊した鍵がホークについたままのチャリで、同じコースを北上していたことになる。

十時半、ほんやら洞には、もう麻美ちゃんはいた。ネガのチェックと旅の準備（と言っても、安もんのお土産を詰めたり、予備プリント探しだけ）で、あっという間に四時になり、ほんやら洞の大家に一万五千円だけ入れ（今月分残二十万）、宵えびすへ行く。電話がどこからもないと思っていたら、止まっていたのだ。

八文字屋もほんやら洞と同時ストップと後で判明。

三脇さんから本代、振り込むと、再度メール入り、幸運を喜び、銀行に急行するも無念。タイトロープ。三たび三脇さんから「〇〇円入金します」のメール（結局、一月二十一日になっても確認できず）。

えべっさん、空いていて、まずまず。神田稔さんから「四月二十一日～二十三日の昭和な感じのする合宿に、自分も参加しても良いか？」とのメール。神田さんのような方こそが、中心になるべきと思っているので「大歓迎！」との返信す。

毎日の連載原稿三本、昨日、送ったつもりが、二本しか届いてない、しかも、一本は、先方さんのドジで再度の要求の徳正寺、ヤバインじゃないかと思いつつ、応ずるも、案の定、取り消し。

鳥肉、冷蔵庫に多し、八文字屋の客見込めないので、料理せず。

九時半、八文字屋入り。岩本敏朗さん、ジャーマン。

岩本さんは一年ぶり。前回は、氏の親友、吉田中阿達町の佐藤さんの家が火事に会った直後。組合の会合の帰り。編集部からの組合委員が消滅したこと、管理職の同期入社のＭちゃんも顔をだしていたこと、引き篭もりの自分もボチボチＦＢを始めざるを得ない状況にあること、五月転勤の可能性の有無、支局長の給料の多寡、吉田中阿達町の隣町で育った北沢恒彦の息子の黒川創の最近の精力的な創作と新潮社の支持による矢継ぎ早な新作（六〇年代から七〇年代にかけての百万遍周辺の細民？を炙りだす？）「吉田 泉殿町の蓮池」の発表の面白さと異論（ドキュメンタリーというか、ルポ？と小説性ミックスの文体でのシノギ小説の感ありとの評価並びに好悪の程度と『蓮池』の存在の創作の可能性の有無と事実性、文芸誌の中での「新潮」の好もしさについてのオマージュ等）について言及。十二時二十分まで。「黒川創さんが、百万遍辺りについての作品続々と発表する中、北沢さんの周辺人たる甲斐さん、少しスキャンダラスな甲斐さんの手になる『ほんやら洞草創期』の読み物がでたら、ほんやら洞も勢いづくのでは⁉」とか、なかなか出なかった月曜社本「ホンマですか、ホンマなら、誰かに書いてもらわねばね〜」という彼に李先生から頂いたバイジュウを供す。永澄氏の来年以降の去就、決意についても、含みのある眼差しを開陳。永澄版「楡家の人々」に取り組む時期であるやも知れんと、察する。吉田中阿達町では、一時「吉田センター」付近の家に山田稔さんも住んでいたはず。「ペスタロッチ幼稚園」あたりには、かつて「野川」という川が流れていたのは、山田さんも書いていたとおりだろう。氏の同級生の父、恒藤恭という滝川事件の法学者の住んだ町も大堰町だし、水と関わる地名であり、関田町、泉殿町も川、水に縁がある。蓮池くらい有っただろう。黒川創も最近、この辺を舞台にあれこれ書いているが、山田稔さんが描く六十年前とは、随分、様相が違って面白い。黒川は、伝説の中の蓮池だ。

ジャーマンも久しぶり。鹿児島への帰郷とネパール行きでの心構え?、六年越しのティルとの共訳書、一九二〇年代のドイツのマージナル・アートと精神病関係の本、が陽の目を見そうだ、編集の堀川君からの読みやすいとの合格点を貰った。で、今日、朴ちゃん、ティル、堀川くんとの飲み会。次の仕事、「フランシス・ベーコン論」の翻訳に取り掛かったこと、ユカちゃんが八文字屋の臭いを敬遠していることと彼女の再婚への道のりに付いても触れる。リュシアン・フロイト展をウィーンで見た旨、喋る。

もっとお客がなければ、本当に辛い。なんとしてでも、切り抜けねば。三時まで粘るも虚し。ルール地方からアドリーヌ上洛のメール。ライデンのディックから火曜日の午前中にシーボルトハウスのディレクターに会えるか? とのいささか機会外しの打診メール。彼もライデンでの「Yoigokochi の会」

のワイン祭り参加のことで、忙殺されていたとのこと。オランダの出版社からのシーボルト展のカタログ代わりの写真集を出す可能性を追求してくれている白藤華子さんには、悪い事をした。

四時、朝風呂後、ほんやら洞でネガ捜し。自らのネガの豊饒さに自画自賛ながら「残りの全人生を費やそうとも、終えぬ」といよいよ覚悟を迫られ、眩暈とともに、暫し陶然とす。故郷からのかくも長き遠出は、他人事かと思ゆ。ただ一睡も出来ず、ただの神経麻痺やも知れずと思うが、わが脹脛のかくも硬直しし日々、風呂での発見、気に掛かる。

一月十日（金）

「いざ、鎌倉!!」と勇んでも、佩刀すべきもの（旅銭）なし。

これから十日間Sとパリ、マルセイユ、オランダの珍道中になるのだが、終始、グズの僕は出来の悪い小学生のように（iPad嫌いの彼女から僕のそれの使用を揶揄されつつ）叱られつつも多少、剥れることはあっても、ベシメの面構さえも見せず「ハイ、ハイ」と従い、旅をするに若くはないと腹は括っている。まあ、内心穏やかではなく、ひょっとしたら、衝突、軋轢の記述をつい残すことになるかも知れないが、ま、しつこくはないはず、飛ばして読んで貰って一向に構わない。僕は、事実を淡々と記するでしょう。今、Sとの喧嘩が発生すれば、僕の秋も、来年も無くなるのは、見え見えで、決定的対立は、ありえず、愚痴にもならず、感興そそらないはずだ。その辺は、飛ばし読みして下さい。

ただ、今回の旅の日々を、一日、二点でも、僕の画像を、僕に代わって、アップしてくれるのを願うのみだ。僕には、現金九千円しかない。あとは、必要とあらば、全て、彼女に立て替えて貰い、戻ってから、僕が、稼ぎ、返す旅だ。

そういう作業は、きっと実り大きなものになるはずだが、さて、実現するや否や？ それには、相当な覚悟がいるはず。軽く「いいよ」と言ってくれた。さあ、ここから、全てが始まる。

七時五十六分ほんやら洞を発つ。TELストップで、姉にも連絡できず。タバコ四パックで、一万二百円。Sの立て替え。ファビエンヌが買ってくれたパリ・マルセイユ&マルセイユ・ロッテルダム間のチケット代と相殺。（二人分）

十二時二十五分関空発。十一時間五十分のフライト。機内映画「少年H」を観る。アテンダントに「カイさん」と声を掛けられてびっくり。去年、ピアニストのピエール・ラニョーさん、東光の副社長、西川氏ともども九月オデオンのバーで深夜一緒に飲んだ、ナディアの友達の田部ミサコさんだった。「また、個展？」と。正面は、機を逸し、横からワン・カット。早く気づいていれば、サービスしたのにといわれる。飛行機はやや早く着いたが、暫く機内にとどまる。

シャルル・ドゴールでも、知人に声を掛けられる。麻谷宏さんの教え子、中野ユカコさんだった。十六日からベルギーとの事。WiFiは、パリの飛行場では、三十分と限定されていた。

飛行場からパリまでRERで二人分一九・五〇ユーロ（S立て替え）。鈍行で十駅目が、北駅。北駅は、いつになく怪しい雰囲気が、充満。もちろん、痛い脚を庇いつつ速足ですりぬける。駅から、西川氏にメール入れるも出ず。ネガをいつ、どこで渡すか、決める必要あるのにラチがあかず、まあ、幸先は、良くないほうがいいか？ と自分に言い聞かせる。明朝十時までになんとかなりそうもない。とりあえず、電車を乗り継ぎ、ヴォルテールのグザヴィエ宅へ七時二十分に直行。アパートのパスワード変更で直ぐにはいれず、向いのカフェでTELを掛けてもらってグザヴィエに降りて来てもらう。グザヴィエ&ファビエンヌのモノクロのツー・ショット（後で蛤御門の性の暴走族三少年の三点のプリントも）プレゼント。ファビエンヌは一時間後に帰宅。九時過ぎに、パスタと肉の和え物、サラダ、チーズをアテにワインをたくさんご馳走になる。ＳのＰＣに保存のフランソワ・クリストフの死を伝える第一報（その時は、四十代のフランス人男性としか報じず）や三分間の彼が勤めていた「ラジオフランス」での追悼ラジオ放送を一緒に聴く。彼らは、フランソワ・クリストフの死を知らなかった。フランソワ・クリストフは、ヴィラ九条山では、グザヴィエのいわば、後釜で、部屋も直後に引き継いだのに、なぜかフランソワが「京都では八文字屋は外さず行くように」とアドバイスしていたという宿縁があった。

十時四十五分、西川氏にＴＥＬ。今日は、コンサートを二つ企画進行中。今からでも、来ないか⁉と言うが、もちろん、行かず、彼を明日八時にＴＥＬで起こすことで落着。遅くまでグザヴィエとは積もる話をする。行灯展の事、ジェローム・ブルベスの九州産大での職獲得の事等々。Ryotaroの飼っていた猫「ニコ」は、グザヴィエが京都でタクシーのドライバーが、彼の脚を挟んで逃げ去った後も、グザヴィエは、ずっと脚痛に苦しみながら、Ryotaroの下宿に泊まっている時に、グザヴィエの痛む脚の側に、ずっと寄り添っていてくれたそうだ。このニコの死後、Ryotaroがパリのさる所でニコの骨を散骨した話や、Ryotaro、千馬木、Take-bowの間の確執が拗れた結果から発するチョットしたトラブル話にも言及。グザヴィエに預けている本は、倉庫にあり、十六日に一緒に取りに行くようにした。また、明後日に到着するプリントがもし重すぎて移動が大変なら、一部をグザヴィエが保管して、三月にファビエンヌの兄がアムステルダムの近くに住んでいて、会いに行く用事があるので、そのときに置いていたら運んであげる、とのファビエンヌの有難い申し出もある。なんとも一々有難い話ばかり。Ryotaroの土産で持っていたドーナッツ版の松方弘樹のレコード「関東流れ者」を聴いたりしながら、四方山話で、あっという間に楽しいひと時がおわる。十八日には、グザヴィエ宅にナディアも呼び、送別会？をやってくれる段取りになっているとも、何とも嬉しい。

気が付けば、十二時をすぎていた。

西川氏とは、結局、明朝、リヨン駅のプラットフォームで十時に待ち合わせ。十二時半就寝。四十八時間起きていた計算。

僕は、ビーチの小ちゃな口で空気を入れたような、ゴツゴツしたボンボンベッドまがいのビニールの上に手足をはみ出させ、寝る。これだけでも、大感謝。

一月十一日（土）

五時起床。夕べ、寝ながら、次のフランス写真集は、京都、フランスを舞台にした親友たちの心温まる交流写真、交流譚で行こうと決意。これなら類書がないのでは？　スポンサーはいないものか？などつらつら思いつつ寝入ったようだ。

東京都知事選、細川護熙氏、出馬を報じるＦＢの書き込み目立つ。小泉支持、鳩山邦夫氏がスポンサー。宇都宮氏は、どうなるか⁉ 今度こそ、反原発、脱原発側が勝たねば、未来はない。

五時二十分西川氏よりメール、今、帰宅。八時半に起こせと。日向太、先日、自分のＰＣにとりこんだ分、ＣＤに焼いて持っていくと。毎日の鈴木さん、えべっさんの画像を明日中に送ってくれというが、三日間ちょうど無理。もっと早く言ってほしかった。

一時間作業。七時四十五分には、グザヴィエ、朝食の準備をおえスタンバイ。感謝。シャワーも浴びる。

毎日に送るのは、やはり、無理。時間なし。

九時十分に出て、ナシオンの電話屋で、Ｓ、滞在中に使用可能なケータイを買いにいくも、オープンは十時。カフェで、時間を潰す。

ナシオンの、今は、アパートになっている、三百年前はパリの内外を区分けるボーダーの入り口にある門の存在を教えられる。三輪車の可愛い子供をとる。ケータイは通話一五ユーロ分、機器をとりかえ料金込みで二五ユーロ。

十時五十五分になっても、西川氏からの連絡なし。パン、ジュースを買い、マルセイユ行きのTGVに乗り込む。

電車出発直前の十一時に、西川氏から「TELの電源が切れていた。ゴメン、ゴメン！」とTELはいる。時既に、遅し。グザヴィエに、渡すべき物は、また、持ち帰ってもらった。「駅の誰かに預けてくれれば、いい」なんて、宣う。

十一時七分発TGVは三時間足らずで、マルセイユ到着。TGVの窓ガラスは、とても汚れていて車窓の眺めをカメラに収めるどころではない。駅前にレオが到着を待っていてくれた。

懐かしい街並みを三人で、ぶらつく。土曜日のせいか、人出でごった返していた。いい所にこれた！と嬉しくなる。応援してくれたSに、まず、改めて、感謝。

HOTEL「Vertigo」にまず、荷を降ろす。宿代は二人で五〇ユーロ。レオの紹介でSが予約してくれていた。次にレオ宅にどれだけの荷物が有るかを確認にお母さんと二人で住むVieux-Port近くのシックでdecentなアパートに見定めに行く。お土産「生前遺作集」を渡し、早速、お母さんが、喜んで見てくれてよかった。美味しいドリンクとNew Year用のお菓子を戴く。お母さんは、レオとそっくりの顔をしていた。前にも聴いていたが、四月からレオは、精華大学の研究生として来るとの事。

ライデンまで運ぶ荷物は、優に五十キロあった。二人とも、リュック等もあり、電車で移動するには二人の手には負えないと判明。二人で写真類四十キロが限界で、持てる物は手にするとしても、残り十キロは、どうするか？　郵送か？　と迷ったが、リヨン駅までだったら、レオが、十三日の月曜日午後七時四十一分リヨン駅着の電車で、パリに出るというので、そこまでは西川氏に取りにきて貰う事にした。彼、本当に来るか不安は残る。（結局、十四日午後九時四十分に変更で、西川氏でなく僕らが取りに行く）

西川氏、パリの公式のギャラリーガイドブック"L'Officiel Galeries & Musées"一月号のトップに、僕の猫写真が出ているとのＴＥＬして来る。「えっ、大きいのがあるのか⁉」喜んでくれる。ピエールが、九月に会ったさいに「今度は、小さいサイズでやろう」と言っていたので、大きいプリントのことはテンデ頭になかったが、西川氏としては、サイズに関しては何のイメージもなかったようだ。レオは、一月号の「文藝春秋」誌上につげ義春のインタビューが掲載されているのを、さすがに目敏く押さえていた。

レオの家で別れ、荷物は、宿に持っていく。その後、無料のフェリーに乗り、対岸の旧市街に渡る。二年前も歩いた辺りを七時近くまで散策。旧市街には、ゆかしい路地や迷路風な坂には、小さなアトリエ、ギャラリーが比櫛しており、所によっては、廃墟と化し、それでも溢れているとも言え、アーティスト好みの街のようだ。Ｓ、少し歩き過ぎで、疲れ過ぎか？　はたまた、空腹でか機嫌が悪くなる。

夕食を一緒にしようと言っていたレオも、友達との用事が終わらず、戻って来れず、彼の推薦する「Chez Vincent」というイタリア料理屋にする。僕としたらこの街ではＷ・ベンヤミンの「都市の肖像」収録のナポリと何故か勝手にダブル・イメージさせていたせいか？　アラブ人街を覗きたかったが、Ｓの深謀遠慮を顧慮の上いかなかった。ホテルのフロントも安全を保証出来ないとも言っていた。Ｓの説では、フランスの夕食はだいたい八時らしく、料理屋も八時オープンなので宿で時間を潰す。

毎日新聞の画像を送れの要求には、画像を送るにも、宿のＷｉＦｉが不調で諦める。イタリアレストラン、《Vincent》はなかなかの味で、リーズナブル。

異国の安い、良い店に入るたびに、何時も僕は、半端な店の店主として複雑な感慨に耽ることになる。店の経営者としても、写真家としても、ましてや、物書きとしてはなおさら、全て中途半端な自分は、今後、どう展開すべきなのか、と。こういう店をやり続けているうちに朽ち果てる道はなかったのか、有ったのか、何処の時点でこの道を選ぶことになったのか、といつもの事だが、反省。強烈なモチベーションの有無が問題だ。僕は、結局、この中途半端な生を生きるしかないという結論になるのだが、それにしてももう少し何とかしなければ。それは、何時もの皆の励ましを受ける素。マルセイユくんだり迄来てそのように頭を巡らすのだった。司修さんの小説では、マルセイユの街をどのように具体的に描いていたかと思いを馳せるが、思い出さず。

食後、港にある大観覧車とミラー・ゾーンをウロつく。影絵みたいな写真は撮れたかどうか、現像してみなければ、イマイチ分からない。そうやって歩きつつも、本当に、《Vincent》の九十歳過ぎのマダムは、エプロンを付けて、応対していたのはすごい、参った、とまだ我が身と照らすのだった。

ワイン一杯も、四ユーロだが、二杯分はあった。家庭料理屋みたいなもの。見事なイタリア料理屋だった。いい店を長年維持するには、誰しも獅子奮迅の働きをする時期があるにちがいない。

宿で、シャワーを浴び、バタン・キュー。

一月十二日（日）

四時に目を覚ます。

疲れて、作業すすまず。ロサンゼルス帰りの浅井さんに長いメール。クロード・エステーブ（彼、似合わないと思うが、ヌード写真をＦＢにアップ）等にメール。ほか、かなり多くのキー・パーソンにＳが、夕べ、案内を送ってくれて助かっているが、忘れている友達をチェックする必要あり、そうする。

八時、ホテルの朝食を済ませて、駅へ急行。荷物が肩に食い込む。Ｓには、キツそうな荷物、気になるが、九時三十七分発ＴＧＶへ向けて急ぐ。日曜日のマーケットが、始まりそうだった。プラットフォームを端から端まで歩く。二十両の最前列。車窓の眺めは、深い霧一色。レオから、ＴＥＬ。月曜日でなく、火曜日の九時四十分になった。

窓外は、時間近く深い霧に閉ざされたまま、列車は進む。結構、ロマンチック？

疲れ切っているＳは、そんなことにお構いなし。しんどそう。よほど疲れているのだろう。もっとも、悲しいかな、いまの僕の境遇は、ロマンティシズムを醸成する状況の欠片とも無縁。そんな事を言っている場合ではない。今年は、成り振り構わず、写真家人生を突っ走るのみ。Ｓは、広々とした席を取っていたが、途中で止まる駅から乗り込む人の席かも知れないと思い、隣の席に戻っている間に、ほかの無関係な客に席を取られ、ガッカリしたようでやや不貞腐れ、眠り続ける。時折、目を覚ましては、次のような言葉を吐いては不甲斐な気な僕の事をチェックする。「グザヴィエも、フランソワの、墓参りに一緒したいと言っているので、土曜日にしよう。その後、ナディアと食事」タイムキーパーだ。「チョっと見せて、千佳ちゃんからのメールには、濱崎さんが来たとあるわよ」と京を忘れる勿れと事務的チェック終始するだけでなく、細々とした更なる指令の発令だ。本当にぼくが自堕落に見えるのだろう。「iPad を放して！ ほんとに！ 依存症やわ」といっては、睨みつける。

僕は「これが、なんで、僕の仕事だとわかってくれないのや⁉ ねえ」などとぼやき節で言い返しても無駄、信用して貰えない。ならば、仕方なし。僕も眠り続けるのであった。実際、今の僕から

iPadを取り上げたら、何も残らない、とかブツブツ。そう考えつつ、僕は日乗への書き込みが、今の今に追いつくための僕なりの必死の努力であり、ぼくを取り囲む状況を確認する手段であり、もっと効率化したいが、今暫く処置なしとの現段階での確認におわるも、飛躍するしかない。その程度には、役に立つのだ。どれ程惨めな生活をしようとも、書き物と写真をセットにした道を行くしかない。多くは、傍目には、無駄に見えようとも、僕はこの半年、自信を回復しつつあるのだ。これ以上追及しないので、ほっといて欲しいなんて事は、言わない。

iPadを置き、山田稔さんの読みさしの「特別な一日」を取り出し、続きを読む。実際、僕の身体も、がたがたで、本を読むどころではないのだが。パリに着くまで、霧は晴れず。

リヨン駅から北駅へ、移動。そこからまた、ウロウロ。乗り継ぎの距離たるや半端でない。肩に食い込む三十五キロか四十キロの荷抱えて、連日何キロ歩いたことになるのだろう。

僕も原稿を書かねばならないのだけど、こんなにつかれていたのでは、ちょっとキツイ。神経を集中出来ない。

二時三十七分発のロッテルダム行きの列車に無事に乗る。

その前に、西川氏にTEL。ニュープリントを頼むというと、言葉を濁す。まだ、見てないようだ。光井さんとの関係が微妙に齟齬をきたしているのでは? と想像をめぐらし、心配になる。彼も、必死にやってくれているのだ。金の問題だという。もしプリントしないのならば、僕の京都出発前の血眼になった三日間のネガ探しは、一体、何だったのだ!? と言いたくなるが、口はつぐむ。彼も苦しい中でようやっているのだから、愚痴はいうまい。でも最初から、彼の心づもり、取り巻く状況を腹蔵なく伝えて欲しかった。それなり、僕の必死な動きを分かってもらわないと辛い。何の文句もないのだが。パスカル・モレさん、ジュ・ド・ポームのGili館長とは連絡取っても、上手くいかないのか、言及なし。僕の今回の個展は、それ絡みな事位、彼も分かっているはず。彼も、この複雑な人物だ。そうもいかない現実を抱えているに違いない。

今晩の浅利デーはどうだったのかな？ 気がかりだが、TELストップで、連絡しようがない。ライデンの駅まではあっという間だった。車窓からのベルギーの眺め、撮り損なう。ライデンには、バート君、クン君が迎えに来てくれて、一番重い荷物を二人が、交代交代に担いでくれた。ディックも直ぐに帰って来る。マリコの窮地についても聴く。受難で一応、国会議員をやめたとの事。外交部門では、緑の党の顔だったのだが。この状況では、会えないかな？

二〜三の応酬の後、白藤さんとも、話がつく。インゲさんは、遅く帰宅。鶴見太郎さんから貰った、シックな器でごはんを食べさせてもらう。鶴見和子さんのライデン訪問の面倒を見る予定のオジャン記念？ の詫びで貰ったという。ディックにカラー・ポストカードを二百〜三百枚あげる（後で、パリでの販売用がなくなったのに、気付く。）

ディックは、素晴らしい生活をおくっている。夕ご飯は、インドネシア料理、約十品。日本酒も最高。久美浜で「玉川」を作っているHarperさんの消息も聞く。先ず、ディックに「乾杯！」と言って、キョトンとした顔をされたので「歯抜けで、何を言っているのか分からないのやろう。来年、入れ歯を入れなければね」というと、ディックに「カイさん、歯が無くてふにゃふにゃいうのが、トレードマークなんやから、良いんにゃ」と言われてしまう。これ、結構、ショックだったが、逆に居直り、自信が持てそうな気分になるのだから、僕も大概だ。しかし、老け込んだ事には、変わりはない。

一月十三日（月）

五時、起床。

十一時、シーボルトハウスに、プロンプター？の白藤華子さん、Sとで訪問。

もう一人のディックさん、館長のクリス・スヒールメイヤーさん、企画係の沼田邦子さんと打ち合わせ。国芳展も見せてもらう。話は、無論、順当にいく。ただ、企業とかの援助などは見込めないので、カタログ代わりの写真集を出すにせよ、スポンサー的存在はなく、自力でやって欲しいと言われる事は、ハナから承知の上の華子さん登場なので、華子さんの面通しの日ともなる。日本の企業でも、オランダは、規模が小さく、メセナ的要素は低いのもよくわかる。近くのレストランで昼ご飯をご馳走になる。特別な変更も発見もネック事項も大禍もなく終了。儀礼的会見で過剰な期待も発生する余地なし。キャビネ百点位をコラージュしたいという意見が新しいアイデアぐらいなもの。館長は「カラーもいいね」と呟く。結局、約二百点を展示する事になりそうだ。一月末日までにディックがセレクト。ディックは、甲斐論、京都論も書くことを確認。キャビネ百点というのは、僕の写真を全くといっていい程見てない担当のアイデア。もっとも、ネットは、少し覗いているらしいが、ディックの綜合的な企みには及ばないだろうし、いずれディックのセレクションからの派生企画に呑み込まれるだろうとの予測を確認させてくれたと言えば失礼か。でも、確かにポリフォニーは大切な要件。有難いことに、もう一人のディック、クリス館長とシーボルトハウス上げての企画になる。こんな些細なことを確認のために、貧乏人の貴重な時間を費やしていいのだろうかなんて言ったり、思ったりするのは、貧乏人根性の為せる悪態か？ 皆さんの善意は有難い。僕のハングリーな野望は行き場を失い、少しも解消せず、そのまま、糞詰まりになったり、燻るのは致し方なし。華子さんの出版に関する楽観性は、ラジカリズムに走り、思い通りに行かない場合に、へこまないかと、少し気になる。オランダでの企画で、京都に居る僕の人脈を当てにされるのは、ちょっと辛い。僕が一番シンドイ時でもあるので、如何がなものかと思うが、出来るだけの事はする。何処の国でも、出版は厳しいのは白藤さん先刻、承知だと思うが、特に僕らの写真の世界では。その意識的刷り込みをやめよと言うのかな。いや、常識は、押さえて失望に終わらぬ事を祈る。

ここで、ヘニーには二十年ぶりに会ったのが良かった。

その後、三人で、アムステルダム・ライでのドレスコード付きとの招待状を持ってワイン市に参加。ディックは、入口に陣取っていた。ディックの「酔い心地（Yoigokochi）」ビジネスパートナーは、予想外の女性、知人だった。フラウキャ・ベッテンさん。二十二年前に、八文字屋バイトのヘニーの当時のガール・フレンド、アンネ・ミックさんの友達。ヘニーの教え子でもあり、ほんやら洞の餅つき大会にもミックと一緒に来て、写真も残っていると、やがて思い出す女性だった。京都にもよく来ているらしくヨラムに通っているとの事。「今度、（オランダ北部の）家に招待する」といってくれたが、僕の老けぶりにビックリするその表情は、僕の落胆をいや増しに増幅。六時半まで、ワイン市。白藤さんのリードでのブース荒し？で飲み歩く。彼女は全く物怖じせず、面白い。チェコ・ブースで、TONO STANOと云うチェコの写真家の名を聴く収穫もある。僕は、試飲、試食のために、オランダくんだりまできたのではないのだが。マリコに会うまでの時間潰し。写真集出版@オランダも、多くは期待せず。粛々と自分の歩くべきを歩かねば、酷い目に合うのは、目に見えているとの自覚を強める一方。

八時五十分にマリコ、姿を現す。相変わらず、表情は豊かで、存在感あり、魅力的。「政治家になるなんて、八文字屋時代、少しも考えてなかった。フクシマ、何とかせねば、未来はない。フクシマ行ってますか？ 日向太君の時代ですね、彼、どうしていますか？」等々。彼女との会話は改めて記することにしよう。週三日政治活動をして、四日仕事という。五歳の子どもと、幼い双子が居て、今、トイレット・トレーニング中だという。今度来た時は、うちに来て、子どもを撮って欲しいと言う。連れあいは、フランス人との事。

十一時までレストラン。一人三〇ユーロ。超金欠なので、ビビってほとんど何も食わず。ディックですら、この貧乏旅行の体たらくを理解していないのだろうな、思うと先行き、少し不安。レストランに行く前に「カイ、今日の予算は?」と聞くので、いくらでもいいが、余り使いたくないと言うと「フランスでも、レストランへ行って、予算があるだろう」と言っていた。ま、普通は、そう思うか。

帰って、機器を充電しながら、直ぐに眠る。

一月十四日(火)

五時起床。三時間、ネット。

京都の事が、ずっと気がかり。

店の命運、帰国後、どう斬り込んで行くか、方針、定まらず。

あれこれ考えあぐね、iPadに、ずっと関わっているのを、同行のSは、嫌悪すらしている。

この作業が、僕の欠落させて来た十年、二十年に及ぶ社会、世界のパイプの一つを回復する術の一つと僕が認識しているのを、どうしても理解して貰えない。これを武器にしようという目論見は馬鹿げていると思っているのだろう。僕の欠乏感なんかには、関心ないのだから、仕方ない。何をもってカイはカイたりうるのか、というのは、根本の問題なのだが。僕くらいのネットワークがあれば、何かなしうると、どうして考えてくれないのか。僕の事を子どもを躾ける小学教師のようにあしらう。そのことによって実務的に僕を善導してるとあまりにも確信し過ぎていると、やや、僕は反抗している？（笑）のだが。もちろん、その道について、僕もわからないでもないし、教育的効果は僕にもあるのも理解する。

俺は、仕事の相方との齟齬を来たしつつ、こんな事をしていて、良いんだろうか？こんなにも自分のそれなりの美質（なんて思っているのは自分だけ？）が理解されずに居ていいものか？と思わないでもない。

山田稔の本で、僕も好きなG・オーウェルの「なぜ書くか」をおもいおこす。オーウェルの四項目か、五項目自体がすばらしいのだが（ここでは、省略）。

山田さんはそのエッセイの中からオーウェルの次のくだりをひいて、興味深い。

「作家とは、誰もみな虚栄心があり、利己的で、怠けるものなので、あって、その上、ものを書く動機の一番根底には、ある得体の知れないものが、潜んでいるのだ。一冊の本を書くというのは長期にわたる業病（painful illness）との戦いのようなもので、じつにひどい、くたくたになるようになる仕事なのである。どうにも抵抗のしようがない、自分でも正体がわからない悪魔にでもとりつかれないかぎり、こんな仕事に手を出そうとする人間はいないだろう。その悪魔とは、おそらく人の注意を惹こうとして赤ん坊が泣くのと同じ本能にすぎないかもしれない」。「とは言え、たえず自分の影を消すために悪戦苦闘しないかぎり、読むに耐えるものなど書けないことも事実である。すぐれた散文は窓ガラスのようなものだ」

僕も四十五年前にこの事（自身の内部で抱え込んでいるものと正面から向き合う事）を肝に銘じて行こうと思っていたのに、いつしか、この肝が腐ってしまっていたようだ。そしてある意味で、バブル期を自堕落（支離滅裂）にやりすごした。これから、十年あるか無きかの写真家人生を、書く事と両輪の道行きに出来るのか？他人は、「両（？）輪って⁉、何を言ってんのよぉ～、写真しかないでしょ」と言うに決まっている。

頼るのは、自分のみ、「ふけているのに、青い！」と思われるだろうが、のたうち廻って行くしかない。若い女の子の甘言に騙されずに行かなければ、ひどい事になる。今も、その兆候あり。クワバラ、クワバラ。

細川護熙さん、本当に立つようだ。ＮＨＫなんか、無視するだろうな。

杉村さんからは「帰ったら、新年宴会をやろう、永澄と」とのメール。

江口久美さんも十六日のパーティ情報を拡散してくれている。感謝。世の中、感謝を忘れたら、おしまいだ。

雨に濡れそぼれ、脚を引き摺り、引き摺り、濡れ大ネズミのように、デルフトの街を、教会周辺を、一時間うろつく。電車内では、窓外と、膝元の本へと、視線の移動を黙って、交互に繰り返すだけ。

二時三十七分パリ、北駅入り。今回は、身軽に動く。

少し、買い物をして、グザヴィエのアパートへ直行。気持ちは塞いだ？ まま。

雑務二〜三時間。

九時前に、グザヴィエ、Ｓとともに、リヨン駅まで筒をレオがマルセイユから運び到着するのに、合わせて受けとりに行く。当然「アラブ人街行った？」とレオに聴かれる。僕は、マルセイユではアラブ街以外には興味がなかったのだが、現実が許さない。が、そんな事は口にしない。レオとは、十六日再会を約して別れ、グザヴィエのトランクルームへと三人で直行。グザヴィエが自分の家財道具と一緒に預けてくれている僕の写真集本の回収に行く。

僕は、本すべてをもって行って、売り尽くしたい気持ちは山々だが、ギャラリーの現状を想像するに、どうせ、ギャラリーにはスタッフはいず、開いている時間も限られることは想像に難くない。パーティ当日でも売れるかどうか微妙だ、ギャラリー自体が、そういう態勢ではなかったら、ギャラリーに迷惑になるか、目星しい知人にタダで配られて終わるのが関の山のはずで、たとえ残って、それを回収してくれるグザヴィエも大変だ。はやる気持ちを控えて、移送分を少な目にする。

グザヴィエのアパートに戻って四人でワインを少し飲み、この段階でやっと百人程のFB友達に案内を送り、寝る。Sは、Sで手回しよく、すでにキーパーソンには粗方、送ってくれているはず。

一月十五日（水）

搬入日。これがまた、TOKOリズム？イズム？

朝からスタンバイするも、五時になっても肝心の西川氏から連絡なし。八時になってもない。最悪の事態をあれこれ想像する。結局、一日、棒に振る。これは、痛い。十日の旅で、往復の飛行機およびその疲労で二日潰れ、もう一日潰れるのは、なんともつらい。気にいった写真は一点撮れたかな？という程度。まあ、お陰で、永らく怠っていた作業に少し着手できたけど、しかしそれも捗るのは少しだけ。

メガネ屋に行き、何度も落ちるレンズを少し矯正。

この空いている時とばかりに、ウィーンにメール。北沢猛君からは、ルリィーさん、病状の報あり、やや心配になる。黒川創が「吉田の家周辺での自分の幼い頃の事をまた、書いているよ」と猛君にも告げる。両親との楽しかりし日々そしてその亀裂を扱っているとまでは言わず。猛君は「お母さんを愛して已まない」とルリィーさんに聴いていたので。

また、ディックがヨーロッパ十一ヶ所に酒をおろしているのだが、パリでは十一区の酒屋に置いているとメールあり、ヴォルテールの酒屋（CRUS）をグザヴィエが探し出してくれ、赴き、覗く。チョットした四合瓶の純米酒が、四千八百円（後に、ベルヴィルの中国食料品店で、メキシコ産の『大関』二合四ユーロもビックリ）これでは手も足も出ない。TOKOにTELしたが、パーティは、質素にやるとの事。自分の展示会の紹介されているギャラリー・ガイド（ロンドンなどを含む広域版）を買う。スカイプで、浅利ちゃん、中村さん、九州の姉と喋る。

結局、クザヴィエのアパートで、一日スタンバイ。グザヴィエに、ブルターニュといえば、アルフォンス・アレーの「悪戯の愉しみ」は読んだ？と聞いたが、ぼくのフニャフニャ弁では、何を言っているか分からず、彼「アラン⁉ お父さんの愛読書、これ！」とアランの芸術論考を引っ張り出すついでに古書を見せる。その本の説明から彼は「美味礼讃」のブリア・サヴァランの末孫と知り、ビックリ仰天。サヴァランの本を持つグザヴィエを撮影。

帰って来たファビエンヌへのブルターニュの母からの贈り物を身に纏ったのを撮影したりする。日本風な編み方で仕立てたセーターだそうで、それを着ているのをグザヴィエが撮影中のを撮影。遅く西川氏から連絡があり、生きていたのでホッとする。光井さん、西川氏は、二時まで、飾り付けに苦心した模様。

山田稔さん「特別な一日」読了。大変な著作だ。「母の遺したもの」など歯がたたない章も、二、三あり。オーウェルについては深く同感。エミール・ゾラの「ナナ」は、河出のグリーンの文学全集は、山田稔訳と知り、感動。出た直後、理解出来たかどうか、分からないが、この鼻垂れ小僧が陸上の県大会の宿の夜でも、僕は、これを結構、拝？愛？続？したのを思い出す。あれが山田さんとの最初の出会いだったのか。もちろん、山田さんの良さ、面白さ、要するに、魅力など全く発見できてなかった。その直後に宮本常一、鶴見俊輔に出会うのだが。

一月十六日（木）

ヴェルニサージュ。慌てふためいてギャラリーに出向いても詮方無き事は、十分にわかったので、ノンビリ構える事にした。

コロンボに発つ前のコリーヌにメールをして、フランソワの墓参心得は如何なものかを訊ねる。

白藤さんより、手回しのいいメール。早く、筆者候補、資金援助してくれそうな人物、企業を紹介しろ、と。僕自身としては企画自体が短兵急にならぬように心せねばならない。

ヴェルニサージュというものは、これが普通といわれれば、そうか、と思うが、ワインは沢山有ったが、食いものは、ミカンだけという、ここまで簡素なオープニングパーティは初めてのこと。少々、勘が狂った。西川氏の本意とは、思われない。それでも、百人のうち大半が二〜三時間居残って楽しい時間をすごした。まず、光井さんが、ろーじ写真（京都では「路地」を「ろーじ」と言う）に赤ピンをつけてくれた。六〇〇ユーロ。エマニュエルは、十時過ぎに来てくれ、皆のサイン要求にこたえていた。僕には、CD（ジャケット・デザインは、彼の手になる）三枚と小さな画集をくれる。Philippe Mouratoglou の Exercices D'évasion（Vision Fugitive）、Jean-Marc Foltz の Viracochas（Vision Fugitive）、Bill Carrothers の Sunday Morning（Vision Fugitive）と画集だ。

草間さんご夫妻は、ホテルでの出火により、焼け出されての「着の身着のまま来ました」という博江奥さんの説明もある。北駅の近くのホテルから駆けつけてくれたのだ。草間さんなんかに出すちょっとしたオードブルがないのは、辛い。何もなくとも草間さんなら分かってくれるだろうが、若者には、撮影した画像をアップしてね、とすら、これでは、言えない。

辻哲夫さん（土田麦僊の孫）も来てくれたので、僕との三年前のツー・ショットのプリントをあげる。永江くん、加藤幸博の甥も早々と来場。申芳礼さんの紹介の女性は「辻占遊び」を買ってくれる。ギラン、ジェロームのお母さん&ミッシェル、元グラン・エターナのエリック、谷川渥さんの教え子で、パリ第八大学の学生も、レオ、サンヨン、グザヴィエ&ファビエンヌ、カザフスタンのアスカーの連れのバイオリニスト、生物物理学者のフィリップ・マルク、パリ洋舞協会の会長、なんとかボンドというKG+の中西ヨウスケさんの知人夫妻、ロシア人のカメラマン兼ピアニスト、誰も名を知らない声楽家、尾崎全記さん、九月に下働きをした女性、名を伏せてくれという書家など約百名、その人たちが、全然動かず、十一時位までいた。投資家のフランソワ夫妻は、三点物色、予約？ピエールや何人かから食事や他所の店への招待があったが、全て断る。戻って原稿書きと思ったが、二人展のピエールと全く付き合わないのも失礼だと思って、遅くからの近くでの食事会に付き合う事、一時間三十分。電車もなくなった。一人二〇ユーロ。辛い。帰りのタクシー代、西川氏が二〇ユーロ出してくれたが、タクシー代なんか払う余裕なし。七〜八キロを歩いて戻る。

セーヌ川越しのノートルダム教会のコウモリが飛び、ドラキュラでも出てきそうな雰囲気の中のS写真（自画自賛だが、名作）を撮る。

一月十七日（金）

昼、皆集まって食事をしようという提案も昨夜西川氏からあったが、そんなことをしていたんでは、何も出来ないので、それも断って、バンソン、グザヴィエ、Sとモンマルトルの墓地へフランソワ、バイヤちゃんの墓参りを優先。

墓所では、猫の出迎えがある。墓地は花で埋め尽くされていた。花と同じくらい多くのコップがシートの上に並べられていた。これは、娘のバイヤちゃんの墓に子供達が水を掛けるためだ。

慌てて作ったのだろう。フランソワの方の Christope 方の h が抜けていた。

その後、ブラッサイ展に行きたかったが、呂さん、ギラン、ジェロームのお母さんが、来るような事を言っていたので、ギャラリーへ急ぐ。が、ギャラリーは閉まっており、開くまで、オデオン界隈をバンソン、Sと三人で散歩。前に聴いていたが、忘れたカトリーヌ・ドヌーブのマンションの場所やら、フランスで一番大きなパイプオルガンのある教会の内部やらをバンソンに案内してもらう。

イザベル・シャリエも一、二度脚をむけたが、留守だったらしく、四時過ぎに顔を出すというので、ともかく、僕は、ギャラリーにい続けて、イザベルを待つ。そこへ、昨日のプリントのお礼でもないが、と辻哲夫さんが山田稔さんの「マビヨン通りの店」をもって来て、プレゼントしてくれる。僕も実は、旅の最中（Sには、iPad に淫していると誤解され続けているが、深夜おきて、秦恒平さんの本と）山田稔さんの「特別な一日」を読んでいるのだ、とこの本を見せると、「また、友達に送って貰おう、山田稔さん良いですよね」とメモる。辻さんをイザベルに紹介。

イザベルが来て、デカ・ジェローム夫妻が来る。Sに会いに来たが、バンソンと近辺を散策中の彼女に会えず、映画館へいった。イザベルには、シーボルトハウスでの個展に向けてのヨーロッパの出版社からの写真集が出るとなったら、解説を頼むと言う。イザベル「あの男、カイさんの友達？」と前の個展で紹介した男のことを聞く。慌てて「いや、お客、お客」と言葉を濁す。結局、ジェロームの母、呂さんは姿をみせず。

ウーハオも来て、プリントを欲しそうな表情を見せて「じゃあ、今度九月、京都でね」と言ってそそくさと帰って行った。

僕も早く帰るつもりだったが、ギャラリーに残ったイザベル、バンソンとの一時間散歩から戻ったS、光井さん共々、信じられないくらい安い中華料理の店がカルチェ・ラタンにあるという西川氏に引っ張られて、その店に行く。実際にそうだった。フカヒレ、燕の巣のポタージュが四ユーロ。五人が散々食い、ワイン、ビールも飲んだのに、六六・五〇ユーロだった。夕べの店とは、雲泥の差だ。途中、ジグムント・フロイトが一八八五～一八八六年に住んだという家を見る。戻って、ウーハオの最後の表情が気になったので、彼にメールをして寝る。「明日、三時に、ギャラリーで」との即応信。

一月十八日（土）

ブラッサイ展をオテル・ド・ヴィルに見に行く。

西川氏を待つ間、正面前のスケートリンクで遊ぶ人々を撮る。

その後、アポも何も取ってないGili館長に会いに行こう、居れば、挨拶しておこうと"JEU DE PAUME"の館長への面会を目指して、駅の売店でサンドイッチを頬張りつつ急行。西川氏が「ここで個展出来たら、超一流やで！やりましょう」と嘯く。さて、さて、西川構想が功を奏すや否や。ちゃんとブッキングしてくれないことには意味なし。「この一週間モレさんがめちゃくちゃ忙しいので」と言い訳するが、こっちは、日本からやって来ているのだから、その位の段取りを付けて貰わないと。仕方なく、企画展、Erwin Blumenfeld（一八九七～一九六九）の素晴らしい写真展を見る。結局、受付で文化庁の叙勲局のパスカル・モレさんの名を出して、招待券をせしめ、見てから、館長に置き手紙を残して、TOKOへタクシーで三時ギリギリに戻る。

やがてウーハオが来て、猫写真。九月はじめに上洛予定を再確認、「北京にも来てよ」と言われる。

ichigoichie のステファンはプリントを買いたそうだったが、少し高かったかな？ 呂さんもやって来てパリの美術界でのマイノリティー排除の動きやユダヤ人画商についても薀蓄をヒトクサリ披露。Gili 館長は筋金入りの傑物というのには、呂さんも同意。

四時過ぎには、辞してヴォルテールに戻り、グザヴィエの案内で中国雑貨へいき、昨晩、中華料理店のオヤジにみせられ、お土産にしようと思い定めた猪口を買いに行く。

帰りにチョコレート、チーズをお土産に買う。京都はかなりの雪模様との事。

八時過ぎに、ナディアがきて、プリントをプレゼント。ファビエンヌが、二日かけて煮込んだ牛の頬肉の料理を堪能。ギランに貰った年代物の白ワインを供す。Sは、寝不足か、珍しくうつらうつらしつつも、いちいち僕が iPad を出すのに、睨みをきかす。

二時過ぎに、散会。

一月十九日（日）

あっという間の十日間。

いざ、帰国。北駅まで、グザヴィエが送ってくれる。

さて、今度、いつ、パリに来れるやら？ 京都はどうなっているやら。

スキポール経由、関空。

一月二十日（月）

九時半関空着。気温三度。

パリ、ライデン、マルセイユよりはるかに寒い。

十二時過ぎに、ほんやら洞入り。早速、毎日新聞の鈴木さんよりメール。知恵を絞って、あと二月の連載を頼む。自分は都知事選の「殿、ご乱心を！」の連載企画で忙しいという。

浅井さんから、二月のマロニエの準備をやろうとか、クラウドファンディングをやろうとのメールもある。知人が細川の奥さんと会食したとも。また、麻美ちゃん企画の歓迎会にも出たいと。

僕は、KG+に際しても、Sを早めに推薦する必要がある。申芳礼さんから、十五日にメールがあったのに、気づく。ここで、全て、熟考せねば。

一時前に、洗濯したタオルとお金を麻美ちゃん持参。八文字屋に行くも、金の置き場分からず。ジュンク堂に行って、黒川の「新潮」を買う。牧野真平が、「ペドロ・バラモ」みたいとずっと言い続けている、いとうせいこう著「想像ラジオ」も。黒川創の新作「吉田 泉殿町の蓮池」読了。出来の如何に関係なしに、僕には面白かった。平野啓一郎、坂口恭平も、その内に。

パリ行きの前日、岩本俊朗さんが「黒川創さんの新作『吉田 泉殿町の蓮池』は読みましたか？」と来る。

そして、こっちは、読んでないのが面白くないのか？ 独り言を言い始めた。「あれ、小説と言えるのかな～、ルポなんじゃないのかなあ。本当に蓮池があったのかな？」「甲斐さんも、七〇年前後のほんやら洞の暴露ものをかいたら、あの辺り、ちょっと盛り上がるのでは？ 甲斐さん、黒川さんの新作読みましょうよ」というので、彼の手から、ちょっと取り上げてめくった。

彼に言われずとも、黒川の小説は、ずっと追っかけているのだが、パリ行きのためにかつかつの生活で、出ていているのも、チェックできないでいた。帰国後、真っ先に「新潮」を入手。一気に読んだ。

確かに岩本氏の感想、批評の真意が分かるような気がした。藤原定家の「明月記」、「百錬抄」、朝田善之助「差別と闘い続けて」の挿入なんかは、黒川得意のポリフォニーの手法かも知れないが、不自然というよりも、例えば、朝田の使い方は、もっと今度の作品の取材に絡めて内在的に処理できたのに、惜しいなあ、と僕は思った。

これは、フィクションと云うことだが、明らかに、自分の両親と黒川の幼い時代いわば「少年の王国」をあつかったもので、一九六八年から一九七一年くらいの京都の中の出来事だ。鈴木マサホとおぼしき人物も登場する。前作「いつか、この世界で起こっていたこと」のなかのライヒ信奉者の青年が登場する作品の連作と読める。大学紛争、森永ヒ素ミルク事件、サリドマイド禍も背景に配置して時代を規定している。

で、そこで、である。実は、朝田善之助とのモデルの父親との距離、サリドマイド禍と朝田家との関わりを父親を通して描けたのに、それが出来てないのが、勿体無いと思う。せっかく「田中地区」を扱うのに、黒川が敬愛したヤンミンギさんとの田中の関わりが書けてないし、テロリスト群像への関心があるのに、その周辺の人物として父をこのストーリーのなかに包摂できるのに、してないのは、いかにも勿体無いと思う。実は、黒川自身は、どの程度覚えているかどうか知らないが、僕と中尾ハジメが大工仕事で駆り出されていた崇仁地区（河原町塩小路のN靴屋さんの奥さんは、朝田善之助の妹で、息子は、サリドマイドで苦しんでいたのだったし、オイル・ショックの頃、父親は、上司と刺し違えようか、と僕と中尾ハジメの前で、そのシミュレーションを語りさえしていたのだった。そういう北沢さんの勇ましさには、僕は、内心、怖気で震えてた。「もし、人々の記憶に残るのならば、肉体の死をも恐れない」と綱領に書いてあったのだ。それは、いつも、中尾ハジメと三人打ち合わせで、北沢さんが朗々と読み上げたものだ。その場合は、T三郎さんの元官舎の一室であった。（ついでに言えば、ぼくは、ここの養子で入ることを請われてもいたのだった。）で、父親は、人事権力とどう戦うか、から飛躍して「労働者解放団」を作り、いざと云う時は、朝田のうしろ立てを得て、プラス、創造的チームを合作しようと千吉の西村大治郎さんまで引っ張り出したセミナーにＮさんの奥さんに参加してもらったり、処女作「方法としての現場」の出版記念パーティにも、Ｎさんの奥さんに出席してもらったりして、産業会館の二階（つまり、職場付近）で、それを開いたのだった。その前日が、戸村一作さんを連れての「民兵劇」の実演だったのだ。六八年の国際会議場での国際反戦集会があり、健一と母は、見物に行くシーンがあるが、あれは、現実の話で桑原武夫さんが、高山義三市長に直談判して、かりたのだが、当時の助役は、黒川の祖父（母の父親）だった。

だいぶ余談に入り込んだが、ここの所、ずっと披露していた黒川の作品の手練れ感が、なぜか、ぶっとんで、恐る恐る書いている風で可笑しく、逆に、好感がもてもしたのだが。

黒川にしても、まだファミリーロマンスをこういう手つきでしか書けないのだな、とわかった。虚実皮膜のデンで両親の問題、両親の恋愛、別離をそれなりに爽やかに書く方法がこうだったのだと、わかるにはわかる。まだ、母親は、健在だし、作品のなかでは、「健一」少年の母を殺しているが、黒川の母親が悲しむようなことは、書けないということかも知れないが、それでは、物書きとして、少し、物足りなさを感じる。この頃、父親は、中尾の家の離れに住んだり「重婚論」を発表したりで、母親は、連れ合い、つまり、黒川の父は「中尾の『性と文化の革命』にいかれてしまったのだ」と思い、地団駄踏んでいたのだった。

ハッキリ言って、恐々と書き過ぎ。

生きているお母さんを殺しているし、父親の職場も市役所なのに、電電公社に変えているし、フィクションは、フィクション。

両親を突き放して書いているが、自分の二回の結婚（恋愛？）の失敗も重ねて書いたら、もっと良かったと思う。

しかし、両親の蜜月の書き方には、好感をもった。

「蓮池で溺れ死んだ」小学生、久保田俊男君の死は、じつは、父、北沢恒彦は、少年時代に十全に生きなかった（つまり、死んでいた）と暗示しているようで、その辺は、少し味わい深いものを感じた。

つまり、高校時分、火炎瓶闘争で、一緒に捕まった故秋野亥左牟は「なんだ!? 北沢は、ただのトッチャン坊やじゃないか」と黒川の父の高校時分の相貌について語ることも、ちょいちょいあったが、多分、その感想を黒川も耳にしていただろう。トッチャン坊やとしての父、トッチャン坊やとしての久保田君をかさねたのではないだろうか？ その歳以降の父は、この地では、生きづらいものを感じていたという想像と、さらに、その歳で、この地、吉田泉殿町を離れた自分の土地への哀惜感を重ねたのでは？ てな変な読み方を僕はした。

で、自分の同級生と父を重ねて、ここで殺している感もある。多分、黒川の母親は、黒川をトッチャン坊やとして育てていたんだと思う。そこで、久保田君を殺し、吉田から離れてから、度々、父から呼び出され、デモにでたり、中尾ハジメの家で酒を飲んで酔っ払って、ひっくり返ったり、父の友人を頼りにしながら、東北を旅したわけであろう。

というわけで、もっと面白く書けたはずと思う。

母の、他の恋愛の可能性も、ちらっと出てくるのも面白いし、父親の恋愛にも、子どもこそなしてはないが、恋人がいたと触れている。亡くなって十四年経過してやっと、この程度書けたわけだ。僕は徳子さんの父親の葬儀での弔辞の内容を知らないのと、存在は、つとに知っているものの、読んでない六九年あたりの「重婚論」で暗示していることは日頃の会話から察しは、つくが、黒川は、これを書くに際して読んだのだろうか？ 少し興味が有るところだ。

が、ラスト、エンディングは、両親と黒川と思しき「健一」が、他所の火事現場を見に行く所で終わる辺りは、母への鎮魂歌に終わっている。

母は、癌で死んだことになっているからな～。

母の父親は、特高のボスで、戦犯と書くまでには、やはり行けないのだな～。酔うと、「政略結婚」と吐露することもある父親については、書けないか。

秦恒平さんは、どう読んだかかな。

いずれ、これについてもう少し書くつもりだ。

麻美ちゃんが歓迎会を会費制でやろうとメールくれる。

八時過ぎに、八文字屋に行くまで、ほんやら洞でゴロゴロする。

八文字屋は、段ちゃん、奈良井さん、咲希ちゃんのみ。段ちゃんに電話を借りて、姉にTEL。和尚は、牡蠣を食って中ったのを「しゃっくりが止まらない」と表現しているとのこと。

八文字屋に沈没。留守の間のノートを見て、低調なのを知る。

一月二十一日（火）

十時、ほんやら洞入り。電気代払い。賀茂川沿いの凧揚げを撮る。

Nが「最近、Aの事を耳にしないがどうして居る？」とメール。二、三回応酬。奴さん、百くらい、何とかしてくれたら、いいのに、と云う。

午後、海人彦、日向太ともに来ると連絡あるも、こず。コーヒー豆代、食材代払い。ゴミ回収代、電話料金、両店ともに払えず。中尾ハジメさんの教え子の鯖江の青年来店。「中尾ハジメさん、元気でしょうか？　歯が痛いと言っていたので、心配です」という。四月勉強会を呼びかけているよ、というと、自分も参加したい、という。ペーパームーンの高知出身のバーテンダー来店。同志社の留学生も少し。

八文字屋、低調。

オイタさん、鹿さん、千佳ちゃん、咲希ちゃん、山形拓史さん、富樫で、三時過ぎに閉店、即沈没。千佳ちゃん、咲希ちゃんに留守の間の話をきく。

一月二十二日（水）

八時、起きるも、午前中は、八文字屋でゴロゴロする。

ＦＢの友達は、八八八人という縁起のいい数字になっていた。直ぐに八九一になる。黒テントの古い知人を多く発見。伊川東吾の名も。中村真夕ちゃんも。

海人彦、日向太と続けてパリからのお土産を取りにくる。二人とも元気。

水道代の支払い。日向太が、アメリカ西海岸の知人を、また、紹介しろというので、神田さんにも、メール。

ＰＣ紛失騒動あり。暫し、狼狽える。

八文字屋、八時半入りと思っていたが、九時十五分になる。奈良井さん、川嵜さん、鹿さん、純二（焼き鳥持参）、朴ちゃんを相手にしたのは、浅利ちゃん。浅利ちゃんに留守の間の話を聴く。二時には誰もいなくなり、一時間そのまま、眠る。三時五十分に二週間ぶりに吉田の家に帰宅。

一月二十三日（木）

十時半、起床。

家で、五時までゴロゴロ。

十二月に戴き、雑事に感けて、ほったらかしのままだった秦恒平さんの「湖《うみ》の本」シリーズ一一八も読みすすめるが、これがまた、大変な本である。「歴史・人・日常　龍雲吐月（一）」である。

秦恒平さんの本を読むたびに、これは、九州の姉が、接するだけで、喜ぶだろうと思い、送ってあげたいと思うのだが、毎巻最後まで、読み進められなく、手元から離すのが、勿体無く思えるのだ。

今度、失くさないでよ、と言って送ってあげたいと思うのに、送料に事欠いたりする。

毎日、明日の、昼まで「先斗町の夕暮れ」画像をくれという。もう、夕暮れは、過ぎているというのに。鈴木さんは、細川番のトップかも。浅井さんから、ＨＵＢの事務局の件でメールあり。

京大マリーン、ごく少人数。

ミス続きで、八文字屋に入るのは、十時十五分。

八文字屋は、完全にマニアの店に成り下がったかな？　かつては、ほんやら洞の客が、八文字屋に流れるコース、ケースがかなりあったが、今は皆無とはいわないが、そのコースがかなり閉ざされている感じが強い。

八文字屋経営の初心は、こうではなかった。もっと構造的認識のもとにあれこれ手だてを考え、こういう状況に対しては、「これ」という具合にちゃんと、しかるべき手をうつ用意は整っていたはず。

今晩は琢ちゃん一人で終る。八太君もしっかりし、これからは、バリバリ仕事をするという。

パリから京都に戻り、連日、ほんやら洞も八文字屋もこんなに暇な日が続くと、さすがの僕もめげる。バイト代はもちろん、普通の経費も払えない。ましてや、借金！をや。うーん！支払いが延び延びになっているのは、なんとも心苦しいものだ。会えば、攻める？責める？人も、当然ながらいる。「生きていて、申し訳ありません！」とは言わないが、その感覚に近づくのを恐れる。

一月二十四日（金）

ルパンの見舞い。画像アップ。

先斗町撮影。今日届いたのは、ドナルド・キーン登場の「日本再発見」だった。ブログ、一月十七日までアップ。

八文字屋、少し賑わう。慌てて「毎日」に送った後、八文字屋入りは九時半過ぎ。アドちゃん、ドイツのチビ・リキュール・セットのお土産持参。友人も二人。小栗栖さん以下、解放教育に関わる小学教師&真実さん、ジャーマン、奈良井さん、アサヒちゃん&京都新聞の記者、永澄さん&松岡佳世さんの恩師？上倉教授&朝日放送記者、おそがけの増田さん&國吉さん。終わったのは四時半？

五時帰宅。

一月二十五日（土）

疲れ、癒えず。家でノンビリする。佐枝ちゃんにKG+の件でメール。

二時半、ゆっくり、ほんやら洞オープン。四十年前の客や尾崎幹男さんの同僚、尾上玲円奈さんら来店。

パリからの帰国歓迎会には、奈良井さん、アーニャ、和義君、サッちゃん、麻美ちゃん、浅井さん、稲盛さん来店。麻美ちゃんが家から土鍋等を車で運び、美味しい鍋二種、あら炊き等、花も添えてくれる。

九時十五分、八文字屋オープン。やや荒れているティル、相変わらず観の強い海坊主&連れ、尾上玲円奈さんカップル等がくる。「めなみ」「たこ入道」常連で兪正根さんの元同僚のせっかちな東大の数学の中川雄二先生はひさしぶりだが、東大の先生というのが嬉しくてたまらない様子だった。三月二十三日の結婚式の案内持参の篤太郎は小山さんの推薦で日本ペンクラブ入会の知らせ（僕が会費を払えず除名になった会）をもたらす。僕は、秦恒平さん、鶴見俊輔さんの推薦で入会したものの一度も総会等に出席せず年間二万円の会費を二、三年納入出来ず除名になったのだが、これ、どういう病い？　今回は金が一銭もないのに、ヨーロッパくんだりまで借金で行った。やはり、この十年はどうしようもなく孤立していたし、病んでいたと思い返す。

トクちゃんに結婚式には、やはり、スーツで行かんならんのやろうか？　と聞いたら、やや戸惑いの表情を見せる。

「『報道』の腕章を着ける？」とマジ顔で返事が返ってきた。

恩人が戸惑うようなことはしませんと告げる。渋っているサッちゃんにも出席させたいようで、「カイさん、助手いるやろう!?」と言う。出来たら、日向太、海人彦にも出席させたいようだ。

新谷ユリちゃんも、バイオリン演奏者の関係で、出席して貰うとのこと。小山さん、森まゆみさんも出席。

北白川小倉町のEXILEギャラリーの西澤君は、一九七二年同志社入学で、ほんやら洞の最初から知っていると、梶田さんに喋りかけ、長話になる。グリーン商店街の西村さんは京都新聞に行灯展の記事が出たのを知らなかった。いつも粋な写真ストックをFBで披露する梶田さんはいつものペース。後は、最近は土曜日精勤の山根さん、NHK富山の山田カズタカ君のみ。山田君の父親は、六十歳で再婚。相手は平野さん。二時二十分に二人連れがあったが、僕がしんどそうにしていたのか？ 帰る。三時半、誰も居ないが、もう少し開けていて、寝崩れる。酒が弱くなった。

一月二十六日（日）

十二時、ほんやら洞オープン。
トップ客三人、断る。
NPO「都草」の松本孝志理事長、来店。
youtube「海鳴りのなかから——詩人・金時鐘の六十年」を七割見る。
書評特集で気になった本。
西田龍雄「西夏王国の言語と文化」（岩波）
伊藤悠「シュトヘル」（小学館）まんが
都築響一「独居老人スタイル」（筑摩）
フランシス・フクヤマ「政治の起源 上・下」（講談社）
ポール・ヴァレリー「レオナルド・ダ・ヴィンチ論 全三篇」（平凡社）
井出孫六「いばら路を知りてささげし」（岩波）

小笠原豊樹「マヤコフスキー事件」（河出）
沈従文「辺境から訪れる愛の物語」（勉誠出版）
立木康介「露出せよ、と現代文明は言う」（河出）
さあ、このうちのどれだけを読む時間があるだろうか？
夕方から、雪。
八文字屋も、十時になっても客なく、下品なツイッター、FBを発する。
十一時前に、「今日初めて出た」と言う鹿さん「何や⁉ 誰もいないやん！」と来る。
その後、コセキ君とイッチャン、二十五歳の京田辺の現場の工務店の責任者同伴。イッチャンとは、二十三年の付き合い。二十年前のBT（旧『美術手帖』）での「美大生白書」特集に「美女日記」なるものを出したのだが、そこでも、登場願ったのに、ご本人、高松樹さんは、記憶にないと、仰る。御宅には、僕の最初のパリ展の「ろおじ写真」をプリントした紙袋、まだ、飾ってくれているそうだ。カザフスタンの今用さんは、飛島から黒川事務所に行ったらしく、二月には、上洛とのこと。彼女、鹿さんを少し弄る。
二時、閉店。まだ、粘るも、虚し。

一月二十七日（月）

また、〈八〉泊。

帰国、一週間というのに、店も、体調も書く方もまだ冴えず。

韓国、ジョージア州から客あり。来店の近くで働く「広沢池あたりに住む」金本真由子さん（二十七歳）撮影。ＦＢ友達になる。

Ｓよりプレゼントされた Camera Connection Kit が届くも、使用法未習得のため、にわかには、活用できず。

ほんやら洞も三倍以上の客入りがなければ（もちろん、昨日もそんなにはない）日割り家賃もでない、そんな一日。

八文字屋に至っては、それ以下。処置なし。

アイウエオから、予約ＴＥＬがあり、糠喜びをしたが、やはり、糠だった。二度、三度ＴＥＬののちに、一時頃来る。からかわれているだけ。その前に、調さん、オイタさんがきたが、帰る。調さんは「ルパンは、本当にハルカちゃんの子供を嬉しそうに抱いているわ」と言う。「いつも月曜は咲希が来るので……」オイタさんを待たせるが、彼女、今日に限って来ず。皆が帰ったあと、一時過ぎに瀧津孝さん来店。三時すぎまで、十年前の客の消息を聴かれる。彼は、ライトノベルのライターとして活躍中。「マイさんによく叱られたなあ……日沖さんは、どうしている？」等二時間。

帰宅、四時半。今日は、ネットで出町、百万遍の喫茶の記憶の吐露で、時間をつぶす。鈴木マサホの事も、少し書く。彼、関学の図書館長もやっている文化人類学者の奥野卓司＆息子、門川市長との会食の画像をアップ。奥野は、mojowest で、木村英輝と一緒だったとか。木村、門川、奥野は、堀川高校で、一緒らしい。ぼくと奥野の出会いは、一九六九年五月の川端署での脱走兵ポールの移送阻止の座り込み闘争時の彼のドサクサ紛れの被検挙事件であった。その後、深作光貞氏が面倒を見ているとか、何とか、噂を聴くだけの関係が長かった。マサホは「俺は京都ベ平連、市長は、ベ平連のデモに参加していた。俺がここでは先輩」と誇らしげ。

何度も心待ちしていいてメールを入れると「今日、一万円入金します」「明日になります」と言ってくれる方、その都度、コッチもアテしてガクッとくる。今日も、FBに書き込みしてくれたので、喜び勇んで、ホイホイと銀行にいく。これも、糠と判明。今や「今から店に伺います！」「入金します！」は挨拶言葉と受け流す余裕を持たねばならない。取らぬ狸の皮算用ばかりの悍ましい店、さもしい人生、にならぬよう、心しよう。ま、それ位追い込まれているのも、確かだが。

一月二十八日（火）

完全ダウン。

九時半に、ほんやら洞に入るつもりが、出来ず。

昼まで、寝る。悪夢の連続。清水哲男さんのご母堂の「日々訥々」相変わらず、読ませる。

小生、詩歌管弦・歌舞音曲は言うにおよばず、ラジオ、テレビ、ネット、八文字屋のライブの場にすら親しむことなく、徒ら、路上、店内を小徘徊するのみの卑小なる人生。

仕方なし。今日は久方ぶりに風呂に入り、体調を整える。

本来ならば、この段階で部屋の掃除に勤しみ、プリントすべきネガ・チェックするのが、望ましい。現実は、これから、ほど遠い。俺は、ただの夢想家。

四時まで家で、ボーとしている。キーマカレーも夜までに間に合わせれば、いいか！で終わるのみ。

Kitの使用法、Sに学ぶ。暇なので、焼きそば作り。

七時過ぎにナッチャン来店。京都での仕事帰り。今年、職場でトップになるかもと。「甲斐さん、収入源はどうなっているの？」と聞かれる。

八文字屋、九時半入り。

ジャーマン、北川さんがいただけ。北川さんに同志社の李先生のＴＥＬを聞く。あと、奈良井さんが来て、石塀小路の竹ちゃんで終わり。十二時二十分。

大阪の四条畷田原台の叔父のアドレス、ＴＥＬを姉に聴く。

三十分、ネットで夕べの続き。切ちゃんと。

帰宅、三時十五分。

一月二十九日（水）

向の原の底鶴か中村の母の種違いの叔母やその子ども、母、父の亡霊が出て来て、母の土地をボーリングして、温泉にするのに、喧々諤々の議論をしてる夢を見る。ぼくは、この田舎の人たちとどのような言葉で喋るべきか迷う。どうしようもないチンピラのような（？ゴメン！）従兄弟のケンジに凄まれたりもする。もう一つ、場所は、中国かどこかだのに、黒人の奴隷が数十人、輪に成ってセッションをしていて、順々に小時間演奏し、一巡して、もう一巡し始めた。一回目は、僕は誤魔化し、二巡目は、ネタがない。僕は、他所にいかねばならない時でもあり、ＴＥＬが入って……。

十時起床。

二時間で秦恒平さんの「湖《うみ》の本」一一八をやっと読了。感銘深し。姉に、この本を送ると言っていたが、放しがたい。姉も感動するのは、請け合い。

読売の木須井麻子さん来店。カラーのポストカードを買ってくれる。八文字屋バイトは、二十四歳の時で、十六年前と言う。十五、六年なんてあっと言う間だ。

中国の湖南省から一時帰国の（日本語教師）桐田君が顔を出す。二月十五日まで休み。十日間高島屋の配達のバイト中という彼から「鶴見さんの『永遠の感覚』の youtube 見た？ 鶴見さん、生きているの？」ときかれる。その場で見せてもらうと「もうろくの春」発売記念？ で作ったと思しきもので、黒川が聞き手だった。

youtube とは関係ないが、黒川の創造的な活動も秦恒平さんの風圧がかなり良い具合に作用しているのだろう。

利賀山房のキャメロンさんの紹介で Scot のメンバー七名来店。コーヒーを引っ掛けて直ぐ出る。スケジュールがギッチリとの事。

パリから戻って十日目なのに、疲れ癒ず。

八文字屋に、杉村昌昭さんが九時来店というので、合わせて出勤。杉村さん、ＴＯＫＯでの西川氏の立場、あのロケーションに懸念。「場はグラン・エターナの方がいい。あれは、カルチェ・ラタンと言っても、裏側だ」と。「人的ネットワークも……」と否定的な口吻だった。半分は、彼の言い分、分かる。「キーヤン（木村英輝）のでも、ドカーンとやりでもしなければ」と杉村さんの計画を述べる。

奈良井さん、早稲田の先生の黒澤さん、川嵜さんが既にカウンターに並んでいた。

杉村さん、村沢真保呂さん、永澄さん、京都新聞の芦田恭彦さん、江夏順平さんのご一行様は、めなみ帰り。

僕は、カウンター客も気になるけど、杉村さんは、一週間前からの予告来店。カウンターは、浅利ちゃんに任せる。

カウンターには、オイタさん、山形拓史さん、アイウエオ、知人二人を同伴の龍大の鈴木さん。オイタさん登場の行灯写真展の画像には、麻美ちゃんのおばさんも一緒に写っているのを麻美ちゃんから聞く。そんな風に成っているとは、初耳。「オイタはできないな〜」は、オイタ弁!?

松野泉さんが、明日のロケの確認にくる。後は、段ちゃん来店「今月は乗り越える事はできるのか？今月も、来月も応援出来ない。三月末は、少し応援できる。それまで潰れないで、頑張って欲しい」と激励してくれる。段ちゃんで終わり。三時閉店。そのまま寝る。

一月三十日（木）

午前中、グロッキー。

戦線を縮小せねば。

ガンガン、ＴＥＬ鳴るも出る元気なし。

佐枝ちゃんからKG+の関係で為すべき作業などの案内あるも動けず。昼は、無為に過ごす。

京大マリーン、六名しか顔を出さず。Camera Connection Kit入手後、iPadから画像をアップしようとするのだが、ボケで出来ない。だいぶ焼きが回っている。もう一度、教われば良いだけの話。

九時四十分、八文字屋入り。呑海さんが、亀岡の飲めない写真家志望の原田さんを同伴。

一時間三十分、ロケを見る。

姉と九州のどうしようもないおバカさんたちの話を笑い飛ばす。そう言うも、少し気がひけるが、あまりにも、おバカが多すぎる。この下地があるから、この国でアベちゃんが、のうのうと首相を務めうるのだろう。これも、辛い話だ。

あっと言う間に十二時半。

一時にチェコ人の文化人類学者（大阪大学関係？大林太良の弟子、カンボジアのゲイの王様とある大学で同級生）&連れ合いのユミさん、来店。

二時、誰もいないので、閉める。

姉の孤独、兄の孤独も分かる。僕ですら、こんなにも恵まれていても、孤独なんだから。でも、兄の孤独、姉の孤独は悲惨だ。兄は嫁が居るから、まだしもだ。

二人とも、それでも、その状況のなかでなんとかやって行っているのは、驚異と云うしかない。

冨樫待てども、姿現さず。

二時二十分に引き揚げ、ほんやら洞に向かう。四時十五分までほんやら洞。

玄関のライト、部屋のストーブは、つきっぱなしだった。

一月三十一日（金）

身体が真底冷え切り六時過ぎても寝付けなかった。Take-bowが八文字屋に殴り込みにきて、周囲を恐る恐る睥睨している、といった夢をみた。

今年も一月過ぎた。この一ヶ月なかった事にしたい。明日が元旦であったらな〜。

十時半起床。なお、しんどくて一時間横のまま。本当は、写真を探さねばならないし、錦行き、銀行確認と電話料金支払いもある。

一時に下に降りると、寝る前に苦々しい思いで、Offにしたストーブなお作動しっ放しだった。

戦線を縮小と書いたが、どう、生活の振り幅を小さくするか。

写真を一時的にやめない限り、これは無理なような気がする。

蒲団の中で、辻哲夫さんに貰った山田稔「マビコン通りの店」の『飯沼二郎のこと――一徹の人』（タイトルは逆か）を読む。「前田純敬、声のお便り」。

うっかり、蒲団の上で眼鏡をふみつける。

出ようとしたら、水道局から「至急」請求書が放り込まれていた。

銀行、昨日も「明日、振り込みます」とあった方の振り込みの形跡も影も欠片もなしか？と思っていたら、ちゃんと振り込みました、メールがあり、ホッとする。三日に記帳されてますとあり、感動。スカパーの入金も確認。

錦小路では、魚では今、何が一番ディスプレイされているのか、具に観察。どうして、鈴木さんが「グジ」「グジ」いうのか理解出来ない。さて、どうしたものか⁉スタンドも、ついでに撮影。

咲希ちゃんの絵も見たが、まだまだだ。清新感はあるが、熟成度が薄い。

ほんやら洞には、まだ白鯨はいた。（小金井の池に居たモビーディックではありません）「スリムになった」などのオベンチャラが聞こえた。

八時半、上島コーヒーで"On the road"展の打ち合わせ。ついでに、毎日に不本意ながら、画像を送る。八文字屋、アドリーヌのバイトで、鈴木さん、アイウエオが居た。（アイウエオ、またしても、忘れ物）シルヴァンも学生六人同伴。段ちゃん、奈良井さん、千佳ちゃん、山形拓史さん、最後に田中君が博論を出したとかで久々に「飯沼二郎さんは、凄い！飯沼二郎さん、小田実さんにもう少し早く生まれて、会いたかった、飯沼さんは、学閥を作らなかったのやな〜、作って呉れていたら、僕は助かっていたのに」と独り言を言いながら入って来たので、山田稔さんの飯沼二郎を巡るエッセイを見せる。「同時代に生きていたら、歯牙にも掛けられないやろ」という減らず口は叩かなかったが。

二時二十分、閉店。

村屋で一杯。シャコじ郎（社交辞令）の語源の由来（期待？）を裏切らず「忘れていた」と言ってくれた。一本取られた。俺の負けだ。行灯展のポスター、二ケ月前にお願いしたが、何処にも貼ってない。「あっ、カイさん、バタバタしていて…僕もこの通りで、アレやりたいな〜」で終わりである。

「風の音」の隣に、シャコに言わせれば、「最も、出町柳的、左京区的」な店舗を展開している男が次には、西石垣通りに新しく店（出町柳のチャリンコ屋の新展開）を作り、そこで、咲希ちゃんが働くことになっているらしく、その男を紹介したいと言う。紹介は要らない、と焼酎、きずしを口にし直ぐに帰る。

帰宅、四時半。

明朝、ほんやら洞で、第四十七回プロレス研究会「リーガル《レッスル》ハイ」。

二月

北野天神での梅花祭。毎日新聞「京がたり」用取材（2014）

二月一日（土）

十時、起床。

十一時、ほんやら洞オープン。

岡村さん、十一時四十分来店。井上章一さん「岡村君から、毎日、ほんやら洞が危ない！と電話があるんや。毎日かかって、かなんで」

プロレス研究会のお客さんへの対応で、五時まで、何も他のコトは、出来ず。

客は一時半から、ひっきりなしにあり、ミルク等のないものを五分、客をおいたまま、サッと買いにいくのだが、珍しく、カメラなしで出る。やはり、そういう時に限って、「決定的瞬間」に遭遇する。今どき珍しいシーンだった。仕方がない。自分の方法の遵守を心掛けるのみだ。墨守というやつかな？

毎日の連載記事掲載紙三週分落手。ＨＵＢ ＫＹＯＴＯ、安井の金毘羅さん、先斗町の画像分。インタビューを受ける語り手、少しレベルダウン？インタビューの問題？もっと登場させたら、オモロイ人物が居るはずなのに、低きに付いている。

今日、送るべきコメントの指示なし。「哲学の道、どうかなりませんか？」といって来る。

iPad で、Camera Connection Kit を使って画像をアップしようとして、ＳＤカード内の画像をミスり、全てのストックを消してしまう。

慌てて、修復するのに、新たなソフト代三千九百五十円。何とかなる。パリ写真全てだったので、ホッと胸を撫ぜる。ほとんど iPad を弄らず仕舞い。

KG+ の募集要項に必要事項を記載して、提出。サッちゃんとの二人展。

九時に、八文字屋に向かう。

一時パニック障害に陥っていたと言う、滋賀の市役所で働く元バイトの李優子さん、二十年ぶりに来店。「私も八文字屋の美女に出たい」と言って、最近「プロの写真家に撮られた」という写真、韓流スターみたいな自慢の息子の写真を披露。端境期に彼女のような方が来て、店の凌ぎが出来るのも悪くはない。天川さん来店。「自分の知人がほんやら洞の画像をアップしていた」というので、その女性と喋ったというと「しまった。八文字屋でなく、ほんやら洞に行くべきだったか」とポロっと言う。今日は、プリペイドカードでなく、現金でと言って行く。

優子さんに呼び出された朴ちゃんに釣られて、ジャーマンが来るが、超暇。朴ちゃん弄られるのを楽しむ、本人も。明日、比叡平で、パーティを京洛メンバーとジャーマンがやり、朴ちゃんが魚を捌くのだという。竹ちゃんもいて、キジ、鹿、サンショウ魚の料理の話になる。田中君が、品田さん（三月二十六日生）という美人を連れて来たので、カウンターに呼ぶと、案の定、ジャーマン、ハッスルして、喰いついて離さないから面白い。後はスイス人等三人グループのみ。

三時、閉店。雨でもあり、六時半まで、客待ち。

辛い一日だった。

二月二日（日）

しばらく、八文字屋。

雨の中、七時半、帰宅。さて、節分は何処を撮ったものか？

なかなか寝付けない。十時頃だろうか。

体力がなくなった。午後四時半、寝てしまう。

ＴＯＫＯ（パリ）で「また猫が売れた、オフィシェに出たせいだ、小切手買いだ」とのメール連絡の西川氏曰く「甲斐さんは、社長なんだから、人を使えばいいのだ。雑用はせず、写真を撮ればいいんだ」とも。僕は、そんな風にはなかなか馴染めない性分。でも、この隘路を潜り抜けるしかない、のは自覚済み。「また、ＴＯＫＯで、猫展をやればいいが、それも、東光経営陣が、スカパーの放映で気を良くして、初めて可能なこと」という含みの強い事を言って来る。杉村さんの懸念でもあるが、東光にそんなに重心を置いていいのだろうか？　返す刀でＡさんのバック・アップが期待されているが、それは如何にして可能か？という問題が、残る。パリと京都という、地理的障壁がある。ライデンのＳさんの「可能であれば」とのことだが、当てにしたいＡさんからのプッシュないしは口添えに関しては、パリ・ライデンとも僕の動きを望んでいるが、これは、微妙な問題。

荻野晃也さんが明日、藤田弁護士を偲ぶ会の写真のコピーの件で来〈ほ〉。

姉からＴＥＬ。「明日はやく病院に行く。夜中の電話には出れない」

東京都知事選、やや混戦模様。細川・宇都宮のコンガラガリ、大丈夫か？

八文字屋には、鹿さん、カゲロヲ、川嵜さんと同伴の（十五、六年前のほんやら洞客という）中国語勉強仲間、最近、ジャーマンとの遊びではやや割りを食っていると些かボヤキ節のティル、「甲斐さんからなされるまま、恋愛では、炎上する用意がありますよ」という奈良井さん、「パッツン前髪趣味」の鹿さんをからかいっ放しで居続けた岡西さんはHow are you? グループの新年会帰り。岡西さんには、３Ｄ写真講座をほんやら洞の二階でやってくれないか？と打診する。連れ合いのナオミさんは、田中で実験的なアトリエ「プロムナード七〇三」をやっていると聴く。また、最近、「色んな会への誘いがない！ちゃんと誘ってくれ」と言われる。（実際は、ほとんどどんな会も催す余裕がなく、ほとんど何も出来てなかった）、梶田さんも見えて「明日、清水さんが来る」と嬉しそうだった。

以上で終わり。

久しぶりに、浅利ちゃんと、京楽に行く。二十五年ぶりの鈴木隆弥さんに会う。近々六角ビルで「焼プリン」というショットバーをやるという二十三歳の娘とボーイフレンドも居た。当初、誰か分からなかったが、鈴木隆之氏らが超常連時代、八文字屋で、平凡社の編集者、毎日新聞の岡ヤン、島津の政光君らと女の子のパンティを頭に被って遊んで居た写真が残っているのを思い出す。

ジャーマン、ティル、奈良井さんは居ず。

大豊ラーメンを食って帰る。

今日は、決して読みきれないであろう図書群の紹介されている書評欄五紙を見ながら、寝入る。

二月三日（月）

「また、やってしもうた！ もう七時半だ、ヤバイ！」寝過ごしたとばかりに起きたが、午前中と判り、ホッとする。

一眠りしてのちに、吉田神社に行き、ほんやら洞にも余裕を持って出勤し、午後の廬山寺の追儺もまだ撮影可能と知り、安心。

二月も、己との厳しい戦いの連続になりそうだ。プリントの日を四日取らねば。

吉田神社では、雛壇に上がっている鈴木マサホに「撮って、FBにアップしてくれ」と声掛けられ、撮っている最中に神社の助っ人に来ている大阪の住吉神社の網野さんにやや引き回され「福娘らを撮ってくれ」といわれ、許諾の声を掛けては撮る。

その後、シャコちゃんがいう出町柳の「風の音」のとなり辺りの新しい店探し、見定め、壁の落書きのみ撮り、さらに、ナオミさんの七〇三アトリエの様子見に行くがオープンアトリエでないのを確認して糺の森に寄り、十二時にほんやら洞に入る。

大分の姉から、レモン、カボス、漬物、大根が送られて来る。銀行に行き三脇さんの入金を確認し、感謝。吉田の家の家賃納入。

ＦＢには、中川五郎さんからの大分ライブ会場探しの依頼、この十日の一乗寺「のん」ライブ後八文字屋へ流れるとの告知あり、神田さんよりは今晩の八文字屋オープン時間の確認あり、「毎日」の鈴木さんからは錦小路の冬の味覚について書けとの遅い督促があった。(原稿は夕方送る)

荻野さんは、三時に来た。荻野晃也さんと僕、ＵＳＢ、ＣＤ-Ｒについて全く知らない同士が喋っても話にならない。

荻野さんと同時に六十絡みの三女性の客もあり、迷ったが、ちゃんと事情を説明し、三十五分遅れで廬山寺に急行するも、群衆の山で、身動き取れない。もっと果断に動けばよかったと反省。ビューアー覗かずとも撮れるのすら忘れていたとはプロ意識の欠落以外の何物でもない。こんな体たらくでは、先行きが危ぶまれる。もともと、そんな僕では、あったのだが意識されていれば、もっとマシな画像が撮れていたのに、と返す返すも悔やまれる。強い、写真家意識を己に刷り込む必要あり。

ひょっとしたら、清水さんが八文字屋を覗くかもとの暗示情報に動かされ、七時五十分に八文字屋オープン。それも良し、としよう。もちろん、カッコとしたマイペースを貫く自分というものを仮構できる。が、翻弄されてなんぼという四十年を選んだ現実がある。

姉から送られたカボス、姉が漬けた辛くて固い漬物、大ダイコン二本も、生姜、ミキサーもろともにリュックサックに詰め大移動だ。現実を冷静に考えれば、こんな日に客なんかあるはずがない！図柄的には滑稽そのものだ。しかも、ツイッター、ＦＢに「先着十名様にはカボス無料プレゼント！」

「八文字屋・ほんやら洞名物ジュネーブ経由ガーナ風ジンジャージュース、ジョッキ並々一杯千円（焼酎、ウォッカ、ジン、ラム、蜂蜜たっぷり入り）」とアップ。ここまでくれば狂気を孕んで居ると見るべきか？

アイウエオ、同志社のクラマ画会の三人がタイミング良くきたのが、せめてもの救いだ。これがなければ、八文字屋は、坊主。

二時、アイウエオから、外で飲もうとの誘いがあるも、断る。

客誘導も真剣にならねば。

橋本さんの吉田神社の火炉祭で会おうというメールに促され動く。

FBに留守時間を銘記し「その間、どなたか、代わりに店に入ってくれても結構です」とアップ。それに対して、先日まで、「Aさんは一銭も出さず、トンビ油揚攫い的な動きをするなんて許せない」と私的メールに記してよこしたN氏が「飛んで行って、自分が、入りたい。時々、立場を交換しよう」と新装になったアヴァン・コントワールのマスターの画像付きMessageを送って来るという有様だ。すぐに、当方も「パリへ飛んで行きたい」と応ずるや否や飛び出す。「そうだ、これくらいフットワーク良く動けばいいのだ」と自分に言い聞かせるとペダルも軽くなり、直ぐに到着するも、橋本氏には会えず。

夜も、鈴木マサホは、御神楽の受付にいた。結果として、地に足をどっぷり付けた鈴木マサホの四十五年に思いをいたす。僕には、今の僕以外の四十五年は、あり得たか？　マサホと対比的に考えるのではなく、自分を突き動かしていたもの、その諸要因を考え積めて、月曜社原稿をあげねば、面白くも何にもないものになる。

十二時前に戻ったが、三時まで待てども客はなし。つらい、つらい。

二月四日（火）

四時に寝たのだろうか。

疲れに任せ、昼まで、寝る。多分、昨日は寝不足のまま朝からちょこまか動き、身体にダメージが有ったにちがいない。

かつての河原町三条の「駸々堂書店」の中を自分が持ち込んだ本包みをあっち置き、こっち置き、動く。うちにバイト希望で来た女の子もきままに働いており、死んだ早稲田出の出町出身の気のいいマネージャーも登場。「おっちゃん」が八文字屋の新バイトにちょこまかし、功を奏し、俺も自分の欲望に素直になろう、なんて思ったりする夢をみていた。もっとダイナミックな夢だった。

立春の雪。

何の仕事も出来ず、Aさんにメールしただけ。

ほんやら洞の電話は、三十分おきに鳴り続ける。S、四月以降、あれこれ活動するには、経済的には少し苦しそうだ。パリ行きで迷惑掛けているのを、早く返済せねばならないのに、店が暇過ぎて、僕はトリレンマに陥っている。また、借金してでも、彼女を救済せねばならない。

夕方に同志社の法学部の可愛らしい女の子、二人が長時間二階に居ただけ。

八文字屋、今日も低調。咲希ちゃんは、夕べ「村屋」で新バイトの顔合わせ？だったとか。十日に中川五郎来店と彼女に報告。

龍大の鈴木さんは「伏見」以外にも何軒か回って来て、咲希ちゃんに出会い、彼女の展覧会をチェック。恐らくちゃんと行くであろうとなかろうという素振り。奈良井さんは読売の森重記者には、僕の留守中に会っていたとかで歓談。清水哲男さんは今回市内徘徊、及び清水さんのご両親の撮影で同行して貰ったという松原誠さん(名古屋のカメラマン)連れ。お母さんの「日々訥々」で発表の三六五首は「風媒社」からの刊行に目出度く漕ぎつけたそうだ。千部が、初版。何部かを買うつもり。姉にも読ませたい。松原さんは、マニアックな画像収集に勤しむ。咲希ちゃんの顔をトイレットペーパーの上に載せたイメージのも。堺のカメラマンは友人連れ、「去年のブレッソン賞では、甲斐さんに悪い事をした、ヘンコなオヤジで、甲斐の推薦状を書けば良かったものの、僕の言う事なんかきかないので」と言いに何必館の梶川芳明さんは梶川さんの妹の由紀さんの旦那の中西さんを同伴。「パリの私のお友達は、甲斐さんの写真のファンになりそうと言っていたわ」と新年初来店の申芳礼さんは、去年「花椿賞」受賞の藤原安紀子さん&彼女の詩集の英訳者の和空さんを同伴でお客さんは終わり。申さんから「ボチボチ、プリントを下さいね」と言われる。

厳しい現実があるのみ。「京がたり」の鈴木さんからは積雪はないか? との電話あり。あれば何でも適当に撮ってくれと。

二月五日(水)

五時まで八文字屋で客待ちするも空し。

山田稔「マビヨン通りの店」読了。

午後一時、起床。チョット辛い。十一時には起きたかった。

よく運動したので、体重を絞れて、五七・五キロまで落としたという夢をみてた。五七なんて低過ぎると、測り直すが、結果は同じ。九七キロから五七? そんな馬鹿な!? と夢の中で身体を点検するが、昨日までとあまり変わらない。ガリガリになってない。小学校四年でたしか、三六キロ、中一で七〇キロに近かった。その時は、もっとスリムだった。今、こんなに、ゴツゴツしているのに、五七・五キロ⁉ 二、三日でどうして？ という夢をみていた。

夢はともかく、現実は、色々、問題があり過ぎ。

今月の潜り抜け方には、工夫を要する。

かなりのピンチであるが、チャンスに転化せねば、どうしようもない。

風花撮影にはでれず。海人彦、レモン取りに来る。

ほんやら洞、一階は、やはり、寒い。今日の「毎日」を面識のない土川さんがアップしてくれていた。

原稿は一向に書けず。

八文字屋、八時五十分入り。鈴木さん、川嵜さんは先着。あと二人来てくれただけ。奈良井さん、浅利ちゃんの予想を良い風に裏切ってきた鹿さんのみ。期待した段ちゃん、オイタさん、冨樫は来ず。少し、不本意な展開。

ルパンの退院は、遅れそう。

三時半まで、客待ちも、少々空し。姉は、ＤＶＤのハードディスクが潰れ、四時間あれこれ弄るも空し、とか。寒空の木屋町に人影なし。

二月六日（木）

雪待ち。

朝七時、風呂に入って寝る。

これから、二、三週間、何をすべきか考える。

ピンチは、ピンチで、一人でこの状況を打開出来る訳はない。あれこれ、考える。

いつの間にか眠って、二時になる。

昼のお客さんに全く対応できず。京大マリーンも、数名のみ。

昨日、浅井さんから届いたメールに気づき、パリの事、ほんやら洞の事を考える。サッちゃんが、七時十五分に来て、一緒にうどん。マロニエ展のＤＭ用の写真を渡す。

八文字屋、九時四十分オープン。鈴木さん、黒澤さん来店。そして、来週月曜日にドイツに帰る、ヤン・シュミットさん、ティルさん等くる。ティルさんらに、三島憲一さんの甲斐写真論を見せる。ヤンさん共々コピーを欲しがる。

十二時半に誰も居なくなった。姉と冬の花の話をする。

営業を兼ねて、他店に飲みに行くべきか、迷うが、止めて、八文字屋でウダウダする。

三時、防火扉を閉めているのに、二十歳くらいの女の子が、二人入ってきて、五時まで飲む。同志社の学生の星野さんと河合さん。

李先生の餃子パーティに誘う約束をする。

五時十分、閉店。六時帰宅。

二月七日（金）

また、「しまった！」眠ってしまったと思っておきたのは、十時。

今後の事をあれこれ考える。麻美ちゃんがほんやら洞に入ってくれているものと思い込んで、二時半まで家にいる。（この冬、一番寒い日。）

この春の課題を走り書きして、ＦＢにアップ。

題して、「今春のほんやら洞・八文字屋のピンチ克服のために」

幾たびも協力の要請をお願いいして申し訳ありません。

ほんやら洞・八文字屋を経営する僕、甲斐は、ずっと危機を引き摺ったまま写真に未練を持っています。写真を止めればタダの人以下だが、楽になります。

今年は、どう転ぼうと、岐路に立っています。動くしかないと心してます。

そもそも、写真を撮りながら、ふたつの店を経営維持するのは困難だったのです。意地を張り過ぎました。若手や旧友の援軍を頼む所がありましたが、読みが甘かったようです。

お陰で、何人もの友人に迷惑を掛けました。怒り心頭の方がいるやも知れません。

もう六十五歳です、僕は。脚腰も覚束ず、洗い物ひとつ満足に出来ません。

やはり、一人で、二つの店で立ち続け、写真をやるのは、無理です。

この数年、店を放ったらかしのまま、借金をし、パリ、ライデン等へ行きました。ヨーロッパでは売れたプリントもありました。が、僕の状況を変えてません。売れたプリントをわたせてないのに、更なる個展の準備をしています。手が足りないのです。自転車操業以下です。

二つの店の抜本的な立て直しがどうしても必要です。

働き手が必要です。皆さんの知恵と応援が必要です。

今春、京都で、早速、二つの個展と一つの二人展を開きます。

長年支えてくれた二つのギャラリーの好意によるものです。一つは、アシスタントを写真家として押し上げるための、ほんやら洞での「第二回京都国際写真フェスティバル（KG+）」の枠内の二人展です。

何れも、失敗する訳には、いきません。

確定申告期の厳しい展開です。月曜社刊の延び延びの書下ろし「ほんやら洞草創期」も終えねばなりません。

京都での間近な展覧会は、次の通りです。


最初の個展は――

三月四日～三月九日（河原町蛸薬師の、ギャラリー・マロニエ四階）での「マラーノ学者随行記」

当初、甲斐応援団結成式を兼ねる予定でしたが、拙写真集「路地裏の京都」（道出版）裁断防止の為に買い取り、格安で販売のつもりが、今なお資力不足のために未回収です。目論見では放映後のスカパー！２１６chベターライフチャンネル ドキュメンタリー番組「ほんやら洞の甲斐さん」を流しての個展の予定でしたが、この番組の第一回放映は二日目の三月八日の午後九時～九時三十分、後手です。

不手際の連続ですが、プリント・ストック、写真集の格安販売断行。ささやかなオープニングパーティも初日開きます。

次の二人展は――
四月十九日～五月十一日（寺町今出川西入ルの、ほんやら洞一、二階）での浜田佐智子との“ON THE ROAD”展です。

ここでも、二人とも、プリント、写真集を格安販売します。

その次の個展は――
五月二十七日～六月一日（寺町通り三条上ル、ギャラリー・ヒルゲート二階）での「ヨーロッパ漫遊記・小品展」

この時まで、月曜社からの書下ろし並びに、毎日新聞夕刊（首都圏版・毎水曜日）連載中の「京がたり」の新潮社からの単行本化が予定。

以上の三作品展以外にも――
九月十一日～十一月十六日（オランダ・ライデン）シーボルトハウスでの大規模個展。
これに併せて、記念カタログ出版を白藤華子さんが、画策中。

さらに、今月中には、カザフスタンでも僕の写真展を企画立案者上洛。シルクロード撮影行も計画。
僕の当面の課題をランダムに記して皆さんへの協力を要請します。

一、ほんやら洞の通常営業（朝十一時～夜十時）態勢確立のためのスタッフ募集
二、ほんやら洞での各種イベント、講演、ライブ、展示会、講座、教室、youtube 作成の企画立案創出
三、甲斐個展による外出時のボランティア・スタッフ（喫茶営業）

四、浜田佐智子の指示による甲斐写真・ネガの整理
五、甲斐の経済的困窮を想定しての住宅解消後の無償のトランクルーム確保（写真アーカイブ化）
六、八文字屋二十九周年記念＋浜田・甲斐二人展記念パーティ計画（四月十九日）
七、李長波先生指導の餃子パーティ参加
八、ほんやら洞創立に。四十二周年パーティ企画（五月三十日）
九、八文字屋三十周年記念図書発刊準備会結成（八月には、執筆者決定、十二月原稿回収）
記念本のクラウドファンディングによる出版
十、ほんやら洞・八文字屋関係者による出版物刊行に対する祝読書会あるいは「囲む会」の実施
津田篤太郎・小山鉄郎・黒川創・谷川渥・中川五郎・井上章一・中尾ハジメ・清水哲男・中村真夕
十一、北沢恒彦没後十五周年記念追悼企画イベント
北沢街子・井上章子・那須耕介・文弘樹
十二、シーボルトハウス行ツアー計画
十三、甲斐扶佐義著「ほんやら洞の青春（仮題）」書下ろし完成パーティ
十四、スカパー！216ch ベターライフチャンネル ドキュメンタリー番組「ほんやら洞の甲斐さん」を見る会
これに、日向太のアメリカ報告も加えようと、本人に打診している所。

ほんやら洞の表の見栄え、看板の付け替え、配線の整備も課題だ。

ほんやら洞に行くと、麻美ちゃんは子供が風邪をひき、休んでいた。Ａさんから、イマイチ、

ＴＯＫＯを応援する気がわかない、旨のメール。

結局、昼客は、一人という惨憺たる有様。日向太に、オークランドのムロケンのメルアドとバークレーのMimuさんのＦＢチェックの仕方を教え、「アメリカ旅行報告会の企画」をメール。パリのＮにＡの感触報告。肉じゃが、焼き鯖を持って、八文字屋。サッちゃんは上島にいると思ったが、連絡とれず。マロニエからＤＭの催促のＴＥＬ。千佳ちゃんがアドちゃんに帯上げを持参後直ぐ帰る。

何必館の息子が、今、展示中の今村幸生さんを連れて来て、嬉しげに、アドちゃんの前で猥談ばかりする。今村さんは、八文字屋に六〇年代の雰囲気があると喜んでくれる。伊勢神宮の関係者で、パリの十八区に三十五年間アトリエをもっており、八、九、十月は、パリだというので、パリで会おうと約す。純二&同僚（四時過ぎまで）山形拓史さん、奈良井さん、オイタさんで終わりと思ったら、遅く、朝日のＭさん来店。

閉店は、四時過ぎ。鴨川土堤で雪を撮ろうとしたが、ほとんど霙。

二月八日（土）

五時二十分、帰宅。

また、寝過ごしたのでは⁉

そう思いつつ、階下のトイレに駆け込む。

もどって、iPadを見ると、九時半。

安心してもう一眠り。

さて、最終日のはずの斎藤洋さん、野崎六助、漫画家の名前思い出せない氏の黒谷寺町のギャラリーでの三人展に行こうか、鞍馬方面への雪景色撮影に行くべしか？　迷う。硝子の向こうでは、シルシルと雨が降り続いている。

蒲団脇の食パンを食いちぎり、坂口恭平の「蠅」を読む。まずまず。上手なもんだ。これ位、カマさんとアカンのやろうな、と思う。

十一時、どうすべきか？　寝たまま原稿書き？

菅啓次郎も執筆の〈東京ヘテロトピア〉に向かうべきか？　雨さえ上がれば、ほんやら洞だ。いや、三人展だ。木村友祐の〈「P」「満車」「連結散水送水口」〉という築地小劇場、金玉均、洪海星の登場する小文を読む。

つらつら読むに、新潮二〇一四・二月号は面白い。杉本博司の「今日　世界は死んだ／もしかすると昨日かもしれない」も掲載。日を改めて読もう。古川日出夫「冬眠する熊に添い寝してごらん」も。平野啓一郎「透明な迷宮」は読みかけ。

スポット紹介もいい。東京芸術劇場(地下一階)、ショヒド・ミナール(shaheed Minar)、王家之墓(The Wang's Tomb)、ノング・インレイ(Nong Inlay)、モモ／バラヒ前(Momo / In front of Barahi)、アンコールワット(Angkor Wat)、ヴェジハーブサーガ(Vege Herb Saga)、漢陽楼(Kanyo-Ro)、東洋文庫ミュージアム、新星学寮(Shinsei Gakuryo Domitory)、聖イグナチオ教会前(In front of St.Ignatius Church)各スポットについての簡潔で、スリリングな詳述あり。

パリ展最終日。

どこにも行けず、寝過ごしてしまう。雨のせいだ。

麻美ちゃんが、ほんやら洞の洗い物を済ませてくれたようだ。

ダウンを恐れて、用心しすぎたかな。ほんやら洞の営業できず。毎日も何も言ってこない。大丈夫かな？

明日は、頑張るぞ。

マラーノ学者随行記の英訳、堅すぎたかな？　マラーノ学者とインド探訪ぐらいにすべきだったかも。

結局、Straight Photo with Scholar for Malano in India にした。「マラーノ学者随行記」の英訳。

サッちゃんが、マロニエ展のスッキリしたＤＭを作ってくれる。

八文字屋には、九時十分入り。

四国中央市の鈴木さんが、岡西さんと待ち合わせ。篠原さんと云うナオミさんのモデル同伴。先日、鹿さんに、酔った岡西さんが、執拗に「パッツンがいいとは、どういうこっちゃ!?」とからかう一方で、「紹介しようか？ヤンキーだけど、美人やで」と言っていた女の子だった。

後は、オイタさん、海坊主が（オイタさん海坊主が隣にすわると、サッと帰る。もっとも、実際、調子がよさそうもないのだが、Ｋさんが東に行ったのが、一番淋しいのは、彼かも）来ただけ。

ロサンゼルスのキヨさんから、ＴＥＬとメール。

一時には、誰も居なくなる。

パリのＮに近況報告。Ｎが期待している方は、多分、期待するにあたらないようだ、僕がそっちに靡いて居ると思っているのは、誤解以外の何ものでもない、と。

四時半になっても、誰も来ない。五時でも。

何もしてないのに、疲れた。今は、インドのネガ探し、月曜社原稿、確定申告の伝票整理の時。

六時帰宅。

二月九日（日）

東京都知事選。

十時半、起床。

管啓次郎「ショヒド・ミナール（池袋）言葉の母が見ていた」を読む。大文字駅伝行きそびれる。

十二時、ほんやら洞オープン。カレーを少し焦がした。大文字駅伝行きそびれる。

東京からヒッチハイクの少年、三十五年前に京都に能打ちに福岡から来ていたオトミさんの知人（福岡中洲にあった「BAR人形」の二階で、オトミさんと隣合わせに住んでいたと言う）日大の江上哲先生が、お嬢さんと初来店。イタリア人のドリアーノの事、美女三六五日が話題になる。あとは、カレーを焦がしたので、カレー客は、断る。そんな事をやっていたのでは、ヤバイ。あとは、ひたすら、ネガ・チェック。

八文字屋には、九時二十分に入る。

メルボルンのアン（リサの教え子）何処の美術館が面白いかと皆に聴く。日本のタバコの安さに感動している所だった。草葉さん、修論を出した浦田チヒロさん、オイタさんがセットみたいにいた。奈良井さんが居た。後で、「染色生活」の佐藤さんと出会ったと田中君来店、朴ちゃん、ジャーマンが続き、佐藤寛子さんが来る。何必館のボンからは「今、遠くにいる。今から行くかも」とTELだけで姿は見せずじまい。

一時半には、誰も居なくなる。

ロサンゼルスのキヨさんから、本当は、いつ頃、バークレー、サンフランシスコ、ロサンゼルスでやりたいか？とのメール入る。山田拓宏さんからは、帰国メールあり。

由布院の市会議員の、今京都に居るとFBにあった小林華弥子さんへの「由布院で、五郎ライブに良い所はないか?」との打診には、彼女、梨の礫。

三時半、誰も来そうにないので、防火扉を閉めて寝る。

二月十日(月)

六時、起床。

ロサンゼルスへ個展の希望時期、条件を書いて、キヨさんに送信。

八文字屋を九時前に出る
水道代支払いに京都銀行へ。

午後、ダラダラとネガ・チェック。

FBで、身体がちょん切れるマジックを見る。

店は、休日の前なのに低調。

五郎さんが来ると吹聴しなかったら、正体不明のモリクニと言う男、彌光庵でピアノを弾く飲んだくれ男(予め釘を刺して、大人しくしてもらったので、直ぐ帰った)、ナオト、アイウエオとアサヒちゃんだけで終わっていたかも。営業努力は必要。(アサヒちゃんは、落語をやっている弟の事を喋る。彼女、明日、四対四で、京都新聞の記者と合コンとか。十年前だったら、合コンの場は八文字屋だったものだ。キーパーソンの不在は、痛い)

　おかげで、教祖筋さん、永澄さん&新里健さん、純二&鹿さんのグループ、佐藤寛子さん、奈良井さんが顔をだしてくれた。咲希ちゃんも、ファニーのバイトを抜け出して、五分五郎さんの顔を見にくる。

八文字屋&ほんやら洞のＴＥＬストップ。「来るかも」と言っていた浦田さん来ず。

五郎さんまで、佐藤寛子さんに付いて、奈良井宅に泊まりに行く。段ちゃん、暫く来てない。

三時、閉店。四時、アイウエオ再度、顔出し。七時十七分に、防火扉を閉めているのに、若い女の子？

が、二人入ろうとしたので「終わり」というと、「鍵閉めてないと、ダメじゃないですか！」と言う。

少し、怪しい。それで、起きる。

二月十一日（火）

亡くなった父、今日が生まれて百年。
僕も、老いて、もう店を止めるべき時が来たと痛感。
九時、八文字屋からほんやら洞へ向かう。（下のＡＫＢは、まだ、営業中）
殆ど何も出来ず。清水哲男さんが「甲斐とは何者か？」との疑問に応えて、ヌーインさんの
“Kyoto&Kai”をvimeo.comから拾い出し、アップしてくれる。ヌーインさん、僕の人間的醜悪さ、捉えて、
見事。僕の今はもっと醜悪かとおもったら、ゾッとする。頭も体調ももっと醜悪。フェイドアウトを
かんがえねば。変に煽てられ、調子を漕いでる場合でない。金もカラッキシないというのに。日中は
ネガ・チェック作業のみ。
藤田一良弁護士を偲ぶ会の集合写真三十枚、上がって来る。荻野晃也さんにメール。
神戸から、円山応挙展に来た妙齢の女性、パリ展のポスター、写真集二冊、ポストカードを買って
くれる。岡西さん、ニコンＦ２を修理のために取りに来てくれる。山上君に留守番を頼み、上島まで、

「偲ぶ会」の上がり写真受け取りに出る。牧紀男京大防災研准教授が小千谷にいると呟いていたので、ほんやら洞はイッタ？と送信。

八文字屋入りは、九時。

寒いし、祭日の火曜だから、坊主も覚悟。すると、すぐに、京楽の友希ちゃん、佐藤寛子さんが来店。さらに、田中君は（苅田→熊大→関学→京大アジア研）の女性同伴。迦陵頻の片山さんが十五日に網野善彦さんの従兄妹の古屋さんを八文字屋に連れて来たいが、八時にいるか？と確認に来る。鹿さんは、今晩は坊主か？というツイートに反応してくれたのだろう。数人連れの高林由美子さんまできてくれてホッとする。「迦陵頻」でサッちゃんの個展をやらせてくれと片山さんに頼む。奈良井さんも来て、十二時には皆引けてしまったが、一時過ぎに「食事出来るか？」と言う学生カップルもいたが、眠いので、断り、横になっていたら、神奈川の美人司法書士が連れの岡本さんと「私の出ている美女写真集は、出てますか？」「何故、私が出る本がないの!?八文字屋の美女にでたいの」確かに一八〇センチはあろうかと云うほどで、大変な美女で、連れ合いも鼻高々だろうが、嫁が高慢風な態度を取るので、役目としてブレーキ役に徹しているようだが、ナカナカ良いカップル。「八文字屋の美女に出たい」という形で、ＴＶを引っ提げた山田花子の、写真を見せたら「私、花子より稼いでいるよ」と言う。

三時すぎまで。

嵐山の宿を取った星野旅館にも僕の写真集が有ったらしく、それも嬉しかったと言ってくれる。兄が、仏壇を開けて、父の生誕百年を祝してくれた、と聴く。感謝。兄も、自分に恥ずかしくない、全力を上げた、自分の傑作を作らねば、後がないはずだが、やはり、日々の雑用に追われているに違いない。家賃の支払いに追われる事がないので、もっと良い仕事をやって欲しい。素人の目先を誤魔化すだけでは、才能が腐っていくだけだ。本人もきづいているのだろうが、如何に恵まれた環境にいるにせよ、あと十年なんかないはずだ。

三時四十五分、吉田へ。四時二十分、帰宅。

二月十二日（水）

十二時半、やっと起床。（段ちゃん、十一時四十五分に来〈ほ〉と夜聞く）

荻野晃也さん二時過ぎに来店。藤田一良さんの本は、後、小出裕章さんが、藤田論を書いて完成、荻野晃也さんの本も、もう少し、一九七九年頃に藤田さんが大阪朝日の「人欄」に出た記事などの資料集め等を終えてから出版との事。中尾ハジメが「荻野さんは歴史だなんて吹聴するが、現在進行形なんだ。終わってない」と力説。尚、意気軒高。

汀子さんが「電動自転車、買ってもらっただ、嬉しいだ」と報告？に来る。

超暇。ネガ・チェックのみ。毎日の鈴木さんから「今週、来週は、ソチ五輪のせいで、連載は休み。週末に、井上章一に会いたいが、プッシュしてくれ。また、細川さんが週末、八文字屋に行きたいと言ってる」とメール。細川さんの事を「大物来八」とFBに記したら、すかさず、義理の息子が「高見山？」と反応してオモロイ。話題に登っているのか？H氏にふると「当日は禁煙？」と来る。

今日もバテバテ。中川五郎さん、新海みどりさん、中尾ハジメさんで四月のわいせつ裁判合宿の打ち合わせをしたようだ。

司津屋にサッちゃんと蕎麦食いに行く。その後、伝票整理を頼む。マロニエにDMを放り込む。

八文字屋入りは、九時。

川嵜さん、奈良井さん、ミルトン、川井遊木さんが居て、遊木さんがすぐ帰り、ドゥニ、中川五郎さんが来て、ミルトンも帰る。ドゥニはワーホリで一年間いるらしい。後は、山上君、段ちゃんが来ただけ。段ちゃんのケータイを借り、姉にTEL。浅利ちゃんにも、Kyoto&Kaiを見せる。早速Kei-KにTEL。近々来店するだろうとの事。浅利ちゃん、徳正寺の茶室見たい！どうしたら、みれるの？というので、掲載紙を持って行ってもらう事にした。十八日に行くと言う。五郎さんが、由布院でライブしたいというので、ダメな場合のために、森元斎に「五月二十日に、福岡で中川五郎のライブは出来ないか？」と打診。即、土日以外は無理と返信。

一時には、閉店。三時まで待てども、客なし。五時まで、横になる。七時まで眠る。こんなにも客なしが続くのなら、潰れるしかない。浅利ちゃんの日で、バイト代はおろか、家賃日割り分の売り上げもないなんて！

二月十三日（木）

ビルの上か下か？の店は午前十時半までカラオケで営業。必死なんだ？四月から消費税が上がり、どの程度、目減りがあるか。Hにウィーンの画像等保存して貰っていたのをCDに焼いてくれと頼んでいたのに、OKメール。

鈴木さんから井上章一さんのTELを教えろとのメール。

鴨川では、明後日の京都鴨川マラソンに備えて、川への転落防止用の柵を設置中。北山は、雪化粧。

十一時十分、帰宅。先ず、洗濯そして入浴。

二、三月は、新規バイト勧誘にはチャンスの時期。何とかしたい。

ダウン。全くもってグロッキーという他はない。

ほんやら洞に着いたのが六時四十分。マリーンも二人来ただけで、他所で集まっているとの事。悪い事をした。後で一人来たが、他所へという。

サッちゃんとうどんすきを食って、彼女は、少し帳簿手伝い。山本兼一さんの訃報あり、FB上に短期間に終わった馴れ初めを少し書く。

九時には、八文字屋。

オイタさんにメール。十二時前、今治のM医師。「青山さんが一年間モントリオールに行っているので、八文字屋の消息がつかめず、心配していた」と言う。自身、奥さんがガンとの闘病との事。「八文字屋で川上弘美さんを知ったが、凄いですね」という。FB友達になる。FB上では、得心いく旧友の保守化への警鐘、対処の記述、また、津村喬さんの宇沢弘文への共感表明も読む。便乗して、P・グッドマン、ウェブレンのことを書き込む。青山友明さんがバライタに柿渋を塗るという興味深い試みを紹介してた。オイタさんは二時前に女の子二人（京都芸大院生&その先輩）同伴。

僕のFBからのオイタさんへの誘いだったので「びっくり仰天した。Sは、ヤサぐれているの?」という。仕事探しの状況説明をする。「最近、大物がどうのと、思わせぶりな事を書いてるね」とFBの事をいうので、細川さん来店予告ですよと言い、それに対する直子さんの保さんとのFBでの応酬の話もする。オイタさんは、イルカがどうだとか、禁煙がどうだとかいうFB上のやり取りは不快だ、人間はそんなにヤワではないだろう、との自説開陳。オイタさんもきつい日々が続いているようだ。来て頂いたからには多少艶っぽい話題をと、中川五郎、奈良井邸宿泊の巻の四方山話もする。

オイタさんが抜けた後も女性二人は、目の前でこっちをお構いなしで傍若無人に一時間以上延々喋り続けるだけなので、体調が悪い（事実でもある）と言って三時二十分には閉店と告げる。実は、四時が閉店。オイタさんが「ユックリ出来るところがあるよ」と連れて来たのだったかもしれないが、朝まで、付き合いきれない。

　昼夜とも寂しい一日。きつい一日。長期不況を見込んでとか、ソチオリンピックのせいではない。根本的な問題があるのは、分かっているのだが。

　村屋にＤＭを届けたが、ここはやはり、必要なしと再認。

二月十四日（金）

　十一時二十分、目を覚ます。変な夢、嫌な夢をみていた。

さて、今日は、どうすべきか？と窓外を見ると打って付けの雪。バテているわけには、いかない。撮影だ。インド写真の整理もあるが。

　蒲団の中で、一時間時間を潰した。早く出るべきだった。

　哲学の道、若王子、永観堂、南禅寺、瓢亭脇、青蓮院、知恩院、祇園、鴨川と転々とする。青蓮院の段階で雪は小ぶり。

　ほんやら洞に入ると、麻美ちゃんは、奈良線不通のために来れてなかったのが判る。

　ほんやら洞には、稲山さん、東京の数学の先生、台湾から同志社の留学生、周君が来る。周君とは、ＦＢ友達。毎日に雪景色の画像を送る。酔人を数人アップ。

　八文字屋では、サッちゃんが、バレンタインのワイン＆チョコをくれる。

　来ると言っていたオイタさん、来れず。

　梶田さん、中芳礼さん、伊藤徹さん（明日の小田ならさんの『小田実を読む会』での発表を聴くために来日）、奈良井さん、段ちゃん、おっちゃん、アイウエオが石丸商店から連れて来た「ネコ」の客のみ。

二時半におわったが、どこにも、ＤＭ持っていけず。ベンチに崩れる。

二月十五日（土）

七時、起床。

二時間ネット。朝から明日の京都マラソンに備えてボランティアが全コースの水溜まりの水をスポンジで吸い上げていたが、その後も、無情にも雨は降り続けている。

ほんやら洞、十時半オープン。二時までのお客は二人のみ。出ようとしたら、三十年ぶりのお客が来たが、二時半は、麻美ちゃんがチケットをプレゼントしてくれて「ティオペペ」にフラメンコ見物。ゴメンなさいと言ってお引き揚げねがった。今日は、小田実さんの文学を読む会があり、小田ならさんの発表らしい。手作り市、京大でも聴きたい久保昭博さんによるダヌンツオを巡る講演もあったが、行っている場合ではない。この三ヶ月、麻美ちゃんに随分と助けられたので、彼女を優先。

僕は、ダンスの発表会など、苦手だが、苦手を克服する努力も、老後を生きのびるのに必要な脱皮の一つかと観念している。

麻美ちゃんに、「アロマヨガ」のeyepillow（目隠し）とチョコを頂く。あとりえまろんの扱っている商品のようだ。ティオペペは、ほんやら洞のスペースの二倍ないのに多くの客から金を取れる商品と設えをしているのに、脱帽。僕なんか、経営者失格だ。バイオリニストのRika Masatoさんと作家の田中康夫さんとＦＢ友達になる。甲府の積雪は、史上最高を記録。リワちゃんところもかなり積もったようだ。

今日も辛い半日だった。毎日、夜は、昼の分を挽回するのがテーマなのに、なかなか旨くいかない。古屋さんを連れて八時過ぎに来るというので、ほんやら洞の客も断って、八時三分に来たのに、「七時三十分と八時五分に来たけど、閉まっていたので、古屋さんは九時四十五分の新幹線で帰った」と片山さんが来たのが、九時二十分。ま、彼女が僕に会いたいという訳でもないので、仕方がない。

龍大の老男若女の両鈴木さんが、一時間居て、後は、片山さんと楠木信一さんが、ちょっといただけで、ほとんど客なし。二十九歳の鈴木さんは、三十五歳くらいの良い男を探しているとのこと。

山根さんが吐いたり鼻水たらしたり、居眠ったりしながら、ティッシュを散らしつつ長時間いる。ナッちゃんは、プリペイドカードを忘れたので、付けにして！と二時半に男と来店。三時半、A社のMさん。

辛すぎる土曜日。史上最低の土曜日。ジャーマン、ティル、森兼さんら、ネパールへ。

閉店は四時半。帰宅、六時二十分。

二月十六日（日）

なかなか寝付けなかった。多分、寝たのは八時頃だった。

複雑で、ダイナミックな夢をみていた。

舞台は、九州（国東？大分の上野？山香？山口の原発の係争地の上関をも上空から見渡せる位置）、京都、アジア大陸が随時入れ替わる重層的平面上であり、ロケーションが離れたり、融合したり、くるっくるっと入れ替わった。時は、今の今。夢でありながら、現実そのものであったり、時間は、四十年間を前後しつつも、錯綜している。

後半は、今春予定している四月二十一日の「わいせつ裁判の合宿」の当日の出来事が展開されるのだった。全く性格の違った会として。片桐ユズルの英語の教授法の研究会ＤＧＭ（Direct Graded Method）のメンバーが前面に出てきて右往左往している中に物語は動く。前半は、僕の俯瞰した視点が何処でもない土地を物色して移動する。人影はないが、そこら中で雪でクルマが追突し、渋滞中のニューヨークの高速道路をカメラは舐めて移動し、突如、やはり人影のない北海道の工場街へ行くかと思えば、豪雪地域の上を獲物を探しながら下る。ぐちゃぐちゃのガードレールを潜ると、豊後水道の手前に出ると、臨海工業地帯があり、その土地の端っこに虫喰いのように並んでいる漁村もある。天橋立のようにも見えるし、カスピ海の様にもみえる。今回の連載の画像はこれで行こうと思う。

どうやら、毎日新聞の連載を兼ねて、僕が何処へ行こうか？　思案して居るようだ。隣にアシスタントがいる。

次の舞台は、仕事にあぶれている日雇い労働者があぶれて居るドヤ街で、その中でも前科持ちだけの組合を作ることにして境界突破作戦を画策している。そんな連中を引き連れて行きたいのだが、連れは、躊躇。境界突破は、危ないと見られていたが、少数精鋭の前科者部隊は、鉄条網突破を見事に成功させる。そこで、暗転して、舞台は変わる。その後はオボロだが、室内にいる。どうやら四月二十一日のようだ。多分、会議場だ。

「合宿会場」は、劇場のような所で、瀟洒な中世のイタリアの建築様式だ。中尾、中川の姿はないが、もう会議は終わり、オペレーションは進行中で、いきなり、岡林信康が自分の小さな子供をいっぱい引き連れて来る。奥さんの京子さんも一緒だ。「歌ってくれるんだろう」と言うとＯＫと言い「リハは何処でやれば良いのか？」と聞くので、劇場の係に聞く。

わいせつ裁判の合宿の会の舞台裏では、会の維持費捻出のために本を出そうと話し合っているのだが、僕は、強行派で、印刷会社の（日経の古賀重樹さんのような）ボスが採算が合わないと、首を縦に振らないのに、僕はこいつの顔をゲンコツでどやし、壁に顔を押し付けたりしている。それを見て周りの昔の仲間は、「カイは変わった」と心配する。出す本というのは、ボロボロの五百ページくらいの稀覯本の複製数百部だ。このくらい算段はつくやろうと僕は力説している。

劇場の最上階には、岡林ファミリーが事態の動きをまっている。

会場の外には「犬を探してる」というプラカードを掲げた浮浪者の子供がいる。名をきくと「村山りう」といういつも、雑誌の片隅に広告に出ている作家名とおなじだ。こんな小さい子だったのか、と妙に感心する。

僕は世間的には秘密の関係を持っているとなっている女性に詰られている。何処かのステーション（ニューヨーク、それも十九世紀末であり、今のパリのバス停でもあり、由布院のそれであり、カザフスタン行きのバスが出る所）で言い争いをしている。僕は女の子と別れようとしているようだ。その女の子は、幸薄いSのようで影が薄い存在かと思えば、山内陽子さんのように前途洋々とした未来を達観している自信たっぷりな女の様でもあり、離婚への決然とした意思をもつAみたいでもある。女の強さに負けず、僕もハッキリした意思があるんだぞ、と思っている。

僕はカザフスタン行きをせっつかれており、バスを探しているところだ。後ろから「カザフスタン語を勉強したんだろう！　今使わないでどうする⁉」という女の声がする。目の前には雪模様のががたる山がそびえている。

「コーカサス！」

何故か、僕は、叫んで中央アジア行きの何台も入ってくるバスの列の中に分け入っていく。バックの劇場では、合宿のミーティングが、岡林のライブが、始まろうとしている。浮浪者の少女はプラカードをもって劇場の前に蹲ったままだ。合宿のメンバーはどこだ⁉ と思うが、目線は空をきる。

ここで、目を覚まし、ヨシ、これを書こうと迷う。

九時四十分だ。今、ほんやら洞に行くべきか、マラソンでの迂回は、今なら、避けられる（午前十時十五分〜午後二時三十分は交通遮断で遠回り）。二、三時間かけて、この、間違いなく面白い夢を忠実に書こうか、と思うが、ほんやら洞へも行かず、どちらも不調を託ち、眠ってしまった。そして、夢もほぼ忘れる。書いていたら、多分五、六時間を棒に振る。

そして、結局、マラソンを見もしなかったし、撮りもしなかった。昨日の心積もりから大きく外れる。

次に目を覚ますのは、十二時。絶不調。

家から出るのは、午後三時半。

原稿に向かうまで、時間がかかる。

ほんやら洞は、どうしようもなく暇。外国人客のみ。

八文字屋も。浅利ちゃんの日なのに、鹿さん、奈良井さん、アドちゃん＆教え子、おっちゃん、のみ。

深夜、植南さんグループが九人来る。

閉店二時半。朴ちゃんは、木村充輝ライブ堪能。

何故か、ひどく疲れる。客が限定されてしまっている。

今日、また、斎藤洋さんの展覧会に行けなかった。フットワークまで悪くなってしまった。

五時まで動けず。六時、帰宅。

二月十七日（月）

寝付けず。ピンチの事が頭から離れず。ＳＯＳを発せず、如何にしてお客さんに来て貰うか？

十年前だったら、二、三月は大学の追いコン、新聞社等の人事移動に伴う歓送迎会のシーズンだった。今でも、それは、あるに違いない。ただ、八文字屋、ほんやら洞を使わなくなっただけだ。惹きつけるに足るキーパーソンが、店に居なくなったという事であり、客の中に店を引き立てるために動く人物が居なくなっただけの話かも知れない。要は、店の魅力の喪失が深く進行しただけの事。魅力を再生出来ないのならば、やはり止めるしかない。

ほんやら洞には、ちゃんと営業すれば、外国人客の確保ができる。根強い伝統がある。僕に代わって働ける人物がどうしても、必要。

昼過ぎ、ほんやら洞に行くと麻美ちゃんが、洗い物をしてくれていた。

iPad不調。

福島から、昨日の京都マラソンで来た病院勤務の男性に「甲斐先生は、何処にいらっしゃる？」と聞かれ、僕というと、握手してくれ、と言われる。

窓外の微光には、春の気配を感じるも、わが身辺には、春は訪れず。

ポーランドからの観光客二人。

八時すぎに、梶田さんが、忘れものを取りに来るというので慌ててきたが、九時過ぎても来ない。本来なら、十時までほんやら洞で原稿書きをするつもりだった。

ま、防災研の牧紀男先生が後で来るといっているから、まあ、よかったと思ったが、結局、「五条楽園で酔い潰れた」とのメールが入り、九時半に梶田さんが来た。梶田さんは一杯で帰る。「それにしても、先日彼女（申さん）は冴えていたな」とか言いつつ自分の青春グラフティに入りかけたところに、倉敷の内山貞和さんの登場で、長っ尻になる。

更に、谷川渥さん&川井遊木さんが加わる。その全員が帰ろうと、消えつつある時点に段ちゃん。コアなメンバーばかりだったが、目指す地点には、全然到達せず。段ちゃん、入れる時は、月曜日、入るよ、よかったら、と言ってくれる。

今日は、ＮＨＫの経営委員会に出ろ、言われて、困ったという馬鹿な夢をみたという話、結構、受ける。原稿書きすすめねば、ニッチモサッチモイカナイのに、ストップしたまま。

二時四十五分、八文字屋で、ダウン。

二月十八日（火）

九時、起床。内海信彦さんを文君に紹介する夢をみていた。二時間うだうだ。

フィルム入手のために、店開店待ちで時間潰し。

ネガ探しのピッチ・アップをせねば。額をどうするかも。インドのネガ探し進展せず。

神林さんから三月十二、十三日辺り、空いているか？との打診。一も二もなく、ＯＫという。

十一時半、ほんやら洞開店。ポトフ作り。

客少なし。玉屋珈琲の社長、久しぶり。

夕方、サッちゃんが、プリンターで打ち出してきたが、グレー・ゾーンが飛んでいる。プリントするしかない。時間がない。

八文字屋、八時半オープン。

龍大の鈴木さん、次いで、本願寺の広報の高林由美子さん&歴々、さらに、内山貞和さんと建松さん&アマゾン親子（昔、別府のマリファナで捕まったリュウホウの身請け人）、チーちゃん、琢ちゃんと来て、ホッとする。内山貞和さんら長っ尻。彼、明日、チーちゃんと昼蕎麦の約束をして喜ぶ。早くおわったら、ろくでなしか、石丸商店にDMを持って行くつもりが、内山さんら二時半まで居たので、あきらめる。チーちゃんは「文藝春秋」を持っていて「この人くる？」と章ちゃんの写真をしめす。「ここにサインしてもらうのだ」とか、チーちゃんは朝四時から滑る母を亡くし満足に練習出来なかった浅田真央ちゃんをリアルタイムで見たいので、それまで起きていると言う。チーちゃんには、タケボウと一緒に写っている写真プレゼント。Kyoto&Kaiも見せる。タケボウが可愛く写っているので、おもしろがる。

〈八〉泊。

二月十九日（水）

八時、起床、ウダウダ。十時、吉田。ネガ探し。ストーブ、点火せず。フィルター洗いが必要か？このクソ寒い時に水洗い。効果なし。

二時間探せども、インドのネガが出て来ない。後、二日の内に出て来ないとなったら、ヤバイ。一眠りのつもりが寒かったせいか？二時間になる。

さて、風呂と思い、バスタブに飛びこみ、ストーブがつかないのは何故か、一瞬にして悟る。一応、高温にセットし直してもダメだった。もちろん、コンロも。

ガス料金を払ってないのだ。

明日か明後日か、中央市場の西まで行かねばなるまい。明後日は、電気料金も営業所まで払いに行くつもり。チーちゃんの真央ちゃん待ち、一日勘違いのようだ。今晩だ。

日向太は、三月十日まで試験があり、三月十四日からアメリカとの事。三月二十七日まで。その後、十日間、西海岸に居る。「店が自転車操業なの？」と心配させる。

サッちゃんは、伝票整理。インドのプリント二十点弱あるのを確認、ホッとする。ポルトガルのカラーも使うつもり。

八文字屋は、浅利ちゃん。内山さんらが来て、適当にやっていると思い、ゆっくり入る。客は、鈴木さん、川嵜さん、鹿さんだけだった。鹿さんは、気を利かせて、ボトルキープ。その後、来たのは段ちゃんのみ。奈良井さんは、浅利ちゃんに十二時過ぎると二度メールを入れたらしいが、姿をあらわさず。

浅利ちゃんは一時帰り、内山さんらは、一時半に来て、彼女が？居ないので、座りもしないで帰って行った。

段ちゃんは、二時四十分までいてくれ、ガーナ風ジンジャージュースを飲んでくれる。彼の電話を借りて、姉にＴＥＬ。彼、職場で腹に据えかねる事があった模様。Kyoto&Kai を見てもらう。やはり、感想は面白い。タケボウが印象的とも。

八文字屋に七時半までいる。

二月二十日（木）

帰ろうと思ったが、大阪ガスに行くには、居たほうがいいと思い、なお居る。

八時半に出発と思ったが、シンドイ。九時半にする。

立誠校前のピンサロには、七人のおっさんが、オープン待ちで並んでいた。前から何だろうと思っていた。思い出してみると、毎度、お馴染みの顔なのが可笑しい。

大阪ガス料金支払いに行ったが、完納されてます、といわれる。ガス漏れか？　確認の必要あるが、その前に、銀行に行き、家賃支払い、それから電気代払いに行く。

家のホースか何処かから漏れていたのだ。二時間ネガ整理。

ちょっと疲れたが、休む訳にはいかない。電話もどっちの店の分も開通させる。

梅の発芽を撮影に行く元気なし。家で少しネガ整理。

京大マリーン十人ほど。サッちゃん、帳簿。ＦＢに消えた画像のＳＤカードの事をアップ、即、鹿さんから反応。早速、今晩来店とのこと。ありがたし。

八文字屋入り、九時四十分。

鹿さん、鈴木さん、森重さん＆同期入社仲間（東京）。段ちゃんとは、三時まで。段ちゃんとの「四月からの新機軸『カイがたり』で人寄せをしよう」とのアイデア弾む。「京がたり・カイがたり」の方が良いか？

パリのエリゼ・クラブからＴＥＬ。九月の第一、第二週パリの「日本文化会館」で僕の写真展決定。日本文化会館写真賞というのが、出来たとのこと。

海人彦の数学試験結果についての自画自賛投稿あり。

毎日の鈴木さんより「井上章一さん、オモロかった」とのメールあり。

〈八〉泊。

二月二十一日（金）

八時、起床。九時半、八文字屋を出る。まず、家で洗濯。D2で米、トイレットペーパー、洗剤等、細々とした買い物。

鹿さんからSDカードの画像の救出の途中経過報告メール、二度三度入る。ほんやら洞で、飯を食い、麻美ちゃんにバイト代の一部を払う。これで、持ち金なくなる。ロサンゼルスの東繁春さん、奈良の神田さんより室謙二さんのアドレスの件でメールあり。ありがたし。浩平からなし。

一時半に立誠校でのW・ケントリッジの作品を見に行く。素晴らしい。グレゴリオでの内山さんの個展にいく。留守。咲希ちゃんかチーちゃんかと昼飯食いらしい。ヒルゲートも留守。キヨさんのダグラスに遭遇。本当は、ユックリ原稿に向かいたかったが、街に出た。

FBでは、浅田真央のスケート賞賛と森元首相の侮蔑的発言と同時アップ多し。麻美ちゃんに六枚？額を拭いてもらう。写真家・カイの名刺を作ったのは、初めて。

八文字屋は、アドリーヌのバイト。梅田のイギリス人、三井寺のアイルランド人、龍大の鈴木さん、サッちゃん、朴ちゃん、一昨日は野洲まで乗り過ごした奈良井さん、三日連ちゃんの段ちゃん、リクエストに応えてくれたオイタさん&箕浦さん&中外日報、ろくでなし帰りの田中君に朗報あり。海人彦にW・ケントリッジがいいよ、とメールをいれると「ありー」と往信。九州、兄姉とも、苦境。ろくでなしにDM持参。アサヒちゃんデート現場。レコレコにもDM持参。ここも、一月になって、ピタッと客足が止まった由。五時まで。

二月二十二日（土）

やっと午後一時、起床。何もかも悲惨。

風呂に入り、ゆっくり、ほんやら洞へ行く。

ほんやら洞の大家の代理人と何度もTELでやりあう。正当な事を真っ直ぐ言うと「逆ギレするのか⁉」と言われる。十五年前に「家賃が高過ぎると判明したら、つまり、不景気になれば、家賃を下げるから、取り敢えず、高めかもしれないが、これでいってくれ！」と無謀な押切方をし、契約書すらつくらず、今日までできているのだ。僕は、家賃を下げないのなら、止めるつもりと言っているだけ。

このシガラミから解放される事はあるのか。

パリのエリゼ・クラブに日本文化会館写真賞の募集要項の仏文を送ってくれるように頼む。

いとうせいこうの「想像ラジオ」をやっと静かに一時間読む。震災絡みとは想像してなかった。

ほんやら洞と八文字屋は、どっちを先に止めるか、出たとこ勝負という感が強し。八文字屋は、後一年で満三十年。ほんやら洞は、このような政治的状況を見越して、危機的状況に備えて予防的ネットワーク作りの場とさえ規定してスタートしており、九〇年代にかなり形骸化の一途をたどり、その段にこのチームを躍動させるためにと思って、ある種の義憤を持って十五年前にカムバックし、数年は盛況裡に営業していたが、結果は、ご覧の通り、原因は、種々考えられるが無惨なもので、余程強力な助っ人がない限りは、その場の維持すら無理と言う体たらく。

十五年前は、余裕を持って戻ったのだが。カムバックした動機の一つだけは、強がりを言えば、息の根を止められてない。まだ実現可能性が残っている。が、それを果たせば、止めよう。

八文字屋は、八時オープン。

これだけ暇な日が続けば、バイトなしの方が、気分は楽。それくらい行き詰まっている。バイト嬢に助平心を起こすくらいでないとダメ？ かも（笑）。オヤジやね！

トップは、武田好文さん、来月にはクララ・レイコさんという女傑デザイナーがパリから来るので会ってくれとか、今、紙司柿本と付き合っているとか迂遠な話多く、つい酒を飲みすぎる。トランスパーソナル研究会と北白川小倉町事件（上里、山田リュウホウ氏ら、マリファナ吸引拘束事件）から免れた偶然に付いての経緯はオモロかった。

次は、直ぐに出て行った海坊主。そして、建松さん&内山さんは「東経一三五度と奄美大島のシャーマンから使命受託について」など、ややオカルティックな話あり。内山さんは、これから、相談相手に成ってくれるか、と言われる。倉敷の（江戸時代の藩）の百三十石取りの家老家の伝統とその重みについて語る。西村玄ちゃんも来て、黙って座って居て、何故かご機嫌だった。最後は柴田明蘭さんと思ったが、さにあらず。西院の写真家の柴田明蘭さんは、三月二日の搬入できたら手伝うと言ってはくれる。二時半にTEL。「今から行きます。後、二時間やってますか？」辛いが、仕方なし。声は山上君みたいだったが、知らない人で、歌人の田中保子さんの娘さんと旦那それに韓国から来日の利休に影響を与えた茶人の研究者だった。三人ともFIWCの韓国での救ライセンターで二十五年前に働いていた人達だった。研究者は、自分を読書人でないと言いつつ、金芝河は、どうして、朴クネ大統領を支持したのか判らない、私が支持し、また、今、韓国で最も影響力があるのは、法輪という仏教者だと言う。

五時半、閉店。辛い、辛い。遅く無理を言う客からやや高めで料金をとるべきか？ 先方が安い！というのを眠気眼で聞きつつ、おもったりする。帰って寝るのが、六時を過ぎる。

二月二十三日（日）

八時過ぎまで、寝付けない。十時に目を覚ますが、昼まで蒲団にいる。

井隼慶人さん、原画をプレゼント⁉してくれる。

四時半オープンの看板を出しそこねる。渡辺浩平さんから室謙二さんのアドレス通知。

ほとんど何もできず。

八文字屋に、早く出過ぎる。

鹿さん、ＳＤカードから消えた部分を復元してくれ、ハードディスクをくれる。誕生日の奈良井さん、一人で来店。

森重記者、佐藤守弘さんはともにベーシストで、これを巡って盛り上がる。今岡記者の件でも、「タバコ屋とタイルの会」話でも。ヨ氏に佐藤さんメールするも、つながらず。森重記者は、忘れ物探しの来店のはずが、長っ尻になる。Kei-K、久しぶりの出町柳の趙君も。

二時、閉店。寂しいもの。

二月二十四日（月）

七時、起床。三時間ウダウダ。

昼前に開ける。

Ｋさんから励ましのメール。有難い。

ランチ、カレーの客がチラホラ。せめて、この倍の客があれば。八文字屋、ほんやら洞のバイト募集のポスターを貼り出す。

明日は、天神さんの梅花祭に行くつもり。

タラタラとお客あり。

原稿全くすすまず、ヤバイ。

山上君来店。サッちゃんは、インクジェットのプリントを少し仕上げる。永山太一さんから開店前のほんやら洞を見ての「甲斐写真記念館」の可能性もありデスね、と感想送信。

八文字屋、八時半入り。直ぐに、ロートルの中村勝さん&河村吉宏さん来店。各一杯飲んで直ぐに帰る。中村さん、不機嫌。楽しめないことがあったようだ。「もう死んでもいい。でも、子どもが悲しむので、死ねない」てな事を言う。僕も九年後には、こういう憂鬱に囚われるのか？ 河村さんは、杖をついていた。

浮田哲ちゃんは、上智大の同級生（六十四歳、ゴールデン街のママ）同伴。ママのテーマは、軍事（戦争）史とジェンダーだいう。哲ちゃんは、日々、学生の面倒ばかり見て暮れているそうだ。彼にTV番組作りは、もう望めない。普通の大学教授に成ってしまった。

温ちゃん、段ちゃんがそれぞれ、チョロチョロと来る。

帰ろうかと思っているところに、冨樫がきて、三時前まで熱弁。

二月二十五日（火）

八時、起床。しんどくて、十一時まで寝直す。

ヨドバシカメラに、インクジェット用のインク、フィルム、現像液、定着液を買いに行ってから、ほんやら洞に入る。

天神さんに行こうとしている段に、「応援に来ました」という男性客二人が来たが、失礼と思いつつ、撮影を優先した。

茶席料千五百円をケチり、外から撮る。どうせもう二回位くるのに、いちいち代金を払っていたら、たまらない。新聞的には、舞妓＋梅＋茶会の画像が欲しいかもしれないが、僕の世界では、ない。

天神さんの入口では、僧侶が「雨ニモマケズとデクノボー」の紙芝居をやりつつ「宮沢賢治と法華経展」（京都佛立ミュージアム kyoto hbs museum）の宣伝をやっていた。吉郎さんの姿を天神さんの近辺に探したが、判らなかった。

辛子明太子を買って帰る。こういう画像をＦＢでアップしたが、まだ、自力で出来ない。操作を間違い、全て、削除するのではなかろうか、という不安が付き纏う。

原稿を書く時間なし。

「日本文化会館写真賞」の存在をフランスの友人に告知するという自力で出来ない作業は、共通の友人でもあり、サッちゃんが、夕べ代行してくれ助かる。

ジェローム・ブルベスさん&エリック・アボカさん来店。ジェロームさんは、来週、福岡に行く。今年の前期は、精華大で集中講義だという。ケントリッジ「時間の抵抗」は、立誠でまだ観れるよと告げる。

ジェロームさんは、三月十六日に、マンガ・ミュージアムで講演。この日から三ヶ月間、彼を含むアニメの合同展。同じく@マンガ・ミュージアム。自分は、自信作でないと言う。七人の内ひとりは、日本人だが、イギリス人ということで参加、あとは皆、フランス人作家。

同女の一回生二人来店。二階で駄弁って帰る。客少なし。

サッちゃん、帳簿をやりながら「FB嫌い!」と言いだすので僕への嫌味? 単に疲労から発するもの? 訳わからないが、イイや! と最近思うようにしている。食事後は、食前の不快な表情は、何処吹く風。彼女は何事もなかったかの素ぶりだ。鴨川をチャリで下りながら、荒神橋にさし掛かった辺りで「フランソワが、死んでからFBが嫌いに成った」とポツリと言う。無口なあいだ、ひょっとしたら、ずっとそんな事を考えていたのかも知れない。それを僕は聞き流す。どういうこと? とは言わない。日々、習い事をし、フランス語も、マスターし、英語にも挑戦し、余力で僕を支えてくれている。そんな女性だ。謎を秘めていると言うべきか。

中島みゆき「黄砂に吹かれて」を思い出させる空は春霞? 黄砂? 後で、中国からのPM2・5と分かる。

イタリア文学研究者の和田忠彦さんにやや強引にFB上の友達になって頂く。僕も覚えていたが、十五年前に池田浩士さんらと八文字屋に行きましたよ、と記してくれる。

八文字屋には、龍大の鈴木さん来店するも帰った後。

咲希ちゃんは、来週、香港での展覧会に出展するので、マロニエに出れず、ゴメン! と言う。大阪の画廊の推薦らしく慶賀すべき事。出来たら澳門に行くつもりというので、アルメイダ通りというのがあると言って、そこがポルトガルの植民地に成った経緯を喋る。今度から、出来たら、木曜日か、土曜日に、バイトを変更したいとの事。

今日は、ジャーマンがネパールから、キヨさんがロサンゼルスから戻る日。

純二&キョーヘイが居て、鹿さんを呼び出す。奈良井さん来店。「風花」からTELには、日向太の知人の京都出身の早稲田の院生を猫撫で声で電話口に出させたかと思ったら、一時間後には、河岸を変えて「猫目」から今度はちょっと調子漕いだ威丈高なTELを寄越す毎日の鈴木さんは「スカパーには、俺と井上章一がでるんだな⁉ ほかは？……そうか、良い写真撮れよ！ あと三回だ」と何やら周辺にアピール。嬉しそう。以降、ケチが付いたわけではあるまいが、客なしで一時半まで。最近会った早崎さんだが、何処の早崎さんか思い出せない早崎さんが三人同伴。有り難し。不思議なカップルの間に分け入って、奥さんと仲良くしたいというおもい見えみえのマッチョ男が、ヘンチクリンな会話に終始。ピンサロの女と関係を持ち続けて、彼女を看護師にしたというが、自慢の御仁の話に加わるように促されたが、巻き添えは嫌、「なあ、マスター！ 人生は良い加減で良いんだろう⁉」というのだ。「そう思いません」と言って無視。こんな奴に諂う店が流行るのだろう。やれ、ペン持ってこい！ 紙持って来い！ 布巾は何処だ？ 水のお代わりだ、といつも自分中心主義。他の連中が、無視しているのにも気付かず。

ある客の田舎の兄妹ばなしに微苦笑。弟が姉を御殿女中扱いする話である。どっかで聴いた事があるような気がする。小説？「女中」は、弟の嫁と話をするにも、全く通じず、貨車ごと「引っ込み線に引っ張り込まれる気分になる！」だとかいうやつ。姉にも、聴かせたい。

二時五分に終わる。三時、八文字屋を出る。

四時、帰宅。

二月二十六日（水）

昼まで寝る。

風呂に入りたいが、時間なし。

春は、やはり、バイトが欲しい。

汀子さん、来店。カレーを食う。

何ほどの事もできず、Sの来る時間になる。

「司津屋」に蕎麦をくいに出るのみ。

四月以降の生活のメドがたたないのが不安で仕方ないようだ。

それはそうだろう、これまで、ずっと石橋を叩いてきたのに、ここに来て、足元が少しぐらついているのだから。防衛策を練っている。僕としたら、僕の身勝手かもしれないが、僕の電子本を作ったりして、活路を拓いてもらいたいが、彼女には営業のイメージがないので、踏み切れない。他人に頭を下げるのが嫌いだから、難しい。理想的には、ほんやら洞で働き、ほんやら洞も盛り上がるのがいいが、そうすると、僕との衝突の局面が増え、「ストレスは多けれど、収入は少なし」と彼女は踏んでいるであろうか？外で収入を確保する知恵が災いと成らねばいいが。そこを篤太郎は、退路を絶ってないとみる。このピンチは、チャンスなのだが。

津村喬さん、峨眉山から帰国。アルマテイの今用さんから、FB上の友達申請。彼は「アルマト」と表記していた。

八文字屋、今日も何時ものメンツ。

早めのオイタさん、奈良井さん、鹿さん、川嵜さん、おっちゃん。ルパンのガセ情報に怒りに来た山根さん。片山さんは接待疲れの果てに何時ものごとく。

朴ちゃんから長谷川さんの訃報確認要請のメールあり。今井ミキちゃんに確認。タケボウ、亮太郎に知らせる。ジローさんは、知っていた。ネット上で、知っている人もいた。

後で四十九日過ぎるまで、家族としては、あまり知らせたくないらしいという知らせがある。

有馬敲さんの日記には、角田文衛さんとの合同パーティについての記述あり。一九七〇年？七二年？　当時が、彼の元気の盛りだったのだろう。キヨさんの旦那、ダグラスも弟子入りを七三年か七四年したはず。七三年ライブハウス「拾得」作りに大工として貢献。心筋梗塞。

原稿進まず。神林さんより、メール。三月十三日四時ごろ、ほんやら洞来店。

亮太郎より詳報。

二月二十七日（木）

八時、起床。九時半、八文字屋発。

隣のピンサロの前には、相変わらず、数人がオープンを待ってたむろしていた。

鴨川で出勤途上のサッちゃんに遭遇。

十時、ほんやら洞オープン。

買い物、洗い物を済ませ、トースト＆ホットコーヒーでスタート。

今日は、ＦＢ控え目で。

昼の部は、外国人客ないしは、外国からの帰国者客ばかり。もっとも、昼間は、ポトフ、キーマカレーを作る。

申芳礼さんが、夕べは、息が出来そうもない感じだったので病院で検査に来たついでに寄りました、ほんやら洞は初めてですと来る。昼見ても美人だ。病院では何処も悪くないといわれたらしく「甲斐さんにはそんな事はないですか？」と聞かれたが、返事できず。いつもそこらじゅう悪いし、苦しいから。Ｗ・ケントリッジ、やはり、音楽も含めて、感動したと彼女もいう。マロニエのＤＭを沢山持って帰ってくれる。赤々舎の姫野さんにも渡してくれるとのこと。ブログを褒めてくれる。

新宿ゴールデン街の「ラ・ジュテ」の紹介で四人のフランス人来店。ポストカードを買ってくれたので、行灯展のポスターをプレゼント。

マリーンは、約十人。

サッちゃん、習字の帰り。帳簿終わりそうなので、行方不明の伝票探し急ぐ必要あり。

PM2・5混じりの小雨の中、八文字屋へ急行。九時三十七分着。

清水哲男さん、八時と九時半と二回来たと、十時に登場。トップは、今朝、ロサンゼルスから帰って来たという山田拓宏さんが、松ヶ崎生まれの竹間学区育ちの彼より少し年配の？女性同伴。女性、二十数年前に京大の建築出身者とちょいちょい来てたという。二人とは、父親や祖父が他人の借金の保証人になって、土地を失った話をする。共にええトコの出。山田さんとこは、紅葉パラダイスの紅葉閣を失った、と。

「笑う種子島」という雑誌？を出したばかりの作家、清水哲男さんは、梶田さんと同級生の井上義雄さんを同伴。彼は「焼きプリン」パパの鈴木隆弥さんの友人（早速、彼に、裏鈴木云々と、メール）。「田中人形」も話題。清水さんは、森恭彦さんの中学の後輩で「森さんは、僕の事なんか覚えてないとおもうが、恐ろしく、出来る人だった。お父さんも、上品で」と述懐。天文館の秋の青空写真展に僕の写真も展示させろとも、鹿児島の知事等、ノーと言うと思っていた人もOKで、今、恐ろしく盛り上がっている、とも言う。中川五郎、カナモリコウスケもだすようだ。「世界の建築家、高崎さん」の事も知っていておかしい。清水さんは、明日も来店。僕は、ご母堂、清水千鶴さんの「日々訥々」の出版を心待ちにしている。これが素晴らしいのだ。鶴見さん、瀬戸内さん、ドナルド・キーンと同じ歳。

清水さん来店と同時に、植南草一郎さんが自店、先斗町「いろは」の店に入った後、従業員の女の子一人連れて来る。

急に暖かくなったせいか、ほぼ同時に、一挙に八人組も入る。

京大の防災研のグループだ。釜井俊孝教授に、二、三ヶ月前の忘れ物を預ける。長坂大京都工芸繊維大教授、つくばの井口隆先生も居て、喜んでくれる。

ダグラスからキヨさん探索のTEL。後でキヨさんが来て、彼女に、彼にTELするように言う。ロサンゼルス、シアトル、シリコンバレーでの個展の可能性を語るが、暫く放っておく。

「天皇教徒」の冨樫が、Lucというモナコの写真家を連れて来る。ヤクザの事務所に写真を撮らせろと行くような男。些か、気を許し過ぎたかも知れない。キヨさんと手をにぎり、彼女がぼくの頭にチューしている写真を撮らせろといい、酔っ払いのキヨさんのなすがままのツー・ショット写真を撮らせる。「僕のお母さんの前の恋人は、アラン・ドロンだ!」とほたえている男を連れて来ているまでは可愛い所もあるが、偽史も真しやかに語るのには、反吐が出る。冨樫が神秘主義に走るのは、止められないようだ。こういう層が、徐々に厚くなるのかと思うと、ウンザリ。なにが皇紀二六七三年だ! ユダヤの使徒が流れ着いて日本を作っただと! 世界一の金持ちは天皇だ、だと! ひどいもんだ。

冨樫は、きっちり、Lucに払わせていた。彼は、二、三年チャンと働いて、一ヶ月の新婚旅行に行ける結婚をするんだ! と怪気炎をあげる。

今日の客の入り方、珍しく、これに若い女性が三、四人いれば、ほぼ最盛期の八文字屋のノリを髣髴とさせるものがあった。遅く開けたのに。

石丸商店にDMを持って行く。

「巴里野郎」の新オーナーの守永マキ? さんに会う。名刺紛失で、不正確。三月四日に来て、歌ってよ!と、つい、酔って口走る。

帰宅、四時半。Luc &冨樫と過ごした時間を後悔しながら、寝る。

二月二十八日（金）

八時半に起きたが、寝直す。

悪夢。

不調、何も出来ず。室謙二さんより、メール。ハイデルベルクのヤスミンさんよりハガキあり。

清水さんは、午前中に、ほんやら洞でビールを飲んで行く。

十時からやるべき事、何もできず。

ルネで角田光代さんの「私のなかの彼女」を買ってほんやら洞入り。

八文字屋で飲みたいので宿を紹介しろ、てなリクエストもある。夕べは盛況で楽しかったと書いたから。ほんやら洞では何もできず。中京郵便局へ大谷誠さんへの写真集送りに行く。

八文字屋には、オーストリア人二人と、東義久さんが友人といた。それから、一時間以上客なし。後は、清水さん、奈良井さん、山形拓史さん、段ちゃんが来て、清水さんが散々撮影して帰った後にアドリーヌが帰り、最近絡み勝ちのアイウエオを追い出す前に、モリモリ&田中カイジさんが来て、アイウエオとごちゃごちゃしている内に皆帰る。

モリモリが二時過ぎに戻るまで、寝て待つ。モリモリ、「握手してくれ」だの「俺がこの世で二番目に甲斐さんを愛してる」だのいう。

三時、閉店。

月

三月一日（土）

八時半、八文字屋にて起床。

ほんやら洞入りは、十時半。

昼までのお客さんは、三人。

室さんのメール、携帯などを日向太に伝える。

午後、やはり、外国人客のみ。

サッちゃんが来たところで、プリントの額入れ始めるも、九時になっても終わらない。

土曜日で少し暖かくなったので、小雨でも客足が見込めるので、というわけで、なんとか、八文字屋は、九時四十分にオープン。

　梶田さん、オイタさん、ソルボンヌ大学のAlexandre Gefen同伴のエリック・アボカさんが直ぐに来て、女性四人組さらに、同級生連れの片山さん。女性陣の中には、二十二年前は京産大生だった山田順子さんがいたが、判らなかった。一緒に地球屋に行ったことがあるとも言っていた。大将軍住まいの二、三度目のやはり、一九七二年生まれの女性もいた。皆、同じ歳。オイタさんは芸大院生を呼び出し、河岸を代える。

　ほんやら洞にリュックサックを忘れての出勤だった。

三時閉店。そのまま、寝る。

三月二日（日）

吉田で一眠り。三シーンだけ覚えているが変な夢。

詳述は止めるが山田順子さんと仲良くしようとしている。テディベアの縫いぐるみ等を作っては売る仕事をしているカップルとアパートの上下で住んでいるのか、シェアハウスして居るのか判らないが、カップルがズケズケと入って来るので、嫌で鴨川に出る。そこへ、中国帰りのBakuがやって来た。川べりの手すりの上に跨がり、いちいちどのお土産は誰に？とバケツから出していたら、お土産が四条河原の真下に落ちかかったのでお手玉しているうちにBakuは、何故か四〇メートル下のコンクリートに頭から落下して、あっと言う間に救急車が落差も難なくやって来て、川端通りから現場の川中まで到着するも、頭がグチャグチャ。そんな夢。

一時半、ほんやら洞入り。午後、電話が、二十〜三十回鳴りっぱなし。大家だと思い、出ず。

三時、サッちゃん来て、額にプリント入れ。額入れは、サッちゃんの独壇場。

五時、オイタさん来店。ＭＫタクシーでマロニエに運んで貰う。

マロニエの搬入、七時四十五分に終わる。

珉珉でオイタさん、サッちゃんとで食って、オイタさんと八文字屋へ。

浅利ちゃんしかいず。十時過ぎに高辻知義さんよりＴＥＬ。元気か？新しい美術館の館長になった、また、知恵を貸してくれ、宮崎出身の従兄弟の黒木某が同志社の副学長ではいった、という。後で、奈良井さん、段ちゃん、モリモリが来て、終わり。〈八〉泊。

三月三日（月）

八時半、起床。

「展覧会に寄せて」を書く。キャプション＋略歴も。以下のとおり。

《マロニエ展のキャプション》
一、ベルモンテの丘
二、アルファマ（リスボン）の子どもたち
三、マドリッドの労働者
四、リスボン名物イワシ焼き
五、アルファマの魚売り
六、リスボンの電車道
七、グァルダの農夫
八、グァルダ郊外の屋台の看板娘
九、カルカッタ・チョンロンギー通りの路地裏
十、チャイで一服（チョンロンギー）
十一、ゴア近郊でのアヒル出荷現場
十二、カルカッタの巨大洗濯場（甲子園規模）
十三、コーチンのウミンチュ（チャイニーズ・ネット・フィッシング）
十四、ベルモンテのマラーノの葬儀行列
十五、カルカッタの女子高生
十六、カルカッタのいざり男
十七、チョンロンギーの果物屋

十八、カルカッタ近郊のジャガイモ売り
十九、カルカッタの鶏の競り市場
二十、ボスティ（カルカッタ最大のスラム）の子供たち
二十一、カルカッタの羊売り
二十二、ゴア近郊の露天商
二十三、ムンバイ郊外でのシナゴーグ案内人
二十四、カルカッタのアラブ人街
二十五、ボスティの子供たち
二十六、コーチンの子供たち
二十七、アルファマの美少女
二十八、ベルモンテのシナゴーグの向かいの子供たち

「マラーノ学者随行記」展によせて

マラーノとは、一四九二年にスペインで発せられた「ユダヤ人追放令」以降、世界に離散した「隠れユダヤ人」のことだが、心身ともにピンチにあった僕は、小岸昭京大教授に誘われて一九九七年と九八年にスペイン、ポルトガル、ドイツ、オランダ、インドの各地のマラーノの足跡を辿る旅に随行する機会をえた。この小展は、その旅の副産物であり、その旅そのものに関しては旅の主宰者の小岸さん、その盟友の徳永恂さんの成果をご覧戴きたい。僕も少し協力しえた「十字架とダビデの星」（ＮＨＫ出版）という著作もあるにはある。

それはともかく、この旅は、信じられないとよく言われるが、僕の初の外国旅行でもあった。以

降、異なる時空への「見果てぬ夢」の旅を試みることが多くなり、今もこの夢の途上にある。一例を挙げれば、この旅を通じて個人的には、フランシスコ・ザビエルの腹心のマラーノであるルイス・デ・アルメイダと五百年以上前の故郷、由布院焼き討ち事件や杵築市の鶴成・馬上金山との関わりについての発見をし、楽しい仮説を抱くことにもなった。この仮説提示もまだ夢の途上だ。

この旅のお陰で、リスボン、コーチンの魅力に開眼し虜になっただけでなく、様々な旅への煮え切らぬ思いを断ち、自身の中にフンギリが生まれ、今や、軽やかにヨーロッパでの写真展の旅に出れるようになった。成長したと言うべきか。

その意味では、マラーノ学者達との旅は、僕にとって記念的な旅であった。

ギャラリー・マロニエでの「マラーノ学者随行記」展は、その旅の愉楽、懐かしさの一端が多少でも滲み出ていれば、と願う。同行のエンゲルベルト・ヨリッセンさん、米井力也さんは今はこの世になく、旅の先々での二人の呑んだくれぶり、喋り捲る姿は思い出すたびに脳裡に、瞼に浮かび鮮明となる。度外れな行状のヨリッセンさんをはたから見つつ、細見和之さんが「怖いよぉ〜」と震えて発する言葉の数々も懐かしい。また、帰国後も、柄にもなく楯突く僕を優しく包み込んで来てくれた小岸さんの眼差しは忘れられない。いつか、この愉楽の旅を小岸さんとまとめたい。

僕は長年、京都の片隅で喫茶店やバーを経営しながら、背伸びに背伸びを重ね、写真を撮り続けてきた（今なお、モノクロ・フィルム写真撮影続行中）。

一九七二年から今日まで、マトモな就職もせず、モノクロ写真を二百万コマも撮り続けるのは、結構、至難の業であった。自らの生活、家族のことも顧みない男のそれを可能とし、支えてきたのは、家族、バーのお客等、友人諸兄達であった。

いまなお、文字通り、山あり、谷ある日々をおくっている。

今回の個展を演らせて戴くのは一種の奇跡といえる。
「甲斐応援団を結成しよう！ その記念的個展を」との声援に乗って、うわっ調子な個展を開いて仕舞ったのは、いささか慚愧の念にたえない。準備不足な個展を二年続けて企画して戴いたギャラリー・マロニエさん、本当に助けられて、今回の個展がある。衷心より感謝します。

二〇一四年三月四日　甲斐扶佐義

《甲斐扶佐義　略歴》
一九四九年　大分市生まれ
一九六八年　同志社大学法学部政治学科入学（除籍）
一九七二年　岡林信康、中尾ハジメらと喫茶「ほんやら洞」（出町）オープン
一九七三年「中川五郎フォークリポートわいせつ裁判を調査する会」事務局従事
一九八〇年　中山容、ニコラ・ガイガーらとともに「出町国際交流センター」オープン（三年で頓挫）
一九八一年「第一回出町ふれあい広場」提唱（事務局長）
一九八二年　京都市経済局中小企業指導所の商業診断に従事（一九九一年まで）
一九八五年　ヤポネシアン・カフェバー「八文字屋」オープン（現在に至る）
一九九七〜九八年　京都大学総合人間学部特別研究員として、インド、ヨーロッパの調査旅行
一九九九年　ほんやら洞カムバック（現在に至る）
二〇〇九年　第二十二回京都美術文化賞受賞
二〇一四年　転身を模索中
主な海外展は、パリ、コネチカット、ボストン、ジュネーブ、ベルリン、エクサン・プロヴァンス

など十数回、国内百回以上

《主な出版物》
路地裏の京都（道出版）
京都猫町ブルース（淡交社）
Beautiful Women in Kyoto（冬青社）
京都の子どもたち（京都新聞出版センター）
など

そして、十一時前に、徳正寺に行く。浅利ちゃんに預けて届いてない掲載紙持参。「末井昭さんの弟が持って来て呉れて貰いました」と章子さんから聞き「遅くなってすみません。邪魔かもしれませんが、置いていきます」と言ってかえる。すでに、第三者の手でもたらされていたのだった。浅利ちゃん遅し！でなく、ぼくが遅かったのだ。

十一時半、ほんやら洞オープン。昼、チョロチョロと客あり。

木須井さんより糺の森のスポット紹介記事でインタビュー（三月二十七日、夕刊）したいと、メール。三月十日の午後二時@ほんやら洞取材。

確定申告の作業、月曜社の原稿書きの時間が残り少ないと、ひしひしと感じる。サッちゃんにブログを送ろうとして、二月分全部をうっかり消してしまう。奈良井さんに再生法を教わる。iPadに翻弄された一年だった。

毎日新聞に「天神さんの梅」送信。午後、ＴＥＬの鳴りっぱなし。

四時すぎ、永澄さんよりメール。ロベルト・ユンクの息子、ペーター・ステファン・ユンクが阪大(国際公共政策研究科准教授)の木戸衛一さんと共に八文字屋に九時に行きたいと言っていると。

今晩は、段ちゃんに入って貰う予定でゆっくりしてから、確定申告の作業をやるつもりだったが、八文字屋に急行。帳簿作業、ほとんど進まず。パーティの案内メールも、DM投函もほとんどできず。

予定通りの九時の永澄さんのTELより二十分後にユンクさんら登場。Kevin Machughさん(ピアニスト、アコーディオニスト)という日本語の達者なアメリカ人も一緒。

ユンクさんの開口一番の感想は、

「おお、父の書斎みたいだ!」

そして、Kevinさんも続く。

「ここに、ピアノがあればな〜」

ユンクさんは、三十四年前は、父親のほんやら洞訪問時は母も一緒だったのか? と聞く。

ハジメさんと一緒に百万遍の「梁山泊」で鍋をつついたが、奥さんは居なかった。

木戸先生のユンクのどの著作を知っているのか? という質問には

「『千の太陽より明るく』と『原子力帝国』だ」

というと、その著作の間の「廃墟から」が、生々しい広島の惨状の描写があり、これが、ヨーロッパに「ヒロシマ」を訴える決定的な役割を果たした、この克明かつリアリティーに富んだ描写を可能にしたのは、シアトルで出会った小倉馨さんという爆心地に居たインフォーマントの存在があったからだと木戸先生が教えてくれる。小倉馨さんの奥さん(小倉ケイコさん、現在、七十七歳)は、今なお、広島市で健在で、反原水爆運動にもコミットしている。

ペーター・ステファン・ユンクの家系は、写真家の家系で、自分の妻(Lillian Birnbaum)も写真集が三、四冊ある写真家という。母方の叔母さんのEdith Tudor-Hart（一九〇八～一九七三）は、とても有名な写真家。彼女の弟のWolf Suschitzky（一九一二～？）も写真家だと言う。ペーター・ステファンさんは、奥さんとともにパリのバスティーユの付近に住んでいるとも。九月の日本文化会館での甲斐個展には、必ず見にいくので、連絡が欲しいとメールアドレスをくれる。写真集は、何処で買えるかと言うので、ルネ、ジュンク堂を教える。「日本文化会館写真賞」のことを言えば、良かったかも。

写真のことで盛り上がったので、三島憲一さんの「Uber die Welt von Kai Fusayoshi（甲斐扶佐義の世界）」を見せると木戸先生はコンビニにコピーに走る（ほんやら洞通信〇一三号）。明日のオープニングパーティにも顔を出すが、それまでにロベルト・ユンクの写っている本かプリントを探せないかと言うが、時間がない、七月に立命館の末川平和ミュージアムに来る時にプレゼントしようという。明日は、木戸先生が祇園案内。

彼らが帰り、これで終わりと思っていると、河原町三条の「花政」の藤田修作さんが祇園、宮川町遊びばかりしていると吹聴する大阪からの「文久」（花政は、文久年間からの花屋なので、飲み屋の名としては、それを取った）客を連れて来店。一時半まで。

三時まで、八文字屋にいる。三時半、帰宅。

三月四日（火）

九時、起床。

十時半、ほんやら洞入り。

ネットを二時間弄り、「紙司柿本」の奥さん向けにＤＭを放り込んで、マロニエへ。キャプション付け。

　ギャラリー祇園小西に新聞掲載紙を持参したが、三月八日まで休みだった。

　ダイソーに色鉛筆、芳名録を買いに行く。

　二時半～四時二十分までほんやら洞。藤田弁護士の奥さんから届いたハガキ確認。宮台真司とFB上で繋がる。魚焼き、ジャコ天切りを忘れる。出町の豆腐屋さんの木野下でコロッケ五十個買うつもりが、休業だった。慌ててマロニエに戻り、八文字屋で烏賊を焼いたり、ジャコ天を切る。パーティの飲食物の用意不足が気になるが、気にしないことにする。

　留守中に、加須屋明子さん、佐藤能史さん、西田勝彦さん、川添洋司さん、長谷川つゆ子さん等の記帳あり。

　HATAOは小樽に居てこれず。中村勝さんはTEL通じず（少し心配）、森恭彦さん、鈴木マサホは先約ありのメール。奥野卓司さんは「マロニエとは？」と言って来たので、こっちは早とちり、今日来るものと思ったが来ず。佐藤守弘さんは、ちょっと顔出しをすると言って来て、鎌を持った「シナゴーグ案内人」がいいな～と感じいったという風にいう。

　マロニエの方は、二十人程の静かなパーティ。もっとワインなどを用意せねば、と焦っていたが、その必要もなかった。

　荻野晃也さんは僕からの今日出したメールを見て「藤田弁護士を偲ぶ会の写真の礼を言いにいかなあかんと思っていた矢先なので」と来るが、誰も知った人がおらんな～と淋しがっていたので、大山崎山荘美術館の学芸員三人（高見沢さん、上野ヶ丘出身の芦刈さん、遅れて川井遊木さん）、佐藤守弘さんを紹介。草葉裕さん、オイタさんは、結構、ご満悦。申芳礼さんは友人と、黒島千佳ちゃんは、粋なツマミ持参。麻美ちゃんも二人の子供を連れて来る。川嵜さん、毎度トップの吉田孝光さんは例年通りのホストがわり（八文字屋のベストホストはオイタさん）。村田真一さん、柴田明蘭さんも、去年見て呉れたアパレル関係の方も。木戸先生とペーター・ステファン・ユンクさんは遅く、浅利ちゃんは、沢山の KFC を差し入れ（徳正寺から預かったたけもとのぶひろ解題の上山春平『憲法第九条──大東亜戦争の遺産〈元特攻隊員が託した戦後日本への願い〉』《明月堂書店》）の本も持参。これが末井昭？さんの弟さんの仕事だろうか（発行者は、末井幸作さんとあり）。東義久さんは、八文字屋とマロニエを行ったり来たり。キヨさん、浅井さんは顔をださず。

八文字屋は、人数、その層も多彩。

井上章一さんは、八文字屋へ来る。山上君、マロニエには間にあわず、八文字屋に来たが、今晩、夜行バスで上京とかで、直ぐに帰る。チーちゃんは、八文字屋には勝負服？を服の下に隠して。荻野さんは、村田真一さん、吉田孝光さんらの前で、電磁波論を熱っぽく語るかとおもえば、井上章一相手には、研究者一筋の者と、教育者を兼ねた研究者との違いについて宇井純、小出裕章も引き合いに出しての熱弁。井上章一さんの熊取論もあり。

岡西さん、永澄さん、竹村洋介、ティル、ディラン、ロイ、ディランの友人三人、写真集「ツー・ショット」ではカウンターでの K-shot で有名な安田利玄君、ペーター・ステファン・ユンクも。記念撮影は女性のみとなった。チーちゃんは、井上章一のサインを井上さんが登場している「文芸春秋」にして貰うも、記念撮影では、勝負服披露せず。ティルらは、記念撮影のために来て呉れたらしかったのに、後で気づく。が、確定的にこれを使うと言えないのが、辛い。ティルには、ペーター、井上さんを紹介する。さて、毎日新聞がどの画像を選択するか、微妙。

三時前まで、柴田さんいる。帰宅は雨の中、四時。

十八時間立ちづくめ（九時間飲みっぱなし）の一日が終る。

三月五日（水）

いよいよ追い詰められた。

三時半まで家に居て、これからハードな一週間の闘いに備えて、鋭気を養う。精々、風邪をひかんようにすれば、いいか。

夜の十時近くまで、マロニエにも行かず、八文字屋入も遅らせて、去年の確定申告書類を探した。朝方も家では、分類していたネガの山も突き壊し、突き崩しし、発見のスピードアップを図ったが、部屋中ぐちゃぐちゃにしただけで終る。「インド」「ヨーロッパ」「アメリカ」の仕分け山？ 崩しまでして探しても虚しく（もう家だけでもここ数日集中的に漁った）棒に振った気分に陥ったが、諦めず気分を取り直してのほんやら洞二階探索も空しくガックリ。明日で諦めよう！ とFBに向かう。もうあと一日だけでやめじゃわい！「後は野となれ！ 山となれ！」だと自分に言いきかせながら、探索の手をアーニャが整理してくれていた紙袋に挑む。すると、なんと七〇年代何十本と出町周辺を撮った8ミリフィルムが出現した。去年〈下二〉のAの亡父が設えてくれていた書庫に離婚後も預けっぱなしだったのを処分してくれ！と言われ、大量の本を何回にも渡って回収した際に、最後に、この缶の中から大量のカセットテープにまじって出現したものの、もう観ることはないと観念し、断腸の思いで捨ててしまったと思っていた8ミリの残骸数本だ。捨てたことを三月八日放映の番組制作のスカパー！の加藤さんに喋ると「勿体ない、あれば『ほんやら洞の甲斐さん』に活用出来るのに！」と言われた代物だ。その時これが出て来ていれば、ワンズコーディネートが一本位DVDに変換してくれていたかも。出町の「明都美教会」と記された8ミリフィルムには出町のこの教会でのスーパー反対闘争の大衆団交を撮影した記憶があった。決して賞められた出来ではないのは、分かっているが、やはり、一本でも残っているのは、今となっては、嬉しい。ここの天理教はどのようにして大きくなったかについて語る出町郵便局のお婆さん、橋本ふくさんの一九七八年のインタビューメモも今日掃除中に発見、偶然と言えば偶然。語弊を恐れずにいえば、谷口先生らの出町活性化行動の一環としての地域の歴史探訪が、やや皮相に終わっているのは、この時代（この三十年）の決算をちゃんとしていないからだと想う。問題点は谷口先生の問題ではなくまた、この地域に限ったことでなく、日本の近現代史教育の脆弱さと見あっている。僕自体もほんやら洞の総括を終えていず、今、その作業中なので、言えた口では、ないのだが。

現像処理済みの8ミリが何本も出て来たのを八文字屋入の前にFBに少しアップしたら「えっ！」と麻美ちゃんから「去年かどうか知らんけど申告書類なら、電話機の上の紙袋にあるよ」という書き込みの反応が入った。そんなトコに有るわけないわい！と思いつつも麻美ちゃんのいう箇所をさがしたら件のものが果たして有るではないか。急に、ちょっと腰砕けになった、この三週間、苦労に苦労を重ねた俺の探索の何十時間は一体何だったのか。逆に散らかすことになった大掃除は、全くの徒労だった。この時間を書下ろしに充てれば、月曜社の仕事は、それなりにカッコウはついていたのに。

八文字屋入りは、十時半。

龍大の鈴木さんは、去年の、教え子と共に来て帰ったあと。奈良井さんは、途中ですれ違ったが、先方は気づかず。きけば、やはり、相当疲れていた模様。昨日も、カウンターから、崩れ落ちていた。

高林由美子さん（今日、山の上の、レストランで井上章一さんに会って来たという日経の記者同伴）、純一&恭平連れの鹿さん、川嵜さんがいた。後で、種智院大学出身の今治と島根（祝部さん）

のお坊さん二人、段ちゃん、冨樫がどっかの神道系の教祖さん（？）に貰った「表彰状」を持って来る。Lucと来た日の日乗に書かれていることは心外「俺は、長谷川さんの！追悼に来たんだぜ、あの！記述はない!?」と表明するために来たが、まず、その表彰状で捲し立てる。俺は思っているママ書いたと言うと、彼も、なら納得と。冨樫は、四時過ぎまで。

三月六日（木）

九時半、八文字屋に寝ていた。

夕べの確定申告書類出現で、清々しい朝を迎えられた。この一事で、こうも違うのか!?

五時間しか寝ていないのに。

十一時にほんやら洞へ。

客を入れたら、出れないので、closedの看板を出したままの営業。ネットのチェック。

二時には、マロニエに向かって出て、三月書房で立ち読み。

昨日、キヨさん、ピーター・マッキントッシュさん、浦田千紘さん、新谷有里さん、グレゴリオの本郷敦子さんも来たようだ。今日は、サッちゃんの友達の瀧本さん、武井さんが来てくれたが、すれ違いだった。元京都芸大教授の佐野賢さんとは喋る。「郭さんには会ってますか？　来てない!?　スッカリ、世代交代してしまいましたね」と少し寂しそう。元西武の森井さんとも会う。

六時に慌てて、ほんやら洞にもどるも、マリーンは、休み。

八文字屋、八時半オープン。十一時半になっても、客はゼロ。ほんやら洞もゼロだから、辛い。一日で二万円借金したのと同じだ。深夜、六百円のために二時間、三時間と開けていることなんてザラだ。こういう仕事をなんと言ったら、いいのか！

去年の三月十五日発行の黒川創と加藤典洋の福岡ユネスコでの講演録「考える人・鶴見俊輔」（弦書房・fukuoka Uブックレット３）を面白く一気に読む。

僕の鶴見さんとの出会いはたまたま見た夕方のニュースで「イントレピッド４」のＴＶ上での会見報道を見た衝撃の後、高校の図書館で「プラグマティズム入門」（社会思想社教養文庫）に出会ったことから個人的な関心を持ち始めたのだった。京都に来て、まさか、同志社の教授としらず、さらには「展望」の明治維新百年記念特集の竹内好・色川大吉との鼎談で出会い直し、溜飲を下げ、エネルギーを貰うことになった。さらにその一ヶ月前の「展望」に発表された『退行計画』には、また、違う感動してしまった。その余勢で、大学を一気にやめて仕舞うのだった。自分の自堕落を正当化するのに役立ててしまった。それで今日まで来ていると言えば、言える。それに先行した同系列の作品「かるた」「苔のある日記」「戦争のくれた字引」を加藤典洋さんは取り上げていて、オモロイ。『退行計画』を発表直後、従兄弟の鶴見良行は、「イントレピッド４」で鶴見俊輔さんは、ちょっと退行して『退行計画』を書いたのではないかと勘ぐった事があったと本人から聴いたことがある。それと前後して漫画全集を筑摩から出し、その印税全てを「週間アンポ」とホビット作りに投入したのだった。その全集出版のアイデアを出したのは、山田慶児だったらしい。「北米体験再考」という僕が凧を持って岩国の海兵隊基地沿いの海岸道を歩いている写真を扉に使ってくれている岩波新書に対する呵責なき批判者は、やはり、良行さんだったそうだ。その頃、僕は、「日本の百年」「転向（上）」の序文などへの鶴見さんの執筆にもいたく感服し、いかれてしまい、「鶴見フリーク」になったものだ。

九州での悲喜劇がこの二、三日演じられている様子を聴くにつけ、世界と言わずとも、日本社会は、完全にイカレテしまっておるると痛感する。これと戦わねばならない時だというのに、なんと牧歌的な事を微に入り細に入り、言っているのかと腹立たしい。もう終わっている世界だ。これは、出町でも同じだろう。日本近代の悪しき遺制と見合う情緒なのか？　叔父さんが亡くなった後の情けない身内のタワイモナイ歪な駆け引き（？）にも、それを感じる。

十一時四十分、元ラジオカフェの坊さん崩れの福井さんが来て、ずっと下を向いてケータイを弄る。頭を上げたかと思えば「林業女子会」がどうのこうの、限りなく独り言に近い思いの吐露で喋り掛けているつもりのようだ。「八文字屋からスターを出さんとアカン、簡単なことで、それが俺の仕事で、よく頼まれたりしている。郡上に割り箸屋があって、そこの女の子を竹ガールで売りだしたいんや」凡そ、糞。

彼が帰った後で両子寺の寺田豪淳師来店。中川五郎ライブ＠両子寺を打診。可能性大。

二時に寺田豪淳師は帰り、三時二十分、閉店。四時、帰宅。四時半、就寝。

三月七日（金）

十一時、起床。

山田慶兒の二著作（SURE）を読み耽る。

ルパン訪問、ほんやら洞の片付けの進行チェック、帳簿作業進行、月曜社原稿かき、毎日新聞への原稿送付、iPadチェック等全て棚上げ。

二時、霙の中、マロニエへ。

キヨさんが来て、九四年版美女の英文コピーに行って、戻って来たところ「あら！　来てたの!?」と言って、菜の花、タケノコ（糠も）、バケット、パテ、桜の花漬、の差し入れ。「明日か明後日、竹中健司さんという版画家が、くるので、会って下さい。彼のＴＶ番組があるらしいのよ。できたら、カイちゃんも一緒に出たらいいと思うの。彼と、カイちゃん、臨済宗のお坊さん、精進料理の棚橋さんがセットで、七月にファンデーションに申請して基金を得て、来春、ロサンゼルス、シアトル、ボストンでやりましょう」と言って、六月には、自分も還暦になり、母も八十八歳になり、もう家を処分して、フロリダの介護施設に入って貰うと言う方向で、動くためにまた、アメリカに行くので、その時にいろいろ決めて来るとも言う。「多くの人にカイちゃんのポストカードを一枚ずつ配り、協力の約束を取り付けてきたから」「今晩、行けたら、ダグラスと八文字屋に行けるかも」

彼女がくれたバケットを一人で食べ、ほんやら洞へいくので、と言って別れる。

そこに、中山登美子さん来店。「最近、浅井さんに会っている？」「Ｗ・ケントリッジの映画みた？見てないわよね」等々ひとり喋り。彼女、いつもの通りだ。ほんやら洞に戻ると、サッちゃんが「浅井さんが四時～四時半に来るって、急ごう！」と言って慌ててバス停に向かう。

ほんやら洞で一仕事片付けて、マロニエに急行するも、サッちゃんより、早く着く。帰ろうとしている浅井さんに遭遇。

この間のアメリカ行きのスケジュールだけ聴く。「パリの日本文化会館、オープニングパーティがあれば、いいのにね、ライデンとパリは、共通の個展？カタログを作るのなら、応援する人は多いと思うよ」もう二ヶ月前に、そのことを言ってくれていたなら、もっと違う何か動きが出来ていたかもしれないが、時、既に遅しだ。そこにサッちゃんが来ると「パーティをやりましょ、私も宛名書き手伝うわ」と浅井さんは、再度言う。彼女「作品は売っているの？」と聞くが購入意思ありやなしや、疑問。サッちゃんとは「なか卯」に行き、そこで別々。

マロニエの後の四十五分の間には、誰もこず。今回は売るため、現金収入を目指したが、無惨におわりそう。

七時、八文字屋オープン。

アドリーヌは、八時十五分に来る。いつも、こんな感じで来てるのかな、と思う。直ぐに、ディランが友人のアーロンさんと来る。そして建松さんが来て、オカルティックな話を展開。

奈良井さん、おっちゃん、「里絵ちゃんファン」の筑波の長さんが友人二人連れで「八文字屋が潰れているか確認」に四年半ぶり。段ちゃんには、同志社自由大学に触れた山田慶兒さんの本を見せたり、鶴見さんの詩を読ませたりする。段ちゃんも、最初めんどくさそうにしていたが、途中でおもしろがり、甲斐さんは、このリンチ現場に居なくて良かったとか、言う。僕は、新宿西口地下広場の集会を目指して上京したが、もうそれは収束して、房総半島でネオダダの「因幡の白兎」の加藤や兄とプラプラして、自由大学に責任を持って参加せず、その後、任錫均さんに出会うのだった。段ちゃんと喋っていると、朝日のMさん来店。毎日に「岡村氏の島根での後輩が、京都へやってきた。美人ですよ。機会があったら、連れてきます」とのこと。二時半、段ちゃんが帰った後、玉屋珈琲の社長が、東京の安藤さんを連れて久しぶりに来る。

閉店、五時前。六時半に寝る。

三月八日（土）

十時半に起きたが、一時まで、蒲団の中。

それから、ほんやら洞。原稿、帳簿、ともに進まず。奈良井さんが来て、一階のトイレと客室の壊れていたレール付き遮壁を修理してくれる。

四時、マロニエ入り。

鈴木マサホが来て、三月三十日にキエフで馬淵幽明を偲ぶ会をやるけど、仲はよかったか？とだけ言ってツー・ショットを撮って「吉田神社写真」よろしく！と言って、帰る。樽門豊さん、友人二人同伴。「甲斐さんに、あと、望むのは、九条の会に、瀬戸内寂聴さんと、呼びかけ人として、名を連ねてもらいたいだけです。そうすると、かなりな影響力が生まれる」と言って帰る。

信楽の奥田陶生さんくる。りわちゃんと訓練校の同期生だ。カラープリントを欲しい、特にリスボンの電車道、と言ってくれる。

八文字屋、七時オープン。

同志社生&早稲田生の吹田市での中高同級生来店。二人とＦＢ友達になる。

奥田陶生さん、ほんやら洞で陶器展を四月十九日からやる事にした。キヨさん&ダグラスが、結婚三十五周年記念の食事を済ませて来店。道新の小川直樹さんの友人四人来店。

ＮＨＫの森下光泰さんが友人二人同伴。奈良井さんが、スカパーを見せてくれる。

一時半に亮太郎来店。四月十日～四月二十二日はフランス行きとの事。

三時閉店。〈八〉泊。

三月九日（日）

八時半、起床。

二時間、昨日のスカパー「ほんやら洞の甲斐さん」オンエアー情報を拡散作業で潰す。

ちゃんと営業中、と出せば、お客はあるに違いない。

疲れて、いかんともし難い。パリの西川氏には、スカパーの評判良好。

二時になっても客なく、マロニエに向う。カゲロヲが帰ったあとだった。東義久さんの友達の吉田光夫さんが、ちょうどきていた。控室に座って本を読んでいる最中に、キヨさんが僕と一緒にサンフランシスコに連れて行こうと計画している版画家の人間国宝の竹中健司さん来たようだが、声をかけないで帰っていった。写真が気にいらなかったのかな？　亮太郎は、ダンサーの山口惠子さんとくる。「アバンギルドで、ラジオかなんか、甲斐さんにでて貰うイベントを作ろうと夕べも考えていたんだ…」という。亮太郎には言わなかったが、本が出た時がいいかも。

西川勲さんに、コレージュ・ド・フランスの教授が上村淳史さんの絵を買いたがっているのだが、仲介してくれないか、と頼む。その前に、井村アートギャラリー、石橋圭吾さん、永青文庫にメールをいれた。ちょっと声をかけすぎか？

選ぶ方からすれば選択肢が多いほうがいい。僕が右往左往することはない。

結局、マロニエは、一点も売れずに終った。バイト確保作戦も不発。奥田陶生さん、浅井さんが、欲しいと言ったまま。奥田さんは、カイカラーは珍しいので、それすべて欲しい。ポルトガル、スペインはいいね、と言う。浅井さんは、暖かい眼差しに包まれる感じがするので、と。

搬出は、温ちゃん、咲希ちゃん、呑海龍哉さんが手伝ってくれた。咲希ちゃん、今日から、西石垣通りの立ち飲み屋で、バイト、スタート。

八文字屋は、これ以上ないほど、暇。温ちゃん、呑海さん、温ちゃんの友達、奈良井さん、京都は今日で最後の朴ちゃんで終わり。朴ちゃんは窶れた顔で「甲斐さんも林さんも、こんな悪い世の中ともっと戦わんとアカン」と言い残して行く。お母さんが不調で、お母さんの手は望めないとの覚悟以上のものをひめているに違いない。朴ちゃんと浅利ちゃんはラーメン。

呑海さん、職場が四十五億掛けて、新装オープンでハードな日々が続く中、六月一日〜六月十五日、ほんやら洞で写真展「眼差し」をやりたいという。

一時に終ったが、咲希ちゃんが、バイト終了後に来るかもと、待って居る間に寝崩れる。誰も来ず。

三月十日（月）

六時二十分にiPadを開くと「さあ、カザフスタンに、いつ来ますか？」との今用さんからのメールが入っている。これを見て、二十程の「いいね」チェックを済ませ、寝直す。

脳天気な夢のオン・パレード。

ごろ寝旅行さなかで眠っているとはいえ、荒くれ男との雑魚寝の言わば、衆人環視のなか、セックスを済ませ、早朝のマーケットに行き撮影三昧。道端で洗面器の中の洗濯物を絞っているおばさん二人の周辺にウロチョロする生まれたばかりの犬と子猫が、たわむれており、撮っていると犬が顔を舐めにきた。顔を背けたさきに「初カシワは、どうですか？」と可愛い声で連呼をする三、四歳の男の子がいた。どうやら錦小路のようだ。餅つきの釜の上に幾重ものセイロが乗っているおクドにハッピ男が押し付けられそうになって周囲から罵声がとんでいる。神輿だ。となりには、二、三人の男が倒れている。餅を丸呑みするイニシェーションで、のどを詰まらせて死んでいる青年だ。

この路地を撮りまくる。

さらに猥雑な群衆の中にグイグイ入って行っていく幸せな夢だった。

ゴロゴロしながら、六月にカザフスタンに行こうと思い定める。その前に、いちど五月二十日前後に大分に帰ろう、と。

外は、雪。いつまで、続く？　この寒さは。

いまにもチェーンが外れそうなチャリでほんやら洞へ。

外では、ずっと雪が舞い、お客は来そうもない。

二時に木須井さんが、来店。約一時間、お喋り。その後、原稿に向かえばいいのだが、ピッチが上がらない。ルパン見舞いに行きたいが、今、風邪を引きたくないので、止める。

小倉紀蔵さん（の今夕、京都新聞の現代の言葉）によれば京都市には、現在、外国籍の人が約四万人在住。留学生が七八八三人、教授は五七九人だという。京都市国際交流協会のスタッフの「対等目線」をたたえていた。

今日、段ちゃんが来てくれるか、確認していなかったので、八時頃、ＴＥＬが鳴り、段ちゃんの可能性があったが、嫌なＴＥＬの可能性もあり、出ず。

八文字屋に向かう途中、やはり、チェーンが外れ、押して行く。

八文字屋には、段ちゃんが洗い物をして、スタンバイしてくれていた。柴田明蘭さんが五十一歳の洛北高校出身のお兄さんと既に来てくれていた（お父さんは、昭和八年生まれで鴨沂高校卒。北沢さんより、一級下）。やがて、Foil の山上君、村屋客で鶴橋出身の映画関係者（パギやんの知人ともいう、元維新派）も来て、山上君と喋る。シグロのこともよく知っているとか。東京での取材帰りの森重さん来店。山上君が今岡記者を知っているとかで、森重さんが今岡記者に、来ないか？と誘いのＴＥＬ（八文字屋から、今日で三回目）をいれる。

暫くして、井上義雄さん＆鈴木隆弥さん＆男女も来る。彼らと喋りたいが、キヨさんが来て、竹中健司さんは、「見た」と言っていたという。シャイな方かも。一九七〇年生まれで、摺師でもある。キヨさんの話の切れ目で後ろに行こうと思っていたが、遂に後ろへいけず。

柴田明蘭さんと入れ代わりに、鹿さんが来て、Ｗｉ Ｆｉを使える。鹿さんもスカパーを見てなかった。最後に大阪の河合塾の新井勝憲さんが「八文字屋を潰さないでよ！」と応援ボトルキープに来店。キヨさんと会話に成らない会話を小一時間続ける。

皆さん、八文字屋を応援してくれるお客さんばかりが糾合した。

三月十一日（火）

六時、目を覚ますが、八時半まで寝る。

起き上がったのは、十時。

夕べのように応援方が多いのだから、持ち堪えるべく努力、気力をしっかりしよう。

明日夕方、ＤＶＤが届くようにすると加藤さんより、メール。

菅孝行さんから署名要請のメールあり。田中宇ちゃんのウクライナ情勢分析のニュースを津村喬さんがＦＢでアップ。これと内海さんの感想は、少し食い違う。

チェーン外れのチャリを押して、営輪まで。故障箇所も直し、二千九十五円。

午後、日向太が来たので、山田慶兒さんの本を二冊あげ、今、問題になっているウクライナ情勢分析に関して田中宇ちゃんと内海信彦さんの解釈についての書き込み、両方見るように言う。

サンフランシスコでは、日本領事館に行って、領事に会うようにキヨさんが言っている事も告げる。余裕があればで、いいよと言う。浮世絵等の摺師の人間国宝の竹中健司さんらと共に、領事館で写真展の企画が持ち上っているとも。

日向太の今日のニュース？は昨日、アメリカ留学行き挨拶で松本総長相手に英語のスピーチ十分敢行、総長が英語が出来る、苦労が多いのか、髪が白くなっていたわ、の報告。

山田拓ちゃん来店。お隣さんから、明日、トユを直すのに、おたくのを頼んでいいか？と言われる。

今日も辛い日だった。八文字屋は、咲希ちゃんで、僕が着いたときは、龍大の鈴木さんが帰ろうとしていた。次は、清水忠さんが、「ムーラン」「月明り」と呼ばれているという、染色科出身の元精華大生（村上菜也子さん）同伴。彼女の先生は二年前位に京都美術文化賞を受賞した、忠さんの京市美大の同級生の麻田脩二さん。彼女はよく和服で顔を出すが、宮川町筋の近くの安食《あじき》路地にアトリエ兼住居を持つ照明器具を作っている。ナッちゃんの友達でもある。

二人はフランソワの帰りと言う。彼女の最初の作品を一乗寺時代の「屯風」の頓平が買ってくれたのを心に深くとどめている。頓平は、十二月いっぱいで、百万遍を撤退して、四月に近衛通り東大路東入ルの空き物件で新店舗を出すことを決めた、施工は、元聖拙社のヤッサン（安田）。安食とは祇園辺りの地主さんの名。ムーランさんに今年の「都をどり」のポスターのモデルの舞妓さんは月（ルナと読む）と聴く。

鹿さん、夕べも来た「映画人」とやらの野口君（咲希ちゃんに会い、もう一度会うために一旦、出町柳まで歩いて行き、引き返して二度）来る。というのは「咲希ちゃんが個展のＤＭをくれたから」という。近藤和見とも親しい元劇団維新派所属。

月曜社に、一月十日から書いた十八枚の原稿は、少しテイストが違うと思いつつも、送らないではおれず送る。ついでに、一月〜三月のブログを送ると「甲斐さん、先走らないで下さい」と神林さんからのメールが入る。

二時四十分に閉店。

三月十二日（水）

今日は、ルパン見舞いと安食路地見物に行くつもり。

ハジメさんと立ち話。窶れ具合をＦＢに記すと、夕方、サッちゃん「カイさんも同じよ」と言う。

お隣のトユ工事ついでに、こっちのトユ付け替え、屋根の上に滞留泥土の処理を職人がやってくれる。一万三千円。

ＤＶＤ、月曜社から原稿のゲラ届く。

日向太の知人の母、客。日向太がきて、焼きうどんを作る。

あじき路地見物に往く。

祇園小西は、個展延期で休業。古川町の講殿さん、魚屋のおっちゃんも休業。ルパンのヘリングも開いていたが誰もいず。近衛通り東入ルの屯風（オデン店）候補物件も見る。

浅利ちゃん休み。八時半オープン。ＮＨＫ大阪のディレクターからＴＥＬ。四月十一日全国放送で、桜について喋れるかと。少し頓珍漢な話をしたかな？

円山公園の桜、高野川の桜位言えば、よかったか。酔いすぎ。この時点で全国放送に出るか出ないかは、死活問題だったか？　いや、「青春のほんやら洞」？「ほんやら洞の青春」？を出せば、メディアは正面から来る。チャラチャラする必要なし。日銭に困り、さもしくなっているが。

梶田さんが、「黒兵衛」のたこ焼き十筋のお好み焼きの差し入れ持参。鹿さん、奈良井さん、段ちゃん、博覧強記の秀才、中国文学者（？）福島亮太の青土社からの新刊を巡る講演会帰りの永澄さん、ＡＢＣの西村さん、京大人文研の古川准教授らを同伴。新井勝憲さんは河合塾の荒川さん（権四郎で二十七年前によく一緒だったらしい元京大同学会委員長）らを同伴。深夜、一時半頃ボチボチ閉店と思っていると、西成にいた裸足の日雇い労働者、坂口浩一君が、新居浜の本屋で鶴見さんの「北米体験再考」を発見し、買うといったら、くれたと語る。三月十五日に南区の「NPO社会労働センター・きずな」で「米軍基地に反対する済州島・カンジョン村の闘い」と題して講演開催報告。やけに絡み酒の青年とともにフライヤー持参。

閉店は、三時。

三月十三日（木）

八時半、起床。

雨の中、八文字屋からほんやら洞へ。

手の痺れあり、母と同じか？ ちょっとヤバイか？ との思い、脳裏を掠める。

ほんやら洞に、十時十五分入り。iPad の充電器取りにゲラを持って吉田へ。銀行にも。

朝から二回TEL。出ず。NHKの可能性があったが。

昼、家に帰り、ゲラを少しチェック。

二時半から麻美ちゃん入り。

月曜社の神林さんは、四時来店。

大筋、合意。まずは、草創期だけに絞る。枚数には、拘らない。写真、資料、ノートも盛り込む。今直ぐ、神林さんは、取り込めないので、僕が六月いっぱいで、納得行くだけ送る。カザフスタンや外国に出るまで。オランダ展には、欲しい。神林さんは、W・ケントリッジ展を観に行く。夕方、雨が上がって、ホッとする。

マリーン、連絡なしで、誰も来ず。

伊吹文明の脱原発言及で自民党内でも波紋を呼ぶ。

ほんやら洞で、DVDの画像を流す件で神田さんが、プロジェクターを貸してもいいよ！と言ってくれる。助かる。鹿さんは、デッキを貸すと。

サッちゃん、毎日に画像を送る作業。あじき路地の参考画像も。

ムーランさんにTEL、十五日午後一時約束。

音の出ない八文字屋には、十時前に、龍大の鈴木さんが、卒業式後の教え子を四人同伴で一安心する。無口で、ラジカセから低音量の中島みゆき、浅川マキを鳴らしながらビール一杯を呷って？行った不明老人、さらにヘリング（モッチが看板書きで客増加報告）帰りの片山さんは瀬戸内晴美の「美は乱調にあり」がどうの、古屋さんがどうの、借金一億あれば怖いものなしとも「俺がしてないのは、離婚、殺人、詐欺のみ、ああ、燃える恋をしたい」とほざきつつビール一本。坊主でないのが救いか？

ノルマに未到達。一時で、客なし。二時まで、スタンバイするも、虚しい。

二時半、帰宅。

三月十四日（金）

九時、起床。

大分でも、夕べ、地震、結構、激震。

NHKに出る事になった。四月十一日。

エール大学のウィリアム・ケリー先生は、四十二年ぶりに来店。エール大学で個展をやろうと言ってくれる。

九時に八文字屋に入っても十時半まで客なし。仕方なく、ゲラ・チェックを少しやり始めたところ、NHKの田島さんから「やはり、四月十一日全国放送の『夕方・日本』（？）という番組に出てくれ」とのTELが入り、ホッとする。今日は、スンナリ受けると、気分は浮き浮きしてくるのだった。鴨川で桜見をする人を撮るというのが、良いという。桜撮りの写真家は、別途、起用の模様。

姉にTVの事を報告。夕べの地震で向原も震度四あり、箪笥の抽斗が飛び出たりしたという。兄から安否を気遣うTELも何も入らなかったというので、笑う。笑うと叱られるかな？ 兄の所もそこそこ被害があったのでは？

両子寺では、瓦が落ちたりしているのを寺田豪順師は、FB上でアップしていた。伊方原発と上関の原発の中間地点の豊後水道が、震源地だ。瓜生島沈没の大震災から四百十数年になる。ボチボチくるかも。その時の地震で由布院の大きな湖が埋まり、今日の由布院が出来たのだった。温湯左馬之介、ルイス・デ・アルメイダの事を想起する。

十時半に、京大のイタリア人留学生、七人くる。鹿さんら七人来店。奈良井さん、段ちゃんのみかと思って、ゲラの一部や鶴見太郎さんの「座談の思想」の中の中江兆民の「三酔人経綸問答」の件を見せていたりすると、川井遊木さんが登場。一杯飲んで帰る。そして、外から「こすると消えるゲルインキボールペン・フリクションボールノック」というペンを買って来て呉れる。僕がいい加減丸く太くなった色鉛筆の筆跡を見ての事だ。段ちゃんとは、四時半近くまで、飲み、〈八〉泊。

アドちゃんを目ざしてきたのは、奈良井さん、鹿さんの友達の純二だけなのは、やはり、ちょっと寂しい。最近の傾向。

三月十五日（土）

大分に余震がないかとTELするも出ず。夜に大分の余震なしと知る。

今日は、あじき路地の取材。十二時すぎ、上島で、サッちゃんと落ち合う。ムーランさんが、個別のショップ全て案内。何処もちゃんとした店で、ここでも、わが仕事と比較して恥じ入ってしまう。珉珉で、チャンポン、焼きそば、食う。

ワッキー、小保方問題に事寄せて、理化学研究所を批判する内海信彦する論法（スタイル）は不快だ、と僕のFB上のシェアに書き込みを入れる。理化学研究所の成り立ちからの批判だ。現研究員としては、そうだろう。

ほんやら洞に戻り、毎日新聞連載分、全て送る。

久しぶりに、ライデンの白藤さんとメール。五郎ちゃん、両子寺ライブの可能性を案じ打診メール。「アドちゃんに会いに行きたい」とも記す。

夕方、仕事、手につかず。睡眠不足も手伝い、自堕落に過ごす。「Kyo」の源泉徴収書類出てこない。残念。大分の姉、地震の被害の片付けで、疲れたのか、早い段階で寝てた。

夜の八文字屋、八時十五分入り。(二人目の子が出来る)井上やっさん、久しぶりのオイタさん、ニュートロンの石橋君の友達、不明関東人のリバータリアンの四人が九時半の段階。追いコン帰りの京大シネ研の十一人の登場でホッとする。ネパールから帰国後初のティル「林はまともなオジサンになったぞ、今日、来るんちゃうか」と。インパクションの深田さん連れの杉村さん「西川、連絡取れん、どうしているのか？　メールするように言うてくれ」と言う。僕としては「批判的な言辞を鬱陶しがっているだけだと思う」と言う。また、ガタリの「人はなぜ記号に従属するのか」（青土社）を訳出した模様、フライヤー持参。「パリ大全」のも。シネ研も消え、ダウンしている所に坂口君顔を出すも「北米体験再考」に、写真あった。どっちか分からんがと言いに来たが気をきかせて早く帰る。閉めようとする所、ハエちゃん来店。「甲斐さんが、元気でいてくれたら、いいんだ」と言ってくれる。感謝。小保方さん問題に新情報付与。なるほどと思う。今晩の京大の理学部の魚系とハエ系の合同会合開始時にイントロとして、ハエちゃんは、頭脳警察の曲を流したという。ハエちゃん、京大の竹本処分反対闘争があったのを知らなかった。時代は大きく変わったのだ。

両子寺の寺田豪順師よりメール。「高校生以下は無料は可能か？ 準備するものは？ 謝礼少なくてもOKか?」パリの西川さんも「井村さんの名前は?」メール。

五時半、帰宅。

三月十六日（日）

十時、起床。

風邪気味。リアル過ぎるエッチな夢をみたが、書かないでおく。エッチから、遥かに遠ざかっている。

ほんやら洞には、三十年前のお客さんがまだ有ったのを喜んで、息子さん連れで覗く。

呑海龍哉さん、来店して、六月一日から六月十五日までほんやら洞で写真展をやりたいという。

キヨさんから、メール&TEL。三月十八日に竹中健司さんのTV番組を作る人と、アメリカ展の「黒幕（へぇー！ そんなんがいるのか）」に会いに行くと言う。カリフォルニアの領事の名刺等は、明日、八文字屋に持参と。

由布院では、中谷健太郎さん、溝口薫平さんの傘寿祝いパーティがあったようだ。

確定申告書類の記帳で一日が終わる。安倍ちゃん、やっと、支持率、五〇%をきる。それが、当たり前だ。でも、当たり前がまかり通らない世に成って久しい。

八時過ぎに、久しぶりにダバダ火振（高知の栗焼酎）を買って、八文字屋へ。

内山さん、段ちゃんが居て、内山さんが「今日は客席に座れ」「オレは、このママと生涯を共にするんだ」といい、しばらく繰り返し乾杯ばかりしているところに永澄さんからTELあるも、なかなか姿を現さない。滋賀からかな？と思っていると、やがて、高橋幸子さん、竹内裕子さん（竹内好さんの娘、僕と同学年）とともに来る。高橋さんは先に帰り、高橋武智さん、知人の写真家の話ばかり熱心に喋る。僕と竹内好さんの出会いは、一九六八年四月号の雑誌「展望」（四月号）の「明治維新から何を学ぶか」特集の鶴見俊輔さん、色川大吉と、竹内好さんの鼎談であった。その時の印象は、鶴見さんが圧倒的だったが、竹内好ファンになったのには変わりない。五月三十一日に、「竹内好を記録する会で、山田慶兒さん、吉田富男さんらのインタビューをするのに、ゆっくり出来る所が良い」と言って、徳正寺に打診する約束をする。他には、秋元大輔君が来ただけ。

内山さんが泊りなので、五時半までいて、エアコンを切って帰る。

三月十七日（月）

五時半、八文字屋発。六時、帰宅。

十一時まで寝て、キヨさんが、明日、東京へカルフォニア展のために人間国宝の竹中健司の番組を作る東京のテレビ局のプロデューサーに会いに行くのに、是非、僕の「路地裏の京都」を見せて渡したいというので、ルネに買いに行く。金がないけど、仕方なし。

一気に春めいて来た。黄砂？で昼間も、比叡山、如意ケ嶽も見えず。大変な時代に成ってきた。

税務署に行き、その足で竹内裕子さんに代わって、徳正寺に五月三十一日に、「竹内好を記録する会」のために、会場提供のお願いに行き、快諾を得る。「法要のお経を環境音楽として、受け止めてくれるのならば」とのこと。税務署が終わると、やはり、毎年開放感でいっぱい。戻り、早速、メールするも応答なし。夜、TEL。三十分前に帰宅との事。京都には、他の世話人が居るかとおもったが、誰もいない。僕が動くしかない。

今福さんの個展にギャラリー・ギャラリーに行く約束を忘れる。

お隣さんが、トユ工事で出た泥入り袋をふたつ放り込みにきた。処分しろと。自分で袋詰めに来いといったが、取り込み中だから、と断る。トユ代一万三千円というので、四月十日まで、待ってという。

三時半に来るNHKのTさんの来店に合わせて、桜写真探し。Sも面接帰りで、合流。二時間打ち合わせ。強引に桜への思いを語らせようとする。ありがたいが、少し不安含み。やるしかない。

四月十一日「夕どきネットワーク」午後五時十分〜五時二十八分の間の十八分の内の五分。平野神社を撮る水野克比古と抱き合わせ。もう一人、未定だが、写真家か何かがいるかもと。まだまだ、手探りなんだろう（夜、八文字屋にTELで、鴨川だけでなく、御所でも撮るかもと）誰か知人の家を訪問出来ないか？とも言われる。田中国男さんの名を出す。NHKにスカパーのDVDを貸したのをあとのTELで良かったと。

毎日の鈴木さん、連載の最終回に陳腐な画像を出したいというので、ノーと言う。「今週、八文字屋の営業めいた写真、他のメンツが、ノーというのを押し切ったのだ、俺の苦労も分かってくれ！ゴチャゴチャした八文字屋の店内画像が東京の新聞の紙面を飾り井上章一が解説したら、もう、それだけで、成功なのだと僕は思う。ギリギリの所で頑張っているのを分かってくれ」とメールで言って来る。彼にとっては、これをやりたいがための一年だったのだろう。念願がかなうわけだ。後は、一冊にすることだ。

志津屋で蕎麦。六時でも、明るい。S、僕が生活をかえなければ、また、ウダツが上がらなければ、徒らに時は去り行くのみ、自分の人生を生きたいと。今年が、決断のとき。家庭を持ちたいと。外国生活をするのなら、別とかねてから言明。京都にいて、燻っていたくないのだ。現状に鑑み、諦念が沸々と湧いてくるのか。

四月十九日からのKG+のDM作り案、固める。

兄姉も、DVD見た、姉は、良かったと言う。兄は「森山に言って、四、五枚焼かせろ」と言ったとか。

七時五十分に八文字屋には即、大阪のなっちゃんの紹介の新潟の二十五歳と二十七歳の新潟薬科大の同級生、横山達也君、森山和也君が来店。川上力三さんも山本新太郎さんと来店。力三さんの「京都の古民家」というスケッチ画集を貰う。神戸大学の職員は、原田潔の店の常連で大和屋でも聴いて来た、先斗町の「ウォッカバー・中西」では、三室さんに会った、池田知隆さんの「大阪自由大学」に出入りしているとも。

後は、段ちゃん、ダグラス&キヨ。キヨさんの日本語の先生は、トーマス・ライトさんの奥さんの「ゆうこ」さんとは、初耳。中西陽子さんの元連れ合いの石橋君、《キュピキュピ》の「狂わせたいの」等の映画は、二人の家を舞台の撮影も。「美輪明宏のろくでなしを唄ったりする分島麻実さんは、知っている？」ときいたが、ピンとこないようだった。「世間は狭い！」とダグラス。「ダグラスの教え子をほんやら洞に誘導して」というと、これまで、そうしていたが、開いてなかったと。キヨさんは、七月にアメリカへ展覧会のために行けるかというので、勿論、ＯＫと言う。彼女のシミュレーション、ちょっと、希望的観測多し。江口久美さんが来て、四月いっぱいが締め切りで、「工業技術会」という学会の発行するフリーペーパーに、原稿料なしで、「かわりに、飲みに来るし、九月発行だから、九月以降のヨーロッパ展の宣伝をしてもらっていいから、発行部数も多く配布先も多岐に渡り、いい宣伝になると思うので是非、京都論、フランス論、フランスで受けている評価等についての自慢でも何でもいいからパリ、京都での写真を交えて二、三ページ分を好きなように埋めて下さい。私が、編集長です」と言う。最後に公認会計士の中村政温さんが来て「甲斐応援団への誘いもないわ、来ても閉まっているわ、でもう潰れたのか、と思っていた」とずっと心配してくれていたと吐露。その後、日本近代史では、何が真実か分からないと正直なことを言う。何も教わって来なかったので、教えて欲しいと、明治天皇は替玉だという奴もいるし、何が真実か分からない、どうなっているの？百田尚樹の「永遠のゼロ」の映画、涙が出るほど、オモロかったが、百田の何処が問題か指摘して欲しいと言う。「甲斐応援団」の今後がどうなるの？アテにしていたAさんは、Kさんのもたらす情報で、今では、全くアテにならないものと判断したことの経過を端折って説明する。彼自身も最近、詐欺にあった話をする。Tにも、四十万円投資しているのに、音沙汰ないとの話も。

彼が帰った後に、彼は慶応出身と言うと、江口さん、私もそうよ、もっと喋れば良かったと言って、彼を引き止めようと追いかけたが、彼の姿は消えてしまっていた。

二時、閉店。

三月十八日（火）

五時半、起床。一時間書物。七時十五分、八文字屋発。

やはり、朝方も、比叡山が見えない。一気に暖かくなったが。

七時四十分、帰宅。午前中は、眠りたい。八時、春雷。小雨模様か？

寝たまま、夢か現か、ＴＶの桜論で、消費社会批判、記号従属社会批判、天皇制批判、権威主義批判、限界芸術論に基づいて、生の日常語で喋ろう、とか、徳正寺の三十一日は、自分が手伝うべきか、Ｓに出番を提供するチャンスか等々考えていた。


十一時半まで寝ていた。

今日からが、色んな意味で勝負。生活にメリハリ、グラデーションを付けねば、Ｓも去って行くだけだ。六月には、今年の終わりを見通せねば。その意味では、ＮＨＫなんか、楽々クリアせねばならないのに、協力方の思惑、どうも色良くない模様。最終的には、無様でも、一人でやっつけるつもり。


ペーター・ユンクと来たケビンさんよりメール。ＦＢ上の自分の音楽を聴いてくれ、お前の写真、大好きだと。江口久美さんから「夕べは、ありがとう」メール。

勤労意欲湧かず、疲れきっている。何とかせねば。iPadの充電器が探し出せず、直ぐ切れそうなので、今日は久しぶりに、余り、触らない。いざ、大切なメールを送信せねばならぬ時に、電池切れなんて、いやだから。沢朱女さんのアドレスを登録しただけ（彼女にも、個展を依頼しようと思っての事）。

店では、何度も、ほぼ三十分置きにＴＥＬのベルが鳴るが、無視。

角田光代さんの「私のなかの彼女」を読み始めると、少し楽になる。

ほとんど客がこず。来た客がランチというと、まだ、と断る。「あー、カレーのいい匂いがしている」と入って来て言っているのに「カレーなら、できますよ」の一言が出ない。ああ、ヒドイ！

七時頃、疲れてやって来るＳにあわせて、タコライス、スープをつくり、待つ。

Ｓに五月三十一日の徳正寺の裏方、場合によっては頼むよ、と言う。丁度、ヒルゲート展の最中だ。

撤退の準備は、全く進まず。ゲラを済ませることが先決。「青春のほんやら洞」出版で一変させる。そのために集中しなければ。状況は、ある意味では、凄く恵まれている。そう努力もしてきたが。

八時半の八文字屋、咲希ちゃんが、コスモスで買って来たのか、カウンターで、独り白飯を食っているのを見て、焼き魚、カニコロッケをどうぞ！と提供する。夕べ、川上さんは、「ファニー」にも顔を覗かせた由。NHKのTさんから、折り返しTEL呉れ、との伝言があり、する。荒神橋も、高野橋も、まともな読み方を知らないディレクターで、びっくり。それで、京都担当が務まるのだなあ。福井市出身と言っていたが。美貌と押しがあれば、大丈夫ということか。優れた面もあるのだろう。

九時半、最近は、来てもため息ばかりついている片山さんが、細木数子の家に出入りの高松市の岩佐仏壇店の二十七歳のイケメンの息子を連れてきて、桁違いの中国での商売の話「香木の麝香、キャラ（樹齢何千年の沈丁花の変種？）がいくら、真贋次第では、何十億になる」云々と吹いている間、咲希ちゃんにゲラを少し見せたりする。「中尾さんって、すごかったんだね〜」とポツンと一言。岩佐仏壇店の息子と咲希ちゃんは、同じ町出身の同期と判明。四月十八日は、香りの日らしく、息子さんの誕生日、僕と同じだ、てな与太話は延々続く。飲み屋の辛いところ。片山さんは、相変わらず、時折、得意の溜息混じりにこの若者と喋るかと思えば、突然、自分の下の息子にTEL。訓練校で陶器をやっているというので、絵付けの佐々木花菜ちゃんの話をする。まあ、お客が鬱憤を晴らし、それを海綿でチューと吸い、他所向いて、パッーと吐き出すのが、飲み屋の親父仕事か。

姉に、息抜きTELすると、僕が、両子寺の中川五郎ライブに行く！と書いたのが、伝わっていたようだ。

十時半には、山極寿一さんが、研究室のDの坪川桂子さんという古門前の縄手東入ルのお祖母さんの家に住むゴリラ研究者同伴。アグミちゃんの結婚相手が六十八歳のイギリス人の間では、名うての元プレイボーイ（でも、アグミちゃんは、手の平に載せている）だとか、イサムの見事な生き方、国分寺の「ほら貝」の流れから、「ダムハウス」が出来た事、さらに、ビートたけしとの対談話から、川上弘美さんの酒好きの話に及ぶと、「あ、あの人は、お茶の水女子大だ」と割り込み、古屋和子話を振り、暫く、片山さんが、食いついていた。先程までは、帰ろうとしていたのが、尻が椅子にくっついてしまった。「瀬戸内寂聴を読み直しているが、凄い」と唐突に近々のマイブームらしくモチネタ披露。ナンノコッチャ！と思うことも、度々。彼は商機をいつも伺っているのだから、オモロイ、と言えば、オモロイ。

そこへニュージーランドからのワーホリと、留学生の五人組来店。うちの二人が、京都で、この店が一番好き！と言う。二、三週間前から二人は、チョクチョク来店中。

山極寿一さんとD生、三時半近くまで居る。山極寿一さんにオランダから出す写真集に甲斐写真論を書いてくれと頼み、快諾を得る。喋っていて、白幡洋三郎さん、井上章一さんの噂話から桜番組で喋るべき、良いアイデアが浮かぶ。山極さんに感謝。

国見、歌垣、花見と絡めよう、と。花見は、日本にしかない？と。花見の条件（構成要素）は、三つある。ＮＨＫで喋る段取りをかんがえ、これなら、良かろうと考える。

今晩の暇を見込んで、ゲラへの朱入れとふんでいたが、客入りに意外な展開。ホッとする。

四時、帰宅。充電器は、ずっとリュックの中に有ったのが、判明。

三月十九日（水）

十時半、起床。暫く、角田光代さんの「私のなかの彼女」を寝転んで、読む。気がつくと、午後一時だった。

NHKのTさんよりTEL。四月二日ロケとの事。

Sは、KG+のポスターの校正をやってくれる。

ほんやら洞、今日は、客なし。

八文字屋には、お腹がブクブクの奈良井さんがいた。そして、実によく食い続けていた。千円だから、食えるだけ食おうというわけでもあるまいし、ストレス食いなんだろう。やがて、川嵜さん、そして、純二連れの鹿さん、そして、おっちゃん。あーあ、これで終わりとは、つらい！と思っていると、鈴木さん、十二時三十分には段ちゃんも。今日の毎日新聞の記事で、何処かからTELがないか?と思っていると、白山さんから、やはり、ある。ロイが久しぶりに来て、何事かと思っていると、やはり、今日で、ティルが、木屋町最後だ、と言う。で、ロイが、「On reading」を買い、それに、ティルへのお別れの言葉を書かせる。僕は、三島憲一さんのドイツ語での「甲斐の世界」とDVD「ほんやら洞の甲斐さん」はロイにも上げるからダビングしてねと言ってことづける。

段ちゃんに、今月、ちょっと助けて！と言う。三十一日の夜にね、と段ちゃん。これで、少し、救われる。ほんやら洞のバイトをなんとかしないと、アウチだ。少しぐらいサッちゃんが手伝ってくれたなら、大いに助かるのだが、もうそのステージには、いない。我が身を考え、徐々にフェイドアウトだ。そこへ冨樫が、フランスから来た京大大学院AA地域研究科の文化人類学者のニコラ・セザールさんとポポちゃんを連れて登場。

あとで、十人程引き連れて、ティルが来て、四時まで。

帰ろうかと思うが、雨で、八文字屋の床に寝ることにした。

三月二十日（木）

九時半、起床。

十一時まで、あれこれ考える。

名古屋の服部さんご夫妻が、息子の同志社大学卒業ということで、来店。

ＮＨＫ用のプリントを探す。

同志社大学、立命大の卒業の余波、少しあり。イマイチ。マリーンも低調。

八文字屋は、鈴木さんは、覗いて帰るのみ。

ＳにＮＨＫとのやり取りを報告。僕はＴさんと会って、話をしないとキャンセルになる気がしてきた。ゆうべ、明日、会いましょう、というのを、明日は忙しい、と断わったのは、まずかったかと後悔。先方は、早く、スケジュールを決めたいと思っているのに、コッチが我が儘言っていると解釈する可能性は、大。

八文字屋は、謝恩会の流れ、今日は、なし。海坊主、千佳ちゃん、チャーリーでおわり。

チャーリーが、ベロンベロンになって帰って行った。帰すべきでなかった。上からチョー千鳥足をさらに越えた、ステップを見送りながら事故にあうぞ、早く車に乗れ！と心配する。

客まちスタンバイも空しく、終わる。

「私のなかの彼女」読了。

三月二十一日（金）

失くした十万円が出て来て、家賃が払えるという能天気な夢をみてた。それは、震災にあい、家がくちゃくちゃになり、瓦礫の下から、救出した風呂敷包みの中からだ。

六時十五分、起床。早いので、寝なおす。

また、夢。荒唐無稽な。

ほんやら洞は、梨木神社のとなりにある。梨木神社には、なぜか、本屋、お土産品売り場まであった。ほんやら洞に、プラプラしている女の子が、来て「私、JRの時刻表のなかのコラムを担当している。次で、ここを取り上げるわ」そう言って、現物を見せるというので、上半身裸のまま店に入って行った。そのページが発見出来ない。僕は裸なのを少し羞じた。最近、街中を裸で歩く男が減ったな、背中の掻き傷が汚いかなと思ったりする。その瞬間、場面はアフリカになっていて、旅行に来ている出町担当の同志社大学の谷口先生にあう。僕の写真展を見てもらう。ちゃちな写真十点位飾っているのは、梨木神社だ。元の場面に戻っている。で、最近の八文字屋客の中の谷口先生が知っていそうな工織大出身の名を出して、うちによく来ている、と言う。安田利玄、白藤華子、呑海龍哉、大丸綜広の女性……。谷口さんは、白藤さんの姉と同期、呑海君は、同じ三重同士で隣の男だ云々いう。呑海さんが、六月一日からほんやら洞で写真展をやるので、よろしく! これを期にほんやら洞と八尾文は協力関係を築きましょう、と言って、外に出たら、チャリがない。取られたのだと言っていると、アドちゃんが乗ってかえったのでは? と言うと、木陰の向こうの御所の小道と交差する砂利道に子供、オバちゃん連れのチャリに乗ったアドちゃんがあらわれた。近づくと、電動自転車だ。盗まれたので、新調したばかりだという。かごに専門研究はゴリラと知っていたが何とも奇妙なパンダの口先を尖らせたようなチビゴリラを入れて移動している最中で、子供がじゃれている。大丈夫かいな? と思う。今にも、籠から出てきそうだ。チャリ……?? と思っていたが、家に帰ったら、あるかも、これは、夢かも知れないので、と思って古門前の家に帰ったら、案の定、あった。突然、樽家さんが登場。最近は、染めもんは、川で水洗い出来なくなった、とぼやいている。特に、東山では、ようやらんと。西なら、あいつか、と大目に見られるが、と。次は、知恩院前の白川の支流らしきとこで、水につかり、僕が紙を擦り何かを浮きあがらせようとしている。剥げた紙屑が流れ続けている。上のほうから、ふらふらの田中国男さんが、チンピラみたいな男二人を引き連れて、向かっているので、手を振り招き寄せる。丁度よかった。うちに行こうか？と言って、吉田の汚い部屋が思い浮かぶ。三人でパチンコに行こうとしていると聞き、可哀想に、今では、田中国男さんは、こういう友達に囲まれているんだ!?と思う。「田中国男さん、一緒にＮＨＫに出てくれませんか？」と言いそうになり、嫌がるかな？と思ったところで、目を覚ます。

十時半、八文字屋。

三時までほんやら洞にいた。

留守中に、ＮＨＫのＴさんは、予告なしで、ドーナツを持ってキャンセルの告知にきた。Ｔさんは、直接会って、お話をすべきなのですが、暫く出張に出て、お会い出来ません、と。昨日、会うのを断らなかったら、何とかなっていたかも。後悔、先にたたず、だ。いや、打ち合わせの女性と馬が会わなかった、それだけだったのだろう。僕も篤太郎の結婚式に出れるか心配だったし、原稿もマイペースで進めよう、四月十九日からのKG+の写真展のための暗室入りに向けての環境整備も気になり、少しずつでも進めよう、日頃から疲れ切っている、一日位、間を置いてもいいだろう、と思いながら、やるか？と思っていた。先方の焦りを理解しなかったのが、間違いだった。これで、テレビに出てバイトをゲットする計画もオジャン。その間、ルパンの店と吉田の家にいたのだった。

先方としては、コッチが、駄々っ子だった、という結論だったのだろう。

月曜社、頑張ろう。書下ろしの原稿のためにもシオドア・ローザック「対抗文化の思想」六章のP・グッドマンのゲシュタルト・セラピー論をジックリ読んでいる間に、水声社の中村健太郎さんとエマニュエルの「アランの戦争」の訳者も来てくれたのに、会い損なった。京大キャンパスで、チャリがパンクして、修理している間というべきか。

FB上にNHKキャンセルと書き、Sにも、報告。それに対して、Sから、NHKがダメになったのは、私のせいなの? とのメールはいる。勿論、違うと送信。それぞれ、呼吸があわず、また、ディレクターが、甲斐には、桜番組に限定せず、出て貰おう、という事になったらしい、と後で送り直す。チャーリーからTEL。八文字屋に財布がなかったか? 聞けば、気がついたら、顔面傷だらけで、病室にいた。バッグには、財布以外のものは全てあったと。殴られたのか、何も覚えてないとのこと。どこから運ばれたかも不明。

夜、Tさんから TEL。僕が「出たかった。現像は、自分で間に合わせても、いい」というメールを打ったメールへの返信だ。「もっと時間がある時に、また撮りたいと言ってます。皆、写真集に感動したので。いつのシーズンが好きですか? 次は、いつ外国へ出るのですか?」と社交辞令を超えた風なTELあり。

竹内好さんの娘さんの竹内裕子さんよりもTEL。徳正寺に行ってきた。本当にありがとう。五月三十一日、夜、八文字屋に飲みに行きます、と。徳正寺への礼の仕方など聴かれる。

アドリーヌのバイトなのに、超低調。営業努力を厭わないバイトをいれねば、ヤバイ。奈良井さん(エアコンのゴミ、ネズミの巣を徐去してくれる)、亀岡の薬局家族、アサヒちゃん、村屋の客、「金持ちよ、この人」と男の事を言う女と男の正体不明カップル(女は、二年ぶり、四回目とか)そこまでが、アドリーヌの守備範囲。

キヨ&ダグラス、朝日の増田さんのみ。増田さんは毎日の新人の話をまたする。岡ヤンの下で松江で働いていたと。ダグラスとキヨさんは激論の末、キヨさんは、涙ぐみ、キヨさんが一人残り「甲斐さん、本当に離婚しているの?」というが、iPadを弄り続け、無視。「サチコさんに、ホームページを頼むわ、甲斐さんはなぜアメリカに行きたいか、企画書用に書いてね。領事には、Ccで書こうか?」と言って帰っていった。領事云々は、コッチは関知しないところなのに、キヨさんも、困ったもんだ。

キヨさんは、サンフランシスコの領事の名刺の、コピーを置いていった。日向太に渡せ! という事だろうが、意味不明。彼女の企画に乗せられて、オットリ刀で乗りこんだら、ヒドイことになるかも。クワバラ、クワバラ。

八文字屋の客があまりにも少ないので「これでは、篤ちゃんの式に出れない」と記したら、「甲斐さんには、恥をかかせるわけには、いかない」とのメール、入る。

三月二十二日（土）

八時半、起床。十一時まで、ウダウダ書く。

昼前にほんやら洞オープン、外国人客と東京客ばかり。「山仕事杉良太郎」のOBも来る。

八時まで、営業。

八文字屋、九時、篤ちゃん来店。歓談。篤ちゃんの北里での上司、小曽戸洋さん（医師会会長）と山田慶兒さんとの齟齬、津村喬の症状も話題になる。奈良井さん、片山さん、海坊主&連れ。

十一時十八分に客ゼロ。一時になっても誰も来ず。結局、朝になっても、誰もこず。こんなに早く客が引くとは、珍記録。

三月二十三日（日）

篤ちゃんの結婚式の日だ。やはり、〈八〉泊だった。

他人の結婚式なのに、仕事が手に付かない。風呂に入ったり、髭をそったり、スーツをきたり、慣れない事の連続。祝儀袋、靴ベラをかったり、落ち着かない。

三時過ぎに会場へ（四時受け付けと後で知る）。新谷有里ちゃんに控室で会ったが、有里ちゃんと同定できず「どちらさんでした？」という。

一〇〇〇枚位撮る。良い会だった。ヴァイオリニスト、石上真由子さん（府医大生）の演奏は素晴らしかった。マジシャンのお医者さんも登場。

上の歯がグラグラ。これが近々取れるだろうが、そうなれば、上歯ゼロになる。

ほんやら洞まで戻って、着替え、八文字屋へ。上島で、コーヒー。

八文字屋には、京都新聞ＯＢ（林恭子さんの先輩）の鴨沂高校では、大西四郎さんと同期生がきていた。大福もくる。キヨ＆ダグラス、おっちゃん、オイタさん、山根さん、奈良井さん、小山さん、サッちゃんで終わる。

キヨさんに「日向太は、領事に何と言って会いに行け！と言うの？」と聞くもボケた返事しか返って来ず。やっぱり、この人もダメだ！と思う。アメリカ展始動開始すれば、どうにでもなるのだが。そう、思うだけではダメなので、明日、丁寧なメールを送信しよう。

竹ちゃんは、顔出しだけ。また、〈八〉泊。

三月二十四日（月）

ほんやら洞、十時入り。銀行、関西電力行き。

ランチ客少し。ハードな日が続き、疲れた。

秦恒平さんから、最新刊の「湖《うみ》の本」恵送さる。浅田次郎を痛烈に批判。まともだ。

八時前に、お客さん三人来店するも、断って、八文字屋へ。

八文字屋、八時二十分オープン。

鈴木さん（龍大）来店。

姉、「ハートロッカー」（二〇〇八年アカデミー賞？）を偶然観た話。

神田さん、三脇さんに、合宿の件で、メール。

ミルトン、咲希ちゃん、田中君、ドクターに成った（今年の京大で六百六十人と）報告に来店。ミルトンが、お祝いと奢る。琢ちゃんも顔を出す。一時半に店を出てゆっくり眠ろうと思ったが、鍵を紛失して、ほんやら洞で眠る。三時。

三月二十五日（火）

九時、起床。

ＺＤＦホイテショー「ニコニコする人に放射能は来ない！」というドイツの風刺ニュースをＦＢでみる。

十一時半、ほんやら洞オープン。

ちゃんと眠ってないから、シンドイ。

超暇。落ち込み、ひどい。援軍なし。

早く、本を出して、閉めるべきだ。本を出すまで、持つか？

その点に於いて、ＴＶは、多少効果はあったかも知れない。人によっては、無理をしてでも、損をしてでも全国放送に出るだろう。ま、ＴＶ出演のために、雑用で追われる時間がなくなったのだ。その分、書下ろしに専念しよう。

ほんやら洞、惨憺たるもの。

八文字屋、七時二十分に入り、二時までいるが、客二人、売り上げは、二千百円。ほんやら洞は、五千円。十五時間労働の挙げ句の果てがこれでは、辛い。こういう日が、週に、二、三回あるのだから、たまらない。

四月、五月をみて、撤退の準備を早めねば。

ＦＢで「僕のＦＢで迷惑を受けている方は、伝えて下さい！」と記したら、「お前が店を汚くやっているのが、悪いのだ」と、当たっているが、お門違いな書き込みがある。現状の店を必要としているのは、ごく少数。綺麗だけで詰まらない店が増える一方と言う資格は、僕にはないか。殆んどが「そんなのは、柳に風と流せば良い」「助かっている。お前は悪くない。無視せよ」だ。

秦恒平さんの「湖《うみ》の本」を読みつづける。浅田次郎評、中西進評は、的確。ペンクラブの理事会の中でぎゅうのねも言わせない形で論破するのは、見事。怨みを買うかもしれないが、超然としている。秦恒平が、ペンクラブに僕を推薦した意味が、よく分かる。全く、期待に応えられず、除名になった。

雨の中、三時半帰宅。

三月二十六日（水）

どっちの店も、一度行ってみたい店から、程遠い店になっているのだろう。疲れ切っている。潮時だ。「青春のほんやら洞」を終えて、撤退しなければ、この状況では、八文字屋三十周年は迎えられない。

九時、起床。

早く、店に行きたいのだが、小降りになってから、と思っていると、あっと言う間に、十一時になる。

秦恒平さんの「湖《うみ》の本」、今回は、いっきに半分読んだ。

箴言と言うほどでは、ないが、次のような一節に出会うのも、感慨深い。


一本足の「T」型は、案山子のように動けないし、倒れやすい。二本足の「π」型は、ともあれ、二足歩行出来る。例えば、創作と家庭または趣味というように。三本足になると安定するが動きの制限されるところが、よしあしである。わたしが思うのは、創作に志のある人の場合、落ち着いた家庭は願わしい現実として、創作と両翼をなす「もう一つ」の地力。趣味でもよい、つよい「こだわり」でも好い隠し技でも隠し藝でもよい、現れたときにひとのおやおやと意表をつく蓄積された力が有ると、必ず創作を下支えして連動すると思う。

どう出て行くにも、つまるところ才能は当たり前として、運と根気。ひるまず、わるく身構えず、誠意と愛を創作に根気よく集注した人が運をつかむだろう。自然で新鮮。それは何に於いても大切。一期一作、そう思う。

自分の現状はどうか?

それ以外にもなかなか読みでがあった。なんぼなんでも、雨であろうと、本ばかり読んで居るわけにはいかない。ほんやら洞へは、行かねば、なるまい。

ゲラ校正用の消せる赤ボールペン三本買って、野菜カレー作り用の野菜を買い込んで、十二時半、遅いけど、オープン。

早稲田の学生カップル、建築専門学校に福島から来てる青年がゆったりしてくれたが、後続が続かない。歳の差カップルも来るも、暇。

今後、四、五、六月と頑張って働き、原稿を書き、プリントも今まで以上頑張って、二つの店の売り上げが思わしくなければ、夏には、あっさり、店を止める。

十五年前のほんやら洞カムバックは、「ほんやら洞草創期」を書き終えてないことによる未練をすっきりすべく書くためであった。また、周りの若い女性に職場を提供し、市民運動に頑張っている友人に場を提供するためでもあったのだが、期待したこれらの人達には、僕の期待に応ずる気持ちも必要も興味もなさそうなのが、十五年間で判明した。これで、ほんやら洞が採算が合わないのなら、あっさり閉める事に未練はない。長い事、無理して引っ張って来たものだ。また、多くの知人に迷惑をかけもした。片付けは大変だが、遣らねばならない。

後の僕の人生は、マイペースで、苦しくても、独りでやって行くしかない。結局、今後の生活の協力者は、周辺からは見込めそうもない。散らかし王だから仕方なし。でも、自分のことに専念すれば、プリントと日記整理、八文字屋二十九年のオモロイ読み物作りとカザフスタン、アジア撮影旅行の時間が取れるだろう。

ブルーデルさん集金に来たが、払えず。

秦恒平さんの「湖《うみ》の本　一一九」読了。冒頭から、ペンクラブに会長、浅田次郎批判だ。再読の必要あり。

読売新聞の明日の夕刊での「糺の森の謎」特集で少し出して貰えるとメール入る。

Kyoto Graphie International Photography Festival の Opening Party Invitation 届く。

どうやら、浅利ちゃんが、八時にこれそうもない気がして、八時二十分に八文字屋に入る。

彼女は、十分？遅れで八時四十分に到着。川嵜さん、鹿さん、ティル&教え子、タカさん、奈良井さん、オイタさん、段ちゃん、カゲロヲのみ。三角州でのイベントの可能性について談笑。

三月二十七日（木）

六時半、起床。再度寝直して、ハローワークへでも行け！と言われる夢を見て、九時起床。

すっかり春めいてきた。高瀬川、鴨川沿いもボチボチ開花。

ほんやら洞、九時五十分入り。

野菜カレー作り。やはり、メニューを二、三種類選べるように、書き出して、営業せねば。

まあ、二ヶ月は、ゲラ校正をやりながらの営業だ。

読売新聞（夕刊）を求めて、丸太町までいき、ついでに、御所の桜を観る。

中川五郎さんが、両子寺の寺田豪順さんから応答なく、不安気。即、メールを入れるもやはり、無応答。

マリーンは、数名。四月は、火曜、木曜、と週に二日、新歓で活用との事。Ｓにその日は、二時間手伝ってもらう事で、切り抜けられるか。メールすると、ＯＫ、但し、四月だけね、仕事探しをせねば、と。

八文字屋は、九時半入り。

九時四十分まで客なし。ギャラリー・ヒルゲートの人見さんから、ボチボチ写真展用のデータを下さい！とのTELある。昼のTELは、彼女だったかも。

龍大の鈴木さんが、去年まで同僚だった関学の英語の先生を連れて来る。明日は、組合の集会で、京大に行く、と。その女性、浮田潤と同僚との事。

ほぼ、同時に、戦場カメラマンの石川文洋さん来店。「商工新聞」誌上に堺市の研ぎ師を撮影、取材に来て帰りに寄ってくれた。七時三十分に京都に着いて「ますだ」に寄ろうとおもったら、閉まっており、他所で魚を食べて帰ろうかな、明日は、府知事選の尾崎望の応援演説だから、と思っていたが、心残りで、寄って良かったという。石川さんも、去年、SOSに一万円カンパしてくれたのだった。

六十五歳で、心臓病を患いながら、自転車で日本縦断旅行を敢行して、十年たち、当年とって、七十六歳という。八十歳に成ったら、もう一度やるという。僕も、この石川文洋さんがチャリ旅行をしたあの時と同じ歳かと思って愕然とする。「NHKを結果として、出演お断りする事に成った」と言うと「それは、イケマセン。そんなのは、金を積んでも、望んでも、来るような仕事でない。演るべきだ。自分は、小学校の講演のような金に成らない仕事でもやる、女房が身体を心配して、よせ！というのを振り切って」と言って、僕の不見識を詰った。「ベトナム戦争報道で、十五人の日本人が亡くなっているのだから。先日は、名護選挙の応援に行ってきた」五月には、ニコンサロンでベトナム五十年の写真展をやるとの事。プリントは、全て、ニコンがやってくれた、それで、五月は、ニコンサロン、東京、大阪で五十点のベトナム展をやるのに、ベトナム人をよぶのに、「国賊みたいな僕へのあてつけでもあるまいが、僕の確定申告表を出せというので提出して、僕が保証人ですよ。あれこれ要求されたりは、するが、ベトナムの写真が劣化したのをリプリントするのに、援助してくれる企業がなく、大変だった。また、十月には、立命館大学の平和ミュージアムでもやる」とのこと。「健康が第一ですよ」と石川さんが帰った後にＮＨＫ云々とＦＢに書くと、「いや、今のＮＨＫには出ないほうが見識」という書き込みや「露出する事のデメリットも最近みた、無理するな」と書きこみも散見。

彼が帰ってから直ぐに草間喆雄さんが、「文久」が休みで間之町御池の前に「文久」で働いていた男の店のかえりに「甲斐さん、外国に行かないでよ！」と来る。ＦＢの書き込みを見て心配してくれているのだ。お姉さんが病気で、お見舞いに行くのに津野海太郎さんの「可笑しな時代」を持参するとの事。この本の存在は、僕が教えたのを忘れて、甲斐さん、この本を知ってますか？五郎ちゃんも出てくるわ、僕はそんな関係もしらず、五郎ちゃんは澄ました男と思っていたが、今度はちゃんと話をするよ。が、これで、姉を励ますつもりだという。甲斐さん、外国へでないでよ！を繰り返す。明日も来店。

彼が帰ってしばらく横になっていると、マックスらしき男が入ってきたが、寝呆けて誰かわからず。もうてっきり、四時くらいと思い「もうおわり？」と訊かれ、時間を確認せず、「そう」と言っておいかえして後で時間を見ると、まだ二時で「しまった！」と思っていると、そこへ京都市美術館の尾崎真人学芸課長が「大丈夫？元気？」という。彼にも一度ＳＯＳを出していたのだ。次の言葉は「甲斐さん、老けたなあ！」だ。あれこれ喋っているうちに、カザフスタンの話になり「シーボルトハウス展のカタログの解説者の一人になって！」と頼む事になった。「甲斐よ、シルクロードで死ね！」と書くかもよという。もちろん、ＯＫと。ジャパニーズアメリカンの世界を撮影する話も、月曜社本出版で、ほんやら洞を閉じる話しもすると、尾崎さん、いたく感動する。「もう十分やった！本を書いて閉じられるなんて凄いよ！」彼も後五年課長でいるそうだ。他に行くつもりが、今の市美をほっといて、他に行けない。下が居ないのだと。館長には、東大か京大卒でないと、成れないとも一言。

四時半まで八文字屋。

五時、帰宅。一時間メモ。

三月二十八日（金）

家で、ノンビリする。全身ガタ。

書いて、写真を撮って、プリントして、個展を開きつつ、二つの店をやり続けるのは、至難の業。

風呂に入り、放ったらかしのままに成っていた平野啓一郎の「透明な迷宮」を一気に読む。上手い。オモロイ。そして、チーちゃんを思い浮かべていた。

ほんやら洞には、四時に入り、麻美ちゃんにバイト代。スッカラカンになる。麻美ちゃんバイト・晴天なのに、ほとんど客なし。四十年前から知っているが、初めて来たという京大で神学を研究している神戸の老人、愉快げに過す。麻美ちゃんは、十一時に入ったものと思っていたが、二時半だった。もうだいぶ飽きてきたか？

日向太は、今日、シリコンバレーでの研修をおえるのか？

イケメン、美女写真集とは、別に、幾つもの本を作りうるが、数年かけてやるべき仕事は「サヨナラ、ほんやら洞！」「サヨナラ、三角州（糺の森）！」「サヨナラ、出町！」を軸に数年掛けてまとめることだ。

それには、ほんやら洞、八文字屋に各一人のスタッフ、家に住み込んでネガを整理したり、ノートを片付けできる有能かつ理解ある「人物」が必要だ。

ヤスミンさん、二十八歳の誕生日。

シーボルトハウス展と月曜社の書下ろし出版をメドにほんやら洞は閉めるに若くはないと思う。

牧紀男京大防災研教授来店。「町歩きが好きな学生が一人いる、放り込みます、鍛えて下さい！」と。

九時半、八文字屋には、ダグラス、FB友達の楠本雅章さん&岸和田の女性しかいず、がっくりくる。

立誠校でのやなぎみわ展帰りの申芳礼さん&茜さん、ニュージーランド人&香港人ら十五人、山形拓人さん、鹿さん、奈良井さん、段ちゃん、清水哲男さん、梶田さん、井上義雄さんら。清水さんの母、千鶴さんの「日々訥々」（風媒社）まず、百部刷り上がったので、完成祝いの“AHO NO KAI”で七時からの飲み会とのこと。

終わったのは三時半？

三月二十九日（土）

七時、起床。十時まで、八文字屋でウダウダする。

キヨさんから意味不明のメール。伊勢神宮にガイドの仕事で行って居るとのこと。

十一時にオープン間もなく、清水哲男さん来店。

九月末に鹿児島の天文館で個展をやってくれないか、と言われ、OKする。清水さんが仕事上協力しているらしき、下鴨の本町に実家がある電通クリエイティブ局のエライさん（高橋基晶さん）を呼び出す。「情熱大陸」でのディレクターだった浮田哲（現羽衣大）の少し後輩なのに、彼らのことを知らない。ほんやら洞に出入りしてなかった真面目高校生だったようだ。当時の洛北高校生、文化祭の打ち上げで教師を交えて、数十人がビールを飲んでいた。（後で、高橋さんは東京芸大に進学と聞き、さもありなん、と思う。失礼！）写真集「辻占あそび」「Streets of Kyoto」を欲しがるも、売りもんなし。「辻占」は汚いのが残部として八文字屋に一部有ったので、売ってもよかった。タコライスを出そうとしたら、ない。麻美ちゃんは、冷蔵庫に入れているのを、チェックなしに捨てたのだろうか？　チャイも？　と思い連絡すると、チェックしたとのこと。いずれにしても、数時間おきに、ほんやら洞の冷蔵庫のオンとオフをチェックしなければならないシーズンがやって来た。

五月三十日のほんやら洞四十周年記念写真集を作ろうと思い、ＦＢに次のような書き込みをする。

五月三十日でほんやら洞は、開店満四十周年を迎えます。

同時期に、ギャラリー・ヒルゲート二階で、小品写真展「ヨーロッパ漫遊録」を開催します。と同時に、ほんやら洞では、五月三十日〜六月二日まで、記念感謝セールとして、ドリンクを半額で提供します。

また、この記念日に照準を合わせて、書下ろし「ほんやら洞の青春」（仮題、月曜社）出版を予定してましたが、間に合いません。

そこで、秘蔵写真数十点で綴る私家版写真集「ほんやら洞草創期」を出版することにしました。

書下ろしは、一九六九年頃から、一九七二年の「ほんやら洞」へと糾合するほんやら洞の僕を含め、最初期のアーチスト、シンガーがいかにして出会い、愛し合い、別れたりしてきたかを一九七四、五年までに限定してかなり赤裸々に記述したものです。書きものとしては、三部作をスタンバイさせてますが、一部の売れ行き次第で、一部のみの出版でストップです。（それとは、別に、来年は、八文字屋が開店満三十周年で、記念誌？　を予定中）

ここ、数年、僕は毎年《ＳＯＳ》を発し続け、友人諸兄には大変迷惑を掛けて来ました。そのおかげで生き永らえてきました。が、ここにきて、そういうネガティブな手法に頼ることなくポジティブに活動を展開しつつ生き延びるべく決意し、攻勢に出ることにしました。

ほんやら洞の姉妹店の八文字屋のカウンターには、この一年間、《ＳＯＳ》に応えて半年五万円先払い（その間、何時、いくら飲んでも千円）客でうまり、店は、やや自閉し、動脈硬化を来たしているというのが、実情です。

この状況をなんとしてでも突破し、もっとほんやら洞、八文字屋内外を活気付けたいとおもいます。その一環として、五月、八月と二連発で写真集を出すことにしました。

皆さんにも、もっと楽しんで貰えるようにつとめますので、よろしくお願いします。写真集の定価は、リーズナブルになるとおもいます。しかし、これで生きて行くつもりです。また、アシスタントの浜田が、不意打ちで（最初の契約に反し）某大学での仕事を失職し、窮地に陥っており、優秀なデザイン技術を活用しつつ、彼女にも、生き延びてもらうためにも、この写真集のデザインをやってもらいます。（なお、彼女の写真集"Behind a tender wind"一五〇〇円の残部僅少なので、よろしく！）

八月の写真集は、イケメン写真集、美女写真集、はたまた、新基軸？と思案中（五月まで決断）です。

この企画を思いついたのは、畏友、清水哲男さんのご母堂、清水千鶴著「日々訥々」（風媒社、二〇〇〇円＋消費税）を少し拝読してのことでした。

やはり、家でちゃんと眠らないと、疲労が回復しない。八文字屋に寝ていたんでは、ほんやら洞の冷蔵庫チェックができない。

不調のまま、夕方を迎える。

八文字屋オープンは、八時。

滋賀県職員の藤木さんと府大の松本さん来店。藤木さんは写真を撮り、しかもフォークギターを弾くそうで、公務員を止めてライブハウスをやりたくて、「ウーララ」のマスターに身の上相談をしたことがある等々打ち明ける。近々、山科に越してくるので、もっと来店すると口外。Twitter のフォロワーというので、FB 友達になる。松本さんに、働かないか？ と言う。そして、清水哲男さん、ジャーマンと続く。清水さんがジャーマンを撮ったりする。明日は、清水さんの奥さんも、上洛。ジャーマンは、八、九月は、ドイツ旅行をすると言う。朴ちゃんは、まだ、土日はドライバーを続けているとのこと。

ピーター・マッキントッシュと飲んだ帰りにダグラス来店。夕べも、ピーターと三時半まで飲んでいたと。心なしか、寂しげ。ある家族の観光ガイドに出ているキヨさんは、明日戻って来ると言っているが、嘘か誠か？ キヨさんの行動&考えが分からないてな話をする。「ピーターは、元太夫と離婚後、京大出身の、どういう訳か分からぬが、才媛と再婚してるが、まだ、昔の夢を追っている」云々。ピーターが、ジュネーブで芸妓を連れて行ったときのジュネーブに居た話もする。

十二時には、仲谷葵さん&ギタリスト来店。葵さん、古いプリペイドカードを出す。コンサートホール出演のポスターを置いて行く。海坊主は、女の子居ないので、帰る。

労金の藤喬さん、「雨宿り」で働く女性とベトナム撮りの村山康文さんの知人の一行来店。すぐに「ろくでなし」に行く。その直後、一年数ヶ月ぶりの和見、元読売TVの大西さんと来て、近々離婚との宣言し、アドちゃんには興味ある、とか、永瀬正敏に認められた、松本雄吉さんに劇団内劇団を作ることを認めさせた実績等々を説いて消える。そのさなか、ろくでなしから、田中君がアサヒちゃんと来る。ろくでなしには、咲希ちゃんがいたとのこと。大西さんは、なお残る。ジャーマンは帰って来る。大西さんと田中君残るも眠いので、閉めると三時半に言う。

ほんやら洞へ冷蔵庫保全のために寄って帰るつもりだったが、雨で、〈八〉泊にする。

三月三十日（日）

九時、起床。小降りになるまで、待つ。

オープンは、十二時。

午後も、雨がふったり、やんだり。これが、比良八荒荒れじまい崩れの天気か？

Darcy Mooreさんの友人がオランダから来店。

福岡アジア美術館の学芸課長の黒ダライ児さん来店。一九六九年六月の京大でのゼロ次元のハップニング写真に写っている人物は、誰か分かるか、と聞かれる。僕は、ダニエル・D・デニスの逮捕事件以降ベ平連の活動家として突き進み、京大の方への目配りが出来てなかったという。

三条「橋の下大学」があり、同志社「自由大学」があり、身の寄場を求めて、ヨチヨチ歩きの彷徨を開始し、情報不足のママ、終焉後の新宿西口地下広場を訪れ、一九六七年には、帰省して居た兄が、千葉県検見川に身をおいて居るのを訪ね、そこと新宿往復を七週間繰り返し、赤軍に封鎖されて、跡形も無くなった同志社バリケードキャンパスに戻り、「大村収容所」を書いた朴正功こと任錫均のボディガードを務めた。

　京大のゼロ次元でなく、九十九里浜でのゼロ次元の「因幡の白兎」の加藤好弘さんと兄とともに海遊びしたことを雷児さんに喋り、記憶を掘りおこしながら、もっと京都のアーティストの事を喋ろうとしたが、郭徳俊さんからTELが入ったとかで、宙づり。立誠校のやなぎみわ展の後、八文字屋によるかもというので、続きは、その時と思い、暗室入りを急遽取り止め、やなぎみわ展帰りの黒ダライ児さんを八文字屋で待つことにした。黒ダライ児さん「秋野不矩さんの孫で僕の先生がいる」と真以ちゃんとの交流も窺わせる事にも言及。徐勝さん、郭さん、藪ちゃんが登場の「出町転々 八文字屋有情」を買う。真以ちゃんが八文字屋で、一番長かったバイトと教える。哲義と扶佐義の親とは、どんな親だ？ とボソッと言ったが聞き流す。

清水哲男さんも奥さんも、いざ来店か⁉ とも思い、このチャンスを逃すことはない？ と判断で暗室を中断したのだった。また、「日々訥々」を早く手にしたくもあったから。

八文字屋は、結局、不発、終始暇。

宇治の「花屋敷」での元中居仲間のチョー美人ビッチさんの名古屋での結婚式帰りの「イボ痔、痛風病み、蓄膿」の二十七歳美女さんが、ドーナッツをトロ箱？（オーバーかな？）一杯、小袋だが、三百円と格安イベリコ豚の生ハムも持参して、独り怪気炎をあげて、ノーブラよ！ と上着を脱ぎ、挑発しつつ盛り上げてくれたのみ。おっさんどもには、次々とドーナッツを食わせて楽しむ。終始、彼女のペース。二ヶ月ぶり来店の西村さんも彼女が八文字屋バイトに入るのなら、来ようかなと。ドーナツ三個食べたオトコは何名？ ただし、彼女、今晩のことは、覚えてないだろう、と観測筋、浅利ちゃんは語る。

鴨川で、コッテ牛（？ 失礼！）のアサヒちゃんにエチオピアン牛耕鋤使いの田中君の擬似カップルを前にして奈良井さんが「ラ・マンチャの男」を踊ったらいいとか、アサヒちゃん・田中君カップルはお似合いなどとの与太話で酒は進む。奈良井さんは奈良井さんで、自分にも、女性が挑んできていたのに、これまでは、対応出来なかったが、今は、ハッスル中とか。オイタさん、アラビア語読みの新劇団員の男連れのカゲロヲも呼び出される。鹿さんは断念、残念。日本酒潰れの中村君と祇園徘徊の末に到着の西村さんは、心残りながら、帰って行く。

山科の寺帰りの片山さんが、六月十七日に佐渡ヶ島の世阿弥のイベントに行かないか、正法寺の世阿弥使用の能面も見れる云々、言うかと思えば定期的に？　少しズレる読書感想、今日は「瀬戸内寂聴は、凄い！」を連発。線香をくれる。「痛風」嬢、しめじ、玉葱、パスタを置き去る。

二時には、皆、消え、カリフォルニアの日向太とメールやりとり。帰宅、四時。

三月三十一日（月）

疲れる。十一時までぐったり。

ルネ、Ｄ２に行ってから、オープン。

二十年ぶりの客あるも、対応できず。KG+サテライトの二人展のＤＭ、サッちゃん入稿。

ヒルゲート用に相応しいプリント、なかなか出てこない。苦しい。

日向太、ムロケンとコンタクトとれ、今日、会食。

清水千鶴さんの「日々訥々」を早く読みたいと記したら、梶田さんから「一冊ダブついたのを、夜、持って行く」との嬉しいメール。（結局、来店せず）

ほんやら洞バイト希望者来るも、任せ切れそうもない。まず、バイト代はいくらですか？　の質問。あまり好もしくもないかも？　気はききそうだが。

八文字屋は、暗室の準備のあとの、九時オープン。

梅林克さんが、建築家仲間の高松樹さん、鈴木隆之さんに「八文字屋にいる」と電話を入れる。彼と代わって、樹ちゃんとは、カザフスタンの今用さんのことを喋る。

段ちゃん（助けてくれる）、相変わらずオカルティック噺の建松さんで十二時、閉めて帰ろうという段に、咲希ちゃんが帰りかけの段ちゃんを戻らせて来場。先日のろくでなしでの田中＆アサヒとの出会い、覚えてないとのこと。

「馬淵幽明を偲ぶ会」出席したかったが、無理だった。

加藤博之でも八頭から出て来ていれば、来るかと期待したが、登場なし。

八文字屋は、一時に出たかったが、二時五十分発、吉田、三時二十分着になる。辛い。

西川氏からのご追従でもあるまいに伝言を頼まれて、「パリ情勢」について平野啓一郎さんにお節介メール。西川氏「誰もまだ、上村淳史の作品の写真を送って来ない。超ハードな日々」とのこと。

暗室。一時間三十分のみ。五時で一応、終え、寝る。

四月

蹴上インクライン
琵琶湖から京都へ水を引く疏水の終点、インクライン周辺は
四季を通じて老若男女が楽しめる観光スポット（2013）

四月一日（火）

五時半、就寝。

九時半、起床。

露光一・五秒長過ぎたか？ 焦っていて、調整の余裕なし。プリントを干してから寝直す。

今日から、増税。ロシア・米国、ウクライナ周辺を巡り、険悪。この情勢についての田中宇の分析の精度や如何に？

マレーシア航空の旅客機行方不明の怪。謀略説も飛びだしている。

睡眠不足で、目は虚ろ。米は焦がす。銀行行きの間。

三月三十日に顔を出した男、マフィアの岩田さんだったのに、その「岩田」の名がなかなか出て来ず、やっと今日、思い出す。浅利ちゃんが「直ぐにカイさん来るから」というも、彼は振り切り、帰ったらしい。彼女に彼の素性だけを告げるが、名がでてこなかった。

終日、ネガチェック。日向太のムロケンとの出会いは、予想通り、どうやら、良かったようだ。

咲希ちゃん、休みなので、早く八文字屋入り。

八文字屋には、「八時営業だろ⁉」と正月にほんやら洞に来たという八幡の照明屋さんの親しげに語りかけるをヤケに馴れ馴れしと感ずるは店なり難し、タコ入道に消ゆるがよし、とはなんともはや。（インパクトアートフェスティバルの、やはり同類項、末木さん連れで戻り、なお妙な押し付けがましさかわらず）末木さんは直ぐに帰る。海人彦、ほんやら洞の引き出し中の時計の在り処訊ね來る。龍大のポーランド経済史（学部長）の糞教授、ドン・ガバチヨ、冷やかしのみ。「おっー、お前まだ居るのか⁉」誰に対しても横柄な勘違い男、こんな教師を慕う学生いるや知らん。羽仁五郎が笑うよ。

かつてのはるかちゃんの追っかけ。

トップの梶田さんは「日々訥々」を棚卸後の足洗い（例年は、六月なのに、消費税増税に付き年度末）の後とて持参、感謝。かつてなきタイプ客。そして、ＨＡＴＡＯ＆アンドレアス、さらにシルヴァン＆ＣＭフェスティバルの面々。遅い時間に、梶田さんと鹿さん、安倍首相評価から、梶田さんのお母さんの被曝等々について話し込む。その間、外の踊り場に出て「根も歯も無い甲斐」と記したり、「今度、一緒に仕事しましょう」などと高橋基晶さんへ押し付けがましいメール送信。梶田さん「アドちゃんの日に来るわ」と金曜日来店予告を残す。鹿さん「痛風」嬢持参ドーナツないのを残念がる。

「奈良井さん、くったんか！」

二時半から五時まで暗室作業。

四月二日（水）

十時、起床。

「日々訥々」を少し。

ネガチェックに終始。七時〜九時、暗室準備。

八文字屋、九時半〜一時半の営業のつもりが、終わったのは、三時半。

九時半には、無様にカウンターで寝る川添洋司さん、起きて（金なし、付け。嫁は、脱原発派だろ!? 分からんのか、ここにいる奴は、アホばかりか!!）と小声で吠えるも逆にますます相手にされず。

京大のモグリバー〈Black Riot〉のマスターと京大シネ研の女性、川嵜さん、段ちゃんの知人と友人、岩波書店の二人（多田亜生さんの後輩、と言う）奈良井さんには、まずは、「三月三十日の日乗を見た!?」と言い、見てもらう。龍大の鈴木さん、来店。

　郭徳俊さんらの第三十五回「インパクトアートフェスティバル」参加の東京の末木さん来店で予想が大きく外れることになった。さらに、東京の岡本良治さん&理恵さんカップルの登場は、皆に酒を加速させる。酔いが進むにつれて、末木さんもいい調子で帰って行く事になったのだが、一時間後に、財布が失くなったと戻る元になった。段ちゃんが、交番を付き合う。「山のや」さん「俺もブログに出してくれ!」とくるも、潰れて、階段に寝てかえる。これはカメラに収めるも、アップ喜ばれそうもなし。

　戻ってプリントするも不調。

　六時に寝る。

四月三日(木)

ヒルゲートには、新プリントを用いず。

サッちゃんとは、御所、高野川、鴨川と駆け足。司津屋で、蕎麦。

マリーン低調。オークランドのムロケンからメール。「ヒナタ、いいじゃないか。日本の若者、特に男に会うと、たいていがっかりするのだが、まだ西海岸に居ると思う。これから、ヨセミテに行くといっていた。私は東海岸にいくのだが」と。

「山のや」さん待望のFB登場画像は、岡本良治さんサイトより来る。山のやさん!見ましたか?

九時半、八文字屋。九大卒の日宣美のコピーライター塾に通う女性、大村沙耶さんが卒論用のインタビューさせろ、と花大生のボーイフレンド?と来る。かつて、真以ちゃんも通っていて、宍戸恭ーをインタビューしたのと、同じだろう。

古関君（高松樹ちゃんの亭主）登場。明後日も来るからとボトルキープ。梅林克ちゃんを呼び出す。元「建築探偵」の一人、カワイさんも一緒。京大建築学科の研究室の相克等について語る。アバンギルドでのカゲロヲを観ての帰りに、オイタ&奈良井コンビ登場するも、直ぐに消える。片山さん、一人三万円のクラブで、二人分払ったと来る。

ろくでなしにパギやんライブのフライヤー持参。ビール二本、横ちゃんと飲んで戻ると、大阪大学の角先生の教え子、西牧キヨノリ君が、留守の八文字屋で、待っていて、四時まで。阪急が事故で、大阪まで帰れないとのこと。

四月四日（金）

サッちゃんに起こされる。

ラーメンを食って、ほんやら洞へ。

充電器探し。杵屋の哲ちゃん（寺町三条上る『コイズミ楽器店』での三味線の先生。元『ガラパゴス』経営）撮影、マンション作りの地均しが始まった梨木神社を撮影。

レオ・マルセイユ来店。

部屋探し困難。住民票を、ほんやら洞住まいで出して書類をとりあえず出せば、良いという。

ロンドン帰りの近藤正太君、ボランティア志願。「埼玉の大宮のバイトでは、南欧料理も作っていた。同志社受かったが、生物学を勉強したくて、来春、京都の国公立大を受け直したい。天使突抜町に家賃四万円で住む。一年間は、親が仕送り。カフェ、ジュンク堂などでもバイトをしたい。父親は高校時分には、閉店間際の新宿『凮月堂』に出入りし、後に土方巽に師事した六十二歳の舞踏家。母は、英仏語の翻訳家だったが、仕事が減り、公務で、セクハラの被害者のカウンセラー」

アムステルダムからの来客。九月シーボルトハウスで会おう、と。

日向太、MIMUさんの出会いも、辻村さんメールから察するに、良かった模様。

八文字屋入り、九時。出口ふゆひさんらのグループ展も、四月十九日から@祇園小西の案内ある。

九時半、梶田さんが、たこ焼き持参。清水千鶴さんの「日々訥々」の話を延々とする。ついで、鹿さんと続いたので、和見は？とFBに記すと「行きたいのは、ヤマヤマ」の反応。呑海龍哉さん、メディア・ショップで"Laos cafe"展を五月十三日〜五月十八日にやる亀岡の写真家、原田正規さん同伴。

K新聞一行、鹿さんの後輩一行、奈良井さん、段ちゃんは連チャンで来店。近藤正太君の登場を喜んでくれる。奥田陶生君から四月七日午後五時にほんやら洞に顔をだすとメール。

段ちゃんに、ほんやら洞をバリアーフリーの店にしてくれ、と。

三時四十分に段ちゃんが帰り、閉店。

四月五日（土）

八時、起床。

ウダウダしながら、十一時まで寝直す。さすがに、ベンチ寝が続くと少し疲れる。階上の「OTAKU BAR」では、十時過ぎてもカラオケをやっていた。

京都中、大洪水の夢を延々見続ける。

今出川通も腰の高さまで水で、なお降りそうで、本もネガもすべて、ダメになる覚悟をする。

十一時過ぎには、立誠の神輿、練り歩く。ここの自治会を筆頭に、ほんやら洞の大原口町の町内会、吉田本町の町内会など、すべて会費を出しているが、全く顔を出していない。

ＴＥＬまだ、止まったまま。

十二時、ほんやら洞オープン。竹内裕子（故竹内好長女）さんから、写真を送られる。別便で花も。

五月三十一日の会、出席しないか、と。

不健康な生活の連鎖をどう切ったものか。ここらで、少し、ゆっくりしないと病気になるのでは？との予感あり。電話、まだ、どちらも、不通。

八文字屋、八時十分に入るも、白山夫妻、津田夫妻がいきなりくるも、後続、十二時までなし。白山さんの貸しマンションの所在と篤太郎夫妻の住まいが、歩いて五十歩位と判明。

山根さん、川添洋司さん＆マキさん（彼女、山根さんに期日前投票では、誰に入れたんだと、ずっと迫りぱなしで、山根さんは、ノラリクラリ楽しむ）、もう誰もこないかと思っていると、信濃毎日（上越支局長）の櫻井卓児さんが中川六平著「戦争を止めた喫茶店」を読んで来た。僕も登場しているものだから。六平の弟の「タツノコ書房」に出入りしているとか。来春まで、上越支局とのこと。

さらにその後、もう来ないと思えた深夜に、古関君、梅林克さん、カワイさん来店。

三時半、閉店。四時、帰宅。

四月六日（日）

九時、起床。

バテる予感あり、印画紙買いに行って、選挙、マリーン対応とキビキビ動くつもりをノンビリ過ごすことに、変更。

白山夫妻とインド旅行していて、戻るのに、列車に乗り遅れそうになるという変な夢をみる。

一時まで家にとどまる。

マリーン勢、来店せず。ヤマヤにクスクスのパスタ、ヨドバシカメラに印画紙、現像液、停止液を買いに出かける。山本宗補さんから大部な写真集「戦後はまだ… 刻まれた加害と被害の記憶」（彩流社）恵送される。

後は、お客さんに対応するのみ。ポーランドの西村木綿さんとFBの友達。木綿さんの妹は、パリ在住とか。田畑元治さんとも。

暗室を休み、八文字屋は、九時半入り。

十一時までは、奈良井さんのみ。眼鏡壊れる。

櫻井さんという猪木正道さんの、孫も久しぶりに来店。大阪の映画人と意気投合。Kei-Kも来店。櫻井さんも、明日、醍醐寺行きという。

二時半、寝たところに、大阪の河合塾の新井勝憲さんが（塾後輩の）京大仏文院生の横田さん同伴。四時十分まで。

四月七日（月）

睡眠不足。電話まだ不通。

まず、出町のオガヤさんで、眼鏡修理。

一九〇五年創業の出町の「綿伊《亘》布団店」が、三月三十一日で廃業した。重好さんは、京極住民福祉連合会の現会長だが、その家が、廃業とは、珍しいケース。背に、腹は替えられなかったのだろう。先々代は、相国寺の小坊主時代の水上勉さんが、通りかかると「ボン！ 寺では、飯、喰わせてもらっているか？」と言ってからかうことが多かったと、水上勉さんは述懐していたものだ。

十一時、寺町の上島で待ち合わせ。醍醐寺行き。麗らかな春、花見日和。

メチャシンドー、というカンジ。脱肛だし……。

でも、ヘタルわけにはいかない。四十一年ぶり（実は、実質、初）の醍醐寺を堪能した。櫻井さんとすれ違うも、あえて、挨拶は、せず。

夕方、奥田陶生さんとの打ち合わせ。

後は、ノンビリ。ぐったり、ダラダラ。

八文字屋は、十時半以降、段ちゃん、鹿さん、オイタさんが来て、二時には、閉店。

歩き過ぎ？ で、ぐったり、また、〈八〉泊り。

四月八日（火）

十時十五分まで、八文字屋で、横になって過ごす。

木屋町では、ペーター・ユンク絡みで何度かお会いした阪大の木戸衛一（公衆衛生学）先生に遭遇。

やたら威張り散らしている絵画教室の先生を飽きれて見る。

ヤマヤでオリーブ油を買い、今日は、クスクス作り。谷川渥さんが、今年から、同志社大学で教鞭を取ることになったらしく、帰りに国学院の教え子（立命館院生）同伴。日向太も会う。日向太、ムロケン、MIMUさんとの会見は、楽しかったようだ。

サンフランシスコからの客、韓国からの客など居る。

日向太、海人彦（後輩で一番オモロイという静木君同伴）来る。日向太、海人彦が、ほんやら洞にずっと一緒にいるのは、十何年ぶりのことか？

マリーンある。新入生は、九人。

八文字屋、咲希ちゃんバイト。大阪のパーソナル企画の長谷川ゆかりさん、社長の八木孝さんを同伴。来週トロントに帰るカナダ人もニュージーランドで会った女友達同伴。鹿さんが、咲希ちゃんを飲みに連れ出し、咲希ちゃんリクルートを展開していた琢ちゃんがいつしかカウンターで一頻り鼾をかいて後帰途に着き、終わりと思ったら、パリのＮ氏からＴＥＬ「Ｐちゃんが自殺するかも、確認？を取ってくれ、Ｄ仕事でいいじゃないか、潮目が替わるまでスタンバイしようと励まして。いや、今、首をつっているかも」と周章狼狽。咲希ちゃん、花桜中に消え、Ｐ氏の「死にそうだ、生きた声を確認しろ」とパリからＴＥＬに対応し、いざ、ろくでなしへＤＭを持参か!? と出ようとしたら「警察呼び出され、行って来た。ここ、四、五回ガサ入れが続き、在特会潰しのキーパーソンへと俺を駆り立てて、パクる魂胆の公安に喝を入れてきた、甲斐さんと差しで飲むのは辛いが、まあ、飲もう」とＲちゃん。昨年、七十七歳で父親を亡くし祖父、父の遺髪をついで「やはり在日のリーダー足らざるをえないんだ！」と怪気炎。独りろくでなしへ行くも閉店後。石丸商店にＤＭ持参。カメラを忘れて出て、慌てて、引き返す。

帰宅、五時二十分。レコレコを出たら、五時を過ぎていた。

四月九日（水）

九時半、起床するも、疲れ癒えず、十二時まで横になる。

DM配（発）送に終始。精気に欠ける一日。ほんやら洞客、天気良過ぎて、最後の花見へと駆られてか？美味しい、クスクス、野菜カレーでスタバるも、リアルちゃんのみというとんでもない状況。S、面接で、TOEICを受けているかと聴かれたらしい。交通費も出ず、芳しからず。十二ヶ所にDM配置に行ってくれる。レティシアでは個展をやらないか？と誘われたらしい。

お隣さん、「明日、トユ代金集金OK？」と来る。

陶彫作家の川上力三さんのスケッチ本「京都の古民家」京都新聞朝刊で紹介さる。サッちゃんが写真講座を開く気はないとかと問うも、さて、どうやったものか、ここが思案のしどころ。書下ろし出版後なら、それを一章毎に膨らませて、喋るという手もありだが。

神田さんに、プロジェクター拝借願いメールを送る。桝形の「えびすや」で都間倫子さん&佐治さんの後ろ姿をみかけるも、声をかけず、立ち話をする精神的余裕も時間もないのだ。それ位、追い詰められ、生活を、意味で充満させなければと、少し、強迫神経症気味になっているのだ、と後で反省。柄にもなく、出来ない事をやりすぎているだけなのに。もっとシンプルライフを心掛けねば。

梶田さんがDVDを十枚持参。奈良井さん「ぶらぶら花見に出て来ませんか？」と鹿さんにメールでアピール。後で、佐藤寛子さんが顔を出し、事情読める。まだ、川辺りで花見を続けている人たちは、すくなからず、居るには、いる。

川嵜さん、佐藤さん捉まえて、SM話に興じ、行場見失いそうな議論？の海の潮目に、キャスティング・ボードとして清水千鶴「日々訥々」を放り込めば、暫し川嵜さんによる朗読会と転じ、カウンター・ラインの平和は回復。その間、奈良井さん、後ろで暫く休み、カウンター復帰タイミングを外す？佐藤さんは、次は鈴木さんとも話弾む。今日の佐藤さん、心なしか、いつもより綺麗。段ちゃん仕事帰りに来てくれ、咲希ちゃん、めでたく？　琢ちゃんアドバイス活用していたのを知る。段ちゃんに取っては、寝耳に水だったようだ。段ちゃんとしこたま飲み、二時半閉店後、〈八〉潰れ。

四月十日（木）

十時半まで、〈八〉でゴロゴロ。

十一時、ほんやら洞オープン。散りゆく桜を求めて、鴨川、御所へ向かう群れあり。老人の詩話会の五人、二階で会合。ほかは、夕方まで、クスクス客が少しあるのみ。マリーンも新人八人？　現役数人。

表に、チャリが止まっていると入って来る客あり、一階もいい感じのカフェに、今晩はなる。ぼくの実入りはといえば、全くゼロなんだけど。

文弘樹さんが、クレインから「やっと韓国文学ものを出し得た」との慶賀すべきニュースをＦＢにて発信。時間が掛かったらしい。そう、何事も、時間は掛かるもの。僕なんか、棺桶まで、一里塚。

八文字屋、九時半。客ゼロ。辛いだけ。十二時半になっても同じで坊主か、と思っているところに立命館大学のＨさんから「眠そうな声だけど、今から、ちょっとだけ行っていいか」との有難いＴＥＬ。持つべき友は、Ｈさん。やはり、坊主は避けたい、これで避けられる。

下では、ＡＫＢの社長が通行人を追っかけ回して「二千円」「二千円」と連呼。寒いし、客も居ないのだろう。

Ｈさん、ディランさん＆カリフォニアでの恩人、ＳＯＮＹ社員とやらを同伴中に、エレベーターに乗り合わせたカップル同伴（シバタ親彦＆ミキ）するも、二人はタダの俗物で、ミキが親彦のチンチンをカウンターに座っていて弄り始め、それが目に余り、Hが怒り、俺が金を払うから、帰れ！といい、逆切れされ、ヤクザっぽく「表へ出ろ！」とひと悶着ある。H、メディアショップで、「On the Road」のＤＭを見ていた。彼、杉本秀太郎さんの近くに住んでいる。彼を八文字屋に連れて来たのは、梅林克さんらしく「克」の字をボトルに入れる。元建築少年のカワイさんも、ＯＫと言う。「八文字屋には、大切な人しか連れて来ないのだ」

四十年間京都に住み、NISSAN絡み？で従業員四十人を使っているディランさんの頭のなかでは「ほんやら洞＝赤軍」だったのには、ビックリ。来た事がないのに、そうなのだ。彼の「日本は、労働者の権利を主張し過ぎて、気持ちが悪い、社会主義的過ぎる」という主張もどうかな？「増税は当たり前だ」との短絡を、経営者マインドを、喧嘩腰にならず、端的に論破すべく頭を整理する必要あり。世間には、こういう手合いの日本人も多いから、いや、これが「日本」の当たり前に退歩している鈍感にきづかねば。国内スタンダードと国外スタンダードは、多角的に検証を要す。

暇に任せて、九州の様子をきき、噴き出す。従兄弟の叙夫のぶっ飛び加減は、さすが？に常軌をいっしている。骨がらみに全き権威主義に毒された面々、笑えない。彼らは、その真っ只中で生きているのだ。

ラーメンをくって、村屋にＤＭを持って行き、三上賀代さんの旦那に会い、明日、工藤丈輝さんが来るのを知る。「賀代の還暦記念」を連発してた。近藤正太君の父親の事、何か分かるかと訊ねたが、分からず。前にも、思ったが、村屋行きは「時間のムダ」。シャコの勘違いと付き合えない。シャコ、お世辞だらけの中に、自画自賛的な飲み屋礼賛は聴くに耐えぬ。

四時十五分、帰宅。

四月十一日（金）

Sが「倫子さんが死んだよ」とメールを寄越す夢。一昨日、町で会ったのを精神的にネグッたのが、こういう形ででるのだろう。昨日、北沢さんも登場してた。

九時起床。ノンビリする。二つの店のルーティーンワークにながされず、今こそ、生活を組み替える時だ。全く違うルーティーンを作らねば。

江口久美さんのリクエスト、「工業技術学会」の会報への原稿書きに着手せねば。

日仏の“Kyoto Experience”覗くも、むなし。

百万遍ラーメン。（今朝も、ラーメンで体調を崩したばかりなのに）

黒ダライ児さん、清水正夫さんより、メール。元朝日放送社会報道部長の石高健治さんが横田めぐみさんの両親の今の気持ちについて「文芸春秋」に記事を書いているらしい。

二時四十五分、ほんやら洞入り。インクジェットの画像、グレイゾーンがかなり潰れて届く。

亮太郎が、パリのクロワッサンをアップ。カラーの丈を短くして、麻美ちゃんが、各テーブルに飾ってくれる。丈を短くすることすら思いつかない、俺は、もうダメだ。

「ここには、外国人客が、かつては多かったのですか?」と素っ頓狂な質問をする同大の女の子客あり。

今日も、マリーン少し流れあり。今日も仕事、手に就かず。

九時半、八文字屋に入る前、立誠校前に差し掛かったあたりで、「八文字屋は、鍵が開かないぞ」と可笑しな事を言っている男がいた。どうしたんだ? アドちゃんもいて、梶田さんもいるのにと思いつつ、八文字屋に到着。背後には、声の主、夷川の福田さん、「染織生活」の佐藤能史さんらがいる。

確かにロックが掛かっている。サッちゃんにTELしてコードナンバーを訊くも開かず、十五分後に、中の人が取手を左に回して、やっとあく。氷買いから戻るとオイタさんもいた。五人、客が「ビオロン」にいってしまったことになる。

内には、アドちゃんの知人が三人と梶田さん、東京客夫婦とがいた。やがて、鹿さんが純二ともう一人の客と来る。鹿さん「秀蛸」の蛸焼きを取り寄せ、振舞う。

島井佐枝ちゃんから「パーティは無料なん?」とのメール。梶田さんから「ほんやら洞四十二周年記念半額セールはする必要なし」という意見が出る。

十一時半まで状況は、変わらず、がっくりくる。この春の好天の金曜日の夜なのに!

上賀茂神社での舞踏帰りに、工藤丈輝さんが寄る。奈良井さんもくる。それにしても低調。夜中に、予告があったジョナサンというカナダ人が、トロントへ帰るということで十人以上できたが、七人が一杯ずつ飲んで騒いでいったのみ。

その間、カウンターには、井上義雄さん、段ちゃんが来る。梶田さん「井上章一さんが『ほんやら洞の甲斐さん』のなかで、甲斐さんが全作品集を出したら世間はびっくりするだろうけど、それは、甲斐には、存命中には、出来ないだろうと喋っていたのが印象的だった」とか「義雄ちゃんももっと八文字屋に来ようよ! ほんやら洞にもいってよ!」と言って義雄さんの気を引いてくれる。

井上さんには、深夜、奥さんが車で迎えに来る。梶田さんにも、奥さんから、心配のTEL。

これが、今晩の客の全て。遅くまで、段ちゃんと飲む。

ほんやら洞での連続講演会の可能性の話をしていて段ちゃんと「マージナルの会」を開いたらいい、という意見の合致を見た。二人展開催中に、宣伝する事にする。

三時半、八文字屋で潰れる。

今日も、ほんやら洞、八文字屋での僕の労働対価はゼロ。DMは色んなお客さんが持ち帰る。

四月十二日（土）

郭徳俊さんの傑作展なるものに行く夢をみていた。

「よう来てくれた」

大人然と立派な家具に挟まれたソファに深々と腰を沈めたまま口火をきった。

調度品、作品の見せ方、どれもなかなか気が利き、ゴージャスだった。

「僕は、甲斐さんと最後に会ったとき、僕に向かって言い放ったコトバ『郭さんは自己中心的過ぎる』がずっと気になっているんだ」

そんな事を口走る郭さんの夢だった。

郭さんがそんな事を言うなんて、あり得ない話だ。（郭さん、ゴメンなさい！）「孫正義がシリコンバレーにメチャ豪邸を作った」という話も思い出していた。

十時半まで、八文字屋でゴロゴロする。

「誰かと吉田の家に一緒に住んだら、プリンターが、プリントをやりにくくなるのでは？」という意見がある。そうかも知れないが、そうでもないはずだ。

もちろん、物理的に少しそうかも知れないが、もうそんな事を言えるレベルでも状況でもないことは明白で、それは色んな面で言える。一寸ズリでも前へ進むしかない。

ともあれ、僕の最終ラウンドなのだ。

僕としては、二つの店も、写真も、書き物も、上手く行くのが理想だが、そんな美味しい話があるはずがない。身体は、一つなのだ。元嫁でさえ、どれか一つやめろ！と言っていたくらいだ。ある意味、慧眼だったと今頃、おもう。

ほんやら洞には、同志社のドイツ人のコーエンに教えられたと、バークレーの建築学科大学院から同志社へ留学してきたという香港人のジョナサン来店。彼にも十九日のパーティに来るように言った。彼の後、チューリッヒから同志社への留学生の美女も来店。

二人展の大小ポスター届く。

八文字屋へ早く行こうと準備している所、Ｋさんという東京女子医大の美女を連れて、飯を食わせてくれと、日向太来る。ポスターが欲しいというので、バッグと一緒に全て彼女にプレゼント。高台寺のライトアップを見に行くという。日向太は、今日は洋子おばあちゃんの命日で、南禅寺へ墓参りに行った。

オークランドのムロケンから聞いたことをその彼女に、日向太は喋っていた。そして、僕に相槌を求めるのだった。ムロケンの家へオバマから頻繁に電話があるのを知った。（後で、ムロケンも「Beautiful Women in Kyoto」に解説を書いてくれているのを思い出す）ムロケンは、オバマを相当支持しているのは、対談での口吻から知っていたので、日向太から「オバマに献金しているのだ」と聴き、不思議でも何でもなかったが、そっちの方への自分の想像力が行ってなかったのに、気づく。

日向太にも十九日のパーティに来るようにいったら、その日は、篤太郎の結婚式でヴァイオリンを弾いた女性を励ます会とバッティングしているというので、宜かったら、彼女も連れてきたらどう？という。その彼女とは日向太は親しいらしい。Ｋさんも、来週も京都に来るというので、どうぞ！という。

八時四十分、八文字屋着。

苦しい展開の土曜日。でも、レオ、岡西さんと別個に、ユックリはなしあってたのしかった。こんな日にしか出来ない話。トップ客は、草葉さんだったが、彼、来週からハローワークに行くらしいが、十九日には、シャンパン持参するとの事。

レオは、九時前に『ほんやら洞の甲斐さん』を見て、甲斐さんに会いに行くしかないと思ってきた」「甲斐さんがあんなに有名で、あんな繋がりがあるなんて知らなかった」と興奮、抑え難くやってきたという風であった。僕は「客が来ないな〜」というと、レオは「その方が良い」と言う。彼の京都入り「記念だから、いくらでも飲んで！」と言う。「半年飲み放題、〇〇円というのを二年前に画像をおさめたので、今、だすけど、あれ、生きてますか？」というので、半年飲み放題五万円を、奨学金が入り次第受付けることにした。「南アフリカのロドリゲスの曲、甲斐さん、気にいるのではないかなと思って」と、その曲を掛けながらいう。ルー・リードやなんやかや、レオの、ＤＪナイトと自然なった。

十九日のパーティは、もちろん、来るし、二十日のクレモンティーヌ来店での通訳もやってもイイよという。グラム・ロックの定義は、今晩初めて知った。海外個展の留守番もＯＫしてくれるし、バイトスカウトも頼む。佐藤さん、竹宮さん、細野晴臣でも、精華に居るうちに、ジャンジャン行くようにアドバイスする。彼なら、面白い関係を作れるはずだ。まずは、白土三平インタビューだ。

夕べ、段ちゃんと喋った企画にも噛んでくれと言う。八文字屋まで、チャリで二十五分で来れるらしい。彼に精華大のポスターはり、ＤＭ置きを頼む。

彼が帰って暫らくしてから岡西さんが来て、彼と奥さんを巡る近況も楽しく聴いた。僕を取り巻く状況を憂慮して居るとの事、承った。四国旅行についても。喋っているとアサヒちゃんが、森下光泰さんらと来店。岡西さんは森下さんとも話し込む。森下さんは、崇仁の街づくりの取材帰り？記者会見でもあったのか？ 岡西さん、田中の集合住宅の意義を熱く語る。

三時過ぎに誰も居なくなり、横になっていると、四時前に、田中君が女の子連れできたが、断る。

さらに、五時半に客が来て、これも断る。

四月十三日（日）

九時半、起床。十一時十五分まで、八文字屋でゴロゴロ。

海人彦、数学にすると決めたとＦＢに書く。

十一時四十五分、ほんやら洞オープン。最初の二人はパスする。なかなか、すっと営業開始という風には行けなくなった。どこか恥ずかしいという気持ちが作用する。エンジンを掛けるには儀式がいる？ この客は自分のヘマを発見しないか、たえず、気にかかる。

三時間ほどダラダラと切れ目なしにお客さんが来てくれたのは、よかった。クスクス、野菜カレー、コーヒー、チャイとバランスも良かった。

御所の一般公開客？ 読売新聞客？ 四十年ぶりの客もいた。

常時、これくらいの客足があれば、バイトを雇える。

昨日会ったスイス人の女性ふたり（Isabel Hammer さんと Serafina Hafeli さん）から、ＦＢ友達の申請あり。やはり、香港のジョナサンと友達？ 多分、同志社でのクラスメイトなんだろう。

夕方、山上君が、二時間ほど来る。その頃は、ぐったりで、八文字屋入りは、九時半。

月明りさんがやはり、プリント等のテキスタイルの仕事のケイコさんと共に来店していた。隣には、パソコンを拡げた奈良井さんがいて、後でアレレ!? と思うくらい、今日は、落ち着きがなかった。というか、どんな話題にも一丁噛みせんと待ち構えているという風で、しかし、悉く話をちゃんと聴いてないがための勘違いのツッコミだった。それが作戦なんだろうか？　測りかねる。違って「アレッ、僕ちゃん、まちがっちゃった！　でも、可愛いでしょ」とでもいいたいのか。妙齢の女性が来たら、やはり、落ち着きを失うというのが、実情なのだろう。明日から、新潟、北海道へと出張らしい。

　森重さんは、あと四千円くらい残っているプリペイド・カードを紛失したが、ダバダ火振りをボトルキープ。明朝早いとかで、早々に退散。月明りさんらは消え、Kei-Kが来て、森重さんがいる段階で、Satisfactionを路上弾き語りするイギリス？　老人の画像とシドニーのドラムの路上パフォーマーの画像をカウンターで見る。山のやさん（御幸町綾小路のうどん屋さん）が「今、三・五畳で中川五郎さんと隣合わせで飲んで来た」と報告。後は、おっちゃんが来ただけ。中川五郎さんから浅利ちゃんによろしく！　メール入る。この日は、咲希ちゃんは渡辺恂三先生を偲ぶ会のために東京へ行って、三・五畳で働いてなかった。

　二時前にKei-Kが帰って、閉店。でも、もう少し、客が欲しくて横になって待って居るうちに、寝てしまう。五時に起きたが、朝までいた。

四月十四日（月）

八時半まで、八文字屋に居る。

ＦＢ友達九九四人。

階上の「OTAKU BAR」では、七時まで、カラオケが鳴り響いていた。ビルの向かいには今日は八時過ぎには九時半開店のピンサロを待ち侘びた立ちん坊のおっさん四人。

八時半には、マロニエの西川さんの立誠校前をチャリでの疾走シーン眠気まなこに飛び込む。九時、えびすやに行くと「お客さん！ 昨日、忘れ物をしてません？」と言われ、醤油、ソース、サラダ油、キャベツ、レタスを受け取った。夕べ、「ない」「ない」「何処に行った」と探しまわっていたのだった。

午前中のほんやら洞客は、懐かしい二階に行きたいという娘連れの三十三年ぶり客、山田拓宏さんの三人。午後の三時間も四人。二人は、マレーシアからの六十がらみの夫婦。表に貼ってある京大人文研の「《合評》レクチャー・第一次世界大戦を考える」のポスターを見て入って来た同志社の、多分（一橋出身の）経済学の先生二人（イチゴミルク）。加藤まなぶさんは、上映会で要領をえなかったら、うちの藤田に何なと言ってくれと、メールくれる。

四時二十分、客が引き、DM、ポスターを持って外出。六曜社まで行く余裕なく、ヘリング（元アース書房がいたが、喋らず）、吉田の家では少し掃除&ネガ・チェック（全然時間足らず。作業中に、古傷の膝の痛み再発）、あとは、ガケ書房、恵文社に行って戻ったら、七時。武市淳子さんに遭遇。寒いし、今晩は、暗室入りは、無理。

八文字屋には、八時半に入る。トップは、ディラン&大谷大学の仏教学の仲間のアメリカ人とその連れ。

次は、写真家の柴田明蘭さんが年長の教え子、「行きずりの女」と称する生駒在住の写真家・宮脇晋子さん、そして、新門前通のセイカドウで働く奥さん（アヤさん）同伴のピーター・マッキントッシュ（意外と若く四十三歳）が、「甲斐さん、イギリスなんかで写真展をやったり、写真を売るのは、俺に任せないか?! 一回、五十万円位入ればいいか？ その代わり、俺がボスやぜ、テイト・ミュージアムでも、俺が、京都では、ナンバーワンや、直で電話交渉出来るで」と言いに来る。「甲斐さんは、世界一の街頭写真家だ」というお世辞まで言う。このところ、ダグラスが「ピーター」「ピーター」言っていたのは、これだったのか！と分かる。

森重さん、つけ払いに来店。隣では、段ちゃんが胡散臭そうに話を聴いていた。後ろには、今週末、ウィーン等に荒れた日本庭園の手入れに行く山田拓宏さんが中島勝さんという友人と飲む。二時半まで段ちゃんと歓談。ろくでなし、ヴォガにポスター、DM持参する時間なし。暇との読みが外れて良かった。ヒルゲートの人見さんから、DM写真のタイトルを教えろとサッちゃんとこへTEL入る。

FB友達、多分、九九六人。

四月十五日（火）

七時十五分、八文字屋で起床。九時まで、ノンビリする。

家に帰り、三時間熟睡。

知恩寺で手作り市。

飯を食おうとして「グギッ」と音をなして、最後の一本の上歯が抜けてしまった。十五年前までは、ほとんど揃っていたのだが、不摂生で台無しに至る歯槽膿漏でいかれてしまった。

ヒルゲート、六曜社にポスター、DMを持参。人見さんと五月二十七日〜六月一日の個展の打ち合わせをする。ラフな展示、オープニング・パーティをやる事、それまでに写真集を出す事を確認。

長谷川集平さんがFBに「ぼくの師匠」と記して高田渡のポートレイトを描く。神田稔さんがスクリーンも貸してくれる由。多謝。

府立大の松本さん、近くに猫と共に越して来たらしく、連休明けにほんやら洞のバイトに入ってもらうことにする。

夜、マリーン、二十人来る。

日向太、飯くいにくる。日向太、七、八月はクリーブランド、デトロイト行きとの事。

九時十分までは、ほんやら洞。珉珉でラーメン。

八文字屋には、咲希ちゃんが入ってくれており、五郎さんが三・五畳に来てくれた日、渡辺恂三先生を偲ぶ会に行っていて、帰り、人見ジュン子さんと新幹線で一緒で、「八文字屋は大丈夫?」と言っていたと。店には、不明客（二十年ぶりの元京大生）が来てボトルキープして帰ったあと。琢ちゃん、松本さんの藤木君（隣の県職員）がいた。映画「堀川中立売」の役者も来る。第七劇場で働くバンド仲間がヴォーカルで、藤木君リードギターの音源を聴かせてもらう。七劇の経営を移譲され掛かっている? 元阪大生と役者は知り合いでさっきも喋ったところ、とか。

ろくでなしに行き、あとで、この役者がくるらしいよ、というと、横ちゃん「あーあ、あの、よく喋る子ね」という。ろくでなし、ヴォガにDM持参。ヴォガ、和見、「桜の後は暇やな〜」と言いつつ、土曜日バイトの女性を相手にしていた。工織のデザインの学生客がすぐに来る。JAL? のビジネスクラスで出る八女の芳香を放つ焼酎を貰う。予想通りスカッとしたバー。横ちゃんにミヤコさん、武市さんの様子、三・五畳の家賃、一日にチャリを百五十台（一日五百円）を動かしている事等訊く。

戻ると、八百万円するとかいうキャラ持参の高松の岩佐仏壇店の息子&片山（十月に高松で写真展をやってくれという）へリング帰り寄る。琢ちゃんも一緒にキャラを呆れ顔? で見ているカット。最後に、「伏見」帰りでひどい酔い方で、コロナブックス、トンボの本とか一本百万円仕事（例、月岡芳年の最も図版の多いもの）をつくっているんだと自慢するかと思えば、一九七一年頃の京都外大での中核・革マルの内ゲバを思い出し、涙ぐんだりするハマちゃん来る。書肆山田の鈴木一民さん、一九七四、五年頃の京大西部講堂での「オルフェの袋小路」の山下信子さんとの出会い、京都書院の亀岡から出て来た社長、バイトの面々、ガールフレンドの西川さんとの出会いと別れ、京都書院ストライキの経緯とその結果についてやや呆け頭で喋る。一九六〇年代末から七〇年にかけての京都書院の面白さについて誰かが書くべきだろう。太郎屋さんには、筆力がないか？

二時、閉店。

暗室入りの元気なし。三時半、帰宅。

四月十六日（水）

八時、起床。嫌な夢。

ほんやら洞の二階で死んだ、もしくは、死にかかった小さい猫が手摺の上に折り重ねて積み上げられている。青年猫も攻撃に遭って息絶えようとして、逆襲に出ようとしている。猫駆除政策がほんやら洞をも襲っているのだ。

疲労困憊気味。

プリントから攻めるのでなく、違う方向からのやり方で、二人展を成功させよう、と持ち駒を再確認作業を急ぐ。

風呂に入るより、出来るだけ横になる。まず、今日は、ほんやら洞の掃除。「現実原則」優先。

朴ちゃんがＦＢでアップし、深希ちゃんが「朴ちゃん！」と記しているのを見て安心。四谷シモンさんがオモロイのアップしてて、シェアしようとするがiPad不調（後で、日向太がチェック）。萩原朔実さんの東京の芸術高校の入学式の祝辞もアップされていて、好感が持てる。阪大の木戸衛一先生からメール「五月十日立命館の平和ミュージアムでの『原子力帝国』の著者ロベルト・ユンク展の後で、息子のペーター・ユンクさんを筆頭にほんやら洞へ行きます」。海老塚耕一さんとFB友達に。

京都新聞の街角欄からTEL。二人展を出してくれそう。

三時過ぎにS来店するもDM発送の田中国男さん、在田さんらの宛名書きを少しすませ、僕が機嫌が悪いから嫌と言って、オイタさんへのTELを済ませて帰って行った。(夜、浅利ちゃんに言われ、結構、こっぴどい風邪をひいていると自覚)。実際、機嫌は悪い。

「あ、カイさん⁉ 昔の面影がある」

そう言って、入ってきたのは、タイのバンコックに住んでいる矢野かずきさん、だった。僕には、覚えはない。立命館の法学部(広小路学舎)時代、よく通ってくれたのだと言う。最後に、ほんやら洞を訪れたのは、かねてからのファンだった神戸のシンガー・光玄のライブを聴きに一九八二、三年頃だったとか。カンボジア難民救援運動を小野了代さんらとやっており、寺町今出川西南角の「夢屋」という二階にあった(その後『空』に代わる)店を拠点にしていた。記憶の中のほんやら洞のロケーションが違っていたらしい。一九八〇年の加茂の河原での黒テントの芝居「西遊記」も隣で"It's great!"とはしゃぐ立命館の女の英語のアメリカ人教師が居る中で、見たが、まだ幼く何処が良いのか分からなかったと芋ロック二杯飲みながら語る。その彼がタイでは、ラジオ、テレビ用の? 演劇をやっている。下鴨の松ノ木町に住んでいたが甲斐写真集「路地裏の京都」に登場する光景を殆ど覚えていず、「俺は何を見ていたんだろう⁉」と言う。改進亭の店頭に転がっているイノシシの写真のような印象的シーンが何故見れてなかったのか、と。

大牟田生れの長尾育ち(三井三池の筑豊)といい、今晩も一本松の「音色食堂」で飯を食って帰るらしく、是非、バンコックに来てくれ！という。

今日の客は彼だけかと思っているところ、同志社の二回生の男五人が入って来て、クスクス、鶏朝を注文。矢野さん、メニューが変わってないと言っては喜ぶ。

そこへ、島井佐枝ちゃんが高見沢こずえさんの旦那フィリップと、KG+の書類、幟を持参。幟は、結構目立つ。

七時半頃、ボチボチ、八文字屋行きかと思っているところ、日向太&シェアメイトが来て「腹がへった！」と言うので飯を用意。十九日のパーティ、篤ちゃんの式でヴァイオリンを弾いた府立医大生も連れてくることになると。

八時半、浅利ちゃんから、今、仕事が終わったとTEL。
S、ほんやら洞で働く気持ちを固める。
八文字屋入りは、九時半。サングリア用のワインを買ってから。

八文字屋には、オイタさんしかいず。クシャミが止まらず「花粉症かPM2・5のせいだ」と浅利ちゃんがいうも本人は納得しない。十年前、工繊の学生時代に通ったという男が数人の同僚を引き連れてきたが、連中の目当ては、ガールズバーだったらしく、スゴスゴと帰っていった。オイタさんにDVDを渡す。「これは、家では、見れないな～」てなことをいう。不思議な御仁？

「バーデン？・カゲロヲ・檸檬は、女性客のみの花飾り」とアップされ「バーデン・バーデン？こちら男飾り」と書き込む。

後は、石丸商店で会った江坂さんというFB友達の東九条で建築士をやっている男が自分のyoutubeを取りだし、DJをやりつつ、騒いだりしているさなかに旅の土産饅頭持参の奈良井さん、段ちゃんが来たくらいのもの。段ちゃん、「オイタさん、擦れ違ったが、ご機嫌な表情だった」と。多分、それはFB上に「段ちゃんに感謝」と記しているのを読みこんでのことだろう。

閉店は、二時半。

三時、帰宅。風邪かなりひどい。

四月十七日（木）

風邪、ますますひどい。この数日間の無力感の源にこれがあったのだ。焦っていたが、こりゃ、ヒドイ。十二時まで、家でゴロゴロする。腰が痛い、これは、単に風邪によるものだったのだと分かる。老化、意欲に還元するところだった。

自分の顔が五十年前、一九五〇年ごろに見たH・C・ブレッソンが北京で撮影した宦官みたいな表情になっているのに、ゾッとする。

同志社の先生らしき女性が「何時にオープン?」といい、後ろの谷口先生が彼女の袖を引き、消えてしまったあと、十七年前に、ここで出会ったというカップル&娘、息子が入りたがり、入って貰う。

「セラピスト」を少し読み始める。やはり、読ませる。

FB友達が一〇〇〇人になった。一〇〇〇人目は同志社神学部中退の有機農業等をやっている一男一女の父、橘雄介さんだった。政治的には、無党派とか書いていたが、知人かどうかわからない。パギやんの友達は、今日二〇〇一人。中川五郎さんは、三二九五人。市会議員の鈴木マサホは四八四人。皆さん、変なところで引き合いに出してごめん。人気商売人は、違うなとほとほと感心。うちも、商売だ。FB友達より、実質を頑張らなければ。その意味でも、二年で五郎さんには追いつこう!それくらいでなければ、商売できないでしょう。大きな口を聞き過ぎたかも。この話題をFBにアップして、東さんの失笑を買う。

夕方の晩御飯客二人、断る。京大マリーンでバタバタしていた。もう少しずつノンビリ仕事をしたい。マリーンも、十九日に使いたいと言ったが、パーティ&ライブでことわる。

就活のSに断念して貰って、ほんやら洞に専念してくれという。

シルヴァンに「ほんやら洞の甲斐さん」を持って行く。

八文字屋は、十一時になっても、客なしか、思いきや、イギリス人の写真家（大津在住）&学校教師（和歌山から二条に来たばかり）が来る。

今晩、暗室入りの元気はあるか？不調は、不調。

九州の馬鹿話を訊く。十二時四十分、閉店。

四月十八日（金）

六十五歳の誕生日。

暗室か休養か？休養を取った。

一時から雨。雨を避けて、ほんやら洞へ。

三時まで待つも雨上がりはなく、二階で寝る。寒かった。

朝、窓が三ヶ所あいているのに、気づいて、ビックリ。風邪をひいているのに、窓を開けたまま寝ていたなんて。

九時起床。ネガ・チェックを済ませて、掃除に専念。

プリントは出たとこ勝負だ。途中で、変えればいいと、腹を括る。

Sは昼来る。麻美ちゃんは、十一時前に来る。

神田さんは、今日でなく、明日だった。奥田さんも同じ。

オイタさんが二時半に来てくれてほんとうに助かる。オイタさんも、同時期に風邪をひいていたのが判明。

KG+搬入。一階の展示は、S&オイタさんに任せっきり。ひたすら、二階の掃除に専念。二つの山を崩さねばならない。九時までかかる。

綺麗に仕上がる。

「路上」と言い条、犯罪の匂いのない、格差社会の貧困を直視した作品がなかった。ダスティのスラムベスト写真を引っ張り出す元気が、やはり、なかったのだ。綺麗に収まりすぎ、仕方ない。

次々と誕生日の祝辞がFBに届く。瀧津孝さんには、「作家で祝辞くれたのは、あんたと田中康夫さんだけ」と喜ばせる返信を送ったが、遊び心通じず。

八文字屋は、アドちゃんだが、ミルトンが顔を出しただけで、十時半までオイタさん&Sのみ。

KG+のオープニングパーティの流れは、申芳礼さんのみ。そして、奈良井さん。

山形ABCの庄司さんからTEL。四、五人で行くと。直後、大阪ABCの藤田貴史さんから、十人ちょいで行くと。同じグループ。ワイワイやっているところに段ちゃん来店。申さん、庄司さんと話し込むことが出来て、良かったという。庄司さんの土門拳礼賛主義？に言わずもがなの難曲を少し付ける。土門拳を尊敬する気持ちに変わりはないが。申さん、五月十三日から、アートスペース虹で個展とのこと。彼女は、三時二十分に帰り、佐枝ちゃんから「今から数人で行く」と三時半にTEL。三時四十分に、「やっぱ、またにする」と。

大豊ラーメンで居眠り。四時半、帰宅。

四月十九日（土）

朝方、日向太、少し、休みに来る。

九時半、起床。

十二時前に、ほんやら洞着。

奥田さんが、想像以上に作品を多く持ってきて、掃除したばかりの入口に大量に作品を入れた安もんのプラスチックのケースを積み上げているのに、ビックリする。どうなるんやろ!?が、ちゃんとディスプレイ。収納庫が満杯でケース露出せざるを得なかったが、立派な作品さえあれば、ちょっとのケースのはみ出しなんてＯＫ。やがて、神田さんがプロジェクターを持ち込んで来てくれる。（少し外出後）二時過ぎには戻り、申芳礼さんの旦那らにもチョットだけ見せたいという思いに応えてくれ、早速、上映してくれる。小山正太君も早くきて、Ｓの指示に従い、サラダ等を作る。彼女にも、やや気合いが入って行くのが分かる。助っ人陣、全員集合。

後は、パーティの準備へ一直線。サングリアは、前日、終了。寿司飯少しこがすも問題なし。川嵜さんに連絡を忘れて、わざわざ大きなスクリーンを持参させてしまう。キヨさんが居る間だけ川嵜さんは居ないというヘンテコリンな出席の仕方になる。

拾得での「藤村直樹追悼ライブ」へ中川五郎さんが向かっているのは、ＦＢで分かる。

日向太も早々と、ヴァイオリニスト&新谷有里ちゃんとともに来る。梶田さん&井上義雄さんも、嬉しいことに来てくれたし、香港人のバークレーからのジョナサンも同大生を同伴。草葉さんもバーボン持参。

ここ十年間では、見られない位、多彩で、若さ溢れる良いほんやら洞パーティへと徐々になって行くのだった。この光景を見たら「流行ってない日頃のほんやら洞」は想像出来ないのではなかろうか。HATAOも来たが、一、二年前の八文字屋の常連は奈良井さんくらいしか（しかも、彼、疲れて精彩をかいている）居ない。ミルトンはいたか。こんな調子で、この一年が行って欲しい。

パギやんは、開場直前に余裕を持って来てくれる。ライブには、Uwe Walterさん、山形朝日放送の庄司さん、金光敏さん、申芳礼さん、パギやんの東京の友達の菊地さんもくる。ヨ氏は、間にあわず、また、不本意な土方仕事に舞い戻ったとかで、些か荒れており、「パギやんはどこに行った⁉」と吼えるので、「一緒にタクシーで八文字屋に行こう」と誘われても奥田陶生さんは、やや警戒気味。

奥田作品も二点売れる。サッちゃんの友達も四人最後まで参加、宮津のお兄さんも駆けつけてくれ、ライブ後再放映の「ほんやら洞の甲斐さん」を見てよろこんでくれる。

十時に切り上げて、八文字屋へ流れる。

八文字屋では、高松樹ちゃん&古関君&大阪の友人、二人が待っていてくれた。樹ちゃんが申さん差し入れの韓国海苔で、ちらし寿司、クスクスを包んで、皆に配ってくれる。

中川五郎さんと合流⁉だったが、いっぱいで趙博さんは、帰ってしまった。五郎待ちのヨッシー&梶田さんといれかわりに御本尊が来店。

もう疲れて帰りたい咲希ちゃんをかっ攫って、夜の闇に消える。KYの星野高志郎さんが、ドタドタとカウンターに入って来る一幕もあるが、お引き取り願う。寂しげにでて行く。温ちゃんと友人はヨ氏に絡まれる。奥田さんは「何や、お前、来てんのか⁉」とヨ氏に言われ、申さんに庇護を求めるようにして逃げる。彼、無事に帰れたか？京都造形芸術大の学生が七人でトップ来たらしいが、夜中に再来店し、誕生日パーティをやって帰って行く。

深夜、パリからのソフィ・ボンドさんが来たが亭主が閉店間際に乱暴狼藉を働き、お引き取り願う。連れの東京の友人、孝寿さんの知人には悪いことをした。

閉店は、四時。

四月二十日（日）

ロベール・ドアノーの孫のクレモンティーヌさんとで一日終わる。レオには、早くスタンバイさせて悪い事をした。インタビューを受ける。発砲酒持参のＨＡＴＡＯコネクションのドアノーの子どもの子どもで、彼もよろこぶ。「色めしの黒川」を紹介して、喜ばれる。

通訳の佐藤正子さんも素晴らしかった。凄腕の仕事人なんだろう。元バレリーナ。京都駅のドアノー展も手掛けていた。彼女にお会いできたのも、とても嬉しい。エマニュエルに感謝!!

ヨ氏「俺のメガネなかった? オイタさんの隣に座っていたんやけど」と頓珍漢な事を言う。紛失したようだ。

八時まで、ほんやら洞。

十時四十分に来〈八〉のクレモンティーヌさんはクタクタ。チーちゃんに写真を撮って貰ってオモロかった。彼女「女アラーキー」の可能性を秘めている。写真家への道を勧める。成功するかも。鈴木さん、奈良井さんがいて、鈴木さんが帰り、Kei-Kが来る直前の深夜、奈良井さん、チーちゃん、浅利ちゃんとでシャンパンをあける。

深夜、写真ファンのニュージーランド人カップルが来て、アンプの修理をやってくれる。

富樫で、四時前に終わる。新状況（車入手の、可能性あり）を報告。

四月二十一日（月）

十時、起床。布団の中でメモ。

十二時、出勤。

ゆうべ、アンプを修理してくれたニュージーランドのザ・フー似の男が、三時過ぎに来店予定なので、暫し動きを取れず。結局、来ず、関電に電気代を払いに行く。

今日は、あまり出入りなし。お隣の阿部さんの姉妹（昭和十年生れ？と十二年生れ）が「ほんやら洞の甲斐さん」を見に来て「甲斐がよく撮れている」といいながら、帰って行く。

講殿さん、タイのチェンナイからD・ボケットさんが来たくらい。ボケットに精華大学の困難についてきく。彼は「僕は、もう辞めたので、関係ない。自分の人生を楽しみたい。おじいちゃんになったわ。今、家を作っているところ。今日きて、早速、弘法さんにいって来た」等、相変わらずのぶった切り語法で喋りながら、PCで絵葉書の整理作業をする。彼の知っている、共通の知人のエール大学の准教授の名を訊ねても思い出せない。「ジャック・ハセガワは、FWCだし……」云々。彼もダメ。歳だ。それでも好奇心は旺盛。「仁川空港でビックリしたのは、仁川から、中国各地に無数の飛行機が飛んでいることだ。中国と韓国との経済的紐帯が非常に強いのを日本で十分に知られてない」と、カザフスタンの航空会社の社長が韓国人だと告げるとこれだ。さすがボケット。打てば響く。「ほんやら洞の甲斐さん」の映像を見せたら「カイさんも頑張っている。僕も……」と言って励ましてくれるのだ。

D・ボケットはケンブリッジ大学の韓国人歴史学の金教授がKCIAによってロンドンからソウ

ルまで誘拐された事件の調査委員会代表として一九七〇年代初頭にソウルにやって来た歴史学徒だった。その後、韓国で、詩人金芝河が逮捕されたとのニュースをいち早く伝えた男で、日英語によるアジアの同時代通信「浪人」の発行者（リン・マイルズさんと共に）だった。その辺りのことを小田実らの文芸誌「人間として」誌上で「アジアの奥の細道」として発表。フレンズ・ワールド・カレッジのディレクターだったニコラ・ガイガー指紋押捺拒否のロン・フジヨシ、「緑のふるさと」運動の大山八三郎さん（チェンマイ・ハンディクラフト・センター）や真継伸彦さんらをほんやら洞へ連れて来たり、暫く、ほんやら洞にとどまり、ほんやら洞が市民運動の拠点化するのに、一役かう一方、（タイのゲイ・プロスティテュートのウドムと同伴）東南アジア情勢を講じたり、ほんやら洞にゲイのためのテレクラ作りを提案したり、アレキサンダー・テクニックによる英語教授をしたが、のちに、精華大学の先生になり、絵葉書のコレクターとなり、それをエール大学に売ったりしたが、今は、チェンナイで家を建造中。それに退職金の全てを投入している。

ほんやら洞への客足、身体状況ともにイマイチ、店はサッちゃんが少しずつ綺麗にしている。

身体状況はまだ不調。

八文字屋入りは、八時四十分になる。

道新の岩本記者、二年ぶり？　北海道の美術館には、同志社大学の美芸出身の学芸員が多いらしい。

阪大のチェコ人の文化人類学者が、奥さんと来店。あとは、段ちゃん、そして琢ちゃんが来て終わり。

二時半？　その場で潰れ落ちる。

四月二十二日（火）

八時半、起床。

三条珉珉の前で「岩倉から、毎日、鴨川沿いのコースにて出勤」というマロニエの西川勲さんに会った。まだ上村敦史作品購入希望者はパリにいる（ＴＯＫＯギャラリーのビジネス）ので、再度カタログ的なもの用意してくださいとプッシュ。

鴨川では、床の準備が始まっていた。二、三カット。

Ｄ２では、きらら（新潟米）二九七〇円、ウーロン茶一〇一円。

栄輪では、サドル取り替え、一六三〇円。

吉田本町の町内会費、三〇〇〇円。

風呂に入って慌てて、ほんやら洞行き。

ザ・フー似の男来る。午後、中弛み。大阪芸術センターでのクロッキー教室のフライヤー持参男あり。

谷川渥さんが学生二人同伴。ほんやら洞の大家の代理人、天春さん（大家の従兄弟の旦那）が「来月は祭り（三条花見小路界隈）だから、来月の家賃を早く払え」と言って来て、紛糾する。Ｓは「それより、早く弁護士を雇って、値下げ交渉をすべきだ、その程度の事をやらないのは愚の骨頂」と責め立てる。確かに、大家の仕事であるトユの工事は、自前でやっているし、水道の超不備は、常識的に言えば、先件事項としては、大家がメンテナンスをやるべきなのに、そういうことを一切やらないで来たという歴史がある。また、大家の怠慢をこっちが容認して来た。実際、しょっちゅう揉めるのは、大いなるストレスだから。ボチボチ、これは、やるべき事だと思う。これも「月曜社の書下ろしが終わってから」と先伸ばしして来た。そりゃ、家賃水光熱費が三十八万円から三十万円、二十八万円と下がったら、楽に決まっている。僕は、ブレークして、ここを買い取る夢を見て来たのだった。なんと虚しい!? 十五年！

武市さんも老後生活に向かって動き出した。困難を抱えつつも経ケ岬へ通っている。「写真家がまだ入ってないので、この地域のおババらの生き生きした表情をカメラに収めに行ってくれ」と言う。足さえあれば、そうしたい。彼の家の問題も、曲がり角を上手く越えれそうだ。両親が住んでいた一乗寺に残っていた本、藪の下町のアパートも大家が替わり、耐震構造ビジネス絡みもあり、揉めており、そこの本も破棄せんとして「唐芋書房」に提供したりしている。綿伊ふとん店がビルになる話等も聞く。「ろくでなし」の横ちゃんは、僕らに比べてしっかりしているな～、と二人して、やや自嘲的に笑い合う。

六時からマリーン。慌てて、陶器を隠す。彼らにもＤＶＤを見せようとしたが、三、四人が十分ほどみただけで切られてしまう。

今日も、グッタリ。サッちゃんに八時には上がって貰わねば、長続きしない。

八文字屋には、咲希ちゃん居ず。

十時半過ぎに、鹿さん、琢ちゃんが来るも、二人とも、十二時には、帰る。鹿さん「猫の面倒を見てくれる彼女でもいなければ、出張でも泊まってユックリすることすら出来ない」とややボヤキ。風邪で一週間ぶりの酒らしい。琢ちゃんは、「たまには、ボトルを入れんと、段ちゃんに悪い」と言って、キープ。

一時半まで居続ける。

四月二十三日（水）

八時半に目を覚ます。

オランダでの出版が可能ならば、解説書きを打診したメンツの原稿が未遂で流れてしまうのは、如何にも惜しい！　違う本を構想して、その受け皿に出来ないか？　山極寿一、郡司ペギオ幸夫、イザベル・シャリエ、Ｊ・Ｐ・トゥーサン、ウィリアム・ジョンストン、尾崎真人、ディック・ステゲウェルンスと豪華キャスト。

江口久美さんの原稿、月曜社に没頭せねばと思いつつ、写真展中は、なかなか厳しいものがある。ちょっと動くとまた、店を散らかすことになる。

家、八文字屋の掃除も早急に、ヒルゲート用のプリントも。

十一時半、ほんやら洞オープン。

午前中に二人、午後四時までに二人の客。あとは、KG+の見物客。夕方に、イギリス人家族、日向太&ストラスブール大から京大交換留学生、同大生。アンドレアスが白沙山荘での個展のフライヤーを持参。

日宣美のコピーライター塾の卒論用にインタビューさせろと、九州芸工大？　卒の大村沙耶さんが来たので、まず「ほんやら洞の甲斐さん」を見てもらい、質問の簡略化を図る。きけば数年連載でお世話になったプラメイクで働いており、兼田さん、前田さんが上司とのこと。

メニューを変更。セット料金でドリンク百五十円引きを百円引きと、五十円値上げ。

朝日の臼倉恒介さんより朗報（大阪転勤通知）あり。

府立医大の加藤さやかさん（日向太も、二、三度あっている）からＴＥＬ「まだ、ボトルは、あるでしょうか？　府立医大に美術部を作ろうとかいたやつ、二年前のですが。何時にオープンですか？」

先にオープンして貰っているところに、浅利ちゃんが滑り込みで来る。

ほんやら洞の片付け、九時までかかる。

八文字屋には、川嵜さん、鹿さん&純二、奈良井さん、スペイン人の男を含む府立医大生、キヨさんが居た。川嵜さんは、家をアトリエにするのに、一度見て欲しいと言う。「ほんやら洞の甲斐さん」に関しては、「あれを見たら、甲斐さんが貧乏に見えない」という。キヨさんは、「連休に○○さんが来るので」というので「もう、キヨさん、いいよ！キヨさんと付き合っていたら、消耗する、もう何もいわないで！」と言うと、悲しそうな顔をする。「私には、サチコはいないのよ！ダグラスも……」と言って帰って行く。

やがて、谷川渥さん&川井遊木さん来店。

谷川さんから「書物のエロティックス」（右文書院）を頂く。

東京では、盛大にやった出版記念パーティを、五月三十日のほんやら洞開店記念日にやろうと持ちかけ、ＯＫ。ちょっと呼びかけて、そこそこのメンツを揃えたい。

四階のオタクバーに読みたい本があるとかで、メルボルンの歴史教師、ステファニー&弟が来て、写真集を買ってくれる。記念撮影。高松樹ちゃんの旦那、古関君、業者同伴。その後、ザ・フーみたいな男カップルが知人を連れて来て、ビールを散々飲む。

段ちゃんと飲んでいて、眠くなり、閉店。

明日、消防署の査察が入るので、泊まって、朝、少し片付け。

四月二十四日（木）

八時半、起床。三十分、八文字屋の掃除。

十時半、八文字屋発。清水哲男さん、「ほんやら洞の甲斐さん」の解析をして、メールを寄越す。

十一時、ほんやら洞オープン。二時まで、客なし。高見沢こずえさんが見に来たくらい。谷川渥さんのパーティの告知をFB上に、「書物のエロティックス」の帯文、まえがき、おわりにをパッチワークして、アップ。谷川渥さんは、今日、武田好史のラジオカフェに出るはず。その後、奈良井さんは、武田さんと、飲み会といっていたが……。

　道出版の佐藤彰さんにメールするもつながらず。辞めたのか？　調べると、会社は移転。TELするも話中で不通。会社にメール。文面を巡って、声をあらげ、Sを不快にする。

　六時のマリーンまでほとんど客なし。

　清水哲男さんから、九月の日程二案提示。九月二十七、二十八日を中心案でと言う。九月二十八日の日出での高校の同窓出席は、無理になるか？

　近藤正太君、レオ来る。今日は正太君、レオにギターを教える。レオ、正太君ともに谷川渥さんのパーティに出たがる。正太君、ロンドン大学時代の事を少し喋る。

　ヒルゲートにDMを取りに寄り、八文字屋へ。消防の点検と告知あったのに、四十五分待てどもこず。仕方なく、戻る。その間、S、正太君が、留守番。

　九時四十五分、八文字屋へ。

　大日本スクリーンのイケメン写真家夫婦来店して、店内撮影OK？といい、FB上のアップも？といい、モチ、OKする。ご夫婦は、古き良き時代にカシミール、インドネシア、マレーシア、インドをアジア駐在に歴訪した話をしてくれる。姪への影響も。日向太、海人彦の叔父も同じ、家族的な、この会社に居て、良い会社だったと聴いていたが、やはりそうなのだ、と得心いく。
　S、レオのふたりは、ワインを傾けながら、連絡が可能なら、ほんやら洞へハンバート・ハンバートを呼んで欲しいと言う。数年前に来店して、撮影し、連絡先も聞いていたのだが、あのノートは、何処に行ったか？　オイタさん、Sが帰った後もレオと歓談。今年、八月は、和歌浦のバグースへ行こうよ、と言う。妻木良三さんにも連絡しなければ。浮田哲ちゃん、冨樫と続く。

哲ちゃん「甲斐さんは、いよいよ、情熱大陸の出番かいな!? いいだろう。今度、ＭＢＳに行ったら、提案してみる」という。レオに「こちら、大学の先生」と紹介すると、元情熱大陸のディレクターと言われたほうが嬉しいという。今度母親、寧子さんを連れて、ほんやら洞に来ると言う。レオを紹介すると、五十年前の自宅付近でもあるノートルダム大学周辺の風景について、懐かしげに語る。

冨樫は、一昨日、二万円で、大阪へボブ・ディランを聴きに行ったら、トップは“Tangled Up In Blue”、最後は、“Blowin' in the wind”だったが、全く違う唄い方だったという。冨樫の機銃掃射のような喋り方を哲ちゃん、キョトンとしてきいていた。

四月二十五日（金）

八時、起床。九時二十分まで、八文字屋でゴロゴロ。

十時、ほんやら洞。

夕べ、京大マリーンの誰かが二階のテーブルの上に敷いたガラスにヒビを入らせていた（結局、後で割れる）のに気づく。棒のようなものを突いたと思しきヒビがはいったのに、一言の報告もなかった。

いきなり、三人来店。十二時半の時点で、四人。

えびすやのカードを紛失。

笠井享さん、八文字屋店内をＦＢにアップしてくれる。麻美ちゃんも、奥田陶生作品を。清水哲男さんは「テレビ番組・ほんやら洞の甲斐さん」は刺激的だったとの感想ノートを。清水正夫さんは、秀才美学者・谷川渥さんがカラオケで唄う「恋あざみ」は、絶品と。

神田さんから「明日、ミニキュウリ（これ、去年、戴いたが、おいしいのだ！）を送る」との嬉しい連絡が入る。

いささかグロッキー。家を掃除しに帰って寝てしまう。一週間フルスピードで走ったもんな。

二人展のＤＭを持ち出し忘れたので、何処にも行けない。二種類一緒でないと勿体無い。半分無駄足。

天神さん帰りのＤ・ボケットさん、八時まで。今度「ほんやら洞の甲斐さん」を見るわ、と言って帰る。

天気が良過ぎて？ほんやら洞、チョー暇。

八文字屋は、アドちゃん。奈良井さん、アサヒちゃん、フランスからソウル大経由で京大に戻って来た数学者・バンソン（今回は二ケ月間、逗留）が十時四十分まで入り、十時からは、奈良井さんしか居ないところ、朝日放送の藤田さんからＴＥＬ。これから、異業種の人四、五人で行くが席はあるか。龍大の鈴木さん来店。さらに、レオ、時間を置いて、段ちゃんが来て、NZの"The Who"カップル、不明国籍の男女五人が来て、段ちゃんと三時すぎまで。

ＦＢには、ナッちゃんが昨日、ヒマラヤから戻って来たとある。

四月二十六日（土）

六時過ぎから、一時間おき、時に三十分おきに目を覚ます。

セックスしようとして出来ない夢。えびすやのカードが、出てくる夢。

本当は、家に居て、掃除をした方がいいのだが、ほんやら洞へ行く。

当分、店に閉じ込められるのか。

開店と同時に、永山太一さん。

後は、ダラダラ、客があり、天気もいいし、Sには、買い物に出て貰う。

日向太も来て、疲れてひっくり返っているところ、日向太と友達の建築学科の少年がガールフレンドと来る。

ジョー・岡田&鵜飼正樹さん、申芳礼さん&息子さん&娘さんも、ギャラリー鈴木での個展のDMを持って来る。奄美大島の法律事務所で働く弁護士・鈴木穂人（マサホの長男）から、なお二年奄美大島に留まるとの挨拶状届く。彼からのカードは初めての事。

レオ、Sのケーキ作りを手伝う。

呑海龍哉さん、DM持参。六月一日パーティの打ち合わせ。

石井窓呂さんに細川護熙さんの経歴を送ってくれとメール。

八文字屋入りは、八時四十五分。

直ぐに、佐々木花菜ちゃんが六年ぶりの日沖桜皮ちゃんを連れて来る。もう既に祇園など、日沖ちゃんがピアノを弾く現場に何度も連れて行っているという。彼女は、清水坂の訓練校を終えて、深泥池付近の美術品の修復の会社に勤務中。其処の採用のモメントになったのは、彼女が「家畜人ヤプー」を読んでいるのを社長が見込んでの事。同じ会社には、サントロペに通っていて、時々、八文字屋にも、十五年前に来ていた馬主でもあるダンスの若林さんが居るとのこと。

日沖ちゃんは、最近、離婚し、お母さんを少し悲しませたようだが、お父さんは大丈夫だとか、言いつつ、別れた嫁の写真を花菜さんに見せようと懸命に探す。桜風舎の監査役には、精華にいた元中核のMを据えているとのこと。少し歳を取った感はあるが、変わらず、エネルギッシュ。井上章一ではないが、四十歳にしてピアノをはじめた由。四十九歳になったという。日沖ちゃんは、ハルカちゃんのことでもショックを受ける。「八文字屋がまだ、あるなんて、思ってなかった」としつこく言って帰る。

そこに、初来日の東九条松の木町出身（父は、室蘭から）の林さん。「秘密保護法で、痛めつけられるのは、外国人……ヒルゲートは……」と斜に構えた物言い（多分、警戒してのこと）をしていたが、「高史明さんの声」は良いという話題になり、やっと胸襟を開くというか、打ち解けたのだった。途中、疲れたのか、寛いで、暫く、後ろで横になった。やがてヨ氏が来て、「彼は在日」と告げると、親密感を持ったのだろう。ややいちびり、自分のチンゲ（陰毛）を皆の面前（正確には、後ろで）でズボンに手を突っ込み、毟り、それで寝てる林さんに近づき、鼻コチョする。起きてから、暫し、議論す。ヨ氏は、「死ぬ！」とか言っていたのは、ソンベ⁉もうソンベというのを止めるわという。FB上には俺が「義父を担保に喋っている」とあったが、アレ、ホンマか⁉ホンマだったら「俺、義母にカッコウつかんやんか！」とも吐露。ヨ氏が帰った後も、心理判定師らと共に、四時過ぎまでいる。梁民基さんとも会ったという話しもする。

日沖ちゃんと入れ替わりに、バンソン来店。日沖ちゃんの最新事情は、先刻、承知済み。

二十年前の八文字屋客ヘンテコな心理判定師（昼、ほんやら洞で衒学的喋り方をしていた）がまた、同じく、刑事の奥さんを連れて来た。そこに、和見のお父さん（ユウジさん）が若い友人と久々に来店して、面目躍如の？活躍（絡みに触り）。

迦陵頻の片山さんも来店。迦陵頻は、最初の二年は、村田氏経営。後の五年は、彼。そして、今日に至る二年半は、また、村田氏の経営と聞く。

閉店、四時十五分。

四月二十七日（日）

十一時四十分、オープン。天気良し。ランチ客、少し。

ディアボロ・マント（ミントシロップのレモネード割り）をメニューに加える。ティラミスの容量を増やす。サイダー等々も買って試す。

奈良（生駒）の宮脇普子さん来店。「京都写真クラブ」の市川信也さんも覗く。

四時過ぎ、レオ、封書取りに来る。そして、ライブへ。

KG+の客のざわつきが徐々に出て来た。

Hさん、近々、シュバリエとの事。

窓呂さん、護熙さんの陶芸家歴等の書類を送付との事。

ディックさんから、道出版の在庫は確認出来たかとのメール。十五点程、この十年間のベストを付け加えてくれ、とも。

四時位で客は引けてしまった。

八文字屋に入る前に、カシス・シロップ等を買う。明日は、鶏の唐揚げもやってみよう。困った時の唐揚げ頼み？

八時四十分に八文字屋に入るが、十時になっても客は、ゼロ。

十時半に「まだ、あるのか!? 八文字屋は」と木下龍一さん、末川協さん、南さんが来る。「しこたま飲んで来たので」と珍しいことを言う末川さん、飲めないと。サングリアの梅酒割りを出す。木下龍一さんは、元「建築少年」のカワイさんが、八文字屋に出入りしているのに、驚いていた。材野博司さんの事も、久しぶりに話題にのぼった。

途中、石塀小路の「竹中」の竹ちゃんが来たが、ウーロン茶もなにも無いので、買いに行こうか、と言ったが、オモロそうでもないのだろう。帰っていった。

"The Who"カップル、今日は、ビール四杯で終わる。Who の正体は、Declan Bailey さん。連れ合いにアホな事ことをきいた「夫婦?」「十六年間一緒だが、夫婦ではない」Who の連れ合いの名は、Jane Fisher さん。

奈良井さん、ライブ帰りのレオがきて、ローザ・ルクセンブルグばかりかける。バンソンは、レオに訝しげな一瞥をくれたり、可笑しな動きをしていた。浅利ちゃんには、何故、ドゥニが京都を去ったか、明かす一方、怪しげ?メールを打ちまくったりしていた。

「深夜+1」(新宿ゴールデン街・花園一番街の内藤陳さんが経営していたバー)のマスター、須永祐介さんが、舞踏家・工藤丈輝さんの紹介で、やって来た。常連のフラメンコダンサー(京都では、ティオペペに出演)、京都の麩屋の老舗「麩太」(上姉小路通千本東入ル)八代・青木太兵衛さんと一緒だ。

内藤陳さんご存命中は、いろんな方々に勧められながら、ついに訪れる事はなかったが、この店の後継者が、お店の常連さんを引き連れての来訪で、嬉しいかぎりだ。

聞けば、常連の結束はなかなか固そうで、頼もしくもあった。須永さん、落ち着くと言いつつ、ガールフレンドのフランス人?とやらにしきりに、画像を送っていた。

今度、ゴールデン街で飲む際には、お邪魔しよう。須永祐介さんは、役者もやっているらしく、伝統らしいが、お客さんを使うのも達者のようであった。丁度、浅利ちゃんが帰る間際のことで、彼女を引き止めたい素振りだったが、その時点では、正体を明かしていず、望みは叶わなかった。

出町の日本酒を飲ませる飲み屋「ヤオヤ」を知っていた。

青木さんは、さらにビックリで、出町(寺町今出川下ル)の「司」の常連で、ジュンク堂の椿さん、岡崎補聴器屋の岡崎さん、ミクルマヤの今西さんとも随分親しかったり、下鴨神社にも通じているようで、面白くもあった。「司」は、毎週金曜日は、営業していることも教えられた。

ついつい、朝の四時過ぎまで、一緒に飲んでしまった。

二時過ぎには、石川苗香ちゃん、宮地純ちゃんの知人が、チョー美人同伴。

もっと遅くまでやった方がよろこばれるのだが、連日で辛い。終わったのは、四時十五分。

四月二十八日（月）

いささかグロッキー気味。

新メニューを増やし、キーマカレーをつくる。

二時過ぎから、小雨。

KG+の事務局発信画像では、サッちゃんの写真が、何故か、ねぐられている。

道出版の佐藤さんにＴＥＬしたが、佐藤さんは退社していた。即座には、在庫は分からない。調べると言ったまま、返答なし。

サッちゃんは、ネットニュースにKG+展情報を送る。

今日は、ずっと女客しか来ていなかったが、五時半にやっと男、「ヴォガ」の近藤和見さん来店。

無性に焼き魚が食いたくなって、何年ぶりだろう？ サワラの切り身を買って食う。

用があって、「細川護熙パリ陶芸展@出馬会見日仏共同France10」というyoutubeを見る。

ほんやら洞、チョー暇。

八文字屋、八時四十五分には、元気を喪失した三十三間堂付近の指圧師と鉢合わせ。「今、やっているのですね〜、今、危ないといっていたけど、歴史かな〜、ヒルゲートで個展出来るんですか、今、掛かっている曲のバンドも知り合いだったりして、えっー、やっぱ、知り合い、ヴォーカルは死にましたね、僕の青春ですわ、やっぱ、京都の歴史を作ってきたんですね、僕の若い頃、ほんやら洞は満杯でしたわ」など力なく喋り、一杯飲んで帰る。

八文字屋も、チョー暇。十一時になっても、ビール一杯客のみ。

疲れてなければ、酒を飲まずに、本を読むのだが、疲労困憊。

期待した段ちゃん来ず、十二時にバンソンが来て、一時間歓談。彼には、レオとロイが同じタイプに見えるらしい。「ほんやら洞の甲斐さん」の中に、エリック・アボカさんが登場したのには、ビックリしたらしい。パリの高等師範学校時代の同級生で二十五年間知っているが、変な人という。「カイのカラー写真は、素晴らしい。特に、上賀茂神社の画像は良い」とか「暇な月曜くらいゆっくり休んだらいい」とおだてたり、健康にも気を使ってくれる。今年も、大田神社の杜若を見に行くつもりだ。妙子はどうしている？ドイツのヤスミンはどうだとか、言って帰る。

「新潮」五月号の山極寿一vs小川洋子、野田秀樹vs古川日出夫の対談を読む。

三時、帰宅。

四月二十九日（火）

八時、起床。朝から、大掃除をやりたいが、かなりの雨で、気分すぐれず。

十一時まで家にいる。

Sに、買い物に行ってもらう。

その間に、杵築高校の同級生（三重県名張在住）の阿部清一さん（大学時分は、熊野寮生）が奥さん連れで来てくれる。「夢の抜け口」（青草書房）を買ってくれる。「ほんやら洞の甲斐さん」も見てくれる。

四時過ぎには、岡部伊都子さんを偲ぶ会の面々九人が来てくれる。ヒルゲートの人見さん、永澄氏、西村秀樹さん、金鐘八さん、森暁男さん、共同の鮎川佳苗さんらだ。七時半まで。

バンソンとSが「伏見」へ誘い、Sが甲斐さんも行こうと誘ってくれたが、家賃もバイト代も払えてないのに行けるわけない。二人が行ったあと、四十五年前はやはり、金も時間もなくて、観たくても観れなかったマッカーシズムに引っ掛かったトランボーの映画「ジョニーは戦場へ行った」をyoutubeでやっと観ていると、杉本秀太郎さんから「青草書房危うし」のTELはいる。

八文字屋には、中川五郎さんが来ていた。

魚谷君、岡崎天王町の「トロトロ」のマスター夫婦、三・五畳の女性、奈良井さん、オイタさんがいた。中川五郎さんは、五月十九日、国東の両子寺のライブが決まったと聞いて、ホッとする。ろくでなし、石丸商店へ行き、ほんやら洞へ。〈ほ〉泊。

四月三十日（水）

朝、騒音が喧しくて八時には、起きる。
十時、ほんやら洞オープン。
十一時十分、ルパン来店。
十一時二十一分、地震。

お客は、タラタラ入る。

東京からの客あり。ネット「京都で遊ぼう」（アート篇）にアップされる。

ＦＢに次のようにアップ。

中川五郎さんが語った。

ドキュメンタリー「ほんやら洞の甲斐さん」（スカパー番組、ワンズコーディネート製作）は素晴らしく、良かった。

特に、展覧会会場で、ワイヤーがない!! と慌てふためき、あたり散らしているのに、Ｓが憤然と反抗しているシーンが、とても良かったと言う。

（このシーンに対する感想を前日、九州の姉からもその感想を聞いたばかりだ。「男が威張り散らすのは甲斐の家の通弊だね、父もそうだったし、他の弟二人もそうだ！ 弟の息子もそうらしい!? その甥の嫁からも甥にも、そういう点があると今日、聞いた」と。僕が思うに、昔ながらの九州男に往々にしてありがちなこと。姉は《甲斐家の伝家の宝刀》とまで言って揶揄し「それからお前すらも免れてないのだな」と慨嘆して「可笑しかった」と揶揄した）

五郎さんは言う。「あそこまで、自分が出ているとは思わなかった。一九七四、五年頃の京都御所で歌っているシーン、あの写真の存在すら知らなかった。志真子も、山内さんも出てよかった。甲斐さんの幼い頃の写真もよかった。あれが一時間あれば、もっと立体的に描けて、甲斐さんの負の部分も描けたのだろうが、プロモーションとしては、いいんじゃないの。最後のシーンもつげ義春からのパラフレーズであり、オマージュになっている。何かと岡林を出したがるのは、仕方ないけどね!?」

僕は「威張り散らしている」と言われるシーン一つとっても、「辺りに、あたっている」とだけ解説されるのでなく、このシーンでも、軽く、ぼくのボケへの自身の嘆きでもあるてな、補足が有っても良かったと思う。三十分ものでは、無理なのは、わかるが。

というのは、僕は、周りの誰もが知っているように、記憶自慢だし、実際自画自賛になるが、事実、そうで、それが、僕の写真を産んでいると言っても過言ではないからだ。

その情報をディレクターがキャッチしていたら、少しは、番組の中で触れたはずだ。自慢ついでに言えば、カウンター内にいれば、二十〜三十人の、客の飲んだ酒、料金をメモらずに覚えて居られるし、喧騒の中でも、店内の端から端までの、会話を聞き取れる能力もある、そこも取り上げたら、オモロイのに、客の視点から？も考えたりもした。

そう描いたら、カッコ良過ぎるか。一時間番組で、もっとマイナス点を打ち出すのだったら、それと抱き合わせで描けたかも。

五郎さんから「ほんやら洞の青春」（月曜社）は自分のマイナス面も描けてるのか？と突っ込みも入った。彼もボケが進行してるか否かしらないが、記憶に問題が生じ始めたようで、四月二十一日からの二泊位しての「わいせつ裁判」の合宿計画も、藤田一良弁護士から貰った資料の在り処を忘れ、オジャンになったのだという。

Ｓの元同僚三人来る。

マリーンも七人。九時半まで。

珉珉へ。

「工業技術学会」フリーペーパーへの原稿あがらず。

八文字屋には、中芳礼さん&パリの友人カップル、八田さん、川嵜さん、奈良井さん、武田好文さんらがいた。レオも直ぐに来る。NZのWhoカップル、バンソン、梶川芳明さん&竹田武史さん、冨樫&バイト、ノルウェー人三人、段ちゃんもいた。浅利ちゃんも面白がって、三時過ぎまでいる。

店は、四時二十分まで。

ろくでなし、石丸商店に行き、ほんやら洞へ。そのまま、寝る。

ろくでなしの横ちゃんは、いつも、僕に関してはボルようだ。バンソンは、優遇されているようだ。

月

長岡天神、八条ヶ池の躑躅
平安京以前は、長岡は、王城の地で、交通の要所だったので、由緒深い地名、名所も多い。個人的には、付近の洞ヶ峠や天王山や行基が作ったといわれる橋本と水無瀬を繋ぐ最古の橋に思いを馳せてしまう。奈良、滋賀、伊勢、丹後との結節地点の魅力は尽きない。歴史好きにはたまらない地域だ。(2013)

五月一日（木）

五時、就寝。

十時、起床。夕べ眠気まなこで、片付いてるな、と思って寝たが、実際、そうだった。日向太がやってくれたのだろう。一人でやったら、一日仕事だ。

十一時、ほんやら洞オープン。真っ先に、細川氏の資料、ＤＶＤ（『ほんやら洞の甲斐さん』）をパリのＮに送る。メールを入れると、merci！と応答あり。梶田さんの建仁寺での細川家の家宝展？のアップに、日向太がバークレーでお世話になったMIMUさんの父、辻村信一さんが「永青文庫みたい」とコメント。達磨が展示されていた。

昼過ぎから「工業技術学会」のフリーペーパーの原稿にかかりきり。画像も、略歴（二〇〇字というが、三倍記す）の取捨は江口さんお任せ。「入稿を終えたので、近々、飲みに行く。原稿、半生が分かり、オモロイ。写真も良い」と言ってくれる。

シーボルトハウス展用に、最近の傑作モノクロ十五点を選定して、送れとディックさんからメール。可か不可か？　時間なし。

京都新聞の河村亮記者が、二人展を観に来てくれる。場合によっては、記事にするかもと、画像を収め、写真の点数五十二点とメモをして帰る。

「永澄編集委員は、明日の「凡語」にロベルト・ユンク展のことを書くので、読めと言ってくる。ロベルト・ユンクがほんやら洞に来て、一緒に、梁山泊で中尾ハジメと三人で食事したのは、一九八〇年二月一日だった。ハジメさんの連絡先を教えろともいうが、控えてない。十日のペーターさん来店まで、昔のプリントを引っ張り出しておきたいが、二人展のために封じ込めたゴミの陰に隠れてしまっている。申芳礼さんは、アートスペース虹展のDMの補充と、東京での旦那、マークさんとの二人展のDMも持参。三月書房には、杉本秀太郎さんの示唆に従い「夢の抜け口」を買いにいく。現物は一冊しかない。問屋に四十冊あるらしい。それを二十冊買うと予約。三月書房も五部キープするという。マリーンのお釣り用小銭作りに井上久にレモン買いに行くが、押し売りされ、さして小銭できず。今日の夕方、佐々木花菜ちゃんが、日沖桜皮ちゃんを引っ張って来ると言っていたが、あらわれず。正太君来る。ギターを引っ張りだして、爪弾く。ほんやら洞の二階でギター教室を開けると言う。マリーンもボチボチ。八時過ぎに眠くなる。

八文字屋に入る前に、麻美ちゃんに連絡事項をメール。「金曜日は、麻美ちゃんのやりやすいメニューでいいよ」と書き忘れる。

八文字屋には「十分前にもきたんですよ」と藤木君が、自身、リードギターを務めるバンド《KIBOUHOU》のCD「DAYTIME」を持ってきてくれる。FB上の予告より、十五分遅れて到着だった。早速、音源をかける。ヴォーカルは、大阪の七芸で働く、友人。Sがほんやら洞でもライブをやってよというが、無視される。普段は、ネガポジでやる。今日は、久しぶりに木屋町三条の「モダンタイムス」に寄ったら、PAのバイトをやらないかと言われたという。おっちゃんが来て「ギターは誰が好きか?」「ボアダムスの山本セイイチさん」「えっ⁉ 近藤房之助を知っているか?」って音楽話に花をさかせる。バンソンが来て、最終で帰るまでのS相手に上賀茂神社のかけ馬について、Sは上鳥羽の浄水場の藤の画像（酒谷さんの）を見せながら、お互い喋る。

四国中央市の鈴木さんは、韓国のフェリーの事故の直前に帰国。申芳礼さんのDMをみながら「延世大学か⁉ 才媛だ」とブツブツいう。「FBの友達三十人いると、原発推進派と反対派、両方居て、難しい。板原和之さんは誰？ 文入香織は?」等、確認。ダイキンは軍需産業だとか、戦争がイノベーションに貢献するとか、本州・四国連絡フェリー、架橋による情勢の変化、高速道路料金、四国のＧＤＰは、日本全体のそれの三％にしか過ぎない、政府は、四国がなくなっても良いのだ等おっちゃん相手にやっている。おっちゃんは、弟は、東芝に居て、原発絡みの仕事をしているが、フニャフニャ言う。

近藤和見が来て、何チャラ Killing という後々まで脳に残りそうな映画を京都シネマで見た等言い、おっちゃんは、今度は、ホストよろしく、御託を述べる。おっちゃんは、若いのに、いまでは、八文字屋の数少ない古典的飲兵衛だ。本筋話は、十月の舞台ではＰＡはおっちゃんに協力してもらえるか？打診なのだが、はぐらかされる。カゲロヲが鎖骨を骨折する事故を起こしたが、カゲロヲさんには、飲んだくれるのでなく、もっと頑張って貰いたいとか、十月に出来たら、太秦の松竹の舞台セットを借りて、そこを舞台にヴォガは、公演をやりたいとの事。立誠校の地元関係者を知っているか？とも。帰りそうでなかなか帰らず、飲み続け、若者に驕りたがるのが、おっちゃん。もう少し飲む人材が欲しい！困ったもんだ。

二時、誰も居なくなって、姉と喋る。次の日曜日は、山香のトクちゃんに呼び出されているが、先方は、ちっとも、こっちが手元不如意を理解してない等ボヤく。身体は大分、弱っているのに医大病院まで、かなりの距離をトボトボ歩いている。近くにいれば、車で送ってあげるのに。もっとも、僕無免だが。小中高、ずっと僕は、無免で通してきたが、このご時世では、無理か。両子寺で、中川五郎ライブが、二十日にあるといったら「哲義も行きたがるやろうけど、カエル寺の絵、全然、進行してないから、行けんやろうな」と言う。

三時発つ。ほんやら洞で四時半までゴソゴソやる。Ｓ、ブログ・アップしてくれていた。

「緑の日（昭和天皇の誕生日）」に発表された「聞け、わだつみの声」の中の白眉の木村久夫の遺書には違う遺稿があったというニュースに金さんのコメントがあり、それに「いいね」としていたら、友達リクエストがあり、応答したら「ありがとうございます。末長く、よろしく」と来る。いかにも、礼儀正しい朝鮮の方だ。

五月二日（金）

寝たのが、七時近くで、直ぐに明るくなり、辛い。

十二時、起床。少しノンビリした。久しぶりの風呂も疲れ、癒さず。

軽い風邪か。胸に少し痰残る。部屋を心持ち掃除。

体調すぐれず、遅くほんやら洞へ。

鴨川上空をオスプレイのようなヘリが飛んでいた。府医大への急患移送か。

『九七年版八文字屋の美女たち』の表紙の関キクコさんがくるかも」と、麻美ちゃんからのメールが入るも無理か？ 精華の建築の女性だと思いつつ、店へ。帰った直後だった。

店には、会いたかったいろんな人が来てくれていたが、会えず。斎藤洋さん、吉田孝光さん、永井漠さん、山科のファッション関係の中村さんが待っていたというが、わからず。ボケットもいた。

KG+ 客多し。

胡さんは、元京都ホテル高槻店支配人の宮田さんが亡くなったと知らせに来店。享年、七十三歳。

八文字屋には、八時四十分に入る。アドちゃんなので、もうバンソンが、いた。

九時九分には、オイタさん来店。永原氷店、明日から三日休み。

暇なのか。トップで来ると思っていた梶田さんの焼きそば持参は十一時前。八文字屋に来た招待券を一枚あげていたが、すっかりラグでの渋谷毅さんのライブ行きの件は忘れていた。

ミルトン、奈良井さんが先。濱ちゃん（濱田信義）も、珍しく早く来る。そして、谷川さん、オカモトマキコさん連れの元精華大の職員は、さっきまで、藤浩志&日比野克比古と一緒だったという。いつもの口癖だが、何時か甲斐さんの企画をやりたいと言う。

渋谷毅さんのライブ帰りに来たのは、久しぶりの神田稔さんだった。ユズルさんをインタビューした立命大の先生の話を聴く。段ちゃんも早く来る。後ろには、「今日は付けで良いか?」という梅林克ちゃんは元建築少年（カワイさん）を同伴。やがて、再びミルトン女性三人同伴。深夜、亮太郎は、グザヴィエとも共通の友達のフランスのカメラマン同伴。三時、閉店。

ほんやら洞に行って、七時まで、ひっくりかえる。

五月三日（土）

八時、帰宅。

十一時、起床。

十一時四十五分、ほんやら洞到着直前に汀子さんとすれ違い、汀子さんが追っかけてきた。

一足早くついて、汀子さんの「二人展へのお祝い」の綺麗な花が置かれているのを発見。ビックリしてしまう。直ぐに、汀子さんも来店。それから、八時までダラダラお客さん続く。

中西孝子さん&あっちゃん、昨日は僕の留守中来店。カレー、ルーもご飯も全然暖かくなかったとクレームメール。

仙台（現清水五条）の相澤謙市さんファミリー、福岡市早良区の医師・山口浩二さん、「壁面（Sの写真）の笑顔がいい」と記す寺元延美さん、メキシコからの立命館大への留学生・エレナさん（Elena

Pierard Manzano）さんは"I love your photos and the moment there. Thank you a lot. GRACIAS"と記す。

八文字屋バイトに誘う。

八文字屋入りは、九時四十五分。

トップは、呑海龍哉さん＆彼の中国語教師のジャスミンさん。

二番手は、山口浩二さん＆連れあい。三番手は、ジャーマン＆ティル。近藤和見も。ジャーマン、山口浩二さんの連れあいを口説く。琢ちゃんは、友人三人を連れて来る。

一時半に閉店。ほんやら洞へ、そのまま沈没。

五月四日（日）

長谷川進さんが生きている夢をみる。片腕が落ちた長谷川さんが、「俺が死んだと吹聴しているだろう」と恨み節。

自転車がパンクして、久しぶりに二十七インチのチャリを買う。一万四千円。

ほんやら洞らしいほんやら洞、顕現！これが続くのなら、これで良いのだ。但し、今のままなら、写真を撮れない。S、エスプレッソを導入出来ないか？と。

ダラダラ働く。八田チームは十六人だった。八田淳さんも歳を自覚したようだ。

元精華の姜美華さんより、友達リクエスト。怪しいイギリスの軍人から「お前の経歴を見た。俺とくんで商売しないか」とのメールも。どのキャリアに興味を示し、如何なる仕事をしようと言うのか、知りたいが、危ない雰囲気があるので、無視。清水哲男さん「プリントを買いたい！」

ヒマラヤ帰りのなっちゃん来店。五月二十四日の彼女の実家の寺での「お寺de旅トーク《旅と写真の話をえんえんやる会》山西宗文×小山泰雅」@萬福寺（大阪南堀江、料金一二〇〇円）のフライヤー持参。

八文字屋入りは、九時。

酔った勢いで勇み足？Nさんは、本当はとても良い人なので、こんな事は言うベキでないが、今晩は、その場で、ついでに、僕も減らず口を叩いた。「この店で、女の子をゲットしようと思ったら、女の子がバイトに入ってないときに来た方がいいよ。カウンターの横に居る女性客とゆっくり喋れて、ゲット率が上がるかも!? バイトの女性は、皆、貴方に興味がないのだから」

僕も非道いことをいうものだ。疲れて、酔って暴言を吐いていると想うこと、なかれ！

そのくらいのことを常連向けに発散せずには、やって居れない。ま、言っても効果ないのだが、かつてNさんと隣合わせて、僕と同じ思いを抱き、僕の忌憚なき発言に溜飲を下げる客が現にいることくらい知ってなければ、とうに店は潰れている。

あとは、佐野遼太郎君（咲希ちゃんと同じく三・五畳ではたらいているとのこと）、片山茂樹さん、バンソンが来て、バスティーユのクリストフの友人二人がラスト。このフランス客は、汚れた写真集数冊を一万二千円に値切って帰る。

一時四十分、閉店。ほんやら洞で、八時まで。

五月五日（月）

十二時、オープン。雨で苦戦。

西田勝彦さん（高校で、岡林信康と同級生）がきて、岡林の近況報告。一緒に来店したのは、「エンゲルスガール」店主。十三の銭湯の息子というので、「八文字屋にも、十三の銭湯の娘がいる」と言っても、へーえ⁉てな顔だったが「その女の子は、イタリアに……」といったら、「それは、うちの娘だ」という発言とともに、本人が唸っていた。親子お互い何をしているかしらないのだと。

汀子さんが、三時間ジトっとすわっており、「秋に五郎さんとでほんやら洞でライブをやらせて」と言う。

その後は、ダラダラと客あり。八時ジャストに客ひく。

八時五十分、八文字屋入り。十時まで、サッちゃんのみ。

トップ客は、村田マナちゃん（信州大学研究員。パーリ語）。ふたりでしっぽり飲んでいるところ、和歌山帰りのレオが来る。ついで、鹿さんが女性同伴。さらに、パリのフォアグラ屋のジャン・クリストフを連れてＨＡＴＡＯ来店。（明日、ほんやら洞に来る？）マナちゃんとレオは、「妖怪占い」で楽しみ、意気投合して仲良くなる。レオ、和歌山の知人に、裏寺の「静」は凄いぞ、「拾得」は「礫礫」よりマニアックだと教えられて、拾得がバイト募集中と聞きつけ、「バイトしようかな～」と思っているという。四日に、拾得を大工参加した故長谷川さんが、片腕で甦った夢を記述している箇所をチラッと見せると「ワァー」と叫ぶ。奇しき縁を感じたとか。

八文字屋、早めに切り上げ、ほんやら洞へ。寺町通りの竹の新芽？の匂いは凄い。例年のこと。

五時まで震えながら、横になっていた。

五月六日（火）

十二時、オープン。

ゴールデンウィークの最終日、さすがに、人出少なし。三角州には溢れてるが。バークレーから同志社への留学生、外国人客は、チョロチョロ。

GW中に行きますとの予告して来なかったのは、浮田哲さん&母、田中国男さんら。今日、来ると言って来なかったのは、HATAO。八文字屋バイト連は、まだ誰も二人展には、来てない。谷川渥さんは、ほんやら洞、ヘリング、八文字屋と学生三人連れて動く。

武市常雄さんは、昨日「甲斐さんのFB二週間分すべて見たよ」と来る。「俺は、ふれあい広場の頃もチャンスがあったけど、今のこの状況なら、(これを変えるには)自民党に入っておればよかった(笑)と思うよ」と言う。「革命とは、社会関係の変化の事を言うのだよな」と、何時になく微温的な事を言う。ビデオを見て「なかなかいい」と感心する。

国連の環境計画のセクションで働く二十三歳のケンブリッジ大学出身のチャイニーズ・ジャーマニーズのAilinさんと喋る。彼女も自分の写真を見せ「どうやったら、もっと良い写真が撮れる様になるか、アドバイスしてくれ」とパソコンで、日本語に変換しながら、喋り掛けて来る。

店の仕事以外では、「書物のエロティックス」を読み、谷川渥さんの出版記念パーティーの打ち合わせを本人としただけ。

ほんやら洞のカウンター内の整備は、サッちゃんの手で徐々に進行。この二、三日は、七時頃になると、サッちゃん、さすがに、眠そうにしている。

八文字屋は、咲希ちゃん。八文字屋のトイレ掃除をしてくれるのは、咲希ちゃんのみ。エンゲルスガールの経営者は、ゲシさんといい、その娘は咲希ちゃんと上桂でアトリエをシェアしている、浅利ちゃんなんかと遊び友達だった。

店には、鹿さんが来店しており、リアルちゃんは、後ほど、山のやさんを呼びだす。祖父の二回忌帰りのアサヒちゃんがお土産持参。僕は、イチゴをトロ箱一杯持ち込む。奈良井さんには、咲希ちゃんと「アタックに精を出せ！」と激励するのみ。谷川渥さんの一行、今年初ルパン登場。亡霊の如し。サッちゃんは阪急でオイタさんに会い、引き返し、何処かで飲んでから来る。

二時には、客が引ける。三時半まで、ほんやら洞。四時、帰宅。

五月七日（水）

十時、起床。

この二十日間、ほんやら洞、八文字屋の営業に関わる事以外は、何もしていない。

天気が良過ぎて、日中、客なし。

パリのSaraさんより、次のパリ展のＤＭをくれとのメール。会期が早まった旨、つたえる。

夕方、田中国男さんが来店。かつて、姪の亭主だった長谷川進さんの死を知らなかった。「いい詩もあったけどな～」と言う。「大工も素人で、中江俊夫とのトラブルもあったな」とも言う国男さんには、今度、ほんやら洞での展示会をやって下さいという。冊子、出版物の表紙絵の原画展を考えようか、と言ってくれる。

高橋基晶さんにＤＶＤを送る。

谷川渥さんの「書物のエロティックス」読書継続中。

八文字屋には、浅利ちゃん。早々と奈良井さん、川嵜さん、鹿さんが来て、奈良井さんが夕べ、咲希ちゃんとラーメンに行き、酒も誘ったが「明日、早いので」断られたと、やや誇らしげ。あとは専ら、オイタさんのオイタたる由縁（リアルちゃんのリアルちゃんたる由縁、素性《さる世界の女王様》に気づいてない面白さ）そしてオイタさんの不随意筋の発動たる「オイタお悪戯」の魅力、ルパンの亡霊性が浅利ちゃんとの話題。「たつみ」帰りの八田さんが登場して、珍しく早い富樫も友人連れ。十二時すぎに、段ちゃん。最後は、段ちゃんのみ、二時まで。

三時、ほんやら洞着。七時まで、ゴロ寝。

五月八日（木）

まず、七時起床（ほんやら洞のベンチ）と同時に、新聞記事発見。

八時半、帰宅。二時間睡眠。十一時出発。

ルネの前で山下さんに遭遇。ルネに行き、「路地裏の京都」「夢の抜け口」「新潮」最新号をかう。チャリンコ屋で貰い忘れ、置き去りにしていた保証書を入手。コンビニで、水道料金用のメーターの数値を水道局にファックスし、京都新聞五部買う（兄姉、サッちゃん、八文字屋用）。

十二時前から新聞記事を見た客チラホラ。シチュー、野菜カレー作りを急ぐ。

見覚えのある客で、名前を覚えてない方がいたが、真以ちゃんの先生（京都教育大）の谷口淳一さんで、案内状を出しているのに、わからなかった。もうダメだ。

三時、サッちゃんが書の練習行かんとする間際にお客さんがドタドタと来る。

柴田明蘭さん、田中国男さんの元同僚とか言う蒼樹さん？は二階の空間、気に入ったので、また、撮影に来て良いか？と言って帰る。同志社の教会関係者らは、キューバ旅行の話などする。

四時二十分には、山本宗補さん来店。「鎮魂と抗い」（彩流社）を頂く。「地図のない京都」をあげる。写真集「戦後はまだ…刻まれた加害と被害の記憶」を展示出来る所をさがしに来た（本を売りたいと云う思いも強い)。カリフォルニアのサンディエゴで写真に目覚めたとのこと。福島菊次郎さんの影響あり。

日向太も勉強しに来る。

ユトリナンチャラ云うところからTELがあり、僕には、八文字屋の前の前のビルのオーナーに四百何万の借金が有る、いつ支払うか? という訳の分からない言い掛かりを言ってくる。内容証明付書類を送った筈だという。こっちは、二年前に、出て行け! といわれたり、ロックアウトされたりした後に、二～三百万円の金を京都不動産買取センターの社長室室長の武本さんに支払い、これで、すべてチャラと聞いてるという。その領収書は、あるか? 等言う。有るが、そんなもんを出して見せろと言われても困る。忙しいのだからと言う。とにかく、まとめて払ったので、ご褒美に百万円くらいすると思えるクーラーもプレゼントして貰ったと言う。カッカしていうもので、先方は、喧嘩腰になることはないでしょうと来る。その間十五分。忙しいと言って切る。こっちは件の内容証明とやらは、全く見ていない。また、トラブル発生。一難去って、また、一難。こっちは、今の大家からと思って対応していた。何れにしても代理人。また、訳の分からない言い掛かりで蒸し返すのか、と思うと、鬱陶しい。

永澄憲史さん、そして「はなかみ通信」の高橋幸子さん来店。暫く、二階で待機して貰う。五時半から付き合って飲んだので、疲れる。僕を交えて甲斐論を始めそうになって中挫。

正太君が、木曜日なので来る。グザヴィエ・亮太郎の共通の友達の写真家、オリヴィエも来る。オリヴィエ曰く「日本中のカメラ屋から、モノクロフィルムが、四月いっぱいで消えた」山本宗補さん曰く「アメリカでは、デジカメで撮った物をあらゆるメーカーのモノクロフィルム風に変換するソフトが開発された」。

二、三日前から鴨川のブヨの一大集団に遭遇。
七時半に八文字屋へ先に行って、待つ。

先斗町まちづくり協議会より「平成二十五年度活動報告書」なるもの届く。植南草一郎も絡んでいる。

五月十日〜五月二十三日の立誠シネマで上映の大木萠第一回監督作品「花火思想」のフライヤーを脚本・撮影の阿佐ヶ谷隆輔さんが持参。「友部正人も書いてくれてます。また、監督と飲みに来ますので、よろしく！」

山本さんは、十時五十分の夜行バスで帰ると言う。オリヴィエは、アバンギルドへ先に行く。

九時過ぎに正太君も流れてくる。鹿さんは九時半に登場。ヒルゲートの人見ジュン子さんは、今、展示中の作家から貰ったネギ持参。高橋幸子さんの説明では、プロ野球選手の落合博満のファンをジュン子さんはしていて、何度も会ったことがあるとのこと。野本三吉、水田ふうさんとの交友も語る。山本さんの展示出来そうなギャラリー、思い出すまま、ピックアップするが、内容とスタイル、ちょっと見の芸術性（美的か否か）を鑑み（しかも、写真集を売りたいとの希望、勿論、当たり前の事）、なかなか候補ギャラリー、落ち着かず。山本さんは、ネグロス島の写真で、スタート。一九九一年に最初の写真集を出している。

十時前にサッちゃん、ジャーマンも来て朴ちゃんに「誕生日おめでとう」の祝辞をＦＢで三人名で送る。黒澤さんも顔を出す。鹿さんが正太君を他所の飲み屋に案内（三時半まで三、四軒）。

皆が帰った後に、オリヴィエが向日葵を持って戻って来る。オリヴィエは、何やら身の上話をしていたようだが、よく分からなかった。明日から、広島、長崎へ行くとのこと。新幹線乗り放題、四万円のチケットを持っているという。

三時、閉店。

五月九日（金）

八時、起床。

九時、ほんやら洞オープン。朝から、インドでの路上での脱糞等への対策の放水車登場の映像を見る。

麻美ちゃん、十時半に来て「つわり説」否定。

ディックから十五点催促メール。（この十年内の写真）

十二時、帰宅。二時間眠る。二・五時間掃除、プリント探し。数点発掘。ベストとは言えない。「七〇年代ほんやら洞点描」用は、二十点。気がついたら、五時。仕事、一向に捗らず。

麻美ちゃん、五月二十三日は、子供の授業参観日で、ほんやら洞のバイトは休みとのこと。麻美ちゃんに五月三十日フラメンコをやらないか？と言う。七月にフラメンコナイトをほんやら洞で演りたいと言う。

ほんやら洞には、酒谷宗男さん、温ちゃん&岡崎君、岡西重治さん（奥さんのナオミさんに、奥田陶生氏の様な展示をほんやら洞でやらないかと言おうと思っていたが、言う間なし）、田中直子さん、五月二十四日の京都芸術劇場春秋座で（午後四時開場、四時半開演、一般六千円）の加藤登紀子ライブは楽しみ。「ピアフは、シンドラーみたいな役割を果たしていたらしいの。その側面を浮き彫りにする様な、ピアフを唄うと言うので、もう、チケットは、買ったわよ」と言う。フライヤーには、「モノオペラ『ピアフの生きた時代』を語り歌う」とある。

樽門豊さんら来る（皆さんにＤＶＤを見て貰う）。樽門さんは、樫原で九条の会を作り頑張っているとのこと。「カイさんのインドの影絵みたいなヤツ、もう四倍位、大きく伸ばしたらいい！ カイさんの屈指の名作だ、ＤＶＤはもっと広めましょうや。浜田さんは、八文字屋で会った方でしょ。色使いもいいね」と言う。

七〇年代、大阪地裁に一緒にわいせつ裁判を傍聴しに行っていたという、元京都府立図書館で働いていたという、宇治小倉住まいの稲倉正明さん来店。「太りましたね」と言われる。今日は、同志社に上野千鶴子の講演を聴きに行かないのですか？と言われる。

三月書房から「夢の抜け口」届いたとＴＥＬ。パリにＤＶＤ届いたと。ムービーを写真に収め、アップしたら、どうだ？と言う。ベスト十五をＭＪＣにも欲しいと。

一九六七年東京芸大卒の小林古径の孫でもある五条坂出身の内田邦太郎さんから河原町今出川下ル梶井町にある「文化交流センター京都画廊」でのパート・ド・ヴェール・ガラス展の案内届く。もう直ぐ七十二歳だ、記してあった。兄のアドレスを教えろとも。

柴田明蘭さん、酒谷宗男さんがほんやら洞の画像をアップしてくれる。直子さんと橋本さんが来ると言うので、時間が押していたが、開けて待っていた。が、来て「ほんやら洞が禁煙日をつくってくれたらいいのに！そしたら、もっと来るのに」「この写真何処？」と言うだけで、直子さんに「医者に平均寿命まで生きられますか？と聞いたら、血圧とかを薬で抑えれば……と言われた」と言う口調元気なく、体調悪そうで、心配。二階は見ずに帰る。直子さんも敢えて？促さず。

Mr.Foilギャラリー、山上君はいつもそのために来店だが一頻り仕事（ＰＣ打ち）したのちに「カイさん、（精華大の）セッチャンをしっているの？母の友達のセッチャンが、カイさん、展覧会を演っているんやな～と言っていたので」と言う。プリントを見ていたら、見たがって「見せろ」というが、見せる様な代物ではない。

京極住民福祉連合会の会長の亘重好さんからＦＢの友達リクエストある。出町保守の方。先日は創業百七年で「綿伊ふとん店」を閉店すると記した店の主人。作家水上勉さん所縁の布団店だ。彼にとって僕が十一人目の友達らしい。山田啓二京都府知事、上七軒の芸妓、尚そめ、出町では、上御霊神社の元神輿会の会長の大川真さん、町作りに熱心なYAOMONの佐々木さん、町づくりの担当の同志社大学教授の谷口知広さん、富家大器さんらが先行友達。

鴨川土手のブヨの大群、異常？発生。

八文字屋入りは、九時四十五分になる。鹿さんしかいない。十一時十五分までその状況。その直後、建松さん、さらに東義久さんが来て「ウチのチビ（三十一歳、中学の歴史教師）とアドちゃん、結婚してくれんかな～」とアドちゃんに言う。ジェロームのアニメの音楽面の協力者、ミッシェル来店。三上寛のフランスへの紹介者。偶然、アドリーヌと、出身町、大学が同じ。奈良井さんは、彼と嬉しげに喋る。やがて向日葵オリヴィエ来店。広島しか行けなかったと。亮太郎の過労を心配する。奥さん&子どもと一緒に住めない事を嘆く。いずれ別れる事になるであろうセネガル人のガールフレンド&子どものこと、ヨーロッパ（スペイン、ギリシャ、ポルトガル、フランス）の不況についても悲嘆。段ちゃん、向日葵をはさんで、ミッシェル、オリヴィエを撮る。十二時過ぎにサッちゃんからTEL。疲れ切って、さっきまで寝ていた、と。アドリーヌ、明日から一週間、韓国。

二時四十分、閉店。八文字屋もほんやら洞も暇すぎ、ヤバイ。昨日の嫌なTELが、気を沈める。

五月十日（土）

九時、起床。朝から十一時まで、ネガチェック、プリント探し。

十一時十五分、ほんやら洞オープン。ダラダラお客さんある。洗い物は全てSにまかせ（もちろん、鶏朝なんか僕がやる）、ロベルト・ユンクの写真、シーボルトハウス展用の最近十年のプリント十五点探し、「七〇年代ほんやら洞点描」用のあれこれ探しで半日終わる。金久美子＆カイのツー・ショット、黒川創＆梁民基、大阪地裁前の鶴見俊輔（中川五郎＆秦政明のフォークリポートわいせつ裁判）等「七〇年代ほんやら洞点描」で使いたくなるのは、多く出てくる。結局、ユンクの群衆？の中での講演光景のプリントは、三週間前に出てきていたのに、それが隠れてしまった。

森本喜久男さんは、国東の富貴寺、久住の画像をＦＢでアップ。ロジェさんは、庭先のチェリーを茱萸と勘違いしてしまった。

元人文書院の落合祥堯さんは実に久しぶり。李相玉さんはガンの手術をしたという。木戸衛一先生ら七人来店。段ちゃんも久しぶり、ほんやら洞に。オリヴィエ、Ailinも来る。ケーキがよく出た。

八文字屋オープン、四十分遅れて、Ailinらの客を逃がす。同志社大学心理学科大学院の畑先生、学生十人同伴。奈良井さん、海坊主のみ。

一時閉店か、と思っていると、都築響一さん登場。歓談。メール・マガジンを勧められる。「一年（一念？）」出版後に、彼のメールマガジンに書いてくれと言う。「木屋町のボスネコ、クロちゃんの枕寝」のオリジナルプリントを買うと言う。近代美術館に甲斐庄楠音を見にきたそうだ。明日まで。氏が帰ったあとも、江坂さんと元マホロバ店員（元ふうちゃんのＢＦ）の布施さん来店。布施さん、美女流陶芸家の片割れと友達で一九八八年に初来店。竹村洋介さんから、大阪のLoft Plus One Westで出版パーティをやらないか？と勧められる。

三時閉店。ほんやら洞で六時まで寝る。

今日は変なことをかんがえた。

ほんやら洞開店記念満四十二周年記念本を何にしようか、思案に暮れて文字本「この一年（一念）？」（二〇一三年五月十八日～二〇一四年五月三十一日のほんやら洞・八文字屋往還日乗〈ブログ〉＆十数点の写真）出版（ほんやら洞発行）に決めた！

僕のこの一年のブログには、この十五年の僕の苦しみ、喜びの全てがたっぷり詰まっている。

今春、念願の月曜社出版予定の書下ろし「ほんやら洞の青春」のゲラが戻って来た。

これでけりが就いたと思った。「ほんやら洞ともおさらばだ！」

それまで千何百枚、ほんやら洞の四十年を酔った勢いで殴り書きして来ては送りつけ、月曜社さんをあきれさせてきた。僕が一九九九年にほんやら洞にカムバックした動機の一つに、ほんやら洞草創期について、誰もちゃんと書いてないので、せめて、極私的であれ、自分の目線で記録するということがあった。内部にいず、外から遠吠えはしたくなかった。

それから、十五年経ってもまだ終えてない。

二年前に、月曜社から「京都周辺写真の未発表分をスキャンして送れ、それを先に出そう」と言ってきたので、寝床の近くにある物から、少しずつ送り続けた。そして、二万コマくらいスキャンしたものを送ると、「甲斐さんのせいではないけど、どれをどうチョイスして良いかわからなくなった」と言ってきた。「書いた物を読んでから、選びたい。やはり、書物を先にくれ、それを軸にして選んでみる」と言ってきた。こっちは翻弄されるだけだ。多分、存在するとして、僕の美質を理解してないのではないか、と思うようになった。もういいや、月曜社なんかにもう頼まないぞという思いもふつふつと湧いてきた。

僕がこの十年間、何をしたかったたか、どんなネガストック、限りなく落書き帳に近い日記がどれだけあるか、これをいつどんな風にコラージュしようか、もう自分でやるしかない、自分の楽しみを他人に分かって貰おうとしたのが間違いだった、所詮、他人には分かりっこないのだ。こんないびつな日々の暮らしなんて、ただの自己満足だ。そう思うことにした。日々、借金取りに追われるなんて誰が面白いものか！

月曜社に原稿を送り続けたのは、自分でiPadを使う以前の話だ。でも、数年前に送り返された分厚いゲラを前にして、もうこれを無視しようと三、四年思っていた。が、月曜社から出すと周辺に言い続けていたので、引っ込みがつかなくなった。

そこで、時を置いて、過去のゲラを無視して神林さんが僕に何を望んでいるか、出来るだけ忖度して、自分でiPadで書くようにした。月曜社に見せるのは、これで最後だと思い、去年の晩秋から、何回かに分けて神林さんに送っていた。

そのゲラが戻ってきたのだ。「なかなか面白い」との手紙付きで。

確定申告や金作であたふたしているなかのことだった。「サヨナラ、ほんやら洞」と決していた。月曜社の本を出すまでは、ほんやら洞を続けると長年、念仏を唱えるように、自分にずっと言い聞かせてきたので、この手紙はとても嬉しかった。

いずれにしても、尻に火がついたままの生活から、もう来年は解放されたい、確定申告をしないで済む生活へと転換を決心していた。後は、二百万コマに垂んとするネガと付きあうあと数年の生活を遠望していた。ゲラ、これに専心すれば、何とか、形になるだろう、今年は、KG+なんかには、つきあわないぞ！と思っていた。それが、結果的には、KG+と付きあい、ほんやら洞なんか入らないと言明していたSが入り、ほんやら洞を綺麗にしてしまった。となれば、それと付き合うしかない。

出版の暁には、ほんやら洞を閉めるなり、誰かに譲ればいいという思いには変わりないが、五、六月と陸続と続く個展に対応するどころではなくなった。

とにかく、書下ろしの校正に全力を傾注すれば、四十年以上前のことを回想した半自伝が出ると思っていた。記憶自慢だのに、記憶に異変が起きているのは、分かっていた。早くせねば。が、出版社には、それぞれ事情があって、六月いっぱいに上げれば良いと言われ、拍子抜けした。校正にももちろん、時間は掛かる。

その間をどうやって過ごすのか？　厳しい状況なのに、複数の出版社が同時に出版してくれるかも知れないと云う妄想を捨てきれないでいる。出すと言ってくれている出版社にも気を使って、出る頃に個展を予め設定して、出たら、売れるようにお膳立てはおさおさ怠らない。ギャラリーにもこういう本が出る予定だと言った方が個展を開く上では歓迎される。

去年のマロニエ展にも、今年三月のマロニエ展にも、何も新しい写真集を出せなかった。五月末のヒルゲート展には何か出さないことには、格好がつかない。どんな簡略なものでもいい、とにかく自分の装丁ででも出さねばならない。そう思いつつ、どうも、状況が許さない。ほんやら洞には人手がないのにお客さんが来てくれるのだ。嬉しい悲鳴だ。

せめて毎日新聞連載分が写真展に照準を合わせて新潮社が出してくれるのなら良かった。が、これも状況は予断を許さない。

繰り返せば、とにかく、自費出版をしてでも個展に臨まない事には、格好がつかない。いや、回復に向かっているとはいえ、店の尻に火がついているのだ。自信作を買ってくれ！　と言う方が金を貸してくれ！　というよりも真っ当なので、そうするつもりでいたが、今度は本を作る時間すらないのだ。あてにしていたデザイナーのＳが失職したので、本を作って貰えばいいのに、元々、早く店を閉めて、写真に専念してくれ！　と言っていた彼女だった（僕としては、ほんやら洞で働けばいいと思っていたが、Ｓにはその気はなかった）のに、ほんやら洞の仕事に熱中してしまった。

Sは綺麗好きだから、うってつけはうってつけだ。何事にも一家言持っていて、店のあれこれをいじり始めた。僕が写真展に準備や本作りに集中するどころでは、なくなったのだ。僕がSに僕の写真集を装丁してくれと言うどころではなくなった。

四月半ばからほんやら洞で働き始めて、僕はいまもほんやら洞に釘付けだ。僕は、ま、幸い、KG+の二人展も滑りだし良く行き、長期にわたって行方不明だった客が戻ってきた。僕は、脱けて写真に専念するつもりが、当座、そういう風に行かなくなった。

くだくだしく記してきたが、そこで、この状況が生まれる背景が詳しくわかり、しかも、ほんやら洞、八文字屋にどういう客が出入りし、店で何が語られ、何が起こっているのかが、この一年、僕が何に心血を注いでいるかが、具に分かる「ほんやら洞・八文字屋往還日乗」に多少、写真を交えて文字を中心にした本を出そう、そうするしかない、と今、思っている。ヒルゲートには間に合わないが、シーボルトハウスには間に合うだろう。鹿児島の天文館でのイベントにはうってつけの本ができるでしょう。都築響一さんも、これが、できれば、自身のメールマガジンでも取り上げることを約束してくれた。どうなるか分からないが、大阪のLoft Plus One Westも面白そうだ。

これから、巻き返しだ。できたら、六月二十四日〜六月二十八日のパリの日本文化会館展に、間に合わせたい。

五月十一日（日）

都築響一さん、ほんやら洞にも来店。小林勇超さんも。二人展&奥田陶生氏の作陶展の最終日とあって、少し慌しく、Sは、疲れてしまった。電通のエライさん、「ほんやら洞の甲斐さん」はプロモーションとしては、良い映像だけど、もう少し突っ込みが欲しかったな、と言う。

KG+のお客さん、最後まで、よく来てくれた。

Sがほんやら洞のFacebookページを作ってくれた。次々と「いいね」が飛び込んで来た。

八文字屋には、笠井享さんが熊本出身(宇土)の後藤さんを同伴。鹿さん、奈良井さん、Kei-Kのみ。浅利ちゃんは扁桃腺?で声、出ず。Facebookページのチェック数が気になり、ほんやら洞へ戻り、そのまま家に帰らず、寝る。ほぼ予想通り。

五月十二日(月)

九時、オープン。

十二時前に三人の初客。午後、不調。雨も降り始める。

夕方、バンソンが来たくらいのもの。

Sはディックに写真を十五点送って、ヤマヤに注文していたクスクスをとりに行ってくれる。

「書物のエロティックス」に一応、目を通してから、ビラ原稿を書く。

ほんやら洞開店四十二周年記念特別企画
谷川渥著「書物のエロティックス」(右文書院)出版記念パーティ
数年来、存続が危ぶまれていたほんやら洞も、この五月には開店四十二周年を迎えることが出来ました。

これは、ひとえにお客様の熱い支持の賜物です。

開店以来、プラグマティックな動きをモットーとする店でした。

ここにきて、私たち、プラグマティストが仰ぎみるような脱領域（境界抹消的）知性の権化、谷川渥さんの新著出版を祝う会をこの店の開店記念特別企画として持てるのは、隔世の感を抱くと共に感慨を新たにしています。

どうか、この映えあるパーティに谷川渥さんのファンは、もとより、ほんやら洞四十二年の常連の皆さんのご参集を願ってやみません。

今年は折りしも、甲斐扶佐義の著作「この一年（一念?・）」やほんやら洞草創期の回想記「ほんやら洞の青春」（月曜社）の出版の年です。写真展としてもパリの日本文化会館での傑作展（六月後半）やシーボルトハウス（オランダ）での大規模な回顧展（九、十、十一月）の開催が予定されています。

それは、取りも直さず、ほんやら洞の前途多難な年です。

谷川渥さんの脱領域的知性に綾かって、来るべき危機を克服したいと思います。

皆さんの知恵と力を拝借したいと、思っています。

五月三十日（金）午後六時〜八時三十分
場所、ほんやら洞（上京区今出川通寺町西入ル大原口町二二九）
電話、〇七五―二二二―一五七四

《第一部》谷川渥さんの講演（三十分）

「書物のエロティックス」を巡って《今、バロックとは？》
入場無料
《第二部》祝宴　午後七時～八時三十分（持込み歓迎）
会費、六千円（本付き）購買済みの方は三千円
《二次会》八文字屋（中京区木屋町通四条上ル 木屋町岡本ビル三階）
電話、〇七五―二五六―一七三一

これを元にサッちゃんにフライヤーを作ってもらう。
今日は何も出来ない。
八文字屋入りは、九時五十分。新宿の「深夜+1」の須永祐介さんからフライヤーが届く。五月二十日に、28th IMAGE FORUM FESTIVAL 2014（特集：ユートピア 夢想の発火点）の一環で、京都シネマで午後四時四十五分から『一貫して個人の視点から映像作品を撮り続ける、かわなかのぶひろ新作』は二〇一一年に亡くなった友人・内藤陳（コメディアン・書評家）についての映像エッセイ。「新宿を舞台に、二人が共にした時間が作者自身による膨大なフーテージを通してスクリーンに蘇る」とのキャッチの「痕跡 imprint 内藤陳がいた――（完全版）」八〇分が上映される。これを見てくれ、関心のある知人にフライヤーを渡してくれとのこと。（ＦＢにアップ）
姉にＴＥＬ。山香も狭間も中国資本のソーラー屋が土地を買い占めているとのこと。八女の兄姉の醜い話を聞く。狭間も浮かぬ様子。

直ぐに、迦陵頻の片山茂樹さんが逗子の五十五歳の仏壇屋さんを連れてくる。中国での商売の話ばかりする。（刈田、行橋育ちの）立命館大学の尾羽瀬先生、大野まこと君という教え子同伴。小沢明子さんの話ばかりする。「ユリイカ」に小沢さんの評論が青山リツコ名で掲載されたという。

十一時に誰も居なくなる。

十二時にパリのN氏からTEL。コリーヌ・アトランが掴まらない。何処にいる？日本文化会館の文書の翻訳の件で掴まえたい、と。フランスは政権も変わり、パリ市長も変わり、ゴタゴタしているとのこと。新しい写真があるのなら、教えてくれ、あれこれ考えているので、と。パリのアーティストをお前の所にイクスチェンジで泊める事は出来るか？等々。売れたプリントの支払いの話なし。

一時半には、ほんやら洞着。

一時間iPad。雨止まず、そのまま、六時まで寝る。

七時半、帰宅。

五月十三日（火）

四十五年前の今日が、今日のぼくへと連なる決定的な事件があった。

つまり、朝日新聞を見て、脱走兵ポールが川端署に拘置されていると知り、動きはじめた。その事を三つのきっかけと共にFBに記した。アヤフヤな記憶をそのまま記したら、太一永山さんが助っ人。ルネで「京都猫町ブルース」二冊、「Beautiful Women in Kyoto」「路地裏の京都」を買う。

カレー、シチュー、チャイ、蕗炊き、タケノコご飯、おひたしを作る。

サッちゃんに、夕べの谷川さんのビラは、独りよがりでよくないと言われ、疲れているが、書き直す。

谷川渥著「書物のエロティックス」（右文書院）

谷川渥さんの近著は、蠱惑的で、と同時に危険な書だ。

二十歳かそこらの若者が、この本の魅力について語るとすれば、多分、僕はその場から逃げていくだろう。が、秀才、鬼才の谷川さんは、書物の世界のみならず、酒の世界でも若者にも、この脱領域的な美的世界探求の楽しみを熱く説く。

萩原朔美は本書は「谷川渥が作成した広大な知性の航海図である。この図を携えた彷徨が『肉体の知性』という名の冒険で、航海図が思索の建造ではなく、知性の演奏、歌で、この本が酩酊を誘うのはそのためである」とまで言う。

オーバーなと言う勿れ。萩原さんは態と七面倒臭い物言いをしているのではない。どこから読んで行っても、知性と谷川渥さんの目の輝きがあり、谷川さんのサービスがある。

谷川さんのこの五十年に垂んとする読書という悦楽が年譜的に惜しげもなく、披瀝されている。同世代の雑学徒には（役に立たずとも）この才気煥発なパイロットの水先案内に載せられて付き従うのもオツなものかも知れない。垂涎ものの境界抹消的な美学・美術史が眼前に広がっている。世界のマニエリズム、バロキズム紹介のトップランナー、誰にも優しく、著作には、誰もが恋してしまいそうな惚れ薬も鏤められている。

が、凡人がこの世界を堪能するには、おそらく、長年の修練が要求されるのだろう。

ほんやら洞四十二周年記念日に、谷川渥さんの「書物のエロティックス」の出版記念パーティを開いていただけるのは、粗忽なプラグマティスト集団のほんやら洞としては、光栄の至りだ。

さあ、どう書き直すかな？ 疲れていてダメ。目はしも利いてなければ、キレもない。大掴みが出来てない。谷川さんへの全体的な愛情不足。要するに、支離滅裂。

川井遊木さんは、ほんやら洞お初。写真を嫌がられながら、撮る。

武市さんは、元タカラブネの敷地（綿伊ふとん店の隣の工事で心配で）を見に行く。武市さんの持ち屋から青天が見えている。ブルーシートを張っているけど、これを何とかしてもらいたい。その金がでたら、沖縄でも行こうと思っていたんや、と笑う。三十年来の共通の知人の消息を確認し合う。「滅びの前は明るい、と言っていた豊島啓ちゃんは、どうしてるんだ⁉」と武市さん。それは太宰治が「右大臣実朝」の主人公に語らせた「明るいのは滅びの姿だ」のもじりのはずだ。啓さんは、いつも気に入ったコピーを手帳に書き連ね、飲み屋のカウンターで取り出しては「君には、この言葉がぴったりだ」てなことを言っていたものだ。彼は大映の助監督を経てコピーライターになったので、映画監督伊丹万作の太平洋戦争開始直後に「映画評論」が行ったアンケートに応えての伊丹のやや屈折した次のような返答も読んでいただろう。

「開戦と同時に日本はパッと燈がついたやうに明るくなった。それは決して緒戦に成功したからではない。開戦以外に日本の救われる道が絶対に無かったからだ。是は同時に世界の半分に就いても云へることだ。日本は世界に光明を點じた。私には今明るく開けて行く輝かしい未来の、他には何も見えない」（一九四二年一月号、二八頁）

これは、四方田犬彦の「指が月をさすとき、愚者は指を見る」からの孫引きだが、何を言っても唇が淋しい、ややもすると「非国民」扱いされる時代の発言だが、原発を巡る発言、特にマンガ雑誌に掲載の「美味しんぼ」記述の福島での鼻血問題に対する政府の隠蔽に隠蔽を重ねる攻撃的言辞を見ていると、太宰のいい読者でもない僕でも「明るいのは滅びの姿だ」を思い出さないでもない。

武市さんは、北朝鮮、中国、日本も革命後の第三世代で、どこも抑圧的な翼賛体制を敷いており、その共通の敵に対して共闘していこうという大風呂敷を広げる人間がいなくなった。その音頭を甲斐ちゃんがシンガイ君なんかと一緒に取ってよ！てなことを言う。

八文字屋は、咲希ちゃん。

鹿さん、咲希ちゃんの友達二人、かつてよくタケボウに絡まれていたトランスセクシャルの男、オリヴィエ、北川さん＆獅子舞の竹馬靖明さんが来て、終わり。

二時、ほんやら洞でキーマカレーを食って、そのまま眠る。

五月十四日（水）

Ｄ２で米。

三時頃まで、お客、チョロチョロパッパッ。四時以降ゼロ。

レオは、二階でフランスのマンガ評論のような仕事の翻訳。レオに、週一、二回ほんやら洞に入ってと言う。

三十二年前、京都市経済局中小企業指導所にいて、京大の外国人留学生を使っての寺町通りの調査を一緒にやった中村ケンジさん来店。もちろん、北沢恒彦さんが中心にいた。中村さんは、結構、懐かしがってくれる。ほんのひと時の関わりだったのに。写真集「ツー・ショット」「インドちょっと見ただけ」を買っていく。僕の変わりようにびっくりしたと言う。

三月書房に「夢の抜け口」を二十部買いにいく。残部十冊、近々、買い取りに行く。

メタニエフの警固か、ポリさん、多し。

夕方から、小雨。

八時二十五分、八文字屋入り。奈良井さんから浅利ちゃんに「今日は家の近くで飲むので、行けない」とのメール。川嵜さん、八時四十五分来店。鹿さん、バンソンと続き、それで終わる。鹿さん、ブログを読んで、少々驚いたようす。

一時過ぎには、ほんやら洞に戻り、ネット。

五月十五日（木）

四時、七時と起きて iPad。

七時半、帰宅。「新潮」を読む。

葵祭の日。十一時前にほんやら洞に入る。

十二時過ぎまで、お客さんはゼロ。後、一時間集中的に入る。

バンソンから葵祭の巡行の予定は短縮されたのか？という泣きのメールが入る。

夕方、海人彦、顔をだすも、水しか飲まず。

安倍、改憲クーデターの日と記憶すべき日か。

マリーン終えて、九時半、八文字屋。レオ＆正太君、田中直子さん＆音楽家の渡辺愛さん（恂三さんの娘）、冨樫＆フランス人のみ。

八文字屋でダウン。

五月十六日（金）

ほんやら洞、九時半入り。

十一時半～四時半、吉田の家。

申芳礼さんの個展を見に行く。イムヨンテクさん、寄神さんに会う。

五時、工芸繊維大学の学生数名が待っていた。建築の課題で、甲斐アトリエを仮構するとか。

八時に八文字屋入。バイトなし。客もなし。

皆、正直。アドちゃん狙いは、来ず。純二に子ども誕生。

九時トップは、花粉症か猫アレルギー!? か判定待ちの今日もボトルを入れてくれた鹿さん、そして九〇年代のほんやら洞で妹（リカちゃん）がほんやら洞でバイトしていたと言う幸家太郎さん同伴の高松樹・古関夫妻（幸家・樹ちゃんには、DVDを渡し、二人が教える精華大学の建築の学生に見せて貰い、八文字屋バイト希望者を誘発する算段を企む）、川勝さん&染織家、場違い感の強い不明の三人は「なんでこんなに本があるんや!?」と、幾ら川勝さんが説明しても、しつこく聞き、「持って帰っていいの？」とうるさく、不快。奈良井さんが来て、そして今週から膳所の山の上の琵琶湖放送に就職した佐藤寛子さん（今日も奈良井邸泊）も顔を出す。今日は綺麗な表情をしていた。良き予兆か??

アンドレアスの知人のスイス人&不明日本人、迦陵頻の片山さん、大阪府立大の哲学の山口先生、初来店。田中美知太郎、藤沢令夫の弟子で「アリストテレス入門」（筑摩新書）の著者。弘前出身で下鴨泉川町住まい。段ちゃんが最後。梅林克&カワイ君来るもカウンター席なく嫌がる。アサヒちゃんは客のメンツを訊ね、来店を思い留まる？ 知人がアドちゃんに会いたがっているとか。

二時半、ほんやら洞。七時まで寝る。

五月十七日（土）

ほんやら洞は、日に日に喫茶店らしくなって行くが、僕が息抜き、手抜き、足抜けする日は、まだ到来しそうもない。

昼からレオが手伝ってくれた。

高山佳奈子先生は昨日に続き、今日は二度も来店し、野菜、キーマカレーを食べ、プリペイドチケットを早く使い切りたいと「京都猫町ブルース」「路地裏の京都」を買ってくれた。三十九年前の客、メグちゃんも、来てくれる。

Sに、他人をブログで悪し様に言うのは、良くないと忠言さる。ストレスがいわしめるのか。ストレス過多な生活は止めるべし、との考えもある。

八文字屋は九時にオープン。レオが、マンガ学科の上田晃久君（近藤和見の弟）、長岡京のベーシストの後輩君を同伴。中瀬古シュン君（虫の音で音楽を作る男）が、イラストレーターの上田よう君、メキシコかえりの陶芸家などを連れてきてくれ、このふたグループが息投合する事三時間半。他は、琢ちゃん、オリヴィエのみ。久々に男たちのはしゃぐ良い写真が撮れた。

また、ほんやら洞でダウン。

五月十八日（日）

谷川さんの講演のフライヤー届く。

上御霊祭りの巡行、いつもと違うコースを行く。今年も、御所に入ったようだ。それには、それで狙いがあるのだろう。

ほんやら洞客、今一つの伸びが望まれる。写真を撮る時間がなく、これではな～。

辻村さんから「親子で見てます」とのメッセージ入る。

九州の中川五郎さん「大分の七瀬川ライブ、間一髪でアウトか⁉」とFBに書く。富山一郎さんに神田さんを紹介したいとメッセージを入れる。

ヒルゲート展のプリント、ほぼ方針を決めるも、どうしても欲しい三点が出て来ない。

浅利ちゃんの誕生日。中村勝さんにTELを入れるも、空しい。でも、久しぶりに中村さんの元気な声が聴けてよかった。

鹿さん、カゲロヲ、チーちゃんは浅利ちゃんにプレゼント持参。僕は、DVDを。菅原純さんも。長谷川託布、真子の姉弟が父、進さんの位牌、長谷川さん詩「大工」掲載の詩誌「チビとノッポ」を持って来る。「ほんやら洞通信」にも書いているよ、と言う。一回忌か三回忌で冊子を出したいと思っているようだ。そこにダグラスが来合わす。彼は、一九七七、八年頃、長谷川さんの大工の弟子だったが、一銭も貰わなかったという。「キュピキュピ」の石橋君の映画「狂わせたいの」は、ダグラスの京北町の家がロケ現場だったとも。その頃、陽子ちゃんの店に、ダグラスも長谷川さんも通っていた。

片山茂樹さん、八文字屋では燻し銀的な存在の奈良井さんも居る。Hさんと上手く行って欲しい。

チーちゃんとカゲロヲが（檸檬は、六月いっぱいで閉店と言い）消え、浅利ちゃんも早く帰り、皆、雲散霧消の後、オリヴィエはゲストハウスの長身男を同伴し、直ぐに消え、Kei-Kがゆっくりして行く。

Kei-Kは、DVD、オモロかったという。Take-bowの消息も。

僕は、去年の今日、ブログを全て、自分の手で記すと決した。丁度、一年前のこと。

チーちゃんに、いつもお世話になっているので、ＤＶＤをあげる。

三時、ほんやら洞着。（八時までベンチ）

五月十九日（月）

家にプリント探しに帰る。

ルネで、「路地裏の京都」「京都猫町ブルース」「京都の子どもたち」を仕入れる。

十二時、オープン。

姉に、秦恒平さんの本（『湖の本』）を四冊、谷川さんのフライヤー、ヒルゲートのＤＭ、京都新聞の掲載紙、姉の息子、裕太郎の山香での七五三時の記念写真等の返済文を送る。

精華大学のフォークソングの女性、ほんやら洞二階のレンタル料をききにくる。十五人程度で三時間以内だったら、一人、ワンドリンク注文で使用料金は要らないと伝える。

夕方からお客途絶える。夕方に来たＳ「鴨川で鹿を見た」と言う。早速出かけて、小一時間、鹿と付き合い、後で画像をＦＢに二点アップ。南光さん、武市常雄さん、豊島啓さんらが、ほんやら洞で一九七九年頃、何回か映写機を回してくれていたシーンもアップ。Ｓは一ヶ月、魂を詰めて働き過ぎたせいか体調不良。

レオ、Ｓと三人で筍ご飯、焼き茄子で夕飯。

その後、八文字屋でも、三人で飲む。十一時すぎに冨樫＆オードリーら来る。オードリーはリヨン出身。「京都猫町ブルース」を買う。「パリでの個展の際には会いたい」と。

深夜、段ちゃんが来て、黙って聴いているかと思ったら、冨樫の大風呂敷をおちょくっておもしろし。昨日「ヘリング」で森岡パパが「八文字屋を中退した」と言うのを訊く。

段ちゃんと三時まで飲む。そのまま、ダウン。

五月二十日（火）

七時半まで、ドアも開けっ放しでダウンだった。

ほんやら洞、十時十五分オープン。S、疲れ気味。

四月の盛り上りに比べ、八文字屋の五月は盛り下がり感否めず。ヤバヤバ。八文字屋、ほんやら洞での月末にまとまった売上が無ければ、また、大家とのトラブルが発生する。売約済のプリントもさばかねば。如何なるムーブメントもないのは辛い。強力助っ人も欲しい。

谷川さんが来て「どこのフライヤーよりも立派」と喜んでくれる。

体調不良のSにスタミナドリンクを買い、タンを焼き、焼きうどんもする。

俺は、好き好んで経済的にはほとんどアウトな苦しい生活を選んでいるのか⁉ SOSは出さないぞ。

ヘリング、ガケ書房、恵文社に谷川さんのフライヤーを持って行く。

ルパン、やはり、悪いと言う。オルダス・ハクスリー著、片桐ユズル訳「島」（人文書院）が百円で売られていたので、貰う。

高野川では、鹿、発見できず。

FB上でフクイチの故吉田昌郎所長の事故での調書が公開されていたらしく、関連資料をお見せしますという藤原節男さんの篤実な申し入れ（大変な資料を百円で買えという）があり、興味深いが、読む時間がない。

八文字屋、八時二十分オープン。

十一時過ぎに、迦陵頻の片山さん、ブルーノートでの小山しょうた？（彌光庵出入りのピアニスト）ライブに岩佐仏壇店の息子と行った帰りに寄る。また、ベトナムからキャラ一キロ出たので、買い付けに行くてな話ばかり。十二時には、帰って行く。

ろくでなしにDM、フライヤー持参。

二時、ほんやら洞着。

少し、現状を書く。

五月三十日のほんやら洞開店営業開始四十二周年記念日に、月曜社からの書下ろし「ほんやら洞の青春」もしくは毎日新聞連載の「京がたり《木屋町から一筆啓上》」の出版が間に合うことを願っていたが、やはり、僕の段取りも悪く、出版社のスケジュールもあり、全く間に合わなかった。

代わりに、写真集「七〇年代ほんやら洞点描」かイケメン写真集か新美女写真集という手もあったが、ほんやら洞、八文字屋の新人バイト登場とは、相成らず、一日十五時間二つの店で働く日々が続き、波状攻勢とはならなかった。

六月二十四日からのパリの日本文化会館での、個展には、この分では行けそうもなく、新写真集も危ぶまれる。せめて、九月十一日からのオランダはライデンのシーボルトハウス展には、一、二冊の新写真集を持参したいが、ほんやら洞、八文字屋の景気、バイトの状況を鑑みるに、どうかな？ってところだ。でも、腐ってはいけない。

数年来の八文字屋の常連の美学者で、僕の写真集「Beautiful Women in Kyoto」にも解説を書いて下さった谷川渥さんが、半世紀に及ぶ読書遍歴を後続の読者が欧日の時代時代の息吹を看取出来るように、見事に整理すると同時に五十年読書の愉楽を開陳した「書物のエロティックス」を上梓した。

これは、今の若者への激励の書物でもあるのは、明々白々で、四十二年のほんやら洞のポジション、いたらなさを逆照射する本であるのを愉快に思い、開店四十二周年記念日に出版パーティをさせて下さい、と申し出たのであった。

案の定、ほんやら洞の開店記念日行事というのに、長年のほんやら洞の関係者の中からの出席希望者は少ない。

ともあれ、それが、ほんやら洞の現状だと云うことを噛み締めたいと思う。

現段階では、ほんやら洞、八文字屋の周辺からの参加者は、サッちゃん、佐藤守弘さん、ルパン、僕、レオ、清水哲男さん？ぐらいだ。

谷川渥さんの教え子は、阪大、同志社、立命、国学院さらに諸先生方、現段階では約二十名のようだ。多くても少なくても臨機応変に対応する予定なので、どうか、当日の飛び入りででも、揮って来店下さい!!

明日は京都工芸繊維大学の建築学科の学生さんたちと二度目の面談。

さて、どうなることやら。どの程度の事を考えているのかまだ、今ひとつ分かってないが、「京都のアーチストの住居を設計する」と云う大学の課題らしく、奇特な方が写真家・甲斐を選んだそうで、訳分からずとも、僕はドキドキしている。僕の住居なんてめちゃくちゃだからだ。店を兼ねてと考えているのかどうかも全く不明。

将来、万一、お金があって、ネガ・プリントのアーカイブということを僕は、数年前から考えているが、そんな事に関心を持ってくれるかどうか??

そのまま、ほんやら洞のベンチで寝る。

五月二十一日（水）

八時半、吉田。風呂に入るために帰ったのに、寝てしまった。

久々、エッチな夢、夢の中でも満足する、珍しい夢をみた。

なかなか良い夢。最後に井上章一さんが出て、彼的マーキングをやっていた。（描写したいが、二時間かかるので、止す）

今日は、京都工芸繊維大学の建築の学生様々の一日。

ほんやら洞は、彼ら以外のお客さんは三人のみ。八文字屋も彼らが九人いて、他は、オイタさん、鹿さん、奈良井さん、読売ＴＶの鴈治郎さんこと桑原さん、段ちゃんのみ。

オイタさんは、十日間のスペイン旅行帰りで、サングリア、菓子を土産。奈良井さんはシュウマイを土産。鴈治郎さんは、緑内障の手術後。鴈治郎さんと某紳士は他所の飲み屋の知人。

伊勢の一郎さんの「ほんやら洞で大分の物産展をやれば!?」という提案に対して以下のように、ＦＢで書いた。

「大分物産展、うん、どういうのをイメージされますか? 大分は、明治維新時には、天領、他藩の飛び地を含めて、確か十六藩に分割されてました。大友の支配が四百年続いて、秀吉、徳川がまた、大友の残存勢力の復活を恐れた面もあり、現実には、領民は、大友解体後は、あたんして散り散りになったりもしたし、一五九七、八年の大地震で領地は変容を余儀なくされもしました（因みに、僕の父方の家は、由布院内の日向藩の飛び地の武家やら寺だったみたい）ので、それぞれ孤立してました。それを逆手に取ったのが『一品一村運動』だった訳です。それまでは、『豊後の赤猫根性』とか言われたり、豊前の宇佐近辺の『四日市の人間が歩いたあとは、ペンペン草も生えない』と言われたくらい、他人の足を引っ張るのが上手とか、言われたりもしました。キャノンの御手洗氏、日銀の一万田尚登氏、博報堂の何とかさんとかがいたり、明治維新に乗り遅れ、一九四五年の敗戦処理は大分人脈でやったと夜郎自大的なことを言う風潮が色濃く残っていて、僕がほんやら洞で大分の物産展をやるってね、かなり抵抗がありますね。もちろん、愛着は強い。だが、アンビヴァレンツな思いですね。」

五月二十二日（木）

八時、八文字屋で起床。少し寝違え。

朝から、ＦＢに次のような事を記す。


当面、出来るだけほんやら洞を早くオープンしようと、今日は、九時半オープン。

昨日は、良くも悪くも、京都工芸繊維大学の建築史松隈洋教授の学生さんたちで持ったほんやら洞、八文字屋だった。

彼らを除けば、お客さんは、微々たるもので、もう終わっていると言っていい。

ほんやら洞は、綺麗に成って行っているが、八文字屋は、この二ヶ月家賃が払えない程、深刻だ。

いわば、僕は、束の間の平和を謳歌!? しているだけ。

デッドエンドは、見えている。

二十代の僕を可愛がってくれた中山容さん、北沢恒彦さんが亡くなった歳に寸前のところで近づいているのも分かっている。そうそういつまでも元気で居れるわけではないので、せめて、店の帳尻だけでも合わせておきたい。

シーボルトハウス展が終わったら、暫くは、無理な写真の活動は休止して、その時点で店があるのなら、その維持のためにだけ力を注ぎたい。まだ、あればだが。

建築の学生さんたちは、ほぼ皆、海人彦と同じ歳の学生さんたちであった。

松隈洋先生の下で、京都に所縁のある著名なアーチスト三人を選んで、それぞれの「作家の住居を設計」するという課題で、三人のうちの一人に学生さんたちが選んでくれただけで嬉しい。

もう二人は、村上春樹であり、もう一人は、和紙の作家との事（堀木えり子さんかな？と想像している）。

僕の住居は賀茂川東岸べりの北大路を下がった、現在、空き地の約百坪の敷地で九人の学生が後、六週間内に模型まで仕上げるというのだ。

出来たら、それぞれ、可能なら、見せて頂きたいと言った。

この学生さんたちは、昨日と先週と二日間、ほんやら洞でゆっくりしてくれ、窓の外を行き交う同志社大生を眺めつつ、「彼らはどうしているのだろう⁉ こんな良い店がここに有るのに、見向きもせず、遠ざかる。工芸繊維大学の近くにほんやら洞が有ったら、私たちは毎日でも覗くけどな〜。野菜カレーも！ 美味しいかったし、ティラミスもそう、ケーキ屋にわざわざ行って、食べている若い女の気が知れん」とまで言ってくれた。

その彼女らが、八文字屋に、夜、来て、さすがに？ 半数が引いたみたいで申し訳なかった。

ま、これが、現実。それでも、掃除しにきましょうか？ とか、バイトしたいと言ってくれる学生さんが二、三人いたのは、とても、心強く、嬉しかった。


十一時四十五分になっても、お客さん、来ず。

午後、チョロチョロと客あり。お客よりも集金人が多い感じ。電気、水道、ゴミ回収等。

五時半に正太君くる。

鹿児島の清水さんにポスター二枚送る。

中弛み、どうなるか、家賃、と云う事もあるけど、ま、少し、客あり。

本来なら、このシーズン、ほんやら洞は、十、十一時まで営業できたら、お客さんにも良い店と思うのだけど、そう出来来ない辛さよ！

九時半から八文字屋オープン。客ゼロ（坊主）。

一時には、閉店。ほんやら洞へ。

北ぐち大阪さんからメール。二十四日（土）の午後十一時、佐藤さんという女性と剛さんという男性を連れて、八文字屋へ行く、と。

同女の和田夏野さんがバイトしたいとの事。良かった。

姉、秦恒平さんの「湖の本」を喜んでくれているので、良かった。

二時にダウン。

五月二十三日（金）

八時、起床（ベンチのゴロ寝だけど）。まだ、午前中は、肌寒い。

九時に電気代支払いに行って、一時的に電気を止められていると言われる。直ぐ回復します、と。

久々に風呂。洗濯。二十分横になる。布団の隣には、読みさしの摘録岸田劉生日記、松本清張「詩城の旅びと」があり。その横には、何十冊もの大学ノートがある。七〇年代の日記だ。数年前には、二、三年後にオモロイ部分を抜き出して「七〇年代日記」と銘打って出したろう、と思っていたが、今は、そんな元気、微塵もない。

昼前に、「KG+にも出したという旧ユーゴスラビアの女性が来て、「今日は奥さんは居ないのですか?」という。誰のことを言っているのだ。今度、一度、写真を見てくれるか? という。東京にも三十年住み、国分寺ほんやら洞が、やはり、好きだったと言う。三年前から京都。

同女に勤務の有場忍さんという美女来店。「美女365日」等を見てもらう。

ナライズミさん、ポスター買いに来てくれる。同志社神学部周辺話、五郎さんのワイン好き、汀子さんの教会通い等について歓談。

「工芸繊維大学の学生がホンマに家を建ててくれる、という事ではないのですか?」という。

イズミさんと喋りながら、窓外にガードレールを伝い伝い屋並みを見渡しているヨタヨタ歩きの老人の姿を発見、シャッターを切るがバックをクルマが過ぎる。

神田さんより「ミニキュウリを送った」と連絡あり。

二時半には、お客さんが切れた。

つくづく、変な生活をしているな、と思う。近々、この生活も脅かされるのは、必定なんだが。「働けど、働けど、わが暮らし楽に成らず」の心境。毎日、借金が出来る生活は、直ぐさまやめねば。

ハワイのTom WrightさんからFBの友達リクエストあり。確か、奥さんは、キヨさんの日本語版の先生だったはず。

京大吹奏楽団の第二十九回サマーコンサート（六月十四日八幡市文化センター大ホール、入場料無料、開演午後六時三十分）のフライヤー&ポスター来る。

右文書院に谷川さんの本、取り敢えず、四十冊注文。

ロベルト・ユンクの息子、ペーター・ユンクからパリ展に何時来るのかとのメールがあり、予定を伝える。

同志社の女の子、バイトしたいと来たが、ホールしかできない、条件は？としか言わないので、無理だなと思い、それ以上話を進展させなかった。昨日のWさんは、明日、話（条件）を聴かせてくださいとTEL。

正太君、Wさんに会いたくて来たとかで、洗い物し、カレーとバーター。明後日からボンボンカフェで働く（週四、五日）らしい。

レオは、明日から丹後に行くと言う。

八文字屋には、毎日の鈴木さん&後輩（鈴木さんには、新潮社の件、頼みまっせという。彼が帰った後、皆、あの人は誰？という）、東さん&息子さん、温ちゃんがいた。奈良井さん、アサヒちゃん（「横ちゃんが、甲斐さんには、ゴーストライターがいるんだろうか⁉とても、このビラの文章を甲斐さんが書けるとはおもわないが、と言っていた」と）は、しきりにNさんは、H・Sさんをどう思っているんだろう⁉と口にし、本人を問い詰めるが、のらりくらり。逆に、H・Sさんは、Nさんのことを何とも思ってないとしたら、泊まりに行くのは、失礼だ、という。元読売TVの大西カメラマンが、ギャラリー・ヒルゲートの女性バイト二人同伴。十和田の美術館の藤浩志さんの知人のキューレーター（元精華大職員）、段ちゃん、バンソン（九州旅行、阿蘇山はオモロウなかったとか）、レオ、オリヴィエも（明日「京都の子どもたち」を二冊、ほんやら洞に買いにくると）来る。朝日の増田さんも久しぶり。段ちゃんと二人っきりで飲んでベロンベロンになっているところに、冨樫来店。アドちゃんのバイト。

ついニ週間前に、ヴォガの近藤和見さん「カゲロヲさんには、看板役者としての自覚をもっともっと持って欲しい、酔って車にオカマして、鎖骨を折っている場合じゃないよ。近辺でも若手で、凄い女優も出て来ているんだから」と言ってた当人だが、彼も鎖骨を折って苦しんでいるらしい。真偽の程や如何に。

八文字屋でダウン。

五月二十四日（土）

八時、ベンチから、起きる。

九時半、ほんやら洞入り。

昼、神田さんからミニキュウリを恵送さる。右文書院から谷川渥著「書物のエロティックス」届く。インクジェットも。京都新聞（朝刊）の情報ワイド欄にＤＭの写真付きで紹介さる。夕方、松ちゃん来店。餡パンを買って来てくれる。苦しげ。

ライデンのディックさんから「路地裏の京都」は一五〇部入用とメール。

午後、Ｓがティラミス、バナナケーキを作る。

夕方、チーちゃん、伊波さん同伴（職場の沖縄宜野湾からの派遣バイト）。ふたりに二階でＤＶＤを見てもらう。（十二時前に、八文字屋にも来る）他の客も見る。

夏野ちゃんに一時間、手伝って貰う。バイトは無理かも。

八文字屋、開店と同時に内山さん&千夏ちゃん、建松さん来店。温ちゃんも友人と来店。八咫烏、カバラー、レビ（ユダヤの十使徒？）、東経一三五度、ロスチャイルド家の娘、天皇家はユダヤ人だ、等々、様々な怪しげな事を捲くし立て、終いには殴りあいの建松さん。段ちゃんが消毒液を買いに行ってくれたりする。

北ぐち大阪氏は、佐藤真由美さん、剛さん同伴。ふたりにＤＶＤをあげる。

バンソンは騒ぎの直後に来る。

多分、三時にダウン。

五月二十五日（日）

八時、八文字屋のベンチで目を覚ます。

身も心も、ちょっとボロボロ？

久しぶりに家に戻り、一時間半、横になる。

ほんやら洞オープンは、十分遅れ。

鹿児島の清水さんから「早速、額縁屋に行って、Can I join you !? を額に入れた」という知らせ。しかも、清水さんは、出来たら五月三十日のほんやら洞開店四十二周年記念パーティに、わざわざ種子島から来るという。嬉しい限りだ。

夕べ、著者の佐藤真由美さんから「跳べ！　世界へ《エアラインから国連、国際ＮＧＯへ》——生まれは東ベルリン育ちは人民中国。米国留学を経て客室乗務員から国連職員」（解放出版社、一五七五円）を頂いた。お返しに「ほんやら洞の甲斐さん」をあげる。

頂いた毎日新聞のインタビュー記事（鈴木英生）には、医師だった祖母の勤務地ベルリン生まれ。四歳で「医療で戦争の償いをしたかった」祖母とともに、文化革命下の中国へ。祖母の最初の夫は、山本五十六と共に戦死。祖母も軍医。祖母の家系は津軽藩の御典医とあり、太宰治、永山則夫とも縁が有ったという。

北ぐち大阪さんが、やはり、航空会社勤務の剛さんと共に紹介をしてくれたが、佐藤真由美さんはなかなかの酒豪で、八文字屋としては、得難いお客さんになりそうで、嬉しい。母は、僕より、一歳上で東大の理三時代、東大闘争で籠城組？（所美都子「わが愛と叛逆」の時代だな）今秋は大阪芸大でも教鞭を取るようだ。お年は、元八文字屋バイトで、現在、ソウルで活躍中の真以ちゃんと同じのようだ。北ぐち大阪さん、今度、鈴木英生さんを紹介すると言ってくれる。

この本は、まず、医学を学んでいる息子に渡した。彼は、二年前、「国連に行きたいと思っていたが、腐っているので、ガッカリした」とか言っていたことがあるので、この本を読んだらどう思うかな？

僕は個展が終わってから、読ませて貰うつもり。

サッちゃんは、午後ある試験を受けてから、顔を出す。

黒テントの馬場ちゃんこと、伊川東吾がＴＯＧＯの名で俳優として活躍中なのを知る（ＦＢ)。ロイヤルシェクスピアに行って以来、会ってない。

詩人のグループ（関西詩人協会会員？京都詩話会？）の、あの有名な了以の末孫の角倉まりこさんらのミーティング。関西詩人協会？

八文字屋は、浅利ちゃんで、もう奈良井さん来店。田中君と待ち合わせ。カゲロヲもやがて顔を出すも、腕が上がらないとボヤく。

昨夜、Ｔ相手に取っ組み合い、空振りの殴りあいを展開したＤが来店して「何も覚えてない、嫁には内緒にしてくれ」といい、口止め料ではあるまいに（店に迷惑をかけたので、多少、売上に貢献しようという訳か?）、皆に一杯ずつふるまった。相手は何者？ 中国人？ 突き飛ばされたこと以外は覚えていず、首に切り傷を負い「痛い、痛い」を連発。相手が六十八歳と聴いて、ショックを受ける。四十代かと思ったという。何故、喧嘩に成ったかも、覚えてなかった。

終いに、Kei-K来店。相手をして居て、立ったまま眠る。

二時半、沈没。五時に目を覚ますも、七時まで横になる。OTAKU-BAR七時半でも、カラオケ営業。田川剛さん、チーちゃんの友達のMOMOKO IHAさんから、友達リクエスト。

五月二十六日（月）

二、三日前から風邪をひいている。が、突っ走るしかない。さなぎだに、準備不足のヒルゲート展。段ちゃん向けに写真を貸せとツイートしたら、早朝から応じて、早速、TELくれ、助かる。夜中まで仕事をして、その後、自宅に一旦、取りに帰り、出直してくれるとのこと。ありがたい事、この上なし。
八時半から大掃除。それでも、探しもの出てこず。

疲れたまま、フル回転。サッちゃん十一時四十五分、オイタさん二時前に来てくれる。

ヒルゲートの搬入、七時まで掛かる。人見さんが、九点、マットを切ってくれる。五十二点（内、一点は段ちゃんが今晩持参）インクジェットも六点含め出展。人見さんの親切も身に沁みる。次回やるチャンスがあったら、あらゆる意味で全力をあげる。それ程、今回は酷い。

今晩は、上田晃久君が来店予告。レオ、ユキチが先に来る。深夜、段ちゃんが、ジュネーブのアスカ写真（額装済）持参。助かる。

オリヴィエが、ジュネーブのバンソン同伴。オリヴィエは、変な奴。

五月二十七日（火）

昼、ヒルゲートへ。角伸明さんが、「初恋」を読み直した本「密かな愛の贈り物『初恋』——秘められたストーリーが語る真実」をくれる。工藤弘志さん夫妻も来る。工藤さんの奥さんとは、日豊本線沿線話で盛り上がる。ギリシャ語かラテン語で「カイ」というのは「それから」という意味だと教えて貰う。

二時までヒルゲート、二時〜五時は、ほんやら洞。

五時半からヒルゲートでオープニング・パーティ。

大分時代の美丹ちゃんの陶器の先生、沢田さんもくる。パーティは、盛会。中村勝さん、斎藤洋さんもきてくれる。杉本秀太郎さん、山田稔さん、依田高典さん、田中国男さん、樽門豊さんには案内を忘れる。要するに、ほとんど案内出来てない。杉村昌昭さん、岩本さん、永澄憲史さんは、きてくれる。京大人文研も忘れた。梶田さん、井上義雄さんは来てくれる。義理買いしてくれた方には、感謝。

八文字屋にも、水上勉の一滴文庫の館長の杉左近さんらも来る。

八文字屋バイトの咲希ちゃんも、いず、ぐちゃぐちゃ。

トンデモナイ写真展のパーティ二次会会場だ。いい加減な店なのに、これが楽しいのだと言ってくれる人が一部いて、その方々に甘えてばかりで、申し開きがつかない。受け狙いで、こんなやり方を採用してなんかいない。

Ｓの誕生日（昨日）。それをすっかり忘れていたバンソンが、アドちゃんと来て、オチャラケのハッピー・バースデーの歌で囃し立てるので、Ｓ不快感をあらわにさせる。相変わらず、バンソンは、レオを無視。

四時三十分、閉店。ほんやら洞でダウン。

五月二十八日（水）

ヒルゲートには、上野の森美術館の学芸員さんや鈴木マサホ、ＨＡＴＡＯら、会いたい知人が目白押しだったが、会えず。木工の人間国宝の村山明さんは、パーティに出席できなかったのでと言って、一点買ってくれる。

ほんやら洞〜ヒルゲートをピストン運動。

ワンズコーディネートの加藤さんも来てくれる。

八文字屋もそこそこ賑わう。頭が回らないようになっているので、誰が来てくれたか、忘れた。

オリヴィエが、スイス人のバンソンを連れて来る。

八文字屋には、バイトは浅利ちゃん。浅利ちゃん疲れていて、カゲロヲ、Kei-K くるも直ぐ帰る。

Kei-K と三時過ぎまで飲む。

五月二十九日（木）

ヒルゲートに生前遺作集持参。と、もう一度、谷川渥さんの宣伝不足を忸怩たる思いに囚われ、ビラと同工異曲の文を認め、ＦＢに遅まきながら、リリース。以下の通り。

谷川渥著「書物のエロティックス」（右文書院）

出版記念パーティ　明日午後六時〜八時＠ほんやら洞

《一部》谷川渥さんの講演（無料）

《二部》お酒を飲みながらの歓談（三千円＋「書物のエロティックス」代、三千円）

大変な力作の出版記念パーティを催させていただくという光栄に浴した訳だが、パーティを設定する役者、舞台不足なのを、先ず、詫びたい。

これほどの境界抹消的な書物が連鎖的に披瀝され、谷川渥さんの原身振りというものを惜しげもなく、数々の箴言、アフォリズムを鏤めた「書物のエロティックス」のパーティをやるからには、東京では、百冊の関連書物を展示し、歌舞音曲付きだったらしいが、それに及ばずとも肉薄すべき努力もなされるべきなのに、このチンピラ写真家は設定出来なかった。

その事も谷川渥さん、及び谷川渥ワールドファンの方々に詫びたい。

これが、ほんやら洞開店四十二周年の現実なのです。

内的エロス、原身振りを、当然、珍重する谷川渥さんのお顔を、谷川渥熱烈なファンの存在の一端を皆さんに紹介するとともに交流会を開く程度の事しか出来なかった。

万一、谷川渥さんが許可をくれ、来年もほんやら洞が存続するならば、次は、本書に登場する書物群を一堂に会し、もっと楽しい宴を開催したい。その時はルパンこと田畑さんの古本屋「ヘリング」の協力を得たい。

言い訳ばかり長くなったが、本書の目次を記しておく。


〈はじめに〉
一、エロスとタナトス
二、実存・狂気・肉体
三、マニエリズム・バロック問題
四、澁澤龍彦・種村季弘の宇宙
五、ダダ・シュルレアリスム
六、終わりを巡る断章
〈おわりに〉


本書の随所に散見出来る警句、名言をピックアップするだけでも楽しいし、それに関して谷川渥さんに伺いを立てるのも、一興だし、そういう企画もたてるべきなのに、出来なかった。

東京での萩原朔美さんとのコラボレーションは、大盛会ときく。

ほんやら洞では、そうも行きそうもない。僕は、本書を半可通な若者に語らせたくないというような事をフライヤーに記したが、一月以上前に、東京の芸術高校の入学式の祝辞で、萩原朔美さんが「学校生活では、大いにぶつかれ！」的な事を述べているのをyoutubeで見た。萩原さんの盟友、谷川渥さんも本書のどこからでも、掛かって来い！と言っているのかも。

阪大の上倉先生が、谷川渥さんと永澄氏との入れ違いなきように、紹介の程を呉々もよろしくといってくる。

このあたりから、不調をかこち、なにも覚えていない。レオとよっぴぃーて飲んだ事くらい。

五月三十日（金）

累積疲労。ほんやら洞入り、遅れる。今日がパーティというのに。姉の容態も心配。

結局、谷川さん絡みは既に皆、本を持っていた。

岡村正史さんから「井上章一さんは、国外」とのメールあり。

こんな事を言うと、叱られるかもしれないが、同志社大の美学の三教授、いずれも風采が上がらない方々なのには、びっくり。でも、岡林さんは、ほんやら洞の前をデモッテいたと格好をつける。東大の後輩の朝日の臼倉恒介さんが稲荷寿司三十個（この程度のこのようなものが足らず欲しいといったものだった）持参してくれたのは、ありがたかった。しかも上品。

二次会は、もっと溢れ、アドちゃんなんかでは対処できず。

一杯なので、カウンターで寝続けるのはよしてくれとなんど懇願しても、八時間飲まず、居続けた黒澤先生、本調子なら、ボロクソに言わない美人の媚態、目障りだ、あっち、行け！という。多分、ヘリングの常連で、八文字屋の良い客になりえたのに!? 失敗。

カウンターの端では、冨樫 vs 奈良井さんの高尚ばなし。ついで、冨樫 vs Kei-K、ついで冨樫 vs ルパンの罵倒ごっこ。

これで、十分にしんどいのに、ファンキーな嫁連れのポーランド出身の文化人類学者が八流の医大を出た等、聞くだに身の毛がよじりそうな権威主義者（奥さんはふつうにいい感じ）同伴。一時間だけの約束で、入ってもらったので、五時前にお引き取り願うのに、最後に、兵庫県庁の、おっさんが来て四の五の言う。

これで疲労頂点。

江口久美さん、何必館の梶川さんらは、ほんやら洞に来れず、八文字屋に来たが、申し訳ないことに入れず。

五月三十一日（土）

気がついたらシャックリ。ひっきりなし。

シャックリで思い出したのは、一九五五〜六年頃の大分の僻遠の地、山香町（四歳から十八歳まで育つ）の大字倉成字又井小字金堂（金銅とある文献も存在）の奥手に、平家の落人末裔の小屋さんの家が三軒あり、池の口、空などと呼ばれる家の内、もっとも、農業以外（関連副業というべきか？）の仕事、鶏の雛の孵化、コンニャク栽培、百目柿つくり、梨栽培に明け暮れる無愛想この上ない小屋美年さんがいた。

このおっちゃんが、何時も、顎を回し、「へよ！」と言いながらずっとシャックリを繰り返していた。この方は、長生きしなかった。高血圧、脳梗塞でないか？と僕は、後年、勘ぐっていたのを思い出した。まだ、霞網が禁止になる前の事だった。不調だと、そんな事ばかり思い出す。

昨日、ほぼ一日、シャックリがとまらず、悪寒に付き纏われて、八文字屋に来て、ひっくり返り、お客さんが来てもびっくりさせて逃がしていた。

ほんやら洞は、一九七二年五月三十日に営業を開始して、四十二年という感慨に囚われる。一九六八年三月に上洛して、四十六年。六八年の四十六年前は、一九二二年で、鶴見俊輔、瀬戸内寂聴、ドナルド・キーンの生まれた年だ。

ほんやら洞四十二周年について、メモを記そうかと思ったが、高熱で朦朧としている。一九七二年五月三十日は、イスラエルのテルアビブのロッド空港で、日本赤軍の岡本公三が銃を乱射した事件が出来した。この事件と岩国の「反戦喫茶ほびっと」が結び付けられるというフレームアップが、二、三日後に起こったのだった。ここで、この件について中途半端に記すより、月曜社の「ほんやら洞の青春」を一ヶ月内に校正を終えるようにしよう。

あゝあ、絶不調。一晩寝れば、回復するか。

「メナミ」の竹内裕子さん代理の永澄さんよりTEL。「中村輝子さん、記録する会の斎藤さん、竹内好さんの生涯のファン（後の後見人となった女性）、高橋幸子さんらで待っているので来て」と言うので、慌てて行くも、何一つ食べる暇なし。斎藤さんと生年月日が全く同じと言うことと、ずっと思い込んでいた一九七〇年の雑誌「中国」一月号の覆面鼎談の話者の歴々が思いもよらぬ文人達であったことに、感動する。駒田信二、陳舜臣、富士正晴だった。「メナミ」にいると、木戸衞一さんからTEL。今、八文字屋にいると。勝手に入って、勝手にやっていて下さいと言うしかない。

八文字屋に河岸を変えてからゆっくりしゃべろうと思っていたが、ジェローム、清水さん、レオが来てバタバタする。サッちゃんが帰ってから、バンソン来店。ジェロームが「バンソンのあの喧嘩腰はなんなん？」という。そういえば、レオに対しても、ただただ失礼以外の何物でもない、のは見て取れる。

清水さん、若手のイキのいい料理人を連れてきて、今、いれようか？と言ってくれたが、こっちのボルテージ落ち過ぎ。清水さん「明日も来るから」と帰る。ほとんど、話出来ず。でも、父の仕事を可視化しようとしてもいるのは凄い。

日付が六月にかわる頃、高松樹さん、古関君夫婦が若い後輩を同伴。「幸家さんがＤＶＤは良かったといっていた」と言う。

中村輝子さんは、ほんやら洞は、ずっと中尾ハジメがやっていると、思ってたようだ。存外、そういう人物は多かろう。竹内裕子さんvs永澄さん、高橋幸子さんの間のいき違いを垣間見た。

六月

大文字山
東山には登山口が、いくつもある比叡山へも通じる大文字山（標高 466 メートル）は市民にとって軽便なハイキングスポットになっている。市内を一望できるのがいい。（2013）

六月一日（日）

夕べ、折角、買ったワインをサッちゃんが八文字屋に持ってきたのを、八文字屋からほんやら洞に移動させるのを忘れた。なのに、寝過ごして出勤。予感がしてか、朝五時くらいに彼女にその事実をメールしていたせいで、彼女が出勤途上に救出してくれて助かる。

夕べ、八文字屋には、若くて腹蔵無い物言いをするN荘のAさんが来て（京楽でバイト中とか）「数日前に、私、HさんにTELしたの。『ね〜、ね〜、もう、Nさんとエッチしたの？』て。全然と言うので、『私帰らないので、いいよ！好きにしてええよ、早くしなよ！』いったの」と言う。こんなことを言われるHさんも、Hさんで、NさんもNさんで、共に、絶滅危惧種かも。ならジェロームはジェロームで、バンソンはなぜか喧嘩腰と言っていたのが、気に掛かる。

午後二時、呑海さん写真展のパーティのために、ほんやら洞に急行。なんとか、三時のパーティに間に合う。岡田（旧姓・石田）治子さんも来て撮影。オイタさん、奈良井さん、参加。来たいと言っていた松隈洋ゼミ生、一人も顔をださず。ほとんどが、工繊OB＆OGだったのに。

ヒルゲートが最終日なので、行きたかったがいけず、オイタさんとサッちゃんに搬出を任せる。人見さんの娘さんが車を出してくれる。

本は、まずまずの売れ行き。プリントももっと買うべき人が来て買って呉れたら良かったのに、思うのみ。準備不足。竹内裕子さんがほんやら洞に来ると言うので、待っていたが、来ず。

呑海さんグループは、十五人。パーティを撮影しようという段には、かなりシャックリも嵩じて、意欲湧かず。

六時から、角倉まりこさん、上村多津子さんらのグループ（下品な盗み聞きでは、『交差点』というブロック？　作るらしい。ゴメン！）九時二十分まで。

　八文字屋の景色、こころ楽しませず。金にならない（ただのみの）アドちゃんが、最近とみにケチ臭く何を言っているか訳のわからないバンソンがほとんど何も飲まずに楽しげに陣取っている。その奥の暗がりには、奈良井さん＆冨樫が荒唐無稽高尚な会話に勤しんでいる。冨樫は、自分の母親から類推して、甲斐ももう相当ガタが来ていよう⁉「休日を二、三日とったほうが良い、先月、母に○○渡したんだ、俺は、甲斐さんが休むのなら、三万円なら三万円渡してもいい」という有難い提言あり。おいそれとは、乗りません。客の忘れ物取りのルパン、冨樫応戦。カゲロヲは平静に、見守る。Kei-Kは、何やら気の利いた事を言っていたが、グロッキーで、覚えてない。森重さん来るも座れず。

　このカウンターの、陣形が非常にバラケタカンジ。

　竹内裕子さんは、斎藤さんの忘れスーツを取りに、来て、そそくさと帰る。清水哲男さんをゆっくり紹介するつもりだったが、多忙なんだろう、氏、これから、頻繁に帰洛の心算らしく、ハードスケジュールなので、飛ばしたようだ。竹内裕子さんも、ゆうべで、こたえたか？　清水千鶴さんの「日々訥々」をプレゼントする間もなく、行ってしまう。本は、スタンバイしてました。

　最後は、Kei-Kで終わる。帰ろうとしたが、キーがなく、気がつけば、カードも印鑑もなし。

　また、ほんやら洞泊り。

六月二日（月）

かなり、ダメージ。ノンビリする。

サッちゃんも休みだから、ダラダラしている内に病気が深化。

寝て居る間に、ジョン・ソルトさんがケネス・レクスロスの三十三回忌のポスターを持ってきて、ほんやら洞の表に貼って帰っていた。

八文字屋でも、レオ、オイタさんと、リレーで入って貰う。二人が帰り、シンドクて横になっていると、段ちゃんがボトル三本入れるから、その金を握りしめて（そのままの言葉でないが、その意味で）病院へ行け！という。フランス人二人連れの女の子二人がびっくりして帰って行ったのが、十一時すぎ。さらに、寝て居ると、古関&高松樹カップルが、二十五歳の現場監督、加藤さん（親子二代、伏工ラグビー部）を同伴。

夜中三時、シャックリ激化。八文字屋、ほんやら洞でダウンリレー。キーもなし。〈ほ〉泊。

六月三日（火）

やっと、久しぶりに、家で、午後二時から寝はじめた。

夜、咲希ちゃんがくるも客なし。十一時に上がってもらう。鼻血がでたり、シャックリが止まらないと書くので、親友の方々に心配させたようだ。咲希ちゃんが帰った後で、直ぐにおりると、下には鹿さんが登場。仕方なく、帰って貰う。九州の哲義兄、心配して、TELをくれる。

吉田に戻りたいが、今日も無理。ほんやら洞のベンチに沈む。

六月四日（水）

ほんやら洞に寝て居て、昼前にやっと家に入る。その前に河原町グリーン商店街の西村卓嗣さんに、相談に行き、日水清心丸を頂く。さらなる手立ても打って下さる。これで安心する。

六時半、サッちゃんがポカリスウェット等を持って来るまで熟睡。

九時頃、八文字屋に行くつもりが出来ず。京都にいながら、八文字屋に一歩も足をふみいれなかったのは、初めてのこと。

梶田さんが来ると分かっていたが、薬が効いて、翌日の午後まで、目をさまさず。

八文字屋には、川嵜さん、バンソン、カゲロヲ、スシボン、鹿さん、段ちゃん、五年ぶりの柴谷ケンさん来店。

六月五日（木）

朝、心配して、サッちゃんが来てくれる。

それまで、寝続ける。

夕方、ジョン・ソルトさん&青木映子さん来店。

僕の写真集「生前遺作集」を面白がってくれた詩人のジョン・ソルトさんは、この日本語の面白さを伝えるニュアンスとしたら“Posthumous Works of a Life in Progress”でなくて、“Posthumous Works While Alive”でなくっちゃ、といわれる。そうなのかもしれない。明日、これが欲しいという。

京大マリーン。

八文字屋は、梅林克さんグループ来てくれる。同志社大学寒梅館ハーディホールで「建築と映画の狭間」（アクースモニウムで観る／聴く『建築映画』）があり（建築家鈴木了二氏、七里圭監督を囲む）、打ち上げで、梅林克さん、堀口徹さんらが一行を引っ張って来てくれる。

今日も家まで辿りつかず。

六月六日（金）

麻美ちゃんが入るも、来客少なし。

麻美ちゃんのカレーは、少しチェックを要するかも。ベジタリアン対応と、昔ながらの玉葱が狐色になるまで炒めたカレーを昔からの常連が求めているので、その仕様は止められない。折角、麻美ちゃんが気分よく働いてくれているので、水をさしたくはないが、この点だけは言っておこう。

今日も、麻美ちゃんが居てくれる間に、「生前遺作集」さがしに行く。

お客さんに留守番を頼んで、Papa Jon's にソルトさんに会いにいく。

今日は四つの記念日だ！ とはジョン・ソルトさんの言を楽しむ。

今日は、まず、ケネス・レクスロスの三十三回忌で、次いで、奇しくも、ジョン・ソルトさんが訳して来た北園克衛の三十七回忌だ。田口さんの記憶では、最後の『ケネス・レクスロス賞』の授賞式の日、「ケネスは、『北園克衛が亡くなったのは、ショックだ』と言っていた」と言う。「そして……」とジョン・ソルトさんは言った。

「我々、片桐ユズル、森田康代（彼女がどういう方だったか？ 思い出せない）、田口哲也、甲斐扶佐義、Aoki Eiko、ジョン・ソルトが集った記念日であり、もう一つの記念日、Dは、何の略か知らないが、Dデイ《ノルマンディ上陸作戦の日》で、四つの記念日だ」と。僕は、これに、さらに甲斐生前遺作集から抜き書きをして日本の市民にとってどういう記念日かを付け加えよう。それは、須田国太郎、ダライ・ラマ、イザア・バーリン、神近市子、「青鞜」の末裔、宮本一枝の誕生日であり、考古学者の三上次夫命日でもあり、ＧＨＱが共産党幹部追放令（一九五〇）を発した日だと。レッド・パージの日だから、これで苦渋を、辛酸を舐めた清水千鶴さんの第一歌集「日々訥々」が、今日、京都民報で紹介されたのだ、と。こんな日でも、日常生活はある。しかし！面白いことに、出町商店街には、鯖街道を踏破した（梅田雲浜ゆかりの）雲浜小学校の児童が、桝形に到着を祝した日でもある。（昨日は、因みに、遠敷小学校生だった）

僕は、本当は、売れたプリントのサイン入れにヒルゲートに行ったのだったが、色々、棒にふる？日でもあった。

ヒルゲートに行ったら、角りわこさんが「(元嫁が）居るわよ」とヒソヒソいうので、僕としては、どうでも良かったのだが、彼女の気持ちを忖度し、遠慮して引き上げる。

光線の明暗の微妙なロックン広場のラマ僧を遠景でとらえたら、その中から「やあ！、悪い！また行くわ」と萩原健次郎が出てきた日で、「甲斐も歩けば、美女に当たる」という風にはいかなかった。熱に浮かされて「棒、棒」呟きながら、棒に纏わる変なメモを残したが、何処かへ、それは消えた。通帳、印鑑も行方不明のまま。

でも、まあ、今日はユズルさんに久しぶりに会えて良かった。

と思っていたら、アドちゃんから「調子が悪いので、休みます！」のメール入る。

薬でまだふらふらかな？でも、二時間後には、八文字屋に入り、酒を飲めるだろう、と思い直すことにして、チャリンコで八文字に行きながら、つらつら考えた。

八文字屋には、一見、こんなにも来客があるのに、何故苦しいの？とよく聴かれるが、そう、なんとかしようと。

やっとシャックリが止まった。

八文字屋、ノンビリしようとしたが、少し客あり。深夜、段ちゃんと飲む。三時過ぎに、田中君が来て、飯沼二郎を巡ってアヤフヤなことを言うので、止せばいいのに、突っ込む。まだ熱があり、誰が来たか、覚えられない。

六月七日（土）

呑海さん、ＵＳＪのアメリカ人客を同伴。

今は、ほんやら洞にせよ、（特に）八文字屋にせよ、こんなにも珍奇で、こんなにも汚い店だというのに、こんなにも素晴らしいお客さんが連日詰めかけてくれる。上客の密度はかなりというべきだろう。この楽しみ方をそのまま記録すべきだろう。オーバーに言えば、ドス・パソスの「ＵＳＡ」のひそみにならうべきか⁉ この一点（店）を軸にしてその内円、中円内の動き、それを跨ぐ動き、時間的にも、短期的、中期的に、可能ならば、長期的にも、きっちりと、時として濃密に描写、表現しつつ、一つの芸術として形象化しつつ、店を維持するように努力することだ。特にほんやら洞は、こんなにも、この二ヶ月で、素晴らしい店に回復しているにもかかわらず、全く家賃水光熱費日割り分が売り上げとして出て来ない状況にあり、これを打開せねば（まだ、諦めないが）、それ以上にもっとましな店にしたい。僕の手に余ると何度も記して来たことと、やや矛盾するが。

素晴らしいお客さんが集結すれども（店を維持する売り上げには、まだ直結してないが）、人生は短いが、いい方向に向かっているのは、手に取るようにわかるし、後は、メディアがちょっと書くだけで怒涛の客ラッシュが出来するはず。僕としても、このドラマの本質をつかまえ、抉り出し、表現出来る直前の段階まで来てるし、後は時間の問題だが、出版社への期待は、望むべくもない。まず、いや、自力で出すつもり。それまで二、三ヶ月何としてでも維持したいと日々考えている所で、シャックリ騒動だ。（八文字屋の、売り上げでほんやら洞を維持出来たら、いいが、そこまで至ってない、というか、八文字屋もほんやら洞も、映えある近未来が待っているのに、働き手がない）。

八文字屋、ほんやら洞の実質、奥行、根付き、広がった時空をこそっと、一時も早く、速く、形象化したい。そんな作業ができるのは、あと、二、三年と見え見えなのに、大転換を図れない。元気にその作業が出来るはずなので、その境涯へ突き進み、勤しむべきなのに、態勢作りに、腐心、苦心している。

こんなのは、内的ドラマであり、大半は「商売に徹しよ！」という。その声も聴こえてくるけど、また、井上章一さんみたいに、あんたは、そんな事にむいてないという声も聴こえたりもするけど、僕は、もう少しだけ野心家なのをはやく見せつけたい。

梅雨時は、ほんやら洞では、バイト代を削減して乗り切らねばならないし、八文字屋には、強力スタッフを、なんとしてでも、もう二人確保したい。

ギャラリー・ヒルゲートへ、サインに行く。

りわちゃんは、忙しげだった。

八文字屋の半年、毎日来ても飲み放題五万円（一日千円）のシステム、今月限りで中止宣言をFB上アップ。窮余の策だったが、割りに合わず。三年やったのかな？ カウンターに十人位並んでも、六百円客が長時間いて、四時間後には、売り上げが一万円にも満たないという日が続きすぎ。これでは、キツイ。楽しんでくれるのは良いが、こっちがストレスをためたら、元も子もない。

宣言を告げると、ＰＡサンスケオヤジ「分かった、分かった」と言って、散々飲み、帰り際には千円しか出さない。彼に大きな顔をされるのもな〜。やはり、オイタさん、レオ例外で、実施せねば、いつ店が潰れても不思議でない。

梅雨前の土曜日、ラッシュがあれど、対応できず。袖さんグループ、東寺付近に居た田島君の友人グループ、上倉先生&連れ、バンソン、奈良井さん、アサヒちゃん、「聴こえる――」という店のオーナー(浅草)を連れて来る。バンソンは顔を出すも喋らず。オリヴィエが富樫のメッセージを届ける。富樫、シャックリのことを「百栗」と書いていてオモロイ。手書きで、PCの勝手変換でないのが、良い。

映画監督の佐野ちゃんファミリー来店、歓談。FBの「八文字屋・ほんやら洞の酔(詩)人」でアップ。

まだ、本調子にならぬ。

六月八日(日)

家に辿りつく前に潰れる。

酒も弱くなったのだろう。

ほんやら洞は、そこそこ、お客さんは入る。アサヒちゃんは夕べ客同伴。奈良井さんも。と言っても、十年前の三分の一、四分の一のお客さんだが。

オランダのディックから、最近十年のプリント急げと督促。

八文字屋には、九時過ぎに行ったら、ダグラスしか居ない。そして、「あの中国人は?」「キヨに言う? どういう言い方で?」とかかんとか。疲れる。

琢ちゃん、後は誰だったか? 中村勝さんが、大学の一年後輩(民話研究会)同伴。

早々に切りあげる。九州の話を聴く。ハード、ハード。

六月九日（月）

海人彦の二十歳の誕生日。

ほんやら洞は、暇。冷蔵庫買い替えについて、サッちゃんと、相談。

レオ、九州から帰ってくる。

八文字屋も暇。Y社の増田さん、萩原さん来店。

時間を置いて、永澄さん、人文研の永田准教授、ヒルゲートの人見さんと来る。

段ちゃんも。

六月十日（火）

暇。美丹ちゃんが七月の連休辺りに来たいとメールあり、こっちの状況説明。

永山太一さんが、ほんやら洞がビル化されようとして混沌状況にある夢を見たとFBに書く。オモロイ。心配してくれているのだ。

袖崎俊宏さん（画家・安井曽太郎の孫）が来て、DVDはオモロかったという。彼は一歳上の兄のカナダ時代のゴルフ友達だったことから腐れ縁だ。姉と同じ歳。ほんやら洞は、十年以上住んでいるので、もし係争になれば、ほんやら洞に借地権があり、六割は僕のものだと、自分の芦屋の借家の苦い思いを語る。

彼は要請で来た。一つは、堀川高校時代の親友・浜野安宏（ライフスタイル・プロデューサー）が六月二十日同志社の寒梅館で七五〇人集めて、ワイオミング等で撮影した映画「さかなかみ」の試写会（無料）を開催するに当たって、魚に興味を持つ友人を紹介してくれと。浜野さんは、釣りで、開高健などとも親交があったとか。僕の事を知っていたらしい。招待券を環境問題と絡めて関心のある方に時きたいと。興味のある方は、連絡下さいというFBの書き込みをした。

六月二十日、午後六時～（一時間四十分）
場所、同志社大学寒梅館
「さかなかみ」試写会
無料

実は、一九七二年ごろ、若気の至りで？ほんやら洞方面では、中尾ハジメは浜野安宏の『ファッション化産業論』？仮想敵とみなしていたのを思いだした。

もう一つは、芸妓は、売春婦ではないと、アメリカで裁判をおこして、広く認知させた岩崎政子さんが、六年前にNPO法人 日本文化芸術国際振興協議会（JAIC）を設立したが、停滞気味なので、いいアイデアを出して欲しい、との相談の持ちかけだった。あまりにも漠然としているので、もっと資料を下さいという。

袖崎さんは、シーボルトハウス展を観にライデンまで来てくれるという。彼自身は友人と共に、パリの文化会館でのグループ展を申請しているらしい。

昨日、竹内裕子さんが送って来た大部の資料の事をメモるのを忘れていた。大変興味深い貴重な資料は、次のような内容だ。

一、「竹内好を記録する会」についての説明資料
二、これまでのインタビューの実績を紹介する資料
三、山田慶兒さんと竹内さんとの交流の記録
四、竹内さんと京都の関わりがわかる資料

当メモは、竹内好を記録する会・事務局長・斉藤善行（僕と全く生年月日が同じ）氏の手になるもの。これに加えて、竹内裕子さんから中村輝子さんの文章（座談）と中村輝子さんの「秋野不矩――時を超えた旅人――天竜市秋野不矩美術館」の二つのコピーと、昭和四十六年一月十三日（水）神戸新聞紙上での『日本の風景・総論』討議メンバー（今西錦司、竹内好、広末保、米山俊直、山田慶兒）による日本人の自然観。（新人物往来社から、のちに、『日本人の風土』として上梓）単行本には、鶴見俊輔・井上俊・岡林信康の鼎談も収録。これらは、「憲法改正」なんて言う奴が、肩身が狭い頃の話で、昔日の感はあるが興味深い。

ほんやら洞は、静かそのもの。多分、四十年前、同志社中学時代のお客さんだろう、中国で旦那と共に長年住んでいたという女性が、ほんやら洞を懐かしみながら、現地の生活のあれこれについて、往年の親友に向かって熱弁をふるっていた。

八文字屋には、鹿さん、森元斎がいた。バイト希望者が来るといい、来たが、僕と喋らないで帰る。鹿さんは気をきかせて彼女の相手をする。僕に名前も連絡先もつげず、帰ったのは来た意味がないと思うが、彼女とて様子見だけか？ 岡西さんは、仕事があるとサボりたくなるとか喋っていて、何処かへいく。咲希ちゃんは初対面らしい。浜ちゃんは、先日、段ちゃんと五時まで、カラオケに行き、なかなか卯で一緒にメシを食ったが「あの八文字眉毛のひとは良い人だ」とご機嫌でいた。

一時半、閉店。

久しぶりに、三時帰宅。

六月十一日（水）

十時、起床。

十一時、オープン、九時十分、クローズ。暇。虎頭という苗字の女性が来ていた。二階で数人が、ミーティング。

八文字屋は、八田さん、川嵜さんが居た。

浅利ちゃん「甲斐さんが来る前に帰ろうというカンジで、三杯飲んで、まだ、千円で良いんだろ⁉」と言って、奈良井さんは、そそくさと帰って行ったよ」と言って笑う。八田さんは二ヶ月居るという。

昨日、アートスペース虹へ、行ったと。鹿さんが来て、純二、同僚、最後に「読谷村の僧侶、知花昌一さんと飲んでいた。連れて来ようと思っていたのだが、疲れていたので、よした」と武市さん「中国、韓国、沖縄、日本の権力と闘うのに、共同戦線を張ろうやという人物《インテリ、学者先生以外に》いないものか⁉」と最近しきりに漏らす慨嘆を繰り返す。出町の「国際文化交流センター京都画廊」は、どういう人物がやっているのかと言う。ディレクターとして李敬恵が、請われていたが、断ったこと位しか知らない。内田邦太郎さんが二年連続個展を打ったこと位かな？で、そう言う。

三時、ほんやら洞。

美丹ちゃん、七月に来るのはよす、とメール。

六月十二日（木）

九時半に、やっと家に辿り着く。

十時四十五分、家を出る。

十一時、ほんやら洞オープン。

フィルム（モノクロ）の値段が、一年前の倍になっている。一日、ネガ、プリントチェック。寺町丸太町下ルで、「原節子を大阪万博に案内した」のが自慢？の元朱雀高校の港先生に久しぶりに会う。今は、京都國學院の舎監？校長？

五時まで、客二人。主力がカルピスのみで、傍若無人に持ち込み品をがっつくマリーンが二十八人。オイタさんに無理を言って、スキャンのために、ネガ取りに来て貰う。

八文字屋客は、国連勤務の中国系ドイツ人とその友達が来る。、上田&レオグループ、オリヴィエ&冨樫率いる禅カフェからの客。レオもオリヴィエのフランス語は何を言っているのか、サッパリ分からないというし、冨樫もついて行けないというから、可笑しい。

二時半には、これからレオの友人が来るというので、レオに任せて、引き上げる。レオ「九月は、任されるので、なれないとね」と。

ほんやら洞へ。八時半まで。

六月十三日（金）

九時、帰宅。十時まで、プリントチェック。出て来ず。

一時十五分まで熟睡。

二時の約束に急ぐ。

ほんやら洞に寄ると、客は、麻美ちゃんの友人二人だけだった。

中村勝さんつかまらずとも、ともかく「タウンタウン」へ行く。蕎岳、生憎、休み時間。

タウンタウンの経営者、僕の知人らしかった。顔は覚えているが、名が出て来ない。そういう事ばかり出来する。冷蔵庫は、十三万八千円、コンロは、九千五百円、ジョッキは百円×10。各プラス消費税（本体＋八％）。

スシローの回転寿司（一皿百円と百八十円）を食って帰る。サッちゃんとで二〇〇八円。電車は五二〇円×２＝一〇四〇円。

遅れて戻ったが、麻美ちゃんは、いてくれ、助かる。

五時以降の客は、ほんの少し。二階の奥の部屋から四十年以上開けてないケースを引っ張り出して、買い物帰りの姉妹のプリントが紛れ込んでないか探す。神林さんが喜びそうな島原の古い町並みの写真が出てきたりするが、これに深入りすると、時間が幾らあっても足りない。止して、違うダンボールを開けると、ヒルゲート展にこれがあったら、随分と印象の違う展覧会になっていただろうと思えるベストといっても良い紙焼きも二点出てくる。

東工大の青ちゃんが、二十日に来るとメール。

八文字屋には、ダグラスだけ。

やがて、牧紀男ら防災研の三人（京大建築の教授、准教授がなかなか決まらない話等も話題）、ティル、奈良井さん、梶田さん、段ちゃん来店。梶田さんには、ほんやら洞での個展を井上義雄さん、清水哲男さん、高橋基晶さんと、連続写真展を企画して下さいとお願いするが、どうかな？無理かな？

帰り、ほんやら洞でダウン。

六月十四日（土）

結局、家に帰れず。新ネガ少し発見（二〇一二年、二〇一三年）でホッとする。

パギやん（趙博さん）寄る。四月十九日のライブ以来。パギやんは「こういう酷い状況だから、ティーチインでも何でもやろうや！　ほんやら洞の何かの記念日は近々ないの？　僕らは、中川五郎さんの承諾も得ているけど、来年の三・一《万歳事件》記念日前後、大きなライブを計画している。どうせ三・一に向けて、その前後いろんなことをやる事になるやろうけど、ほんやら洞としても何かないの？」なんぼ何でも月曜社からの書下ろしをネタにするのは？と思ったが、秋には、出るやろうというと「それで、大きな集会をやろう、やろう！」と言ってくれる。

今日は、仏大で古川豪さんらが小室等・ゆいさんらを呼び、ライブをやっているらしく、「明日の『SAYAMA～みえない手錠をはずすまで』上映会の事で打ち合わせに押しかけるのだ」と言って、バーボンソーダーを飲んで行ってくれる。感謝!!「集中的飲食に協力を！」といってもなかなか呼応するお客さんは居ないなか、気にしてくれるだけでも嬉しい。梶田さんも夕べは、ありがとう!!

八文字屋には、バイトなし。キヨさんからＴＥＬあるも、オープンと同時に、筑前琵琶奏者の片山さん、琴奏者の中川さん、三味線の男性と三人組来店。高崎の関口将夫さんの縁の邦楽三人衆というべきか？　アサヒちゃん＆男、草葉さん、奈良井さん、キヨさんは、ダグラス＆ニューヨークのカメラマンのマイケル同伴。うしろには、梶田さん、井上義雄さん＆奥さんのノンちゃん＆胡麻で製油会社をやっている山田久美子さんらが、大塚まさじのトークショー帰り。ＨＡＴＡＯが、紫式部の墓は何処にある？とくる。フランスの研究者同伴。フランス人に会いたがったが、生憎誰もいず、帰ったあとに、やっとバンソン、オリヴィエが顔をだす。オリヴィエは、いちご、バナナをがめて行く。バンソンは、貴船の「重森三玲の庭」が素晴らしいという。

「買い物帰りの《橋本》姉妹《出町郵便局のおばあちゃん》」もプリントなかなか出て来ず、Sがネガから直に処理して送ってくれる。

経営者失格やな〜と自覚せざるを得ない、麻美ちゃんからのメールを貰う。

六月十五日（日）

久しぶりに、家で六時間眠る。

百万遍知恩寺の手づくり市。かつては、六・一五のデモの日だった。

宮沢章夫さんは、一時来店。ビデオ作家とともに、インタビューと録画撮り。「ほんやら洞の詩人たち」は出たと同時に買ったという。「ほんやら洞と歩く京都行きあたりばったり」も持参。「京都猫町ブルース」を買ってくれる。しばらく体調が悪かったと言う。今日のインタビューは、何とか、形にすると言ってくれる。

宮沢さんも貰ったことのある伊藤整賞（今年が最後）を、黒川創は「改訂版 国境」で貰ったそうだ。黒川は今日が誕生日。幼い頃は、この日、父母の友人があつまるのは、自分の誕生日を祝してだと勘違いしていたらしい。宮沢さん「カイ日乗は、何時も愚痴っている所がオモロイ」と評価する。

出町の商店街について書いた「京都東北新聞」（第六十一號）と「京都艮商賣一家撰」（明治二十七年十月改正）が出てくる。前者は、記憶に間違いがなければ、後に弁護士に成った家藤さんの発行（ご兄弟は、四条木屋町東入ルにあった『海南堂書店』を経営していた）をＦＢにアップ。

日曜なのに、イマイチ。呑海さん搬出。連れが帰った後「あの人は、中国のカンフーのチャンピオン」と言う。「撮って貰えば良かった」とも。
Ｓ、上で、少し横になる。
八文字屋のトップ客は、定例デモ帰りのシンガーの楠木しんいちさん。鹿さんが気を使い、ボトル入れに来る。感謝。ルパンはブログを読み「こりゃ、七十歳まで持たんぞ」と思い、この目で確かめてやろうと思ったらしく、顔を見にくる。「即刻、店をやめろ！」とも。「でも、今日は顔色ええな〜、来て損をした」と草間さん、久しぶり。しきりに「ええの⁉」「ええのぉ〜⁉」を繰り返し「内緒よ」と繰り返す。「何が内緒？　おもろい！」と草間さんの顔をマジマジ眺めてしまった。少々酔っていたのだろう。（その数時間後、パリ在住のお嬢さんが、草間さんの若き日のチョーハンサム写真を自分のＦＢの自分の画像として採用しているのを見てその格好良さに惚れ惚れして、様々な事をつい想像してしまった。ゲイによくもてたと言ってもいたが女性にも……）しばらくして、酔って帰っていった。マイケルがイスラエル出身オーストラリア育ちの八瀬に住む旅行会社「日本の窓」経営者ルガシ・アヴィさんを連れて来る。窓呂氏、徳正寺帰りに寄ってくれる。藤森照信さんと仕事で一緒だったという。呼び出した知人と一緒の窓呂氏の画像をＦＢにアップしたのをみて「ひぇー！」と辻村信一さんは、記述。田中直子さん、馬淵哲さん、佐藤寛子さん、レオ、八文字屋の火曜日のバイトと飲んでいると言って「咲希ちゃんの名は？」と五条楽園からメールを寄越したあと、フランス人カップル、アイルランド人をつれてくる。二時すぎまで音楽を楽しむ。

ほんやら洞にて沈没。

六月十六日（月）

九時帰宅。また、風邪か？

冷蔵庫が来る日。

十一時二十分、出発。銀行に行くも冷蔵庫を廃棄分だけが足らないようだ。急遽、鹿児島に、注文のプリントを送り、到着前の振り込みを無心してしまう。

冷蔵庫の中の物を出すのが最初の仕事。

結局、十八万円。

Sが、ほんやら洞で、クレープを出すのはどう？ と言う。

八文字屋には、八時半に入る。トップ客は、夷川の福田さん&友人。

奈良井さんも気を利かせてくれ、ボトルキープして行く。鹿さんも「カーサブランカ」を見て可笑しくなったのか、来てくれる。意外とこの画像（一九八六年当時の八文字屋）がうける。あとは、段ちゃん、冨樫。キヨさんから「十九日から二、三日、ニューヨークのマイケルを連れてほんやら洞へ行く。プリントを買いたいと言っている」とTEL。

六月十七日（火）

三十分遅刻で、あっちこっちで迷惑を掛けたようだ。「虎の子の……（何々）を稼ぐために……」とブツブツ独り言いってもね、誰も何も分からない。当たり前だ。この転倒した生活を早く解消せねば、生活そのものが無くなってしまう！

タコライスを作り、安いとは言え、大量のトマトを仕入れた。また、叱られるか。

明日まで、関電に行かねば、明後日には電気が止まる。行きたいけれど、行けない、この毎日。

本郷酒店さんから旧式の水冷冷蔵庫を貰う。そうＦＢに認めると、菅原純さんから、「本郷さんとは、東中で同級生」と云う書き込みがあり、驚く。あのショウちゃんは、菅原純さんと同じ歳なんや。歳を食う筈だ。

谷川渥さんが国芳論で苦戦している女性らを連れてくる。親切、親切。

写真を見て欲しいというフランス女性が覗くが、対応できず。

リュックサックを何処に置き忘れたのか、二度、家とほんやら洞、八文字屋と家を往復。

申芳礼さんに久しぶりに会う。森元斎さんも来店。レオに付き出しを先に運んで貰う。

バイトは、咲希ちゃん。奈良井さん、鹿さん、海坊主、「三助おじさん」、映画「堀川中立売」の男&友人。畑中君は佐藤佑樹さんという若手のカメラマンを同伴してくれた。缶ビールの差し入れも。

オイタさんに無理をお願いしている。スキャンは大変だ。

ＦＢで、カサブランカ写真とカーサネグロスの対比が、意外とうける。

京都工芸繊維大学の松隈洋教授の教え子の富田震さんが「甲斐アトリエ」（？）の模型をアップした。

明後日が楽しみ。

竹内裕子さんからＴＥＬがあったようだ。

六月十八日（水）

十一時、ほんやら洞オープン。猫写真のセレクション、間に合わず。（結局、展示は、五時になる）

ランチ（タコライス）客九名。オイタさん、ネガ取りに、ほんやら洞まで来てくれる。

袖崎さん「浜野安宏の《さかなかみ》結構、聴衆を確保出来た。来る客には、受付で、袖崎の名をだしてくれ！」とTEL。

日向太、家族の将来の病気を案じている旨、漏らす。

ほんやら洞の売上、イマイチ。

浅利ちゃん「遅れるので、温ちゃんに途中まで入って貰っていても良いか？」とTEL。

八時半に八文字屋に入ると、川嵜さん、八田さん、奈良井さん、（明日、鞍馬寺の竹刈り式？に行く）鈴木琢磨さん&女性がいた。やがて、谷川渥さん&川井遊木さん、DVD持参の梶田さん、すぐにがめて行ったがめ癖のついたオリヴィエ&不明女性、バンソン（Sは久しぶりにバンソンと喋る）、段ちゃん、サカイ君、BGMは、ずっと八田ミックス。

六月十九日（木）

十時まで、家でゴロゴロ。

電気が止まるので、先ずは、支払に走る。

昼、超暇。

六時過ぎに、京都工芸繊維大学の松隈洋先生の二回生の学生さん九人が、課題で賀茂川東岸沿い北大路百数十メートル下ルの百坪の敷地に「写真家・甲斐扶佐義のアトリエ」を思い思いの構想で作った模型を持参して、狙い（意図）説明とともに各自披露してくれた。FBにアップすると、なかなか人気。

松隈洋先生は、布野修司さん、松山巌さんと共に来〈八〉経験のある、森まゆみさん等とともに新国立競技場つくりに反対している橋頭堡でもあった。三年前に松隈洋さん中心になって作成した「Modern Architecture in Kyoto」を頂く。学生さん、二、三人が八文字屋、ほんやら洞を手伝いたいと言ってくれる。

夜、京大マリーンも。

末松瑠璃子ちゃんからTELあるも会えず。八一点のネガスキャンを終えて、ちょっとほっこりしたいオイタさんが呼び出さんとメールするも、もう大阪と。

ジェロームも来店。明後日、一週間フランスに形式的な学位取得絡みで戻ってくると言う。お母さんのミッシェルさんとの再婚式の画像を見せてくれる。お母さんへのお土産としてDVD「ほんやら洞の甲斐さん」をプレゼント。サッちゃんが帰った後、今日もバンソンと一時間以上喋りこみ、途中から喋りながら「この人嫌い！」を連発。バンソンが帰った後「あの人、なんにも好きなもんなくて、気持ちわるい!!」という。途中、「八文字屋での負のミリオナー・Saito（木口木版）」が超ガリガリの軆で来店。ちょっと心配。大男の部類に属する男なのに、小さくなっている。内部疾患を抱えているはず。頑固で病院に行かないのだろう。他人の事は言えないけど。早い話、電車に乗り遅れ、泊まりに来ただけ。

ジェロームも帰った後に、中芳礼さんが元劇団維新派（大林マキさんと同期）の理容師さん、何必館の梶川芳明さんと来る。もっと早く来ていれば、ジェロームも喜んでいただろう。バンソンとの不毛な話をせずに済んだはず。芳礼さん「佐枝ちゃんが疲れて、もう帰るがよろしく！と言っていたよ」と。

二時半、ほんやら洞へ寄り、七時半まで寝る。

六月二十日（金）

九時、帰宅。十二時に、麻美ちゃんからメール「キヨさんとマイケルさんが来ました」速攻のためにほんやら洞へ。テキサス大学出身のニューヨークの写真家、マイケルはプリント（『傘投げ遊び』四切サイズ）を一点買ってくれる。来年、ニューヨークでの再会を約す。

今日は、少し、お客さんあり。でも、苦戦は苦戦。

サッちゃんの高校の同級生の門田さんが友人と来店。

淡交社の一平君が「さかなかみ」を見に行くのに、バイクを置けないので、置かしてくれとくる。

アオちゃん来店見込みで、八時半出勤。

アドちゃんだけど、十時のアオちゃんまで、客なし。

ＨＡＴＡＯ、奈良井さん、関西電力の男、ニュージーランドの男二人、菅原純さん、佐藤寛子さん、段ちゃん。ＨＡＴＡＯ、アオちゃんが、佐藤さんの迷い、悩みを引き出し、ワイワイやる。

いつしか、皆、消え、八文字屋に沈没。

六月二十一日（土）

八時に、八文字屋で起きる。

家で一時間、横になる。

工芸繊維大学の中畑美咲ちゃん、バイトに姿をあらわさず（夜、メール。来月からにしますと）。

チョロチョロと客あり。

台湾からの四人組面白し。一人は、元同志社大学の留学生。（ＦＢに一緒に写った画像をアップすると、一気に『いいね』が五〇以上来た）

三脇康生さんもくる。ほんやら洞通信バックナンバー全てを買って頂く。

八文字屋、十時過ぎにやっとアサヒちゃんが来る。結局、日本人は、六人（内、一人は、パリのアメリカンスクール出身）。昨日来たＮＺが浴衣の英語使いの日本女性とＮＺの男友達連れ、四国中央市の鈴木さん、田中直子さん＆富士谷隆さん、森重さん（ダバダ火振を注文して行く）、バンソン、オリヴィエ＆不明外国人、レオ。これが今日の全て。

三時まで客待ち。三時半、帰宅。

六月二十二日（日）

ほんやら洞入りは、十一時四十五分。

湿気の多い一日。

夕べの清水哲男さん、鹿児島のラジオで僕の九月の展覧会の事を喋ってくれたとの事。甲斐の名を知っている鹿児島の人が何人いるだろうか？二十年間で、十回位、共同通信配信の記事が、地元紙でも取り上げられてはいるだろうが、覚えているのは如何ほどか？大抵、美女や猫の写真集絡みだが。

ほんやら洞、イマイチの伸び。

オランダの富士フィルムがシーボルトハウス展出のプリントを引き受けてくれることになったと、ディックからメール。

今日もシニア客がほとんど。奈良さんの影響か、教会関係者も少しいる。二十五年ぶり、三十年ぶりの客が大半。ありがたいと言えば、ありがたい。

八文字屋も暇。外国人客なしは、久々。八田さん、西村さん、奈良井さん、冨樫のみ。段ちゃん、鹿さん、バンソンが顔を出すかな？と思っていたが、予想外れ。奈良井さんはヘリングへ、アサヒちゃんと行ってきたとか。

二時半までに帰宅は初めてか。

六月二十三日（月）

寝過ごした⁉と思って起きたら、七時半だった。一時間寝直す。

ほんやら洞、十時オープン。

二階で「ほんやら洞通信」のセットを作っているあいだに覗いた客があったようだ。

田崎ハジメさんに「通信」送る。

いざ、原稿書きの段になると、バタバタする。

店の仕事用は別にして、自分専用のビューロー、机、専用の気に入った本、辞書などをおくコーナーが全く無くなって三十有余年、不便感が強まってきたなんて思ったりする。記憶減退によるのだろうが、半年放ったらかしの月曜社用の原稿校正に取り掛かったのだが、この間、原稿の入ったダンボールが何度も移動したので、やろうと原稿を並べて、八ページ分が全く見当たらない。半年前に手を着けていた箇所だ。

辛いが仕方がない。

その分を飛ばして、最後にその箇所をパソコンから呼び起こすしかない。と言っても、ぼくには、パソコンはなく、他人の手を煩わすことになる。

ずっと、そのスタイルで来ざるをえなかったので、仕方がない。

狭いコーナーでも、他人が介入出来ない自宅にでも、スペースを来年は確保しよう。

店の売上が少ないと、借金するのではなく、どうしてプリント類を捌いていくか等、考える。

「長期渡欧（個展）での留守対策にご協力を！」なんて事をＦＢに書き散らす。


九月五日頃からのシーボルトハウス展準備等で八文字屋、ほんやら洞を留守にする事が増えます。この秋を経営的にも乗り越えるための資金作りにご協力を！

この六点のポスター、紙袋（なかには、残部二十部のものもある）の中から、お好みの三点を選んで頂き、三点セットで頒価三〇〇〇円でおわけします。

いつも、こんな体たらくで申し訳ありません。

送料は、当方持ちです。よろしくお願いします。


ほんやら洞、超暇。

このポスター三点セット三千円の企画でもしないことには、家賃も何も出ない。ＦＢでは、直ぐに三人の反応があり、有難い。

早く閉めて、八文字屋ででも頑張ろうと思っているところ、積もる話のある、また、いつも、僕にチクチク刺激を与える、話題が豊富な武市さんが来店。

経ケ岬の米軍は、環境アセスメントも何もやっていず、それに異議申し立てをするような反戦派のアメリカ人がいれば、もっと闘えるのにと言う。昔、ほんやら洞にはそんなマトモなアメリカ人客は余計いたが、今は居ないものか？という話から、昨日のパギやんの玉造でのライブで「おしどりマコ」の毎回欠かさず聴きに行っている東電の会見のポイントについて上手に（中尾ハジメどころじゃないよ！と）かいつまんだ説明解説、ドイツでの見聞（市民の国際感覚、中学生の政治意識、デモに対する警官の警備の使い分けの事等）披露には武市さんは、いたく感動し、聴かせてくれる。芸人はすごいね、と。パギやんの歌った歌もいい、井上ひさし作の釜石小学校の校歌だが、Twitterでは流れているらしい？けど、素晴らしかった事等々を聞かせてくれた。

「カイちゃん、ヨーロッパに行っている場合じゃないよ、アジアで活動しながら、儲けてほしい！今は、中国でしょ、ヨーロッパは没落の一途にある、今度こそ潰れるだろう⁉、京都にあぶれて来ているドウショウモナイフランス人を見ても分かるやろう、上海、北京、香港、台北に行って、反米で頑張っている素晴らしい写真家、ここにあり！と見せつけて来てよ、カイちゃんならば、できる！」等々言う。

こっちも少しは、オモシロ可笑しく反応しないと失礼と思うし、色んな事を言いたいけど、現場は、二つの店しかないから笑いすらとれない。こんな流行らない店にウジウジいたんでは、語るべき対象を見出せないし、言う事も言えなくなる。ネタ不足にもなる。さあ、どうしよう⁉

武市さんが称揚する西日本新聞や南日本新聞等の九電との闘争についても僕の素姓を知っていて、敢えて言及するわけでもなかろうが、居心地が悪く、剥き出しの闘争だけが闘争でもないよと言いたいわけでもなく、つい「鹿児島には、清水哲男という素晴らしい人物もいて、作家として素晴らしいし、種子島を多角的に取材して、素晴らしい形にしている京都出身の男がいて、彼に呼ばれて九月には、現地へ行く」という形で一矢？を報いるしかなかった。武市さんも、俺も行きたいと清水さんの鹿児島での仕事に感心する。地方で頑張り、良い仕事をしている奴はいないよね、と納得してくれる。ついでにレッドパージに苦しめられた清水千鶴さんの著書「日々訥々」を見せるとさらに、感動する。「まあ、今日は、金城実さんの個展がうつわ屋めなみで、あるんでしょう！この辺で切り上げましょう」と言って、出ようと、さあ、サッちゃん行こうと言ったところ、後ろを振り向くとバンソンが登場しているではないか。今日は、珉珉の餃子が百六十円の日だから、行こうと思っていた矢先のこと。帰国前に、サッちゃんを伏見へでも連れて行って、積もる女ばなしでもしたいのだろう。二人を置いて、八文字屋へ急行。

八文字屋、七時五十分オープン。

木屋町も死んでいる。サッカーシーズンということもある。

去年は、六月十八日に、HCB賞アウトとわかったのだ。

八時半になっても、十時になっても、八文字屋には、客なし。亥左牟さんの画像をFBにアップ。まず、サッちゃんが来て、「この十日間の日乗には、印象的な記述がない」と言う。次に、琢ちゃん。オーストラリアのアボリジニの音楽を聴かせてくれる。彼、サッちゃんが帰って、段ちゃん、オイタさん、冨樫、レオと来て、ひょっとしたら、坊主？という不安は払拭できた。

パリから、TEL。

レオが、三時以降にベルリンのバンドグループを連れて行っていいか？という要望には、応じられなかった。

九州の姉、厳しい生活は続く。僕が大分にいたら、少しは手伝えるのだが。

三時十分、帰宅。

六月二十四日（火）

七時半、起床。十時半まで家でゴロゴロ。

十一時、ほんやら洞オープン。

トップ客は、猫好きな妙齢の上品な教会関係の女性三人。

ヨッシーから三時半頃、打ち合わせで行くというメールが入り、二時半にウッチーを連れて来店。

七月か八月にAHO会とウッチー・グループのライブを兼ねた「カイ支援会」をしようと。

後は、三十年ぶりの客、芳礼さんも顔を出す。

FBに、女優故金久美子さんと西部講堂前でのツー・ショット、鶴見俊輔さん&六平@八文字屋の画像等、賑やかしの画像をアップ。アラーキーとFB友達になる。「いいね」を外国写真家の件で要請しているので応じたら、既に十一万人あり、付き合いきれないな、と思う。

ディックにメール送るも返信なし。

パリ日本文化会館展の画像、送られてくる。

八文字屋の客、寛子さん、オリヴィエが連れてきた三十九歳のジュネーブのバンソンが東九条の徐さん（二十二歳）を連れてくる。徐さんと寛子さんは話し込む。そこへ奈良井さん来る。

皆帰り、十二時半位に、レオがニコラ&アナザー・オリヴィエ、京大シネ研の高君ら連れてくる。

彼らの画像をアップしたのを見て、冨樫来店。三時前には「甲斐さんが大変なので、もう帰ろう！」と冨樫が音頭を取ってくれる。

帰宅、三時。

六月二十五日（水）

七時半、起床。寝直す。

十人来客の夢で慌てているシーンで起きて、ほんやら洞へ直行。が、客少なし。トップ客怪しい。ビデオカメラを回しているので「公安？」と聞く。サッちゃん「ストーカーでは!?」と気持ち悪がる。

四十年前に主人に会った、その日にほんやら洞へ連れて来られて以来、二度目という女性、そのまま結婚して、懐かしく、主人が亡くなったので、来たという女性あり。また、KG+の写真展以来、「自分の写真を見てくれ」と執拗に言い続けていたフランスの妙齢の女性、チベットとタンザニアのを見てくれと来て、今日は掴まるが、全然オモロウなし。後は、三島の「金閣寺」を読む学生、京大の留学生がいた程度。

七時半に、ほんやら洞閉店。

ディックから、七月二日まで、使用するプリントのネガをスキャンして送れ、と計画にもなく、聴いてもないことを言ってきたので、ビックリ。その作業がどんなに大変なのか、彼は分かってない。直ぐに問い質すも応答なし。

琨琨で食って、八文字屋入り。小林隆二郎「この状況に対して、俺は歌うしかないのだが、みどりちゃんにいったら、甲斐さんに相談しろ、と言われた。みどりちゃんが行くので、よろしく」とのメールある。

八文字屋には、奈良井さんが早くも来ていた。やがて、川崎さんも。

「檸檬」は今月いっぱいで閉店なので、オイタさんは、遅く開いた所へ、サッちゃんを連れていく。

(浅利ちゃんも仕事を終えて、奈良井さんは何処か寄り道後、行ったと後日聴く)

八田さんに、八文字屋情勢を話して聞かせる。

「写真より語りに専念したら、どうだ!?」とからかわれる。

「焼きプリン」のお父さん、アクセサリー・デザイナー同伴。

アリステア、久しぶり。カンパしてくれる。バンソン&アドちゃん来店。藤喬さん、仲間と来る。段ちゃんと遅くまで飲む。

今日は鶴見俊輔さんの誕生日なので、鶴見@八文字屋の画像をFBにアップ。

六月二十六日(木)

ほんやら洞、八文字屋ともに暇。ほんやら洞には、京大マリーン。

八文字屋には、サッちゃん、アリステア、そこにバンソンが池邉さん、「メメントモリ」さんを同伴。

バンソン、帰り間際にサッちゃんに言い訳。

皆が帰った後、一時間寝ていると、魚谷君がきて「僕が飲める酒はない!?」という。ここでも、ちゃんと商売をせんとアカンのに、できず。その後、京都の吉永さんが、共同の女性記者同伴。彼女の父は、「京都写真クラブ」の面子でマン・レイのコレクターだ、という。

レオ、大丸で、朝の四時までバイトだったという。

六月二十七日(金)

ほんやら洞に、奈良さん、中芳礼さん来店、感謝。

芳礼さん「バッタを励ます少年」がほしい、と。

中畑美咲ちゃん、バイトは、毎週、一週間前でないと、ほんやら洞に入れるかどうか、分からないという。レオ、日仏でもバイトがきまり、五つ掛け持ちという。今日は大阪に行き、帰りに八文字屋に寄ると言っていたが、最終の淀行きにしか乗れず、来るのを取りやめ。

中川五郎ライブ@まほろば。高田渡&蓮&中川五郎&鈴木隆之揃いの画像、あっと言う間に、二二二「いいね」がつく（六月二十九日段階で、二八〇）。

八時四十分、ほんやら洞でノンビリしていると、奈良井さんからメール。

「アドちゃんが、自転車撤去を恐れて、八文字屋に、バイトに入るのが遅れるそうです」

どうして、僕に、直接言ってこないのだ!? と思いつつ、急行。九時十五分着。掃除をしていた。

「カイさん、一人英語を喋る人が、カイさんに会いたいと来ました。でも、大丈夫で、その一人だけです。私、ちょっとおくれたけど、お客は、それだけです」

これを聴いて呆れる。如何して、大丈夫といえるのか？ どうして、僕にＴＥＬしてくるなり、ＴＥＬしろと言うなりしないのか？ 四十分遅れておいて、逃がした客は、その一人と言えるのか？ なぜ、そんなに心配なら、駐輪場に入れないのか？ あんまり文句は言いたくない。もっと仕事ぶりについて指導せなアカンという方も、いる。

十時半に、奈良井さん来店。その十五分後に入ろうか？ 入らんでおこうか？ 躊躇する人の気配がある。見ると、寛子さんだ。約十五分、二人きり、プラスアドちゃんのみが続く。二人に仲良くして貰いたいものだ。やがて、中川五郎&ヨッシー、ウッチー、グループが来て、ワインを飲む。寛子さんは、ここに混入する。

六月二十八日（土）

「どうしてぼくはこんなところに？」（しみてつ祭りの一環のイベント、二人展、大宴会）

これに僕は、どう向かうのか？

鹿児島には、高校二年の修学旅行で一泊しただけで、登った高千穂も宮崎サイドか鹿児島か定かでない。地元のことをほとんど知らないまま、清水さんに誘われて、とにかく、写真展に行く。種子島、大五郎祭り、関ヶ原の戦いの勃発記念日に？伊集院で夜に行われるパレードがあるというのは、少し気になる。大分、京都との違いはどうか？奈辺にあるのか？そんな差異がどんな意味を持つのか？

ともかく、九月二十六日からの天文館の通路へ開かれたギャラリーで、二人展を開く。

その前に、オランダ、月曜社、個人的出版とほんやら洞&八文字屋の営業を如何に関連付けられるか、それなしにオランダも鹿児島もない。

そんなことばかり考える日々だ。

このペースで八文字屋は把持出来るのか？

シーボルトハウス以降はどう展開するのか？来年は、六十六歳だ。

キヨさんの、企画にうっかり乗っていいのか？パリは大丈夫か？

W・ジョンストンやエール大学の教授さん、サンフランシスコの詩人ジョン・ソルトにあまり負担を掛けずに、アメリカ巡回展は可能か？ハワイのトーマス・ライトさんは？

それより、中国、台湾、韓国か？無理をせずに行けるのか？

七〇年代のネガ、ノートの整理を自分の手で進行させられるのか？写真展を打ちつつって可能か？

百万遍もチェーン店ばかり増えたと聴く。出町から本屋、古本屋も消えつつある。喫茶店も昔ながらの店は、どこにあるの？と言いたくなる位だ。そんな事をつらつらというか、ちまちま考え、プロレス研究会の面々を待っていると珍客がやってきた。

それこそ、珍客中の珍客だ。それも嬉しい、大分からの新聞社からだ。

三、四年前に、大分に帰るチャンスを作ろうと思って、地元の新聞社の人を捉まえては、目処も、何もなく、それがきまれば、それを軸にして、生活を全て変えようと、半ばやけっぱちと思われてもいい事を考え、「連載小説を書かせろ、紀行文でもいいじゃないか」と力説したことがあったが、その思いが何分の一か実現するかも知れない提案を持っての来店だった。

もっと勉強もしたいが、そんな時間はあるか？はやくも気ははやる一方だ。

古代の大分、山香周辺の金山を歴史的にたどる？緒方惟義の事などを電磁波研究所の荻野晃也さんや井上章一さんにもかつて喋り、励まされてから十七年が経とうとしている。構想十余年!?ネタはいくらでも有る、砂鉄や大友の、世界一の鉄砲保有量しかりと、新聞の人に説いた。アルメイダ、鶴成金山、馬上金山、「秀頼脱出」伝説とその分身？影武者？の八人いる八蔵（の片割れが鶴成金山で最後のキリスタンとして捕縛され、長崎に移送された）の事、江戸期前の大地震と湯布院の誕生、温湯左馬助の事、山香の刀鍛冶が種子島に行き、鉄砲作りになり、イエズス会のガードマン？奴隷？としてゴアに行き、トップシークレット？とともに帰還して、大事業を起こす事に成った事等々を喋り捲り、悦に入り、どうだ!?と、かつて合同の写真担当に言ったのだ。

その記者の方が、今日、突然、登場して「大分合同新聞に連載する気はありますか？」と来た。

もうこのチャンスを逃がしたら、山香の事、由布院の事、国東半島の事、大分の事をゆっくり考える事なく、死んで行くのだろう、と思い、引き受けた。やっているうちに形は変わるだろう。このチャンスに大分全県を回りたい。「京都、パリ、九州の他県の事を織り交ぜ、写真紀行でいいのだ」と背中を押してくれた。写真もモノクロでいいと言ってくれたのも、嬉しかった。

天文館の帰りに連載の打ち合わせのために、大分に行く約束をした。プロレス研究会の井上章一さんは、「来週、ひょっとしたら、性欲研究会に二階を貸してくれるか」と言ってかえる。

神田農園からメロンを送られる。秦恒平さんより「湖（うみ）の本」一二〇巻目を送られる。

土曜の八文字屋にバイトなしはつらい。「まほろば」帰りの五郎さん、ウッチー&ヨッシーらと寄る。

寛子さんもはしゃぐ。外国人グループすこし。

頭は、シーボルトハウス用のプリント&ネガ探しでいっぱいで、どんな客が来たか忘れたが、持丸祥子さんが同僚の織りの現場の女性二人連れてくる。深夜、青人社のハマちゃん来る。〈ほ〉泊。

六月二十九日（日）

朝十時過ぎに、ほんやら洞オープンするも、空し。

永山さん来店。「思想家・鶴見俊輔の肉声　日本人は何を捨ててきたか」をもう読んだので、とくれる。

プリント探しに終始。

眼底出血の梶田さん来店。「ほんやら洞と歩く 京都いきあたりばったり」を買う。ヨッシーから「眼鏡を忘れてないか？」のTEL。あると答えたが、あったのは、チーちゃんのオモチャ。

ディックから「コミュニケーション不足だった」ともう一人のディックさんに言い、十日ほど延長で、よろしく！　とくる。流石、世知長けている。

工芸繊維大学の女性から、バイトの話を訊きに行きたいが、いつが良いか？　とメール。

プリント、ネガ探しに終始。

八文字屋、八田さん、奈良井さん、「ミノル」、段ちゃん、オリヴィエが連れてきたマルセイユの女性、ニューヨーク住まいのインドの女性、冨樫&禅カフェのオランダ人ら。

六月三十日（月）

朝からプリント探し。

十一時、ほんやら洞オープン。外国人客。

冨山まやちゃんはＦＢに鶴見俊輔の「身振りとしての抵抗」をアップ。ほとんど何も出来ない。「集団的自衛権容認」の反対のデモが連日繰り広げられているが、当然の如く、マスメディア報道少なし。

十五年少し前の精華の建築の学生だったキングら三人来店。

マドリードに居るリカちゃんとも話をさせて貰う。

暇。東京では、知人たちはデモ。

七月

流れ橋
かつて、八幡市にポンコツ街道という廃車が街道の両側にうず高く積まれた通りがあった。アジアから買い付けに来る人が多かった。健在かな？そこを抜けて木津川に架かった流れ橋に至るコースが好きだった。京阪八幡駅

七月一日（木）

今日もシーボルトハウス用のプリント、ネガ探しにあけくれる。

閣議でクーデター内閣へ。この決定に対して知人らはデモをしている。安倍は倒さねば、酷い事になる。

夕べ、咲希ちゃんが、「どうしたら良いのだろう!? この国はまた、堕ちる所まで行かないとダメなんだろうか」と呟く。そういう悲観論と、なんぼなんでも、国益を考えているだろうという脳天気論に二分されている？

秦恒平さんより「湖《うみ》の本」を頂いていたので、少し読む。

川井遊木さん来店。裵相順《ベサンスン》のカタログをくれる。夜、八文字屋へもポーランド人の「パベさん？」同伴。お父さんの出ている「道草の景色」を買ってくれる。シーボルトハウス展に行きたいと言う。

谷川渥さんも同パターンで、ほんやら洞、八文字屋へ来店。

九州の姉よりジャガイモ、玉ねぎ、トウモロコシが送られてきた。

八文字屋には、初来店客（ゴールデン街で聞いたとか）あり。奈良井さん、段ちゃんがくる。超暇。

夕べの檸檬最終日は、八文字屋客ばかりだったと、鹿さんが言う。彼をチーちゃんが拉致りに来る一幕もあるが、独り戻る。咲希ちゃん、今月は、二十二日しか入れないと。

七月二日（金）

精華大学卒業プロジェクトライブに、ほんやら洞の二階を十月十二日、貸せとの嬉しい申し込み。

先日、高田渡の音源を持ってきた青年来店。フォークを歌わせてくれる店が少ないと嘆いて、ほんやら洞に協力せよと言う。

八文字屋には、十時になる。

荻野晃也さんが八田さんのスケッチを見に来る。十月二十九日（水）の撮影を頼まれる。

一見の客あり。「美女しか撮らないと思っていたが、違うのだな」と嘯く。荻野さんと伊藤野枝の墓の話、再燃。大分合同に連載するかもと言うと、白沙山荘の国東塔の話にも及ぶ。大月健さんが亡くなったと言う。

京都の記者、共同の記者と来る。ウィスキーをお相伴に預かり、酔う。

ＦＢ上に「美女と野獣」をいっぱいアップ。

七月三日（土）

シーボルトハウスの、プリント探しに専念。

清水哲男さん、七月六、七、八日京都とのこと。

オリヴィエ、今度は財布を失くしたらしい。慌てふためいている。そうでなくても、慌ただしい男だが。

冨樫、ＦＢ上で、レオが来るのを知り来る。

ほんやら洞、八文字屋とも暇。冨樫、ダモ鈴木のチケットをレオにとって来てあげる。冨樫、ちょっと金が入ったとかで、ゆっくり飲む。冨樫が帰った後の三時にも、一人来る。

七月四日（日）

プリント、ネガ探しに専念。

ジョン・アイナーセン、白石かずこさんの写真を借りにくる。写真集「Kyoto」をくれる。花鳥風月もの。僕の対極。代わりに「ほんやら洞の甲斐さん」をあげる。ずっと京大写真部の暗室を使っていたと言う。息子は、ニューヨークのジャパン・ファンデーションで働いていると。

TELストップにつき、井上章一さん六日「性欲研究会」に使わせてくれ！と来る。彼にもDVDをあげる。麻美ちゃん、FBで七月いっぱいで、辞めるといってくる。残念だが、やむなし。工芸繊維大学の徳山さん、バイトをしたいと来る。美咲ちゃんもこれから来ると言うが、遅くなるので、またにして貰う。

八文字屋到着、九時二十分。申芳礼さん、佐枝ちゃん、梶川芳明さん、片山さん&高松の仏壇屋の息子もいる。大学生も何人か帰った所だった。アドちゃん、この辺に付き出しを出すという気が全く利かない。奈良井さん、アイウエオが連れて来た慶応出身者、在田さんもくる。ほんやら洞の「真夏の夜の夢・美女と野獣パーティ」に、在田さん、佐枝ちゃん、梶川芳明さん参加。芳礼さんには、プリントをプレゼント。

二時半、梶川さん戻ってくる。ちょうどチャリキーを探しているところ。キーなし。店内にあるはず。一時間半かけて歩いて帰る。帰宅は、四時四十分。帰り、京大俳句のポスターを撮る。大月健さんを偲ぶ会（西部講堂・七月七日夜）では、おとみさん（中山登美子）さんが、ダンスを披露とある。

家には、客あり。居間掃除中。

七月五日（月）

歩きで、どっと疲れたが健康にはよし。

次期京大総長に山極寿一さんが選出されたと新聞にある。十月一日より。彼の創意、安定感がどう活用されるか、楽しみ。

iPadを家に忘れて、サッちゃんが一日位弄るのを忘れて！言うが、歩いて取りに帰る。十代から街角のジャーナリスト志向があるのが、気づかれてない。その心性のなせる業。ましてや、それが甲斐写真の原動力であるなんてのは、露ほども。この道を歩まなかった不徹底性が、僕の不幸だったと反省しているのに。

高校の同窓会の案内ある。懐かしい名多し。行きたいが、無理か。

今晩か明晩、暗室入りもやむなし。そう思っていたが、疲れてしまった。老いには敵わない。

今日もネガ探し。傑作の束は何処へ行った？

拾得では、七夕コンサート。

ほんやら洞、八文字屋、ともに暇。去年、アイウエオに連れられて来た東京のクオラスの佐藤茂薫さん来店。海坊主、ジャーマンくらいなもん。それでも、三時二十分まで、八文字屋で客待ち。

七月六日（火）

朝、八時までプリント探し。家。

十時半、起床。プリント探し。時間足らず。ベストの山が何処かに束になって隠れている。二ヶ月前には、あったのに。８ミリフィルム十本以上出てくる。

十一時二十五分、ほんやら洞入り。寝不足、ややしんどい。

やはり、二十点出てこない。三、四日かけて引っ張り出したのは、いいが、この片付けが大変。あやふやとはいえ、分類しているのを押し並べて崩したのだから、強力な分類意思がいる。明日、引っ張りだしたのをサッちゃんにスキャンしてもらってディックさんに送ってもらわねば。

午後、一時〜六時半「性欲研究会」。

大阪のショウコちゃん(中学の英語教師)が来て、同じ時間陣取る。今日も七夕コンサート。行けず。

八時半、八文字屋入り。

西村さん(久しぶりに浅利ちゃんを口説いて居た)、あとは清水哲男さん、梶田さん、義雄さんのみの淋しい日曜。清水さん「しみてつ祭り」の拘束は二日の積もりだったが、種子島にも連れて行きたいので、もう少し居てくれという。義雄さん、梶田さんも行くと言う。浅利ちゃんも行きたいと。義雄さん「芳礼さんも連れていくぞ!」という。酔っているのだろう。鹿児島では、期待させるのには十分な位ラジオ等を通じて前宣伝をしているよ、と言う。段ちゃんのご両親も来てくれるらしいよ、と付け加える。

ＦＢに画像を結構多くアップ。

完全にグロッキー。金もなし。八文字屋に酔いの末、崩れおちる。

七月七日（水）

七時半、起床。

ほんやら洞で少しゆっくりする。

画像を十点程アップ。

十時、帰宅。二時間眠る。

京大に僕的巣窟があり、ウロウロしていると、知恩寺の向かいで川魚と野菜売りに来ている文弘樹に会う。流行っており、とぶように野菜が売れている。白菜なんか一枚？が十円で、ボンボン十円を学生が籠に投げ入れている。帰ろうとして、上の道？から彼を撮ろうとする。声を掛けるが、気づかない。さあ、画像をアップしようとして、出来ない。

夢だった。道も気づくと昔の山香小学校の校門へ続く道だった。

ネガ探しをする積もりが、もう十二時過ぎているので、慌てて、ほんやら洞へ行く。

七月十五日には、日向太は、デトロイト、クリーブランド行き。

この一週間の記憶が飛んでいる。

昼、清水さん来店。ビールにキーマカレー。「しみてつ祭り」には、浮遊感のある写真を持って来て欲しい、売ろうね、インクジェットで良いのじゃない？と言ってくれる。彼は和紙風のペーパーでインクジェット。ほんやら洞の二倍ぐらいな箱。鹿児島は、猥雑な所と言う。

パリの芳礼さんよりメール。フライトでは、J・コクトーの「美女と野獣」をみたと。

キヨさんに、アメリカはどうなっているかメール入れる。

中迫シュンさんよりメール。芦屋のジャズアーチストのフライヤー写真、撮って貰えるかとの打診。

来週の月曜日。

立命館の鹿児島出身者来店。九月のことを喋り忘れる。

京大西部講堂での大月健さんを偲ぶ会に行けなかったが、ハマちゃんが参加したらしく、帰りに「殴られた」と言って寄る。着物の事で茜ちゃんを紹介しろと言う。

ほんやら洞、八文字屋ともに超暇。意地でも客を入れなければ。

ほんやら洞に看板用ボード来る。

清水さん「六代目の指物大工にあたる」そうだ。慶応年間の曽祖父の写真が残っているとは、さすが、京都。その前に、もう二代辿れると。千本中立売まで歩き、神馬、蛸入道等へ向かう。

八文字屋に到着と同時に、今日も文無しのオリヴィエとは、つい笑った。「疫病神」とは、言ってない。タダで泊まれる寺はないかと言う。東京の街は危険が一杯、マンガ喫茶では、若い男はトイレでマスかきばかりやっているとボヤいて出て行く。

清水哲男さん、ウッチー&山本香利さんは最終的には、八文字屋に寄ってくれる。清水さんには「ほんやら洞通信」バックナンバー通巻を。ウッチー、八月二日は軽いアンプを使うので、よろしくと。ウッチーと「カオリン」は、吉田拓郎繋がりらしい。中島みゆきが拓郎ファンとか。

皆が消えて、最後は段ちゃん。清水さんの連れ合いの仕事を段ちゃんに告げると、段ちゃんが清水さんに会いたがる。九月鹿児島行の可能性ありとも。浅利ちゃんも行きたいと。

八文字屋大掃除を敢行すべきか。ＦＢ上で呟くと反響多し。

仕事が、八文字屋だけなら、直ぐに掃除に取りかかれるが、やはり、無茶な生活が阻む。

七月八日（木）

寝れず。

日向太が「一緒にインドに行く友達は新潮新人賞をとった。今月号は、買わないで。彼がくれるから」と言う。

部屋写真を少し撮る。

ディックさんから、なんと空恐ろしい追加注文も届く。もう二十時間位付き合うか。再発見もあるかも知れない。でも、どうしようもない店も、やっと体裁が整ってきているのだ、なんとかせねば、とコッチも目を離さずに、ネガ、プリント探し。月曜社は、来週からだ。

裵相順くる。井村アートギャラリーで個展が始まったのだ。お世話になった三十人を招く金曜日のドレスコードは、帽子というパーティに呼ばれる。麦藁帽子⁉

日向太が、医学部のOBによる奨学金を取るのに、書類の保証人欄にハンコをつけ、と来る。

谷川さん、学生と来店。裵相順のリクエストは伝える。加藤隆文の「美学の逆説」での谷川さんのパースへの言及もあり、会いたがっていたとも伝える。

八文字屋。変なおっさん（二度目）顔を出す。冨樫は、オリヴィエのことを心配する。チュンちゃんのことを喋る。オイタさん、ギャラリー鈴木で個展の始まった咲希ちゃん、ヌルコ、鹿さん、琢ちゃん、レオ。流行っているようで全くそうでない。鹿さん「最近の画像をアップしろ！」と今日も言う。「最近は貧弱だから」と言ってはいけない。相手をも自分の生活をも冒涜したことになる。

二時、帰宅して、作業を！と思うが、ダウン。

七月九日（金）

「バス停ほんやら洞前」、メニューの看板の画像アップ。

K氏より、督促。支払い計画送る。他にも気になる好意者あり。パリからは入るべきなのだが。

サッカー、デモにも生活の歩調、馴染まぬ。

十重二十重の借金取り袈裟を纏い、稼ぎは空振りしても空振りしても、店にしがみつき、一寸ずりでも前へ、前へ、と這いずりまわる。そこに借金取りの督促にあう。借金は、借金だ。払わねばならぬ。

無駄だらけの生活を御破算にしろ、と言う囁きも聞こえる。前を向いている、マシになっていると自分に言い聞かせる。いかにも、歩調は、緩い。計画に次ぐ計画。もうちょっとの辛抱。

無駄の源、写真を、発条に！仕掛けた。発条は作動する直前だ。作動までの時間が待ち遠しい。

ついつい、また、無駄な？道草をする。その繰り返し。

シーボルトハウスを終わらせ、大分もなんとかせねば。連載だ。その前に、月曜社の校正だ。

二階汚くなる。明日は大掃除。

会社、組織に属さず、自分のスタイルを持ち続けることの困難、買ってでた困難だ。

一日プリント捲りをくりかえす事、八時間。

鹿児島天文館展用も念頭におく。

本来なら、僕の写真集を本気で出そうという編集者は、この作業の隣にいるべきだ。アッという間に形になるだろう。

「美女と野獣」パーティのフライヤーも作らねば。

八文字屋には、見覚えのあるカップル、八田さん、川嵜さん、鹿さんがすでにいた。

咲希ちゃん個展が話題になっていたらしい。それに、八田さんの昔写真の話題挿入。

清水さん、義雄さん来店。萩原健次郎さん来ず。段ちゃんは、例によって、十二時頃に来る。奈良井さんが来ると浅利ちゃんが「トイレの鍵を直して！」という。

最後に、八田さんに清水さんを紹介。

七月十日（土）

七時半、八文字屋で起きる。

グロッキー。

されど、休む訳には行かず。昼、同志社のOG風の四十〜五十歳代の女性ばかりに、外国からの男客だけ。

台風を恐れたが、京都には、影響はなかった。

清水哲男さんは、どうしたのだろう？

三時〜六時十五分の間は、お客さんなし。

夜は、マリーン。

永澄さんからTEL。七月二十四日、ほんやら洞を貸切にさせろと。

八文字屋には、九時四十分に入ったが、十一時現在、お客は、ゼロ。

七月十一日（日）

九日途中から十日まで、一日分の日記が消えた。

二十年前の同志社大学の学生（ロサンゼルス在住）ケイコさん（大阪出身）が去年結婚した旦那、スコット同伴。「地図のない京都」買う。

大鹿康弘さん四十年ぶり来店。室謙二のメールを教えろという。写真を撮ろうと思ったが忘れる。

レオが八文字屋には、九月十四、十五日以外は入れるという。

六時〜八時のサンスン＆マイケルのパーティのため「スフェラ」に行く。まちだ玄さんと喋る。萌さん、川井遊木さんは主賓格。萌さん＆サンスンのツー・ショットを撮り、感謝される。

八文字屋には、八時二十分に戻る。

予告通りの義雄さん、梶田さんが八文字屋トップ。二十六日から三週間の個展にして貰う。アドちゃんがいなく、寂しがる。九月ほんやら洞はカオリンにやって貰ったら、どうかとアイデアを出してくれる。奈良に学会に来た青ちゃんはゆっくりする。京大のU先生に関して、調査が入ったと言う。ミルトン、千尋＆男はチョイ寄り。川嵜さん＆社長の息子（三代目の次期社長）同伴。後でいつ帰ったか、覚えてないと言う。奈良井さん、元気なし。もうじきにボーナスが入るとかで、カンパしてくれたチーちゃんは職場を辞めようか、迷っていると外野が騒いでいたので、本人にほんやら洞で働くのはどうだ!? せめて九月だけでもという。予想通りディックが顔を出したので、DVDを渡す。早急に英訳するとか。祇園祭では、〈Yoigokochi〉は新風館三階テラスを使うと。

チーちゃんは浅利＆谷川さん、ルパン、ペテともう一人のグループ引き連れていた。久しぶりのちょっとした賑わい。

七月十二日（月）

五時、青ちゃんは帰って行く。

七時十五分、ろくでなし帰りのルパンは、トイレに寄る。ミヤコさんを口説いたが、「私、身持ち堅いのよ！」と言われた由。

八時半、帰宅。一時間居て、十時には、ほんやら洞に入る。

昼まで、客なし。工芸繊維大学の徳ちゃん、バイト初日。麻美ちゃん、二時にリハで入りたいと言うが、平居謙さんの「詩の教室」グループ八人くる。ギャラを貰う。

レオ、ディックが顔を出す。清水さんは「京都は帰る所でなく、行く所になった」とFB。

六時十五分には、ほんやら洞を出る。早く上がるのは、気分が良い。

鴨川でハジメさんに遭遇。井村アートギャラリー、へリングに寄る。講殿さんの店は閉まっていた。

琅玕に行き、七時四十分には、八文字オープン。川嵜さん、オイタさん、片山さん、ギャラリーの松本顕龍さん&龍大の先生、イルソン&韓国からの留学生、サッちゃん、西村さん。

一時には、潰れ、四時四十分に起き、ネット四十分。

七月十三日（火）

五時半、帰宅。ノンビリしていると、雨がざっと降り始める。

十二時、ほんやら洞オープン。ダラダラと客あり。

韓国、滋賀、近くの教会から、シニアと、若者の混合部隊。

谷川渥さん、島本昭三さんらも。

八文字屋は、八田さんのみ。仕方なく、FB弄り。

石川文洋さんがお会いするたびに、水上勉の思い出と共に、繰り返すエピソードがある。

「君のような写真家は、芸妓さんと結婚した方がいい。そう言って、何度も祇園に案内してくれたが、ついぞ一度も芸妓さんは紹介して貰えなかった」

かくして、石川さんは、この奥様と再婚されたのであった。

というような「美女&野獣」画像アップに終始。

七月十四日（水）

変な夢をみていた。

どこか、本郷の赤門前の東亮さんが二十五年下宿していた木造四階建ての下宿「本郷館」？みたいな老朽家屋（自分の家）に籠城していた。下では、機動隊やら野次馬らが包囲している。

僕は悪い事をした積もりはなく、ネガ探しに戸惑って、やたら、時間を食っているだけ。なのに、犯罪者みたいに包囲されている。

大切なネガを発見するまで、他人を入れたくないのだが、時間は押して、他人を入れざるを得ない。で、徐々に封鎖を解除して、家の中を見たい若者を、入れる事にした。

少しずつ怖いもの見たさの野次馬が入ってきた。

僕の身柄が拘束されるべくもないのだが、官憲がまだ外で取り巻いている。

そんな中、ピッチは上がらないが、まだネガを探している。

目当ての物が出てきたら、すべて譲るのに！と思いつつ、目をさました。

ほんやら洞、十一時オープン。

台湾から二年ぶりのカップル。アメリカの仏教研究者二人「喫茶店らしい喫茶店デスね」と言ってくれる。

カウント7という企画会社の坂口澄夫さんよりTEL。三条京阪の地上で個展を！とのこと。詳しく教えて下さいという。

岡西さん、近々、比叡山の家は残したまま、修学院に商店街の中の家を借りるかも知れないという。蟷螂山に行く。

八文字屋には、サントリー文化財団の前波美由紀さんら二人と森さん、永澄さん。出版されもしていないのにサントリー学芸賞候補の話題のネタにして貰い、光栄の限り。レオグループ、小林ゆうさんと組んで、数年前に京都新聞に連載していた佐藤さんがポポちゃんと来店。段ちゃんも。ヤロームら、ゲイグループも三十分いる。

七月十五日（木）

九時、起床。

洗濯、ネガ探し。手づくり市も、桝形商店街も、暇。

「美女と野獣」パーティのフライヤー来る。

来る予定のディック来ず。谷川さんグループ来店で助かる。川井遊木さんも呼び出されたという。

八文字屋、九時十五分、やっとオープン。

ホシーノさんとやらが、女の子がいないというだけで帰る。良い方なのは判るが、普段の教師づらもやや鬱陶しい事もあり、引き止めもせず。オイタさんも「物創りの会」の出店の後に顔を出してくれる。奈良井さんは、ディックのブース帰り。

九州の姉に従兄弟たちの醜態、ドタバタを聴く。そういうお金を持っている連中の馬鹿さ加減等を大分合同新聞の連載に組み込めるや否や。

深夜、谷川さんら来店。

七月十六日（金）

ほんやら洞、低調。

ヴァイオリニストの石上真由子さんとＦＢ友達になる。

祇園祭宵山は、ディックさんの純米酒の会、オイタさんの物創りの会、と二つのブースに顔を出し、十時半に、八文字屋入り。

とうに梶田さんと井上義雄さんは「Kyoto My Love 展」の打ち合わせで顔出してくれる。梶田さん、義雄さんに、感謝。嵐山の北川さんは、友人と来てくれていた。

八田さん、鹿さん、桜美林大学の広報部長兼アメフト部監督の尾崎幹男さんも既に来店。四十年前のよしみでカンパ頂く。感謝。

富永美穂さん、友人の建築家の橋本華名さん同伴。オイタさん、段ちゃん、田中直樹さん、ベートーヴェン、バッハを巡って意見の応酬する間、ウトウトしていて、眠気覚ましにやや介入めいた事言い、二人に迷惑だったのでは？と少し反省。「カイさんは、エリート主義ですか」と皮肉られた。

七月十七日（土）

立命館の平和ミュージアムから、ベトナム戦争について取材させろ、とＴＥＬ。

七月三十日の座談会に顔を出せないかともいわれたが、仕事の都合上、断る。

Sは、デザインの打ち合わせで出る。この一、二ヶ月は、ほんやら洞にはあまり入れなくなる。僕は、この時期、工夫して月曜社仕事になんとしてでも、キリをつけねば。

梶田さん、違ったテイストのプリント持参。

憲法九条、ノーベル平和賞候補。川内原発にGO！とのメチャクチャが罷り通る。

夕方、美咲ちゃん、顔を出す。トクちゃんバイトだが、暇。

八文字屋入りは、九時四十分。冨樫&禅カフェのティム、あとでナッちゃん&繁田君の知人来店。ナッちゃんは、恵文社の石川直樹トークショー帰り。プリペイドチケットで。遅くなり、ナッちゃん〈八〉泊。

石丸商店、村屋、レコレコにフライヤー持参。気がつけば、六時。

七月十八日（日）

日向太、羽田へ。明朝五時発。

ウクライナ上空で、マレーシアの飛行機、また、やられる。オランダ発。ロシアの仕業だ、ウクライナ（アメリカ）の仕業だと、応酬が続く。

イスラエル軍、ガザ侵攻。きな臭い事件、頻発。

ルパンのへリング、ヒルゲートへ。元アース書房の玉岩信義さんに会い、後で、彼の店に預けていた写真集届けてくれる。写真屋へ二ヶ月ぶり。

麻美ちゃん、最終日。九月も少し入ってくれる。宮脇晋子さん来店。

アドちゃんバイト。九月から十月に掛けて四回休んで貰えないか、とお願いする。

出張帰りの奈良井さん、シューマイ持参。反省ヘイトスピーチのフライヤー持参の男あり。そこへ浜大津に引っ越したばかりの寛子さん、鹿さんグループも。ジェローム、京都シネマで短いのが掛かっていると。Shさん、段ちゃんも来店。Shさんの考えを聴く。

七月十九日（月）

ダウン。

ほんやら洞入りは、十二時四十分になる。

ディックが、二時半に来て、最後の写真選びをする。

彼は銭湯へ行き、ヨラムさんの家に泊まり、明日、東京へ行き、アンナさん、他の友達と会い、水曜日にライデンに戻り、それから初めてＤＶＤを観る予定との事。月末から、ドイツ等へ出張。八月四日まで、キャプションを書けと言う。

結局、一月にマルセイユから、ライデンへ運んだプリントを全く活用しないという非情な結論を彼らは、採用した。これの救出、持って行き先を早急に考えねば。

ナントのヌーインさんにメール。外国での個展に関して、多田亜生さん、キヨさんとも連絡をとらねば。

八文字屋オープンは、九時二十分。

草葉裕さんは現在の腐った安倍政権誕生の責任は、菅・鳩山政権の無能に求めると言う本末転倒した意見を蜿蜿垂れ流すのを聴く。松ちゃん、山根さん、オイタさんで終わり。チェコ人の文化人類学者夫妻入らず。ろくでなしには、横ちゃんはいず。

深夜、客がなく、酔ってない時の読書を楽しんだ。それにしても、読書時間がない！映画を観る余裕も皆無。

こんなに、時間に追いまくられる日々を過ごしていても、借金取りや個展の準備や書きあぐねている原稿の事を一瞬でも忘れられるのが、マシだ。

今晩は、海老坂武さんから頂いた滋味深い本、永山太一さんから頂いた「思想家・鶴見俊輔の肉声《日本人は何を捨ててきたか》」を少し、と思って読み始める前に、九州の七十二歳の姉へTEL。

いま、丸山真男（知の巨人シリーズ？）を見ていると言う。アホみたいな息子が出ているわ、なんて言う。昨日は、鶴見俊輔の同じシリーズの最初十分を除いて見た。自分の昭和三十八年頃の事を考えさせられた。当時は、別大付属の理事長だった有田先生の事を何も判ってなかったのだと。

姉いわく、このシリーズ、最初、湯川秀樹が面白くなく、ちゃんと見てなかった。が、鶴見さん登場で、僕の二十歳前後に想像力は飛び、孫の現在を鑑みたりする内に自分の十六〜十八歳がフラッシュバックされたようだった。

ちょうど、僕は、海老坂武さんから貰った本（『人生を正しく享受するために〈新〉人生論ノート』朝日新書）を読んでいるところだった。これは、海老坂武流の鶴見俊輔風にいえば「カルタ」だ。例えば、嫉妬の辞書における定義を広辞苑、新明解国語辞典を例に取って、「誰もが知っているに違いない感情を、これほど下手くそに定義した例はそう多くはない」と海老坂武さんが言っている程度のレベルだけでなく、随所に面白い思考が穏やかに開陳されている。不倫、恋愛、性欲、裏切り、怒り、嫉妬、嘘についての考察も面白い。海老坂武思想のエッセンスの変奏曲とも言えるかも。新書にふさわしい良い本。

これなんか、読後、姉に送り、彼女の感想を訊いてみるのもオモロイかも。

七月二十日（火）

一時間半、読書。

海老坂武さんの今読んでいる本と「戦後文学は生きている」（講談社新書）を合わせ読む知人が、もう二人いれば、ほんやら洞へ海老坂武さんを呼ぶ会を持ちたいのだが。

午前中に、カレーを作る。リュウキュウを作りたいが、日曜日は、鮮度の好いのが手に入らない。パエリア、サングリアで我慢。

「美女と野獣」パーティの参加人数が少なそう、読めないので、増えたら追加するという二段階態勢で臨む。

五時半になっても、梶田さん＆川嵜さんだけだったが、徐々に増えて安心した。

立役者は、岡西重治さん、自身含め四人分払う。梶田さんはさつきさん同伴。

佐枝ちゃんは、ＪＡＬのサイトを担当のイイヅカユウコさん、同伴。

川嵜さん、袖崎俊宏さん（安井曾太郎の孫）、四国中央市の鈴木さん、用事が有ったはずのオイタさん、竹村洋介さん＆連れ、閉会直前の佐藤寛子さん。それに、僕とサッちゃん。

何必館の梶川芳明さんは、八文字屋でスタンバイ。

来たかったが、来れないと沖縄の伊波桃子さん、ヌルコさん。

老夫婦だから、遠慮したが、「次回は是非！」と梅棹マヤオさんからのメール。

ヨッシー＆ノンちゃんも八文字屋でスタンバイ。

後、八文字屋には、奈良井さん、八田さんがいた。

「美女と野獣」パーティがなければ、八文字屋も寂しかった。よかった、よかった！

七月二十一日（水）

十一時四十五分、ほんやら洞オープン。

一時間ほどワラワラと客あり。それだけ。

疲れて何も手に付かない。夕べ、ティルとテキサスから日本に来て七年目の翻訳家、そして奈良井さんちのミルトンが来店したこと、中村勝さんが音羽病院に入院中と聴いた事を記し忘れた。昨日のパエリアが好評だった事も。

知穂美さん来店、歓談。京都の町の十数年での変わりようにびっくりしたが、甲斐さんは相変わらずカメラをガムテープでまいているのねと。父親が去年七十三歳で亡くなったらしく、母は、昭和二十五年生まれ。祖父の墓参りに大谷に来た。清水五条、祇園四条、神宮丸太町という京阪の駅の呼称の変化に驚いていた。子どもは、中学生、小学生（女の子）と二人おり、幕張に住む。僕の去年の毎日の連載について泰ちゃんは、何も教えてくれなかったという。松ちゃん、おまんたさんは？ユーク―は？本当は、八文字屋に行きたかったと。

亭主は、横浜国立大出身の時事通信の経済部記者。三浦哲郎を愛する文章家で、ほんやら洞通信にも、二、三回書いてくれている。彼女は、京大農学部出身。

彼女と喋っている間に大邱からの観光客、日本語の達者な、金ポヒョンさんが居た。できたら、喋りたかった。

知穂美さん、ポヒョンさんともに、別個にＦＢ上に写真アップ。

同志社の客も少し。野菜カレーをつくる。

フランス語の京都ガイドブックに推薦する十五ヶ所を二十七日まで、リストアップしてくれとのメールあり。

どうせ八文字屋は暇だろう、海老坂武さんの「人生を正しく享受するために」という味わい深い新書も、気がつけば、一日数ページしか読めてないので、今日こそ、読了の日と楽しみに思っていたが、さにあらず。

八文字屋には、永野一晃さん、柴田明蘭さんら、東京者も含めてＪＰＳの写真家七名来店。ありがたし。明日からの公募展のチケットをくれる。六十五歳以上は無料とのこと。井上隆雄さんの撮影法について永野さんの言及は、嘘か誠か、オモロかった。財政的バックボーンもあるとは、初耳。集合写真をアップしてくれたようだが、僕の iPad で見れず、シェアもできず。

十二時前に段ちゃん来店。昨日、ほんやら洞の近くに仕事で来ており、「美女と野獣」パーティに顔を出そうかな、と思ったが、しんどくて帰ったと。最後に、ドイツ人の自転車屋さん＆モンゴル人のドクターカップル来店。

海人彦からメール「お父さんのネガ、プリントが二箱出てきた。持っていこうか?」「小皿、コップ、要らない? 余っているので、いるのなら、持って行く」

とっくに送ったつもりだったが、清水哲男さんから「ボチボチＤＭ用のデータをくれ」とメール。姉、来月は、北海道の娘の所にちょい行きとの事。明日、筍の赤漬けを失敗した梅干しともに、送るとのこと。九月二十日には、大分に戻る予定と。十月はじめなら、会えるかな。

七月二十二日（木）

関電に電気代支払いに行く。

左京区田中の変哲もない下宿（かつては、こんなにも雑多な下宿、アパートがあり得るのかと、鈴木マサホの選挙のビラ配りで足を踏み入れて感動した界隈の一角）、かつては奈良女子大の原子力物理学者の石割隆太郎さんの敷地の、我らが「出町交流センター」跡の界隈をかすめながら、下鴨の「音色食堂」等をデジカメで撮る。

咲希ちゃんから「今日、休む」メール。アドリーヌからは「私の休みはいつ?」とメール。

小林隆二郎さんから「十月に趙博とやる、誰か動いてくれる人はいないか? 詩人は?」

こっちの状況を一切顧慮せずに言うのが、可笑しい。「動く」とは? どういう意味? この方とは、腹を割って話した事が一度もないので、この方の言葉の網が理解不能。

今日こそ海老坂本読めそうとふんだが、やっとかなう。

繰り返し読み、フレーズも覚えておきたくなる箇所が無数にある。当面、持って歩くか。

「関西ウォーカー」の八月出版のガイドブックにカレーの画像を送れ、とのＴＥＬ、油井さんよりあり。フランス語のガイドブックに京都の名所十五ヶ所について書くのに、これを友人たちは、どう捉えるか、ＦＢ上に振ってみた。一、二参考になる意見あり。

アメリカの学者、「On reading」を買う。

〈ほ〉＆〈八〉、超暇。八文字屋では、同窓会欠席の件、大分合同新聞連載のことを告げるのに、杵築高校の同級生の正木晃治さんにでもＴＥＬしようかと思っている所に、鹿さん来店。結局、彼だけ。厳しい。

八月八日に北大の渡辺浩平さん来〈八〉。九月はじめにパリの呉昊《ウーハオ》、上洛とのこと。

七月二十三日（金）

先ず、「八文字屋の美女たち」（九一、九二、九三年版）を家で探すが九三年版はなし。ほんやら洞だと思って探すが、これもなし。今日、オンライン書店に送る予定なのに。

明日の集団的自衛権を巡る京都新聞紙上での論客の集まり@ほんやら洞は、十五人と確認をし、パエリア、サングリアを出すことにした。京大マリーンとバッティングの日で、バイト一人ほしいが、助っ人なし。

関西ウォーカー（八月二十七日発行）に画像を送る。

フランス語の京都ガイドブックには、糞丁寧に対応し過ぎたか？ ま、自分に何が書けるか自己確認できただけで良しとするか。

八田さん、アドリアンという二十歳のソルボンヌの日本語学科のおとなしい青年を連れてくる、（深夜、チーちゃんを呼び出して、一緒にカラオケに行く）

二階では、内富さんら数人打ち合わせ。岡真理さんの知人でもあるようだった。

Sの内職、結構、七面倒臭い。

八文字屋は、奈良井さん、川嵜さん、梶川芳明さん、八田さん&アドリアン、チーちゃん、鹿段ちゃん。二時に終わったが、三時四十分まで居る。

四時、帰宅。

七月二十四日（土）

六時二十分に目を覚ます。

十時十五分、起床。

D2にコメ（北海道きらら）買い。リュウキュウ用鯖、鰺、探すも目に入らず。

永澄憲史さん、松田京都外大学長、木戸衛一阪大准教授、根津朝彦立命館准教授、大橋晶子編集委員、落合祥堯さん、鈴木英生毎日新聞記者、伊藤公雄京大教授、元毎日放送記者、ヒルゲートの人見ジュンコさん、艸場よしみさん等には、サングリア、パエリア、鶏の唐揚げ、サラダ、桃、ビール、焼酎、白ワインを供す。筍の赤漬けは出し忘れる。

ドイツの戦後、アメリカの膨張主義の歴史とかの使命感、EU諸国の現状（イタリア、フランス）、イギリスの軍事政策、中国とアメリカの二大覇権の意味、日本の革新勢力、市民運動、大学生を取り囲む状況等についての意見交換には、なかなか好もしいものがあった。七時〜十時。

「笑う鴨川」等の荷物運び、山田拓宏さんが車を出してもいいよ、と名乗りを挙げてくれた。

祇園祭の後祭りでの末川協さん制作の大船鉾の巡行、ついに見れず。協さんの次なる仕事は「楽空間・祇をん小西」の改装らしい。

八文字屋には、永澄さん、木戸衛一さん、鈴木英生さん、元毎日放送記者が来る。レオに先に開けてくれと言っていたが、間に合わず。伴清一郎さん来店。汚れた九三年版美女写真集、なんとか出てくる。

ろくでなし、石丸商店、村屋へ行く。

四時十分、帰宅。

どうやら、うろつく間に売上をそっくり落としたようだ。

七月二十五日（日）

九時、起床。

暑い！

探し物出ず、オープン、遅れる。

Kには、本郷さんに無心して、返済。もう五ヶ月で終わる心つもり。

台湾、フランスからのお客さんあり。時事通信の大阪支社長の安達さん来店。同志社神学部の七五年度生の尾崎沙羅さんの一年先輩のイエスの兄。

梶田さんの搬入。天神さん、糺の森への様子見にも行けず。

八文字屋には、八田さん、オイタさん、川嵜さん、鹿さん、奈良井さん、アドリアン、増田さん来店。

ろくでなしにTELするも虚しい。

七月二十六日（月）

町内会の回覧板で、お隣のおばちゃんから二点お叱りを受けた。
まず、お前の家の玄関の前に放り出している傘が見苦しい。片付けろ！（これは、納得行く。その内に、何とかしようと思っていたが、機先を制されてしまった。今は、旅に出ている同居人が、部屋の中を快適にするために、放り出したままになっていた）
もう一つは、玄関の前の樹木の枝が伸びている。これを切れ！と主人（僕）に言っておけ！と。
僕がほとんど居なくて、違う住人が、昼間でも居るのを、お隣さんは、先刻察しているのだ。ひょっとしたら、その者の動きに鬱陶しいものを感じての進言かも。

それにしても、僕が植えた訳でもない木立、しかも、僕は好ましいと思っている緑を刈れと言うのだ。ひょっとしたら、ご近所さんが植えた（多分、そうに違いない。うちの玄関前に花を植えに来る近所さんが現に居るのを）それを切れと言う権限がお隣さんにあるのか？ 多分、お隣さんは、それを植えた当人を知って居るはずだ、と僕は、邪推している。

それを、僕へ語り掛けるのでなく（我が家の当主は僕で、僕に語り掛けるのが普通なのに）、主人に言って置け！と来た。

ま、僕が乱雑に木をへし折ったりしたら、みっともないという叱りを受ける、いや、失笑を受けるかもしれない。この件は、放っておく。

時間があれば、お隣さんとも、その事を喋るのだが。時間がない。

美咲ちゃんのバイトと思い込んでいたが、さにあらず。十分遅れできたトクちゃんを美咲ちゃんと勘違いしているのに、気づくのに、二時間かかった。

梶田信明写真展、初日好評裡にスタート。

いつも、清水哲男さんのFB上でお見かけする新町御池上ルのお店の達人さんも来店。さつきさんが来て、ジョー岡田さんも来る（鵜飼正樹さん、女性同伴）。中島ミネコさんの知人の方も。

八文字屋には、久しぶりの咲希ちゃん。

鹿さん、奈良井さん、圭ちゃん&妙ちゃん、明ちゃん&フミ君、川口正貴さん&大島先生&森清憲さん、レオ、武市さん来店。

四時、帰宅。

七月二十七日（火）

九時、起床。

フランスのガイドブック用の名所、名店等の選択。

ほんやら洞、十二時オープンと同時にドドッーと客あり。ご飯が炊けるのが五分遅く対応できず、七人に帰って頂く。

夕方には、梶田さんの奥様、娘さん、お姉さんも来店。噂に聴く、食べたことのない有名な「茶の菓」を頂く。

八田さんグループも二階を利用してくれる。

閉店間際に、七、八人来店するも、閉店が十時半過ぎそうなので、入ってもらいたかったが、お断りする。昼夜と、残念無念。

八文字屋には、八田さんは、造形大の教え子（六十四歳）の元本田技研の中村さん（勤務中は、六割方海外出張）、アドリアン同伴。奈良井さん、、鹿さん、梅林克ちゃん、堀口さん、ロサンゼルスの堀口さんの師匠アベさんもいた。西村さんと中村さんは、従軍慰安婦を巡って議論。佐藤寛子さんも来て、奈良井さんは、彼女をラーメンに誘い、一人で戻ってくる。レオは、洋画の学生、上田晃久君を連れて来る。増田さんはチョイ寄り。

何時閉店か覚えず。

七月二十八日（水）

六時半、八文字屋で目を覚ます。

ほんやら洞に戻り、七時半までノンビリする。（本当は、きつい）

それから、東寺西門前で山田拓宏さんと待ち合わせなので、チャリで向う。タクシーで行くような経済的余裕なし。猛暑で麦藁帽子着用。

荷物は、十箱ほどあった。

「笑う鴨川」はなく、「猫町さがし」「遠い視線」「辻占遊び」は少しあり、食器は大量にもらう。

日向太は、アメリカで苦労している、と聴く。海人彦は、試験で、八時には出たとのこと。
S、パソコンが壊れ、今日、買い替えねばならないという。で、ナント行きは、止めようという。遊んでいる場合ではない。稼がねば。お尻オン・ファイヤーもいいところ。今月、八文字屋の家賃、全く払えてない。もとより、腹は括っている。
Sは印刷屋さんを呼び、仕事をくれたジェイソンとも打ち合わせで、慌てて、パソコン買い替えに行く。

注文の本を発送。

鹿児島の清水さんにプロフィールを送る。

八文字屋は、坊主覚悟。

ネガ・チェック。

十時前に木須井さんよりＴＥＬ。読売ご一行様（持丸さん、西田大智さん、京都の女性、立命大出バイト、大阪文化部の部長さんら）同伴。月曜社早く終われ！と励まされる。

昨日の鹿児島から戻った段ちゃん来店。

深夜、レオが来たが、起きれず。

七月二十九日（木）

八時、ほんやら洞着。

早く開けるも虚し。今日は、独り。ダラダラと客あり。

戻って来たネガ・チェック、数時間に及ぶ。

三十五年ぶりの客あり。

八文字屋、ジャーマン、来月、ミネルヴァ本出るとの朗報。知人の海平さん、癌再発とのこと。朴ちゃん、深酒の日続くと。金土は、やはりドライバーと。瀧津孝さん来店。「夢の抜け口」買う。川口正貴さんの愉快な事業計画ばなし。十二時、誰も居なくなる。四時まで、潰れる。

ろくでなし、石丸商店にフライヤー持参する元気なし。

五時、帰宅。

七月三十日（金）

九時、起床。

十時、ほんやら洞開店するも、午前中は、お客さんは一人。シーボルトハウス展のキャプションを書き始める。横溝光太郎君（パリは、マレ地区で働き、バスティーユ在住）と「ウィスパー」を三軒茶屋でやっているという母来店。

今年初めの決意から脱線著しい。猛省。修正せねば、後がない。八文字屋の大家とのトラブル再発防止のためにも、早急に月曜社仕事を遣っ付けねば。

脳天気にナントに行っている場合ではない。

書下ろしが終わってから、何もかも始まる。

八月三日以降は、FB作業大幅に縮小。

八文字屋には、アドリアン、八田さん、奈良井さん、鹿さん、段ちゃん、廣瀬純さん、龍大の杉村さんの後釜の増田先生。

八文字屋に潰れる。

七月三十一日（土）

十一時、ほんやら洞オープン。

ダラダラ客あり。梶田さんの個展見に竪山さん親子来店。

ひとりで、九時まで。

レオが顔を出し、八月二日手伝うとのこと。ホッとする。

八文字屋、オイタさん&諭吉、琢ちゃん、イルソン&盛岡の記者。

ろくでなしに行って、ポスターの件、勘違い（梶田さんのが来てなかった）に気づく。

八月

八朔
八月朔日（一日）は、祇園の芸舞妓さんが日頃の踊りの師匠などにお礼を言いに辻から辻へと駆け巡る日。周辺では、カメラマンで溢れかえる昨今だ。（2013）

八月一日（金）

辛い八月が始まった。

集金屋さんに継ぐ集金屋さん。

六十五歳以上の介護保険金を毎月払えとの督促もある。

ほんやら洞も暇。八文字屋はさらに、その上前を行く。「東山三十六峰逃げるが勝ち」という気分も失せる。

思わずFB上に、荒神口で撮影した寂しげな線香花火を連想し「この花火の如くあらん？ 八文字屋の賑わい」と呟く。奈良井さん、増田さん、元京大シネ研の山形拓史さんのアド曜日。四時まで客を一応待つ。

八月二日（土）

八時半に、ほんやら洞入り。

えびす屋、九時に開いていたが、レジ、九時半まで開かず。ネガ・チェックは、今日は控える。

八朔の夜の八文字屋、散々だった。カウンターの掃除をして、終わる。次は、冷蔵庫か？

今日は、旧暦の七夕祭り初日。

しばらく、店内を覗いてないお隣の阿部さん「綺麗な色の自転車やね〜」とお上手言う。

朝から、ネガ整理。ほんやら洞は乗るか反るか大変な緊張感に包まれていた三十五年前の写真の中から柔和な表情が零れ落ちている北沢恒彦さんの顔が飛び出してきた。当時、策士として、彼は全力を出していた。

メモを見ると、「瀬戸内寂聴さんと対談一時間前」とある。こんな写真があるなんて全く記憶になかったが、「思想の科学」用の対談前だったか？ 対談の方は、読んだ記憶は微かにある。

北沢さんから「遺影は、この写真にしてくれ」と西陣の「タンキリ飴屋」さんから出て来る福々しささえ湛えたカットを指定されていたが、実際の遺影は違うのになった。正面切って北沢さんを撮ったのは、後にも先にもこれしかない。

さあ、今日、明日、明後日と、書下ろしへモチベーションを高めて行かねば。

サッちゃん四時前、レオ四時二十分、徳ちゃん六時、応援到着。

ほんやら洞は僕より、十、二十歳若い友人がライブで店を盛り上げてくれる。嬉しい。

梶田さんは三時四十分。グッドタイミング。五時までの二階客、下に降りて貰う。その直前に井上義雄さん、内村育弘さんら到着。かくして、本日のライブ始まる。

サングリア修正、パエリア作り、リュウキュウ用の鯖、鯵の物色、出現ネガの自画自賛的誇示的？記述をその間FB上にアップ。

この会の肝煎り役の井上義雄さんが「ほんやら洞とカウンター・カルチャー」について一席ぶて！と言い、ムニャムニャやったが、ここで決められないようでは、失格。

三十五年ぶりの客（元森本荘住人、洛北高校OB）が、当時「京都を知りたいのなら、岩倉、出町、東寺を見続けろとカイさんから言われた。卓見でしたね」という。覚えてないが、言ったかも知れない、後で思い当たる節あり。

それにつけても、思い余ること多し。

同志社の学生支援課が、「イマイチ」という些か自嘲気味な（事実、何故か、イマイチなのだが）

標題を下に地域社会との紐帯を深め、かつ、編集部の学生の就職に一役買おうと律儀にタウン誌を出している。

それは、かつて、学友会が差配する自治会費が、何億円か有ったが、自治会が使い道に窮して、自治会を解散して学友会を返上してしまい、その金がこういう所に注がれているのかも知れない。

本当に学生の実力アップや地域社会のことを考えているのなら、また、町家何ちゃらを作って工夫しているのなら、地域社会へもっとサーチライトを照らし、創造的地下水脈を探りあてるべく努め、その関連で重点的に面白い企画を練ったらいいのに、と思う。

商店街支援という立派なプログラムを十数年掛けて谷口知広教授らが出町でやっているのは、先刻、承知だが、自画自賛だが、俺のネガに目をつけず、何やってんだ！格好の素材ヤンケ！と思ったりする。そして、シーボルトハウスの評判を聴きつけ、僕も弱っているであろう、数年後に接近するのが、オチだろう。

そういうセンスを持った教授、事務局員の存在なくしては、何も始まらないのだろうが。

こっちも助兵衛根性を出さず、自分でなんとかしよう。

ちょっと、そんな事が頭を掠めた。

十時半まで、二十三人の来客あり。

八文字屋には、九時から段ちゃんが入ってくれていた。「アゴ」の珍味、「霧島」の古酒をお土産持参でスタンバイ。奈良井さんもいた。彼と段ちゃんの会話は、笑わせてくれる。関西電力の男&友人もくる。奈良からの客、初めて八時過ぎに来たが、閉まっていた、今から行くとＴＥＬあるも来ず。

外国人客、覗くも入らず。「どうぞ！」とレオの誘いも虚し。

最後は、段ちゃんとゆっくり遅くまで深い話をする。

八月三日（日）

八時半、起床。

お隣さんに枝落としを遣られてしまった。

トイレの便座に座っていると玄関の前が何やらざわついている。

耳を凝らす。

「暑いさかい、さっさっとやりや！ 疲れたらアカンさかい」

「へえー、こんなん、苦もあらへん」

「堕とした枝は、こっちに入れといておくれや、こんなん、大きくならはる前に、切っとったら、どうもないのに……」

上下関係がありそうな会話が聞こえてきた。

作業は直ぐに終わりそうもないので、トイレの水を流しでもしようものなら「アンタはん、いはるのでっか⁉」と声を掛けられたら敵わないので、レバーに手を掛けず、しばらくiPadを弄る。

外が静かになるのを見計らって、やっとトイレから出てとっとと出掛けた。

先日の忠告に応じないのに、お隣の林さんは業を煮やしてしまったのだろう。仕方ない。これで関係が壊れる事もあるまい。

お蔭で、風呂にも入りそびれ、ほんやら洞オープンも十一時になってしまった。

オープンと同時に、冨樫、梶田さんの部下の小牧さん、レオが来店。十二時半から三時まで引っ切り無しに客ある。まずまず。

キャプション書きをする元気失せる。

加藤さんクルー予約二時間後に登場。

「甲斐さん、海外彷徨篇やる気はありますか？ 本気で言っているのですよ」とくる。化粧地蔵の取材中とかで、京都府大卒の大日本印刷の、娘連れの女性同伴。

栃木からの、ほんやら洞という「関西フォークの聖地巡礼」客あり。

ま、よう働いた。栃木の親子に一緒に記念撮影を！と頼まれたが、応じる時間なし。

レオとリュウキュウ、パエリア、サングリアを飲食。

八文字屋には、アンドレアの知人の姉の石塚まみさん（八田さんに中学で教わった）歌手（五木ひろしとのデュエットをyoutubeできく）兼ピアニストが岐阜の演奏会の帰りTOMA（苫米地義久）という作曲家兼サックス奏者連れで八田さんを訪ねてきたのを八田さんが一緒に来店。感謝。

ボトル入れがあり、安心。西村さん、川嵜さん。昨日は、奈良井さん。

八月四日（月）

超暇。

ディックからメール。イマイチ、要領をえない。

こういう時は、事務的チェック万般、おさおさ怠りないアシスタントのSにお任せ。S「明日まで、簡潔なキャプションを仕上げてよ！明日、タイムリミットだからね」と言い、それに従い、明日まで、後二十九点書けばこれで、後はオランダに行くだけか？ 終わりだと昨日記した。

が、半信半疑だった、内心。案の定と記すべきか。

ディックから、祇園祭で別れて以来、全容について詳細な報告がなされてなかった。ディックは、今月は、ドイツ、ハンガリーへ出帳で、この件は、脇に置いて仕事をしているはず。

夕べ遅く、そのディックから今、帰国したと連絡が入り、今頃になって書くスタイルも、分量も違うと知らされた。しかも、八月十日までに、英訳、オランダ語訳も終わり、ミュージアム側に手渡したい、と言ってきた。

八月八日には、北大から友人が来るし、九日は梶田さんのエンディングパーティで前日から少し用意もいる。ほんやら洞の助っ人は、七、九日しかいない。八文字屋は、六、八日の浅利ちゃん、アドちゃんしかバイトはない。

キャプション書きは、出来るだけやって、後は、時間を少し引っ張るにしても、十一日は中川五郎ライブもあるし、専念出来ない。八月十四日に出来るかな？　八月十六日は一年で忙しい大文字の送り火の日。これにしても、僕ひとりしかいない。が、抑も、書くにしても、まだ、どれについて書くベキか特定されてない。向こう主体だから、止むを得ず。

今日は、二十代の時は、常連だったと言う車椅子の喋るのも辛そうな佐々さん？　と云う女性が介添えの若くて綺麗な女性を引き連れて来てくれた。三十五年前に会った方だろうか。とても懐かしがってもらった。

お陰で、ティラミスが三人分出た。

八月の設計は、何もかもやり直しか？

ジェローム・ブルベスさん来〈八〉。エマニュエル・ギベールは、台湾に居るようだという。僕はエマニュエルとの三年前の約束、何もやり遂げてない。やり遂げるには、八文字屋もほんやら洞の仕事も軽々とこなしたうえの話だ。

ヒルゲートにフライヤー用の画像を送る。水上勉さん&針生一郎さんの写真。予備に山田詠美さん&水上勉さんも。

咲希ちゃん、明日、入れないと来る。ミルトンが元ろくでなしバイト訓練経営の「キャロル・キング」から、客二人引っ張って来る。

深夜、段ちゃんが来て「二日の夜、八文字屋から帰って、久しぶりに吐いた」という。

八文字屋でダウン。四時に起きて帰宅。

八月五日（火）

変な夢をみていた。

烏丸七条のバス停に立っている。

地下道から上がってきたのだが、四ヶ所の出口を一応確認するが、何処もわけ分からない。どのバスに乗れば、家の最寄りの停留所に着くのか？ 分からず、高校生の男の子にたずねる。バスが来るまで、付近？ 眺めていると、東洞院より一本西の狭い通り一体が改造されている。総合ディレクターは、港千尋だと言う。彼の姿も見え、変なパッケージのビルが立ちつつある。

バス停を降りると、鷲田清一さんと出会し、民俗学の僕の知らぬ著作を読んだか？ と聞かれる。お返しに？ 鶴見さんが、鷲田さんについて、こう言っているよ、と皮肉でもないが、ややお追従臭い苦し紛れを言う。僕は、書評の仕事をやっているらしい。次に、また違う学者に会ったりする。奴も訳の分からないことを言う。

ほんやら洞に行こうとしていると車がすっーとすり寄ってくる。

車の中の見知らぬ男が、二度三度同じ事を繰り返し言う。

「人参ばかり追っかけていたんでは、良くないぞ！」

それにたいして、僕は
「人参なんて追っかけてない！ 馬〈僕〉は勝手に走っているだけさ」

と言ったりする。

車は、先回りをして、賀茂大橋のたもとの「ボンボンカフェ」の前で僕の来るのを待つ。見ると、中から、梶田さんが出て来た。

次は奈良井さんも出て来た。僕（なんて取り合わせだ！）と呟く。

「甲斐さん、後で寄るわ」梶田さんは、そう言って「いや、今日は、行けそうもない」と訂正する。

背後に人参男が居た。

そこで、目を覚ました。もっと撚れた夢だったが、忘れた。

ノンビリした日。オランダのキャプション書きについては焦るが、全容を捉まえるまで、下手な動きはしたくない。

ほんやら洞には、高槻市か吹田市か在住のイムさんが、初来店。（お会いするのは、三回目）初対面は、五月の八文字屋。その時は、用心深くアプローチしてきた。ヒルゲート展を見たとか、僕の写真を知っているとか言いつつ、こっちの気持ち、考えを探り、探り喋っていたのが、印象的だった。木屋町の他の飲み屋も少しご存知で、在日朝鮮人・韓国人の話題でも、この人物をどう思うか？ という語りかけが、最初は主だった。通り一遍の在日論は認めないぞ！ という思いが伝わってきていた。が、あっちこっちに行き、いろんな人の話しを聴いているようだった。

高史明さんに対する僕の思いを喋ると少しずつ胸襟を開いていった。少し気を許す感じだった。

で、申芳礼さんの個展のＤＭを差し上げた。そして、後日、ギャラリー虹に行くと芳礼さんと話しこんでいた。

それから、今日が三度目。

「質問があって来ました」と言って本を取りだした。

杉本秀太郎さんとの共著「夢の抜け口」（青草書房）を捲り
「この方、覚えてます？一九七六年の写真みたいですが、朝鮮人と分かって撮ったのですか？」

「このネガ持っていますか？」

「これを持っていたいので、譲ってくれますか？」

「この靴、分かります？先の尖った朝鮮の靴を連想させますよね」

「となりのページの白川女と会話を交わす事なんてあったのでしょうか？カイさんは、この方と喋りました？多分、日本語も覚束ないと思いますが」

「今じゃ、女性の廃品回収業の方、いないでしょ。これ、乳母車を活用しているんですよね」

等々。ネガが出て来次第プリントをする約束をする。

西山にお家の墓があり、お参りして、途中、無農薬のトマトを買ったと言って、下さった。そのトマトと朝鮮人のおばちゃんの写真を撮った。

イムの後、時間をおいて、久々に来ほの北口大阪さん。

数ヶ月前に、佐藤真由美さん、田川剛さんと来〈八〉したり、現代書館の村井さん等と来〈八〉しているのに、うっかり、入店当座の話題から推して、まず、いや、風貌から、歴史小説の作家、瀧津孝さんとみまがえそうになった。

本当によく似ていて、しばらく、何方であってもいいように、用心深くしゃべった。

中高時代は、よく京都に来たらしく、八〇年代は、松井寛子さんらと「映画新聞」を作っていた頃、ほんやら洞にもしばしば来店とかいうので、瀧津さんでないと分かった。

「オルフェの袋小路」の方とも親交があったようだ。

ほんやら洞から、八文字屋にもいらして、様々な周辺の関心を確認しあった。

八文字屋には、渡辺琢ちゃん、山田拓宏さんも来店。山田さんは、笹井副センター長自殺に関して「惜しい方を亡くし、損失だ」とポロリ。北口さんは、お盆には、佐藤真由美さんと再度来店すると言って帰途についた。草間喆雄さん、三橋遵さんら来る。草間さんの後、ダグラス・ウッドラフも久しぶり。キヨさんは、八月八日に帰洛との事。他には、奈良井さん、武市さん、百枝ちゃん、吉川春菜さん、間寛平さんの息子の間慎太郎さん来店。武市さんプラカードを忘れる。吉川さんは、ケータイを忘れる。

四時、閉店。

八月六日（水）

ほんやら洞の大家の代理人に少し、金を入れる。

しんどい。

二階、二時半からミマキさんグループ（内富さんグループ？）勉強会。五時まで。後、客なし。久しぶりに蕎麦食いに行く。

八文字屋、浅利ちゃん、三十分遅れ。

奈良井さん、川嵜さん、鹿さんがいた。やがて、亮太郎、Milkymeeらくる。さらに、何必館の梶川芳明さん、伊砂利彦さんの甥ら来店。伊砂さんは、ずっと僕に会いたかったのだと言う。別れたという元の奥さんの名、その姉の名を聴き、やや納得。草間さん来店。

〈八〉泊。梶川さん、鞄探しに来る。

八月七日（木）

九時半、ほんやら洞オープン。

午前中からの客、二時までいる。

疲れているが、シーボルトハウスのキャプション書きに専念。

姉、ＴＥＬが止まっているので、ＳにＴＥＬ。京大マリーンも低調。三、四人しか来ず。

明日は、懐かしい渡辺浩平北大教授が、八文字屋に飲みに来てくれるのが何より嬉しい。

彼との最初の出会いは、一九七一年八月はじめの中津川椛の湖のほとりの第二？回フォークジャンボリーだった。かれは、叔父さんの室謙二に連れられて来ていた。室、中尾の仲間に馴染めない僕には、彼が、その場にいる事が救いだった。ここで、三上寛を初めて聴いた。ここには、その後のほんやら洞創設の主要メンバーがほぼ揃っていた感じだった。

彼は、中学一年生。人民帽に毛語録というイデタチ。それから、一九七八、七九年はほんやら洞でバイト。博報堂を経て、マーケティング、中国現代史を教えているらしい。下戸？の僕は、八文字屋を始めるまで、ＩＷハーパーなんて彼に教えられねば、置く事も飲む事もなかった。

その彼と明日は、飲むつもり。

なんて記していているうちに、あれれれ、だいぶ、もう酔ったかな？

鹿児島の天文館行きは、九月二十六日～九月二十九日と先ほど、清水さんより連絡が入った。鹿児島のこと、大分の事も考えねば。

九月二十八日は、日出で高校の同窓会らしいが、出られない。出た事もないのだ。

で、幹事の正木光治さんにＴＥＬをしたが、もう寝ていた。

それが、普通だろうか？大分では、同窓会の仲間に会えないのなら、山香、湯布院の亀の井別荘に行こう。

兄、姉にも会わぬ訳は行かないが、連載話の大分合同新聞が眼目。話を詰めねば。

その準備を、大文字後から、やらねば。

若い、若い、といつ迄も思って来ていたが、後二千日の命、あるやなしや？との思い募る。

明日は、キヨさんが、サンフランシスコから帰ってくる。ライデンに今年の一月に運んだプリントを何処に運ぶべきか？

今後一年の作戦も練らねば。

八文字屋、十時オープン。十二時すぎ、冨樫が、山形の先輩の清野充さん同伴。三時十五分まで。

四時、帰宅。一階で九時まで寝る。ゆっくりしたいが、そうもいかない。

八月八日（金）

Ｄ２に米を買いに行く。北海道米、去年よりやや安い。十キロで、二九〇〇円。

今日のほんやら洞でのノルマは、野菜カレー、キーマカレー、タコライス、明日のパーティ用のサングリア作り。

オープンと同時に、「道草の景色」（一九九九年京都新聞社刊、中村勝さんとの共著）を装幀した加藤恒彦さんが、「河原町のジュリー、FBでシェアしました」という高根さんと来店。

ついで、二十年前同志社大生だったという群馬の女性、そして、相生町の「菊養老」の大門酒造の前での地蔵盆のゲームに参加しているカットで「Streets of Kyoto」に登場していると先週滋賀県からやって来た女性が、娘さん、母、おばさん、そして、小学校の同級生のイナナミミキさんと共に、再度来店したので、全員で記念撮影。

森まゆみさん、紫式部文学賞受賞。

明日のパーティに台風、直撃か？

ネガ探し、原稿書きと、スイッチの切り替え上手くいかず。北口さんより、高槻市と竹田市との歴史文化姉妹都市関係の資料を送られる。

八文字屋は、アド曜日。山形さん、奈良井さん、亮太郎は、Milkymee同伴、新GF？も。浩平と朝日新聞の中国問題プロパーの編集委員来店。その後、増田さん&同僚。「京楽」のユキちゃん来店、上からの水漏れで暫く営業出来ないという。

十六歳の舞妓のコハルちゃんを二千万円で見受けするんだというアホなドイツ人、深夜、来店。鬱陶しいから、邪険に扱うと、俺は、ドイツマフィアだと凄んだりする。困ったもんだ。

八月九日（土）

ほんやら洞、朝から、パーティの準備。

関テレからは、十一日の中川五郎ライブの取材をさせろと、連絡入る。

少人数だったが、良いパーティだった。八文字屋のクーラーは壊れる。

八文字屋、十時過ぎ、浩平グループも来る。ティルも、インドネシアで知り合ったヤンというドイツ人同伴。ジャーマンと連絡が取れないと少し気に病む。

二時過ぎまで。

八月十日（日）

台風でゆっくりする。

久しぶりに、布団で寝る。

賀茂川のサンショウウオを撮る。

ほんやら洞、三十年前、撮ったという宮原麻美さん来店。

梶田信明さん、来店。

八文字屋には、田中清治さん小山幸容さん、奈良井さん、梶田さん&さつきさん。

八月十一日（月）

中川五郎ほんやら洞ライブの日。

京大総合人間学部四回生の原岡友里さん来店。綺麗なので、蝉にかこつけてFBにアップすると、忽ち、「いいね」尽くめ。

原岡さんの友人が日向太のファンだと解る。中川五郎ライブに誘ったが、先約あり。五郎さん、残念！

ウッチーが八文字屋のクーラーのブレーカーの故障を修理してくれて、助かる。感謝。謝礼は、ボトルで良いと言ってくれる。

ライブは、十人だったが、いいライブ。とても感動的で初めて聴く曲もあり。

五郎さんのＣＤを買う。船出ファンファーレ、トカゲ、腰まで泥まみれ、ビッグスカイ、岬で待つ女、バラ色の人生、を収録（中川五郎ライブ@風）。

関テレ「夕刊アンカー」が（九月十一日放映予定）取材で入る。

聴衆は、ＡＨＯ会の四人、東義久さん、京都での五郎ライブ全てをカバーする河合塾の先生の佐々木さん？等。顔出しを期待したナラさん、梶田さん不在。レオ、美咲ちゃん手伝い。レオ、リンゴの発酵酒持参。

永澄さんより来店予告ＴＥＬ、毎日の鈴木英生さん（佐藤真由美さんの記事を書き、彼女は素晴らしい、と言う）や、文化部に呼びたいと永澄さんが思っているとか言う後輩のアベさんらと来た。とにかく、慌てて、八文字屋へチャリンコを飛ばして行く。

今日のライブ画像を多くアップ。

八文字屋には、ジャーマン、奈良井さん、段ちゃん来店。

八文字屋で沈没。

八月十二日（火）

昼に集中的に客あり。ほんやら洞の大家（多分、間違いなし）から無言ＴＥＬ。

宮脇普子さん、奈良からご丁寧にも猫本の手違い代金を持参してくれる。感謝。生駒での自分のマッサージの店のパンフレットを置いて行く。

古本市でチェーホフ三冊（全集一一、一二、一四）、小学館の日本民俗文化大系六の「漂泊と定着」を千円で入手。チェーホフ、本当は、全集一三のサハリンものが欲しかったが、これだけ、なし。でも、読むのは、月曜社が終わってから。

ヒルゲートで「渡辺恂三リターンズ！」をさっと見る。咲希ちゃん、直子さん&恂三さんのお嬢さんの愛さん&人見さん&サッちゃんの写真を撮る。

このグループが十時半頃来たいと後でＴＥＬあるも、高山佳奈子京大教授の十六人の留学生の院生らを同伴とバッティングで入れず。ジャーマン、オイタさん、モリモリ&嫁さん、鹿さん、圭一郎君。ジャーマンは最近は、馬鹿の一つ覚えみたいに「本当に、ユカちゃん、この店の臭い、嫌いみたい。仕方ないから、学生のベッピンちゃん二人とユカちゃんを連れて、ファニーに行ったんや」と嬉しそう。ユカさん自慢をし、彼女も僕の顔を本当に見たいというのなら、ほんやら洞に連れて来ればいいのだが、そうしない。彼女は、彼にとって特別な存在。ミネルヴァから出る、アール・ブリュットの本の事、更に今度はティル抜きで翻訳するつもりのパウル・クレー関係の翻訳仕事を貰った云々、今晩は、全般的に嬉しげ。六曜社のタカシさんが二週間ほどまえに、深夜、ぶっ倒れているのを発見され、その後、一週間、昏睡状態が続き、覚めても、何がなんだか覚えてないが、財布も有ったし、物取りに襲われた訳でもないらしい。いまだに後遺症は続いており、水をちゃんとグラスに注げない程重症らしく、金勘定もできず、深夜、年寄りのお母さんが、店に金勘定に毎晩、わざわざ出て来ているとのこと。バイトに詳しく聴こうとしても、口を閉ざすとか。

一時半、帰ろうとしている所、冨樫が来たが、もう戻らず。冨樫の店も暇だった、という。ほんやら洞で沈没。

八月十三日（水）

暇。

山上君久しぶり。パチンコは止めたそうだ。岩倉の実相院の病院から、今日も渡辺さん、来店。

ほんやら洞は、二時間集中的に客があっただけ。

ディックさんから、今頃、チケットはそっちで手配して買うようにメールあり、慌てる。

松山支局毎日新聞の八幡浜市に住む渕脇直樹記者、ほんやら洞に来店。「昔の味と一緒だ」と言って久しぶりの来店を楽しんでくれる。敢えて失礼を記せば、好い加減なことを言ってオモロイ。同じわけないのだ。

八文字屋は、浅利ちゃんバイト。八田さんはお母さんの容態を心配して、帰洛。鹿さん、温ちゃん、段ちゃん、冨樫、モリモリ、川井遊木さん、日本画家の竹内浩一さん＆上海のHU WEIさんらと来店。（画像アップ。）

三時十五分、閉店。疲れて、iPadを探し出せずに、ほんやら洞へ。

八月十四日（木）

客は、二時間集中的に入っただけ。サッちゃんは、昨日から、宮津。

iPad現れる。フィルム買いに行くもフォトハウス休み。

ほんやら洞では、客が居ない時は、しんどいので、ひっくり返って、昭和三十年代（小中学校）時代によくやった様に、ラジオの高校野球、さらにプロ野球阪神vs巨人戦をつけて聴きながら、「お盆で脳裏に甦る人々」をアップする。一度も会わず、僕が生まれる前に疫痢で死んだ晴美姉もアップしようと思ったが、一ヶ月前まで家ではいつでも見える箇所に置いていたのに、この一、二ヶ月のネガ、プリント探しで行方不明。

ま、実家では、惣領の哲兄の手で、全うに遇されて居るはずなので、今回はアップせず。オランダに行くまでに一月遅れで出すことにした。兄、姉に会いに全然帰れないので、この辺は少し気になるところでは、ある。

で、姉にTELで晴美姉の遺影のお盆の間の消息を問い質したところ、葬式仏教を否定している訳でもないのに両親の遺影も盆だのに、兄は衒示的価値に敏感なので立派な仏壇も買い備えてあるのに、遺影は何処に行ったか分からないという有様。で、仏飯はおろか、何も供えられてないと聴いて驚く。ダジャレではないが、仏作って、魂を入れず、とはこの事か。勿論、盆にも全く帰ってない僕に責める資格はないが、日頃、お寺の天井画や仏画を描いたりして飯を食ったり、テレビで空海に傾倒していると宣っている兄にしてから、これだ、現代社会では、死者と同居するのは、ますます難しいという事か。

お寺との付き合いも父母の代と随分変わったようだ。現甲斐家では、もう殆ど無きに等しい。爺さんは、由布院は小平のお寺の養子だったのに、三代にしてこれだ。ひょっとしたら、もう仏教徒でないのかも知れない。それは、それでいいのだが。お盆の御供え物は、姉が何とか供えたらしいが、隣近所の風習を無視して備えたその日に兄の息子が来たとかで食ったという。愉快というべきか？自意識過剰アーチスト一家のお盆では何でも起こる。笑止千万ものだ。兄貴よ、怒らないでくれ！信心深いというか、人間としての付き合い、風習を重んじる姉は心を痛めているのだ。彼女は半ばあきらめているようだが、その間の、できごとを淡々と語るその言葉の端々から慙愧の念が読み取れる。

僕は、ほんやら洞関係者で亡くなった、親しかった故人をFB上にアップしてせめてもの供養をしている。秋野亥左牟さん、中山容さん、井上美奈子さん、北沢恒彦さん等に交ぜて、甲斐家の故人もアップする。離婚したが、親切にして頂いた元妻の両親もアップしたかったが、時間がなく、明日にするつもりだ。

それよりも、懐かしかりし七〇年代ほんやら洞を回想する書下ろしを一刻も早く上梓するのが、十数年来、自分に課している責務だ。

それこそ、スピードアップして、せめて来年の盆には、皆さんを供養したい。

八文字屋には、モリモリ、冨樫&張重姫さん、最近、アサヒちゃんと屡々顔を出す尺八奏者？の杉沼さんのみ。張重姫さんは綺麗でキュートな三十一歳の大邱で税務の仕事をやっている方のようだった。モリモリから東京の生き難さを少し聴く。田舎も都会も大変だ。森まゆみさん等の生き方のスタンスから、もっと学ばなければ。

北口学さんが明日、佐藤真由美さんと会いに来てくれると、メールが入る。

八月十五日（金）

六十九年目の敗戦記念日。

誰と共に、どうやって生きて行くのか、闘って行くのかを考えるしかない。自分の内外の敵は明白だが、敵と拮抗出来てない。自身の心身は非常に苦しく成って行っているだけに八文字屋&ほんやら洞は、それなりに上向きだが、経営から、いつ、どうやって離れるかも考えねば。僕には、遺り残した仕事があると思い始めて、短く見積もっても十五年経過した。

盆、正月に行き場がなく、来てくれるお客さんを大切にしつつ、バトンタッチをと、ついつい思いを馳せる。

地点を守る闘いから少し解放されて、溜めに溜めてきた写真、メモをもう来年は活用しなければ、もうメモも写真の存在価値も無くなるだろう。もう後がない。

二時間程、客あり。

アホな写真ばかり、アップ。

大分合同新聞とのコンタクトをとらねば。

ほんやら洞には、三十年ぶりの客、外国人、シニアの上品な客等が二時間程集中し、こんないい店は残さねば、という思いを新たにする。せめて、週に、二、三人のオモロイ客と話し込み、その方の画像を残そう。

八文字屋バイトは、アドリーヌ。彼女の故郷、フランスのロレーヌ地方は、この夏、気温は、十七度だと言う。

佐藤真由美さん、北口学さん、九時頃、ほんやら洞の前をタクシーで通ったと言いつつ来店。

北口学さんは、沖浦和光のイエズス会等に触れた五木寛之との対談等、持参。

山形君、奈良井さん来る。珍しいとこでは、日向太の高校か大学か不明だが、同級生が両親と従姉妹を同伴で来てくれた。

史君も明ちゃんが「ユリイカ」でまた紹介されたと来る。久しぶりのヨシカネは頭を見て「カイさん、剥げた」と喜ぶ。段ちゃんに「介護士を雇う事業所等は俺なんか、撥ねるのでは⁉」という鬱積した不満を吐き出すと段ちゃんは「そんなことはない。俺なら採用する」と喋る。反対側の席の奈良井さんとヨシカネは熱くなる。ヨシカネには、ややこしくなるので、史君の職業を伏せる。

　八文字屋で潰れる。

ペラペラのサンダルで押しピンを踏み抜き、足の痛み、残る。

八月十六日（土）

　七時前に目覚めたが、十時までゆっくりする。

　十一時、ほんやら洞オープン。

　ランチが切れていて、客を一人逃がす。

　強い雨で大文字の送り火が危ぶまれる時間帯もあったりで、五時まで客、低調。

　山本香利さんには、六時に来て貰ったのが、ドンピシャリ正解。

　それから一時間半ラッシュあり。ウッチーも双子ちゃん連れて来る。そして、八時半からの一時間ラッシュ。四十数年ぶりの、客の存在のある店をその客自身も香利さんも楽しむ？、喜ぶ？ 香利さん「また、声をかけて！」と言ってくれる。有り難し。ウッチーが、ちゃんと双子ちゃんに頼んでから、双子ちゃんと一緒に記念撮影。

　ほんやら洞に姉からのＴＥＬ。エピソードを聴きつつ、二日後に七十一歳になる兄貴がボケない事を祈念することになった。兄貴を貶める意図は毛頭ないが、十一時に八文字屋に行ってから、話の続きを聴き笑い転げたので、その一端をメモろう。

　兄の家では、「サロン」「アトリエ」「母屋」というのがあるという。何とも羨ましい限りだ。姉のユーモア溢れる身辺雑記レポートにしたら、さぞかしオモロイだろうが、そんな事をしたら、狭い隣近所に住めなくなるのは分かり切っている。兄貴は、昔、大分芸短付近で経営した「ラパンアジル」時代の「一番弟子」とやらが兄のＴＥＬを知らないので、姉にＴＥＬをしたのも気に食わないらしく「来い！来い！何故、俺に直接言うてこないのだ！ウチを実家と思えばいいのだ」と最初は誘いの言葉をかけていながら、いざ来ると自分の言う事を素直に聴き「ああ、そうですか、凄いですね」とお愛想を言う訳でもないとなると、他の上客？とバッティングしたせいもあろうが、手の平を返した様にぞんざいな遇し方をしたらしく、笑ってしまった。Ｋさんは、今、不遇をかこって居るのを姉は知っているものだから、兄貴の仕打ちを見て、姉はそのＫさんが可哀想になったようだ。姉の気持ちもＫさんの心情を察しようともしない兄貴の狭量さ加減に姉も心底落胆した模様が、手に取るように分かった。僕流に言えば、世間で揉まれた経験がないお山の大将的振る舞いのアーチスト、ということになるが、その心理に堪らないサモシサ、卑小さ、事大主義を見出したとしても不思議ではない。そう類型化したら、オモロさが伝わらないか。一番近い身内だけに堪らないものが有ったのだろう。発言のはしばしでそれをビンビン感じた。もっとも、そのシチュエーションよろしく、その場には役者も揃っていたようだ。

最近、家屋田畑諸共失った、母の義理の弟の息子、韓国から来た愛人の息子を自分の財産全てを投じて面倒をみて得意げな従兄弟もいる。自衛隊の守衛のパートに行ってはぶっ倒れる、僕と同じ歳の従兄弟もいる。もっともっと大物の悪もいないではない。カナダでの四十年の生活を切り上げて、八女に帰って来たものの、兄弟の元に全く近寄らず、音沙汰もない、もう一人の兄もいる。親戚の不祥事には目を瞑り、「あんな奴、身内でないと言い放つ」兄貴を僕なら、笑い飛ばすだけだが、姉には弟の言動にも気持ちが悪くなるようだ。僕には、数ある親戚のドタバタは堪らない位面白い。姉もそれを僕に向かって、吐き出さずに居れなくなってのＴＥＬではなかったかと邪推する。「ウチを実家と思って来ればいいのだ、ホテルなんか取らないでいいぞ！」と言っていたのに、兄は、自分の話、旅行のＤＶＤを敬意を持って見聴きし続けてくれないものだから、彼がお土産に持って来たビールはちゃっかり自分の「上客」に振舞う一幕等を、姉なら、面白可笑しく書けるだろうが、まあ、体力を消耗するだろう。「食い物は用意しているんだ！」と宣うのだが、実際、供しているスッカンピンな餌（失礼！）との落差は映像にしたい。Ｋさんに段々腹が立って行く経過、追い返すような言動等、生前の誰かさんを髣髴させる。

殆どマンガというか、ボケ老人の酔っ払った末の言動だ。

兄貴、大丈夫か!? そう、声を掛けたくなる。独立独歩のアーチストの陥りがちな陥穽に兄もハマって居るかと思うと、僕としても一抹の哀れを感じざるを得ない。

こういう時こそ姉は、一歩引き下がって、多角的視線からユーモアたっぷりの小説を書いたら良いのだと思う。消耗せずに。

この戯画は僕にとっても他人事ではない。田舎暮らしも大変だ！兄、姉は、共に同情に値する。

オイタさん、奈良井さんのみの八文字屋。オイタさん「客層は、微妙に動いているね」と言う。

二時には、切り上げて、やっと吉田の家に帰る。

八月十七日（日）

八時、起床。

十時まで家でユックリするが、片付けをするというまでには、至らない。せめて月二日くらい整理のための休暇が必要。

午前中、お客さんは三人。今日も四十年ぶりの客あり。実相院の病院からのWさん、今日も。北口さんから頂いた資料全て、目を通す。

夕方、宮津から車の渋滞で疲れたサッちゃん、戻って来る。墓参りも祖母の指示で十数ヶ所も行ったらしい。

大分合同新聞の佐々木稔さんに、シーボルトハウス展の招待状発送の件でメール。先方には、先方の事情があろうと察して様子窺い。シーボルト用のラフな手描き京都マップ作成。

八文字屋、Kei-K, カゲロヲは脱落気味だが、川嵜さん、ルパン、堀口さんを除きフルメンバー集合。奈良井さん、鹿さん、八田さん。ここに、松ちゃん、樽家さんもいた。これに段ちゃん、オイタさんがくれば、いい感じ。この半年のNEW Waveの登場なし。店内の様子を窺いながら、大文字の火付け美女登場。ミレニアムの大晦日点火以来の大文字保存会との付き合いとか。八田さん気を利かせたつもりか？二度、三度、奈良井さんを火付け美女の隣に座らせようと、席替え指図。堀口さんの代役？の建築士（布野さんの教え子）の魚谷さん、美女、性的には荒んだ言辞多く発するどっかの大学建築教師同伴。壽里さんというその美女と八田さんと魚谷さんを撮影。

富士谷さん「ヨーロッパ行きまでに多分、会えないと思うので」と言って来てくれる。審査委員を務める二科会の審査のために、来週から上京とか。三時、閉店。

八月十八日（月）

九時、起床。

十時五十分、ほんやら洞オープン。

午前中に若者三人。

昨日、福知山は大水害。川嵜さんの実家は大丈夫？

午後、暇。パギやん来店。阿吽社帰り。ジンジャージュースを飲み、サングリアを注文する。ＦＢをよく見てくれているのだろう。彼のアップを見て「寺町今出川のとこか？生姜汁美味いか？今度、行く」との書き込みあり。彼への小林隆二郎氏のアプローチはやはり、曖昧みたい。

「工業技術学会」のパンフレット用原稿の校正をして送る。

ヒルゲートにフライヤーを取りに行く。

ディックさんにマップも送る。

清水哲男さんへもメール。出来たら、種子島へ行きたい、と。

疲れ、癒えず。

坊主か？と諦めているところ、奈良井さん、段ちゃんがお目見え。奈良井さん、やたら饒舌。「辻占遊び」ホンマに限定三百部かといい、買ってくれる。段ちゃんは、トウモロコシをくれる。今日は、焼酎にスイカ、パイナップルを入れるを奨める。段ちゃんと二時まで。

兄貴は、七十一歳の誕生日。

八月十九日（火）

ゆっくりする。

昼二十分間に客が集中する。

その後、寂しい。

冨樫&ポポちゃん、来〈ほ〉。

八文字屋には、九時前に行く。

咲希ちゃんが入ってくれていて「今から、永澄さんが来るとTELあった」と言う。氷を買って戻ると、杉村さんと来店。杉村さん、ご機嫌。

やがて、ティル、ジャーマン、ヤン、女の子と来る。奈良井さんも、ティルと合流。カウンターには、和歌山から、八代亜紀を綺麗にしたようなレオの同級生、「人妻」（檸檬の後のテナント）から来た男、鹿さんも来る。アール・ブリュット、国重さんを巡り、杉村さんとジャーマンは歓談。ジャーマン、八千円の訳書が出るのが、本当に嬉しそう。

杉村一座の幕が閉じて、講演旅行帰りの小山さんが来て、理化学研のエースのワッキーも登場。小山さんと「ほんやら洞通信」のペーパー版を出そうという話をする。小山さんの次の「流星雨の夜」は、安岡章太郎だと言う。

八月二十日（水）

超暇。

姉、北海道へ。

ジャーマン、ティルはドイツへ。

八文字屋には、九時に行く。昼、一日無駄に過ごした気分。ネガ・チェックでもすればよかったのだが、歳か、疲れている。

こういう時は、無理せず、用心しよう。

そう思い、客の少ない八文字屋へ向かう。〈八〉では、笑い転げるような、酔っ払いに相応しいネタ満載の船に乗り、心地良く、酔う。想う女が甲状腺を切ったとかで、気に病む方もいた。五条楽園のバーのマスターも初来店。

六時までダウン。

八月二十一日（木）

早朝、帰宅。

九時半、電気料金支払いのためにいつものコース。

京大農学部→高原通り→東鞍馬口通り→（高野川上の橋から南北撮影。川で魚漁りする親子）→下鴨泉川通り→和田胃腸科→蓼倉通り→旧石割隆太郎（湯川秀樹の弟子の原子力科学者）邸（元出町国際交流センター跡でもある）角北上→一本松通り→下鴨本通→工繊大生による甲斐アトリエ仮構地（池田良則邸北）→加茂川→北大路（北大路橋から南望）を辿るコース。

電気料金二万九千円。

ほんやら洞、十時四十五分オープン。一時まで客なし。

海人彦が、シーボルトハウス写真展の英語での告知をアップしているのを見て、この告知を初めて知る。

二時半、サッちゃん来て、一時間で書に行く。六時前に戻る。

シーボルトハウス写真展の案内用アドレスを探し、片っ端から送信。今年初冷やしうどん。昨日に続いて、出町の夕方画像、サングリア画像アップ。

京大マリーンも少なく、営業も惨憺たるもの。

金を持たずに八文字屋へ。リカマンでは、カルピス超安売りなのを発見。八文字屋は、更に少なし。清水哲男さん、陽美さん、那須君の同期で、妙顕寺の幼稚園に通っていた府大卒の白蟻駆除の梅田君のみ。

清水さんと「しみてつ祭り」を成長させようとか言いながら、飲む。お母さんの体調を案じて、早く帰洛。写真集作りも案じてくれる。夕べに続き、北海道の姉よりＴＥＬ。

二時二十分、閉店。木屋町通りもスカスカ。

八月二十二日（金）

布団で寝るつもりが、二階に辿りつかず。

九時、やっと起きる。

ほんやら洞に行く途中、有馬敲さんに会う。撮影。

昼、ダラダラと客あり。

シーボルトハウス写真展の案内ばかり、ＦＢ友達や目ぼしい人物のメールを探しては送る。

ウッチーが玄関の配線を見てくれる。電球が切れているだけという、失態を演じただけでウッチーには失礼する。店はというと、シニアの上客ばかりだが、店に張り付いている身としては、しかしせめて、現状の倍位来ないことには埒があかないというか、辛いものがある。サングリアの画像をアップ。

アドちゃんが、休み、川嵜さんがiPadを取りに来るというので、八時に八文字屋に入る。

何必館の梶川芳明さんが、ニューヨーク、ベルリン等で美容室を母と経営しているという総合格闘技をやるというエネルギーを持て余しているカンジの男を連れてくる。今日送ったメールを見て、羽衣大学の浮田哲ちゃんが、フリー（？）のディレクター、中村さん同伴。

八月二十三日（土）

朝まで〈八〉でダウン。

高瀬川、蛸薬師、梨の木通りラジオ体操を撮る。

昼前後、サングリアばかり出る。

ひたすら、シーボルトハウス写真展の案内のメールばかり送る。

一応、ヒルゲート展用の写真も選ぶ。

この三、四日、疲れでヴォルテージ落ちて、フラフラ。ただの老化か？

八文字屋には、八田さん、オイタさん、作事組の末川協さん一統も来店。青ちゃん、片岡千代子さんと続く。

オイタさん、八田さんも地蔵盆疲れ。一度キヨさん絡みで日本の職人を撮っている男（プリント一点買う）に連れられ来た八瀬の〈Window to Japan〉の男は、ジェームスという男を案内し、見物に来ただけという。

僕はこのドツボのようなルーティンから一刻も早く抜け出さなければ、ズルズルと行く所まで行って終いそうで、だいぶヤバイ。もう歳だ!!

北海道の姉、少し酔ってＴＥＬ。

雨なので、店で寝る。ひたすら、ＦＢでシーボルトハウス写真展用の案内ばかり。

八月二十四日（日）

空気抜けのチャリを漕いで帰る。

迂闊にも、十一時半まで寝て、風呂にも入らず、慌てて、ほんやら洞へ。

ほんやら洞、超暇。Ａちゃん以外は、二、三人。武市さん、何かを訴えに来たのだが、僕の状況が悪過ぎて、切り出さずに帰る。変な天気とはいえ、こんな体たらくでは、何ヶ月も八文字屋の家賃を払えず、速攻、「出ていけ」と来られたら、対応出来ない。

シーボルトハウス写真展の案内作業ばかり。桁違いに多く発送すれば、これが届くことで、中には「写真展は、固より行けないが、八文字屋にでも行って見ようか」という客も出てくるかも知れないという一縷の希望を抱いての事だ。

八文字屋には、八時四十分に入る。グッタリ来て、何も出来ない。

浅利ちゃんが「Kei-K, ヨコちゃん、ストリッパーのなんチャラ茜、亮太郎のアバンギルドでのライブのフライヤーよ」と宣伝する。松ちゃんが来ていて、九時二十五分に奈良井さんボトル、感謝。彼には「片岡さんの入る日にお出でよ！」と言うが、月曜日は無理との事。彼女に違う日に来てもらわねばば。九時三十五分に、仲代達也にだんだん似て来た八田さん。それから、しばらくして、青ちゃん。青ちゃんが初対面の八田さん、浅利ちゃん等の八文字屋人をネットを通じて熟知してることが、浅利ちゃん等に享ける。「チーちゃん、青ちゃんは合うだろう」と唆す。

大阪大学卒業生の春木さん＆山際晶子さん（北海道拓殖記念館の学芸員）の結婚絡みで川井遊木さん、上倉先生グループ六人集まる。春木さん＆山際さんが「写真を撮って！」と言い、撮る。

朝日新聞の増田さんの自慢の松江人脈集結。少し木須井さん似の綺麗な松浦リエさん連れの科学に強い横浜の記者・竹野内嵩広さんが先発隊で来店。遅れて久多の「花笠祭り」帰りの増田さんも登場して松江繋がりの毎日の京都支局に四月赴任したばかりの美人記者、カンザス大学出身の宮川サチコさんを呼び出して、話に花を咲かせる。二十五年前の八文字屋を賑わした松江の支局長のオカやん(岡村昌彦)に深夜TELするも出ず。青ちゃんが日向太の写真を宮川さんらに見せたりする。「息子さんを紹介してよ!」という女性あり。竹野内さんが青ちゃんに理化学研究所について質問攻め。その質問攻めの後、遠慮深げに奈良井さんも、青ちゃんを捕まえ、ヒトクサリ。

八田さん帰宅後「八田宅、売りに出すのなら、欲しい」と増田さん。

ワインで些かご機嫌な姉より、TEL。

前夜と違って、八文字屋らしい一夜で、青ちゃん、安堵して帰る。二時半閉店。

石丸商店に「水上勉先生没後十年展」のフライヤー持参。大きなタトゥー持ちのムショ帰りの陽気なお兄さんもいる。出る時、ジャンゴのツトムさん入店。

村屋にもと思うが、閉まっていた。四時半、帰宅。

八月二十五日(月)

九時、起床。

一時間、メモを取りながら、二、三日の反省をする。

やっと夏の終わりの感あり。

トップ客、ルパン。ヘリングにワカちゃん、カムバックと言う。午後、天神さんに、オランダへの土産物色に行く。目ぼしい物は、発見出来ず。サッちゃんは、筆を買う。

天神さんから戻ると、直ぐに、清水哲男さん、勝久律江さんが来る。勝久さんには、シャツ七着頂く。サングリア六杯飲んで、ヘロヘロ。

京都中央信金よりTEL。「この金（シーボルトからの旅費送金）は、どういう性質のものか？」と訊問。

iPad探しでクタクタ。

夜、井上義雄さん、清水さん、勝久さん来〈八〉。段ちゃんも来て、鹿児島の面々にしみてつ祭りには、行けない、と言っていたが、皆が帰ると、行きたい、と言い始める。

リン君、執行猶予四年懲役二年の実刑（別件逮捕、生活保護不正受給、恐喝の科、在特会絡みが本筋とか。二・五ヶ月拘留明けの来店）。冨樫は、深夜。

八月二十六日（火）

朝戻って、iPadを探すも紛失。

九時前に起床。八文字屋に行くが、発見出来ず。

吉田の家も探す。一時間半、これに掛かりっきり。

十時二十分、また、賀茂大橋で有馬敲さんと遭遇。

「同志社大の図書館で、新聞閲覧やら、情報収集に務めている」とのこと。

午後、一時には、カナモリコウスケさんも来店。初顔合わせ。

ユニット〈FKS（フケイキーズ）〉結成？の決起大会。

五時、皆が帰った後も、不調。

八文字屋、咲希ちゃん、いるものと思っていたが居ず、ウッチーが洗い物をし、清水さん、律江さんも待っていた。

「とにかく、この辺の物を全て、捨てよう！　こんなゴミ溜めには、客はこない！　バイトさんにも掃除をせよ！　と言わんとあかん！」律江さん、力説。ＦＢに現を抜かしている僕にも、叱咤。「一時間以下、一日！　他人のシェアせんでもよろしい！」と。僕には、僕の愚かであれ、思いがあってそうしたのだけど、とやかく言う事なし。ありがたい話だ。

朴ちゃん、顔を出す。「小山さんは、よく来ているの？　茜ちゃんは？　チカちゃんは？　オサチは相変わらず？　ミキちゃんは？」大阪は、酒を飲むのも辛い！　何処でどう繋がっているか分からんので、不安、と言う。

ろくでなしにフライヤーを持って行く。舞鶴の若狭さんに遭遇。

西成の彼も入って来る。

五条楽園のママも入って来たが、僕の顔を見て、逃げ出す。

後で、邪推するに、多分、咲希ちゃんも一緒だったのだろう。

吉田に帰宅。誰か来た形跡あり。

八月二十七日（水）

十時、ほんやら洞入り。

ジョン・ソルトさんより、ありがたいメール二本あり。

午後、日向太、墓参りを済ませ、顔を出す。

パスポート探し。

浅利ちゃん、休みなので、八時には八文字屋に入る。

八田さん、直ぐに来る。義雄さん&梶田さん、川嵜さんも。高松樹ちゃん旅行中で旦那の古関さん来店。古関さんの父は、南樺太生まれとの事。パルプ用の木材伐採が仕事だったという。

談論風発で終わるかと思っていたら、俄かに緊迫する議論も有った。段ちゃん、古関さん、川嵜さん、甲斐。八田さんは行司役。八田さん、お陰で飲み過ぎ？

八月二十八日（木）

パスポート、一番最初に探した箇所にやはり、ちゃんと有った。ただ、視力がおちているのだろう。

マリーンは、四、五人のみ。

清水哲男さん、勝久さんの画像、一〇〇近い「いいね」が付く。日向太@ほんやら洞も、同様。

シーボルトハウス写真展のキャプション書き（オランダ語）作業終了との事。

竹中英太郎美術館館長の竹中紫さん（労さんの妹）より、FB友達リクエストあり。

八文字屋は、九時オープン。まず、小動物捕獲装置？設置？

先週の客の入り方を思い浮かべ、坊主を覚悟していたが、オイタさんが、九時半に登場してホッとした。さらに、グラン・マーブルの祇園店のオープニング・レセプション帰りの島井佐枝ちゃん、こずえさんの旦那のフィリップが寄ってくれ、五日前に日本に帰っていたという（僕としても気になっていた）申芳礼さんを呼び出し、飲んでくれたり、画像をアップしてくれたり、こっちもしたりしているうちに、冨樫が職場のバイト君を連れて来たりする事になった。オイタさんと入れ代わりに（すれちがったが、オイタさんは気づかなかったという）咲希ちゃんも来た。在田さんを呼び出そうとしたが、夏季休暇中か、捕まらず。芳礼さんの育った県の隣県、山梨の「竹中英太郎美術館」の存在を知ったばかりなので、芳礼さんに知っているか？と聞く。最近できたのかな？美空ひばりのゴーストライターだった、労さんについても、少し喋る。

佐枝ちゃんは「一日、甲斐さんのFB、何も無かったので、もうオランダかと思っていた。甲斐さんのFBで、原発のこと、ガザの事が分かるので助かる」と僕の周辺と違って、甲斐FB肯定で溜飲を下げる。三人は「カラオケに行きたい！」とか、言っていたが、持参のiPodで、生オケを開始して、三人とも満足気だった。
S、シーボルトハウス展行き「壮行会」告知アップ。
三時に閉店。

帰宅後、インスタントラーメンを、珍しく食す。

八月二十九日（金）

九時、起床。何時間寝ても眠い。

整理整頓、ネガ探し、原稿書きの意欲、湧かず。

十一時半、ほんやら洞オープン。

店も我が身も絶不調。

こういう時は、本を読んだらいいのだが、さて、何にしようか？嵌まってしまったら、またヤバイ。

二、三年前の読書が中心の生活からえらく遠くまで来てしまったものだ。
こういう時は、カメラを持って近辺を二十〜三十分散歩したらいいのだ。お客さんには悪いが。

八十五歳過ぎの仲睦まじいカップルを後ろから、そっと撮る。出町の野良猫新マップ発見。

八文字屋、アドちゃんバイト。超暇。オイタさんが、竹村洋介の知人の若い女の子とカウンターにいた。初来店のロバート・イエリンさんは、「カイさんは、山頭火だ」とか「千利休だ」とかお世辞言いに来る。銀閣寺道の元ジョン・マギー宅で陶器商をやっている由。片岡さん、やっぱり、バイト無理、客として来ると、告げに来る。火付け女、奈良井さん、元京大シネ研の山形君、鹿さんで終わる。

北海道の姉と少し喋る。

ほんやら洞に寄り、四時半まで眠る。

八月三十日（土）

五時前に帰宅。

朝九時、物音で目を覚ます。

四〇〇メートル走に続き、一〇〇メートル走に出ろ！とSに言われ、出る気になるも、ジョギングですらようしないのに、心臓麻痺を起こすのでは、現実味が出たと思ったら、夢から覚めた。

十時五十分、ほんやら洞オープン。

変な雨あり。

パリより、ミレー生誕二百年のバルヴィゾン市とイベントに連動して、イベントを計画しているが、農村風景写真あるかとの問い合わせあり。

三時過ぎまでシニア、ファミリー、外国人、若者とほど良い配分でお客さんあり、もう少しあれば、いい店の雰囲気が現出するのだが、と思っていると、客足がピタッと止まる。毎週末には、大阪、神戸のお客さん、東京からもチラホラある。今日は、四十二年ぶりという方もあった。十月鹿児島から戻ったら、こういうお客さんと付き合いを楽しみつつ、これを記述すべし、と思う。借金王だが、今更、齷齪せず、マイペースでやるべき事をやればいいと云う思いを強くする。前々から、というか、三十年以上も写真を軸にしてそのような話をまとめるのが、僕の本領であり、真価であると、確信しているのに、そういう生活が送れず、慚愧の念をいだいている。

今日も無性に眠い。やはり、思い切って、チェンジする覚悟が必要だ。後がない。足腰も弱り過ぎだ。走るのに、恐怖を覚える夢を見るのだから。

六時過ぎ、Sが洗い物をやりに来る。ヒルゲート用の額が出てこない。水上さん&針生さんの写真やや大きすぎて、マットの切り直しが必要だ。

八文字屋入り、九時ジャスト。精華大の元副学長の葉山さんのメモあり。一瞬「残金……」と読め、大家請求メモと勘違いする。

トップは、「戦国ぼっち」の作家、瀧津孝さん。ついで、オイタさん&友人。オイタさんには、明後日の搬入手伝いをお願いする。そして、今晩のハイライトは、「数年続けたFB、七〇〇人のフォロワー、六〇〇人の友達が居て、毎日、これが軸になって生活が続いていたが、今朝、それ、全てを消した」という何時も和服の四十八歳の女性の登場だった。(翌朝、アカウント消えてなかったとの報告あり)二時過ぎまで。閉めようとしたら、アサヒちゃん登場。

四時、帰宅。

八月三十一日（日）

お隣の喋り声で、七時過ぎに目を覚ます。

画像アップ用のキットを八文字屋かどこかに忘れたみたいなので、三角州画像アップ出来ず。

走りの不自由？は、おろか、玄関口に座り靴を履く際に前屈で紐を結ぶにも手が届かぬ身体になってしまった。一刻も早くこの生活から撤退し、自主リハビリをせねば、長年鍛えたこの身体も無用になる。こんな身体的不自由をうるために、何ヶ月も何年も店番をするために、ほんやら洞にカムバックしたのではないのだ。逆説的に言えば、お陰で生活は、深まったが。今の生活は、まるで、タバコ屋の番台のおっさんの日常で、気がつけば、いつしか足腰が立たなくなってしまっているのに、ただ昔撮った写真を整理するのを長年、夢に見続けるだけのおっさんだ。

そういいながら、ここで網を張って客？写真のモデル？を待ったり、時々無為な網打ちするしかないのに、その成果をその内に披露したいとたいそうな妄想を抱きつつ、くたばるのだ。

八文字屋には、草葉裕さんが「ふうちゃん」の元ボーイフレンド連れで来ており、八田さんも到着したところだった。やがて、八巻真哉さんが久保田琴美さんと来店。鹿さん、奈良井さん、ダバダ火振の森重さん登場。

十二時半、閉店。六時まで八文字屋眠り。

九月

鴨川べり
野球ごっこ（真ん中の少年は現在「大甘堂」主人）（1975）

九月一日（月）

七時十五分帰宅。

午前中は、雨だし、ノンビリしよう、と家に居る。

ほんやら洞、昼客は、山嶺健二さんの教え子さんのみ。

搬入に、三時半にオイタさんをよびつける。（留守中に、松ちゃんがトイレに
ヒルゲートは、各作家の作品で立錐の余地がない、と言えば、オーバーだが、取り込んでいたので、その場は人見さんにお任せした。オイタさんは少し遅れ、ほんやら洞に戻るべきかと思わないでもないが、わざわざ来てもらっているオイタさんを待たぬわけはいかず、大の大人に、「仕事はなし、ほな、サイナラ」と言うわけもいかず、気の毒なので、来るのを待って、オイタさんを誘ってスタンドで一杯引っ掛けた。後は、iPadに画像アップ用の紛失したキットを売っている店を捜すも空しく、ルパンの古本屋「ヘリング」に寄るにも、時間が中途半端でジュンク堂で立ち読みして、五時ジャストに帰店。

立ち読みの「丸山真男生誕百年」（現代思想）の最首悟のエッセイ、やはり、読ませた。これがなければ、ルパンに会いに行っていた。

ほんやら洞の前で富山一郎さんに久しぶりに遭遇。

今月から、この日乗は、ボケ日乗と改名した方が良いかもと思うくらい九月早々ボケを連発。

夕べは、リュックもiPadも忘れて、八文字屋に行っていた。キット紛失といい、結構ひどいことになっている。

今日もヒルゲートに行くのに、チャリが見つからず、しまった!? と思って、キョロキョロすると、

目の中に、郵便局前の黄色い物体が目に入り、安堵した。家賃振込に行き、帰りは、歩いて戻っていたのだ。

もうiPadを嬲っている場合ではない。

一年半、それなりに頑張った。所期の目的も達した。

ここらで、体調を整えて、原稿に向い、実質的なほんやら洞、八文字屋の改造に向かう決意。

夕べの八巻真哉さんはダダカンを目玉にしたイベント、アート・プロジェクトを企画・申請中と通知に来店。僕も組み込まれている。僕が十一月か、十二月に沖縄へ行き、そこで撮影したものを、来春のイベントで発表出来るという有難い話。

久保田琴美さん同伴で、彼女とFB友達になる。彼女には、九月七日のパーティに来てよという。八田さんの二日間宇治のお母さんが居る施設での宿泊は、お母さんの励み。九月七日は、荻野晃也さんが来るのなら彼も出席。浅利ちゃんに作曲家からのプレゼントも持参。

月曜社の原稿を七、八月で進行させる思い空振りを重々反省。一字も書けなかった。そもそも、原稿の束が、物の下に隠れて見えない状態になっており、今こそ発掘を。

八時、八文字屋オープン。三条先の先斗町の入口で会った朴ちゃんは、銭湯行きを止めて来〈八〉。朴ちゃんは、体質的に差別的な友人とマジな話をする。お母さんのアドバイスについても喋る。後は、何時もの朴ちゃん噺。多分、先週バイトに入った片岡さんを知っていると思う、次に来たら、TELして！という。オイタさんも多分、坊主を案じてだと思うが直ぐに来〈八〉の対処について悩んでいた。オイタさん、昼から飲んでいるからシンドイと口にする。しんどそう。これで坊主でなくなり、僕としてはホッとする。後は、段ちゃん、ひょっとしたら、ルパンが来て、今日はお終いと想像したが、さにあらず。ついで、松ちゃん、奈良井さん、そしてやはり、ルパンの登場。松ちゃんと朴ちゃんは

「十年ぶり」とお互い言い、懐かしむが、高々、二、三年ぶりのはず。八月には顔を出さなかった、女性連れの谷川さんまで来てくれる。女性「今日は（写真を）出さないでね」と。

月曜日にしては、まずまず。

ルパンは片岡さん目当てだったが、気分を切り替えて、その代わり？に谷川さん連れの彼女を口説きっぱなし。鹿さん、段ちゃんも来店。段ちゃん、今日もキビシイ一日だったようだ。ブログを読んで、古関さん来店の日の記述を笑う。谷川さんには、出来たら、数奇な運命にある女性を紹介すると言う。

ヒルゲートの人見さんよりＴＥＬ。展示作品の価格は、人見さん任せ。マラーノの葬儀の写真も展示したと言う。

疲れた様子の姉よりＴＥＬ。ＴＥＬナンバーを聴く。

八文字屋にて沈没。五時ルパンも「ろくでなし」帰りか？来て同様に沈没。何度もトイレに駆け込んでいた。

九月二日（火）

八文字屋に、下痢で疲れたルパンを残して下に降りると、目の前には、いつものピンサロ朝割行列があった。短パンにランニング姿のお兄ちゃん、ズタ袋を抱え込んだ頭はげ上がったおっさん等々それなりに多士済々の色男が、オープンを待ち侘びている。高瀬川沿いには、草臥れたおっちゃんたちが、点々に、朝から強い陽射しを避けた涼しげな場に何人もへたり込む。

朝の強い直射日光が織りなすシルエットのコントラストは心地よく、強烈で、絵になる光景だ。写真家ならば、どっかで一発ものにすべく構えるはず。写真家にとって、光が全てだ。僕は通り過ぎる。僕も陽射しを避けて、ほんやら洞まで、チャリを飛ばす。

九時四十分には、オープンしたが、毎年、九月の初めのほんやら洞は信じられないほど暇なのを思いだす。午前中の客は、ゼロ。

iPadのキットを買いに行けばよかった。いや、iPadと距離をおかねば、等スッキリしない。仕込みをする活力が湧かない。そんな事を言う場合でなし。マイペースでタコライス作り。

午後、ギャラリー・ヒルゲートでの水上勉先生没後十年展が始まる。

昼、少し客があり、ホッとする。

二時〜四時は、坊主。

六時前に元読売の林千章さん来店。三十年前はお世話になった。六時十五分には、不調気なS現れ、洗い物を片付けてくれる。

十時半には、河田孝郎さん、川勝英十津さん、徳正寺の演劇仲間の祖父が怖い人だったという西陣シネマ辺り生れの井上さんの登場。川勝さんは、徳正寺での芝居に一度も観に行ってなく、お山の写真を全く見せてない僕をやや詰るも河田さんが飽くまで僕に対して好意的なのに、川勝さんは当惑気味。河田さんは、二十年程前に来〈八〉し「何じゃ、この店⁉」という思いを抱いていたらしいが、花背で一緒し、見直したらしく、以後親しみを抱いてくれたようだ。こっちは、当地では、初対面と勘違いしていたが、その地味な異貌が奏でる旋律に驚き、酩酊した。今晩も二人の議論、掛け合いを楽しんだ。京都芸大の十八歳からの二人の関係の蓄積のコクが滲む。二人に励まされる。ふた方は、共に、一九四一年生まれ。河田さんは、ラテンナンバーをギターで奏でるだけでなく、唄も堂に入ったもの。今日も、チリワインのケースの発見に発して、美声を披露。共に、「しみてつ祭り」のフライヤーを大事に仕舞って持って帰ってくれる。

十一時四十分には、帰途に着いたが、河田さんは、下鴨桜木町に越す前は、わら天神（僕もわら天神の近く衣笠西開キ町に、一年三ヶ月住み、二年連続、わら天神の神輿を担いだ）に住んでいて、千中に出没したといい、おでん屋・神馬のエピソード、とりわけ、七本松の豆腐店「竹内」との絡みで豆腐が如何に皆に供されていたかと言う話とセットで、東映映画全盛期の役者、裏方（美術監督）らの破天荒な生き様について語る。「リラ亭」の前の「とり一」の二人娘の一人の亭主、東映映画の美術監督の森田さん周辺噺は、また、聞こう。亭主の方の「沢田ふじ子」もここら辺に出没していたか、絡んでいたのだろう。

「熊鷹」には、ヤクザが勢揃いしていたとか。河田さんの写真を撮る。河田さんも川勝さんも若々しい。映画の全盛期の京都の活力に思いを馳せさせてくれる。

二時五十分、帰宅。

九月三日（水）

八時半、起床。

ほんやら洞、十一時に松ちゃんが来て、暫く客なし。

午後、宇治出身で高校時代からほんやら洞に出入りしているフォーク・ファンの三枝博音の孫、嫁が四国中央市に帰っているかで寄る。ひょっとしたら、九月十日前後、ほんやら洞の留守番ができるかもと。彼、このブログに登場する奈良井さんとやらに関心があると言う。

体調悪し。ヒルゲートを覗く。トランジスター・プレスの佐藤由美子さん、一乗寺恵文社での北口幸太著「新約ビート・ジェネレーション」のサイン会の前に寄ってくれ、同書をくれる。ディックさんに、レセプションは盛装すべき？　とメールしたら「甲斐さんは、甲斐さんで良い」と返信。ヌーインさんが「何時、ナントに来るの？」と言って来る。大分合同のＳ記者は、水上勉先生没後十年展でなく、「しみてつ祭り」に来るとのこと。

今、警備員をやっている妙見の紫野高校の同級生四人、三時前に来店、八時半までいる。クリーニング屋の息子、今井君の事も話題になる。西賀茂でイマックスという土地家屋調査士の会社をやっていると言う。

中に、福岡の朝倉市で「アイ・エム・ビー」というきのこ工房を経営している岩田眞人さんというまっすぐな男もいた。三十年近く前のほんやら洞の常連。薄々昔の面影を湛えている男もいた。

夜、八文字屋には、九時二十分に入る。

松ちゃんは、帰った後だった。

川嵜さん、八田さん、奈良井さん、鹿さん、片山さん、漆芸での人間国宝の男がいた（二十年以上前にジュンク堂の南浦店長と、また、十年程前に、小島房江さんと来店）。後で、段ちゃん、琢ちゃん、「今、ニートだから」というチーちゃんが昨日、宮古島から帰って来たと言ってお土産のマンゴー持参でふるまう。龍門より美味しい餃子屋を発見と、はしゃぐ。鹿さんが帰った直後だった。一時二十分に終わり、元気のない姉からＴＥＬ。四時前に帰宅。

九月四日（木）

八時半、起床。洗濯。

十時半、ほんやら洞。

同志社の工事のお兄さん二人、ランチ。

Ａ社の鳥取から大阪に単身赴任して来てほんやら洞の前に住むＹさん、今日は休暇だからと来店。勇ましい名前。「ほんやら洞と歩く・京都行きあたりばったり」を買う。

前々からほんやら洞でライブをやりたいという、神戸の小林隆二郎さんも顔を出すが、何も決まっていない。

松ちゃん来る。前からチョロチョロ覗いている柳風呂町の円覚寺の篠原さん？（昭和十年生）が来て、機会があったら、写真展を上海に呼びたいと言う。元三井物産で繊維を扱っていたという。姪の篠原さんが二十年前にほんやら洞で働いていたという。多分、母親は（北沢さんの記憶では）鴨沂高校の書道の先生。彼は、京大を落ちて、物産に途中から、入ったので、アフリカ等の僻地に派遣されたという。多分、鴨沂では、秋野亥左牟さんと同期。数年前に、中国でなく、北朝鮮から帰って来た孫を「ほんやら洞で使ってくれないか？」と気遣っていたはず。

今日、来週と、京大マリーンは休み。

八時半に八文字屋に入る。着いたら、Ｋ絡みの妙齢の女性が待っていた。諸般の事情を考えて、ちょっと憐れみ、雇った方がいいかなと思ったが、喋れば喋るほど、安易な同情心は禁物と判明。

直ぐに葉山勉さんが、京大職員のＮさん同伴。やがて西田大智さん来店、伏見の土地柄等を巡り歓談。最初にオイタさんを八文字屋に招致した縁もあり、オイタさんが居たらいいのに、と言い合う。

二時半、ほんやら洞に戻る。

九月五日（金）

五時半、目を覚ます。十時までゴロゴロする。

気持ちをオランダ、書物に切り換えねば、ヒドイことになる。

朝、午後と無為に過ごす。

キット出てくる。早速、数点アップ。

明日、出来たら、ヒルゲートで喋りたくないが、そうもいかず。疲れ過ぎ。

九時、八文字屋入り。オイタさんがいた。松ちゃんが帰るところ。やがて、チーちゃん、浅利ちゃん、招徳の木村紫光さん、社員同伴。梶田さん、奈良井さん、一旦帰ったチーちゃん、浅利ちゃんが鹿さんと同僚引き連れて戻る。チーちゃん、ＴｏＴｏ踊りとやらを踊って笑を取る。すぐに、東山三条下ルの中華料理店へ、郎党を引き連れて行く。奈良井さん、梶田さんは、ネットで一澤帆布店の骨肉の争いを見て快哉？を上げる。フータン（マミちゃんの従兄弟で四十年前から中学生として出入りしていた伏原君）の悪仲間（父親は、三十年前、京都の警察学校の校長）も若い知人と来る。

段ちゃんが来て、安倍福美ちゃん、娘の瑞生ちゃん（三十歳）同伴。伏見→先斗町ひろ作→八文字屋→ろくでなしのコース案内とか。国際ホテル泊。明日も、弟と合流とか。

段ちゃんと、三時四十五分まで飲む。お喋りが過ぎたか？家に着くと鍵なし。

九月六日（土）

昼までぐったり。

何一つできず。

六時にＳからＴＥＬ。

「ヒルゲートが、もう始まるとＴＥＬあったよ、何をしているの？」

ヒルゲートに行こうとしたら、フォークシンガーの古川豪からＴＥＬ。

「精華大のフォークソング部から電話があって、十月十二日にほんやら洞でライブをやるのに、僕に出て！　言うんや。僕は、前に、甲斐さんから出入禁止！　言われているやろ……」覚えのない事なので、「気にせず、どうぞ！」と言う。

パリから来た青年と喋った以外はなにも出来てない。

ヒルゲート、六時半に行ったら、渡辺淳さんが喋っていて、次は、市田ひろみさん、その次、ラストが甲斐さんよ！　と人見さんに言われる。皆さんは、濃厚な関わりを喋っていて、僕は、夜の付き合いだけだったと言ったにすぎない。

八時前に、八文字屋入り。

トップは、松ちゃん。一〇・一九の「変えよう！　日本と世界」集会の主要人物の、武市さん、ジャン・ポールさん、寺田さん、大阪の星川さんが直ぐにくる。草葉さん、音峰さんと続く。ほんやら洞に昼間、顔を出したパリからの青年が来て、これで今日の客、すべて。音峰節に苦言を呈する。最後は、青年、ジャン・ポールさん、武市さん、音峰さんだけになり、一時には皆さん帰る。りわちゃんが、来れたら来るといったので、空しく二時まで待って、そのまま潰れる。

九月七日（日）

六時五十分に目を覚ますが、一時間ぐったりしたまま。

家に帰ろうとしたが、鍵紛失を思い出し、ほんやら洞へ。ここでも、ぐったりしたまま。旅支度も捗らず、パーティの準備をしつつ、ほんやら洞をオープン。森恭彦さんの清水哲男さんについての書き込みある。熊谷真菜さんが徳正寺での多田道太郎さんを偲ぶ会についてFBで触れている。鶴見太郎さんが高校生の時に映画を一緒に行って以来の出会いが、太郎さんは今や四十八歳と。今日は、本来、趣味でもない壮行会を開かねば成らない。少し悲しい。しかも、言い出しっぺで独りで準備とは、これ、人徳、人望の薄さ故。この馬鹿馬鹿しさったら、ない。トホホホ。そう言ってしまったら、元も子もない。いや、参加者に失礼。

「しみてつ祭り」の「どうして僕はこんなところに? What am I doing here?」ではないが、その現実を直視し、そこからの脱出の手立てを早く講じねばなるまい。ますますボロボロになる一方だと気づいて何年になる? 加速度的にボケは進行中で身体が悲鳴を上げ続けている。

旅支度も手付かず。フィルム買い、ポストカードの選定、お土産の用意、靴とジーンズそしてポーチ買い、ユーロへの両替、留守番のローテーション作り&ストック可能の付き出しの買い出し、留守番バイト人へのメモ、戻って来て直ぐに来る集金人への対応(支払いの算段付け?)、秋以降のバイト手配、アメリカのW・ジョンストンとの連絡(シーボルトハウス以降の計画)、「しみてつ祭り」展用のプリント、「ほんやら洞の青春」完全脱稿再始動への手筈、申芳礼さんへのプリント渡し等々近日中に遣らねば失礼な課題に思いを巡らせ、確実に片付ける事。

八文字屋用に、高菜漬とキューリの一本漬を各数袋買い置きする。

Sは、四時に来て、洗い物をやってくれる。デザインの仕事を魂詰めてやりっ放しの一週間で疲れて、旅支度は、まだ、全くやれてないと言う。

パーティのメニューは、サングリア、ヤポネシアン・オジヤ、リュウキュウ、冷奴、焼き茄子、食わせようとしたが、誰も見向きもしなかったトコロテン、高菜の漬物と至ってシンプル。八田さんも、パソコン弄りにくる。彼は珍しくほんやら洞の飲食物を「どれも美味しかった」とあとで評価。次は、平智之さん。下鴨中学では、大久保さんと同期。浮田哲の一期下。そして、オイタさん、臼倉さん（は、いなり寿司の差し入れ）は初任地大分に四年いた（一九八二年から）、荻野晃也さん、永澄憲史さん、井上義雄さん、梶田さん、川嵜さん、鈴木孝展さん、最後はウッチー。タカさん、佐藤寛子さん、芳礼さんは、来ず。芳礼さんは、親不知を三本抜いて、顔が下膨れでパンパンになっているとメールあり。

九時まで。九時半に飲みたいという青年二人あったが、断る。

八文字屋のトップ客は、松ちゃん、そして、奈良井さん（同窓会の幹事で、りわちゃん等の打ち上げと合流コンパ後）も覗き、来店三回目の青年が独り同伴。山本香利さんも来ていた。オイタさん、ナディア＆友人（インド女性の地位向上を求めるボランティア帰り）、鈴木さん。鈴木さんは、ナディアの友人が四国遍路に来るなら、是非、家に寄ってくれを連発。最後は冨樫とフランスの猿学者を去年、トゥールで嫁にした男。二時、閉めたところに、ロイが黒人の友人と来たが、さすがにしんどくて断る。大ネズミ一尾退治。

四時半まで、八文字屋少し片付け。

五時、帰宅。

九月八日（月）

十時半、起床。

旅支度、そして、久しぶりにゆっくり動く。

昼、一時間半閉めて、ユーロ換金、靴買いなどをすます。

八文字屋、坊主を覚悟していたら、十年前に会って、八文字屋バイトに勧誘した鹿児島の美女来店、朝日の増田さん、段ちゃんも。

留守番スタッフを次のようにアップ。

甲斐留守中の八文字屋のバイトのラインアップは、以下の通り。

九日（火）咲希ちゃん、十日（水）浅利ちゃん、十一日（木）レオ、（補助は黒島千佳ちゃん）、十二日（金）レオ、（補助は黒島千佳ちゃん）、十三日（土）黒島千佳ちゃん、十四日（日）浅利ちゃん、、十五日（月）レオ、十六日（火）咲希ちゃん、十七日（水）浅利ちゃんです。

どうか、ご愛顧下さい！

ほんやら洞は、休みで、逼迫してますので、可能な限り、付き出しは、出しますので、悪しからず。

鹿児島の美女、橋元多恵子さんは、一時に「天文館で飲みましょう」と帰っていった。

九月九日（火）

一睡もせず。六時のＭＫタクシーを待つ。

旅先で、少しでも進めたい月曜社の校正原稿、出てこず。

かくして、マダラボケ老人オランダ写真展旅行が始まる。

八日間の旅だが、さて、何が起こるやら？

ＦＢでの山本香利さん、勝久さん、清水さん、ウッチー、ヨッシー、橋元多恵子さん、竹中紫さん、レオらの優しいエールを背に受けて、始まり、はじまり。

まずは、ＭＫで関空到着のＳを撮る。次はユーロに換金しようとしたら、一ユーロ一四二円以上。醤油ラーメンは、六二〇円。ほうじ茶は、一六〇円。飛行機の中から飛行機の整備士、神戸港。飛行機では結構寛いで、脚を伸ばし熟睡のＳを撮る。僕は全然。ＫＬＭのプラスチックグラスには、自転車、チューリップ、木靴のデザインがあしらわれている。

ワインばっかり飲んでいるのに、食事中、スプーンを落としたり、チョンボの連続。映画「シェイクスピア・イン・ラブ」を観る。ＫＬＭのフライトは、ガラガラで、皆、移動して、大の字？に成って寝る。Ｓもしかり。

十時間ちょっとで到着。ディックさんにＴＥＬ。駅まで車で迎えに来てもらう。

「今日は、記念すべき日だ、バート君が、家を出る事になった」

ちょっとディックさんは悲しそう。

まず、シーボルトハウスに行ったが、まだ、搬入展示は終わってなかった。もう一人のディックさんに会い、三本の梅酒をあげる。

その後、ライデンの街をほっつき歩く。

マリコは、「世界銀行」に就職して、三週間前にナイロビへ引っ越したが、十一日のレセプションにはお母さんが名代？として（物言いがやや大仰!?）来るときく。白藤さんとは、連絡が途絶えたようだ。彼女、気を悪くしてなければいいが。

元洛北高校の大久保博史さんの連絡もあって、十日にオランダの新居に引っ越すというピアノの先生の荻野裕子さんから「十日の夜、少し離れた州だが、よろしかったら、新居に飯を食いに来ないか」

とのメール入るが、まだ、何が如何なるか分からないし、Sもいる事だし、一応、ペンディング。

初日は、トルコ料理。

「ディックさん、半分とか、金をだすよ」

「馬鹿野郎！カイさんは、ウチのお客さんなんだ」

そんなやり取りもあった。

後、ハンスも、レセプションに来るとの連絡入る。

かつては、東京の外人記者クラブの代表も務め、政府自民党を追い詰めたこともたびたびあった彼もNRCをリストラされているとのこと。

しかも、三人の子どもの育児で、大変なのだと言う。多分、五十一歳で、〇歳児がいるのだ。

夜、興奮して、あんまり眠れない。

九月十日（水）

ゆっくり、朝食を済ませ、シーボルトハウスを覗く。
展示作業、やや進行していた。僕の好みからすれば、ガバッと展示したいところだが、ちょっとチマチマしているかな？という感否めない。それでも、キャビネ数十点（どれも曰く付きというか？マニアックな濃い交遊関係を照らし出す）を一つの大きな額に収められている。また、おもろい写真を厚い木にプリントしたようなグッズ？が、十点くらいあった。オモロイと思った。（次の日から、何故か、見当たらなかった）
八文字屋の浅利ちゃんにTELしたら、まだ、八田さんしか居なかった。小田ならちゃんとFB

友達になる。

午後、ディックの純米酒配達？に付き合い、アントワープへ。車の中の彼のオランダ、ベルギー解説面白し。ベルギーが今にも、分裂しそうな状況にあること、カトリックとプロテスタント地域の違い、ブリュッセルに比べて、アントワープが労働者の町であること等。

ルーベンスの代表作のある教会には、アントワープに着いたのが、そもそも、六時だったので、行けず。八時に再度、ディックと落ち合い、ディックが好き（と言っても、初来店）の地元の人しか行かないと言うビストロで食事。メニューの真ん中にＷＣと記しているローカルな、というか、牧歌的なビストロ。

初ベルギー歩き体験。また、来てみたい街。ディックさんの父親は早く亡くなったが、眼科医だったらしい。母には、子どものいない姉が何人かいて、彼の面倒をよく見たらしい。母の父親は、鰻とりや籠（魚籠）作りを、ずっとやっていたそうだ。

九月十一日（木）

午前中は、寝不足で、ノンビリ。

昼、シーボルトハウスの館長が、食事に招待してくれる。

午後、少し、地回り。まだまだ、ライデンの奥深さ掴めず。

ディック家で一休みしてから、四時二十分、レセプションに出掛ける。

シーボルトの資料室も聴衆が結構ぎっしり。シーボルトハウスの力、恐るべし。老人多し。ディックさんの母、インゲさん、バート君、クン君も列席。辻（駐オランダ）大使も、甲斐写真論を一席ぶつ。館長から、贈物（酒）を貰う。ディックにも酒。サッちゃんにはチョコレート、インゲさんに花束贈呈の一幕あり。そして、僕が大使を案内して、写真の解説をしてからは、飲み会。ワインと日本酒のパーティに、寿司も出る。

八時くらいに終わり、二次会。

二次会にはバート君の何かの先生が、知人二人を連れてくるのにえらい時間を食う。ひとりは空手の先生で三十歳の子どもがいるとは、とても思えない五十歳の身体を鍛え上げた女性、彼女に整体を習う、ハーレムで花の仕分けの仕事をする少年、チャイニーズだった。ハンスが良いワインを頼んだので高くつく。ハンスは、日曜日のワークショップに三人の子どもを連れて来て、プリントを買うと言ってくれる。オーストラリア出身の奥さんは、今、中国に出張中。

夜、ディックの母（イギリス出身）から、ディックのスピーチで英語的におかしかった点が、二カ所あったと、メールが入ったという。

九月十二日（金）

ライデンの町を散策したあと、インゲさんの車でスピノザハウスに行く。ここは、十六年ぶりで、管理人も代わっていた。前任者は、三代百年いたという。周囲の開発も進み、ハウス自体も改装されていた。芳名録も二冊目に成っていた。前の自分の署名を見たかったが、見れず。スピノザの生前の著作は、「デカルト」しかなく、死と同時に次々と著作が出た。一六〇〇冊の蔵書も数奇な運命を辿った。デカルトの所在地とは、五キロしか離れてなかったが、交遊はなかった。当時の石、タイル、レンズ研磨機等を見る。二〇〇〇年〜二〇一二年は、改装もあったが、休んでいた。死因は、レンズ磨きから出た粉塵で肺をやられてのこと。当時、ここの直ぐ近くまで、海岸線があった。

ここで意外と時間を食い、その後、電車でデン・ハーグのマウリッツハイスに行く。ヤン・ステーンというライデンの絵描きだけでなく、レンブラント、ルーベンス、フェルメールの「真珠の耳飾りの少女」も観る。エッシャー美術館にも行きたかったが時間なし。

早々に引き上げ、ディックさんの料理を楽しむ。

FB上には「オランダ周遊」「アントワープちょっと見ただけ」「同行者・佐智子さんの動静」「デン・ハーグほっつき歩き」をアップ。

北海道にいる姉とTELで喋る。八文字屋、レオであんまり客なし。

九月十三日（土）

ライデンの市場を見て歩く。途中、ディックさんのお母さん、ついで、インゲさんに遭遇。ライデンは狭い。ニシンのサンドイッチにも挑戦。

アムステルダムのジューイッシュ・ミュージアムの写真展へ行く。見るべきもの多少あり。サイズの小さいのが多し。ロマン・ヴィシニアックの写真なし、ボブ・ディラン、ジェームス・ディーンの肖像等あり、ルイス・ハイン、ベン・シャーン、ユージン・スミス、ウォーカー・エバンス、リボー、リリィスもあり、まずまずか。

帰りに、ベルギービール専門の素晴らしいバーに案内される。

ライデンに戻り、インドネシア料理を買って帰る。

連日、グッタリ来て、この日乗もろくすっぽ書けず。iPadの調子も悪い。多分、画像を抱え込みすぎなんだろう。

九月十四日（日）

シーボルトハウスでのワークショップ、まずまず。日本の、京都の、写真の潮流と社会的な意味の歴史の中の自分の写真のポジションとそれに向かう自分の意欲についてしゃべった。

ディックさんのお母さん、佐藤守弘さんの義理の妹は旦那、「カメラ・キッズ」の子どもとともに来るが、僕ちゃんは動画でも撮る。後で分かったのだが、元ほんやら洞のバイトのヨルちゃんの知人も来る。

しゃべる事、少し自信をつけた。今日のテーマをキチッと書くべし。

ハンスの三人の子ども、ディック、Sとで、肉屋仕立てのバーに行く。子どももビール（?）を飲む。町は、カーニバルだ。

ハンスは、プリント買いに来る予定だったが、子どもが疲れ、帰って行き、残念。

ムール貝をしこたま食う。

九月十五日（月）

朝一番に、三年前、紫野高校生時にほんやら洞のバイトだったヨルちゃんからメールが入る。今、ライデンに住んでいるのだと。生憎、月曜は、シーボルトハウスも休みだ。本当は、昨日、僕の個展とは全く知らずず、見に行く予定だったという。「まあ、期間中に見てや」とメールを入れる。

昼前から、ハーレムへ出掛ける。フリー・マーケットがあるというので、楽しみにしていたが、しょぼかった。インゲさんの推奨したカフェは、大きな教会を改造したものだった。

Sは、英語で書かれたオランダ料理の本を物色して、見事にある。細々した好みのグッズももものにしたようだった。(結局、お土産は、ライデン駅前のスーパーで間にあった) 風車見物も、ナビゲーターのおっちゃんがおもろかった。

コロッケを自動販売機で買い、ニシンのサンドイッチも、と思ったが、オランダ語しか書いてないので、面倒なので、よす。

ディック家に戻り、疲れているので、早々に切り上げて、二階にいると「甲斐さんに来客ですよ!」とインゲさんに呼ばれる。

(ハンスが、やはり、プリント買いにまいもどったか!?) (マリコが急遽、ナイロビから戻ったか?) 下には、ややふっくらしたヨルちゃんが立っていた。

暫く、ヨルちゃんとバート君の幼い頃の思い出話に耳をかたむける。

九月十六日 (火)

朝、インゲさんがカボチャの実? 種? 入りパンを焼いてくれる。バート君、ディックさんは、朝八時に出掛けた後、クン君、インゲさんに玄関で別れを告げる。(写真) ディック家では、全員揃っているところで、「さあ、皆さん、コッチ向いて下さい!」と言って集合写真を撮りたい欲望に駆られもしたが、何かあざとい気がして、そうしなかった。撮った方が喜ばれたかな? という気もしないでもない。

スキポール空港でもう一人のレオこと、レオポル・リノ君（二十一歳）に遭遇。飛行機の座席も隣でびっくり。八文字屋では、フータンとジャーマンがいたらしい。ジャーマンは、咲希ちゃんにリキュールのお土産持参。

九月十七日（水）

帰国とFBに記すと、直ぐにレオが、売り上げ金と沖永良部島からのお土産物（黒糖にまぶしたピーナッツ）持参。

ほんやら洞の片付けも手に付かず、えびす屋で、寿司を買い食って、六時、帰宅。三時間寝てしまう。慌てて、ほんやら洞で仕込み、といっても知れているが、何も作らず行くのは、怠慢な気がし、申し訳程度の準備。

八文字屋入りは、十時二十五分。鹿さん、川嵜さん、八田さん、オイタさん、冨樫がいた。後、カゲロヲ&付き人が（近藤和見の演出補助）来たくらいのもの。段ちゃんを待ったが、空しい。チョイ珍奇な画像を仕上げる。最後は冨樫と二人きり。「ゴメン、終わろう」と言い、終わる。

ほんやら洞に戻ったが、キットを八文字屋に忘れ、作業できず。六時に目を覚ましたが、十一時半まで、ぐったり〈ほ〉で寝ていた。

九月十八日（木）

銀行に行き、三角州を撮り、家で、洗濯をすませ、三時半までバタンキュー。

関電にほんやら洞の電気代三万六千円の支払い。大宮寺の内の鵜飼商店まで、シメイビールを買いに行くが、やはり、割高。ザラ半紙の読みづらい字での酒造元探訪記は、おもろいし、貴重。五時半にＳが来て、今晩の京大マリーンを思いだす。マリーンの前に蕎麦食い。マリーンの間、中京郵便局に行って鹿児島の清水さんにプリント四十数点＋ポスター数種を速達で送る。

やまや、リカマンでもシメイビールをチェック。

Ｓと試飲会をやるも誰も来ず、と思っていたら、レオが、三十分遅れて来てくれて、留守中彼が一日一点ずつ撮った画像をＦＢに三点アップ出来る。

十二時過ぎに四人客あり。姉と、ＴＥＬで喋る。姉と祖母の事などを喋るべきだったかも。八女の姉にもオランダ行きは伝わっているようだ。伝わり方、Ｍ姉の理解の仕方が歪で苦笑。

九月十九日（金）

ダウン。

十時半、風呂に入って、ほんやら洞へ。

小松原沙織さん、河又貴洋さん、来〈ほ〉。

カレー、タコライス修正。

キーマカレーは、一から作り直し。

ディックにお礼及びプリントの所有権についての私見を書き送る。

八文字屋は、アドリーヌのバイト、山形さん、鹿さん、八田さん、チーちゃん、浅利ちゃん、富士谷さん、まりえさん&もう一人。

姉、話したげ。遠方で、長年離れて住む息子、娘に接すると、思う所が多いのは容易に察せられる。一人ひとり別な人生であることの切なさよ、と言っても何も始まらない。

九月二十日（土）

佐藤真由美さん、北口学さんは、大阪で社民党の偉いさんと会って、大徳寺経由で来る。ノンちゃん来店。

関テレから「ウッチー、ヨッシーの年齢を教えろ」とのTELあり。

明日（九月二十一日）午後五時〜八時@ほんやら洞
甲斐・浜田のオランダからの帰国報告パーティ
会費三千円
甲斐・浜田のミニ写真展（今月いっぱい。但し、二十五日〜二十九日は、天文館行で、休暇）
ベルギービールのミニ試飲会もやります。オランダのチーズ、ハムもささやかながら用意しています。
また、いつもながら、パエリア、サングリアもふんだんに飲食出来ます。
ちゃちなお土産のコースター&オランダ展のフライヤー等も参加者にお持ち帰り願います。
忙しいと思います。また、ついでに、ちゃちなお土産を八文字屋でも、ほんやら洞にでも取りにきて下さい。

てなメールを九十人くらいに送る。

ＦＢには、次のような事を記す。


危うく焼死するところだった⁉

この二、三ヶ月は、ずっと二時間置きくらいに朝方、小便に起きるのに、今朝は、三時から十二時まで熟睡してしまった。

何だか生暖かいなあ⁉と隣の部屋を覗いてみた。異変はなし。下に行くほど、暖かい？アレレ？小便を済ませ、台所へ。

暖かいどころでない。びっくりした。

ガスコンロに火がついているのだ。おもえば、八時間も。何が起こったのか？分かるのに一瞬頭を巡らせた。鍋の中でゴワゴワの燃えカスがある。ガスのホースも焦げかけている。

鍋の空だきだ！と分かると、ゾッとすると、同時にガックリきた。

鍋の把っ手が焦げないように、と弱火にしたのを思いだした。それが救いだった。そして、出汁を入れず、二階に上がり、眠りこけたのだ。何時間も。疲れていたので、グッスリ寝たのだった。

夕べは、姉の七十三歳の誕生日だから、ＴＥＬを入れて、もう忘れてしまっている祖母の名前、祖父の聴き覚えのない名も姉なら知っているかもしれないので、ＴＥＬをと思ったが、もう二時過ぎで、コッチの頭の回転が悪いので止した。それ位疲れていた。

帰りにチャリを漕ぎながら、何故、父親の遺品の処理を兄任せにしたのか、と後悔していた。アルバムには親父が満州の何処に居たとか、書いていたからだ。

糞軍隊のアルバムも、三、四冊あり、五、六歳の頃、繰り返し見ていた。出自の日向藩の飛び地の小平の事の手掛かりも、見る目が有れば、ヒントがあったかもしれないのに、父、母の通夜にも出ず、父親の出棺にギリギリ間に合う（実は、納棺師が登場し、様式美？まだまだと見せつけたようだ。写真家としては、撮るべきだった）という体たらくだから、文句は言えないとか、グダグダ思いつつ、家路についてラーメンを作ろうとした、そこまで、思い出した。

鹿児島入りするまで、僕の性根にひん曲がり具合の生育環境側面から、確認しておかなければ、と思っていた。

姉の誕生日の次の日、日向太がインドに出発前日に、寸前のところで、焼死していたかも知れないと思うと慄然とした。そして、ほんやら洞に行くのに、眼鏡を探したが、これが、いくら探しても一階にも二階にもない。

まさか、鍋の中に入れるようなことはあるまいに、何度探しても出て来ないので、仕方なく、眼鏡なしで出勤。

まさか、八文字屋に眼鏡を置いたまま帰ったとも思えない。

眼鏡なしでチャリを漕ぐのは、危険なのは、感覚的に察知出来るはずだ。その判断も出来ない程に酩酊していたのか。

お陰で、二週間ぶり？に寝れるには、寝れたのだが。

背中の下の方にややシコリが残っていて、やや重いが、頭はスッキリした。が、眼鏡は一体、何処？

ほんやら洞に着いて、ＦＢを拡げると、清水さんが「しみてつ祭り」の準備に手抜かりはないか、吐露していた。

僕は、ヌケヌケだ。前のiPadの時と同様、「やや高い所を探せ」とのアドバイスのメール。清水さんと親しくなって、性癖まで見透かし何かと気を使ってくれるようになって一年にも満たないが、彼の存在は貴重で、有り難し。

八文字屋に、小松原沙織さん（FBに、如何にもといった京都観光コースを彼女が辿っているのを見て、微苦笑。これをひっくり返したいと四十五年前から思いつつ、果たせずに来たのだ、俺は、と自嘲する）、河又貴洋さんが八時と同時に来るかもしれないので、早く行きたいが、ままならず。

九時前に行くと、直ぐに村田マナちゃん来店。どうやら、レオを呼び出したようだ。

ちょうど、ダバダ火振（四万十川畔の栗焼酎）を仕入れていたので、好都合。

毎日新聞の三記者来店。オリヴィエも顔を出す。

遅く、長崎シーボルト大学の河又貴洋さん一行、ディランの知人の壮年のアメリカ人&スキンヘッドにタトゥーの偉丈夫そうな男、ヌルコの友達のトロント帰りのかなこさん、ドイツ人の連れと来店。

姉と三十分喋る。

三時過ぎ、客あるも、断る。

せめて、土曜日位、五時まで営業できたら良いのだろうが、身が持たない。

四時、帰宅。

九月二十一日（日）

日向太、インドへ。

ほんやら洞、十二時オープン。

夕べ、ベルギービールを多く買ったのに、持ち帰り忘れ。パエリア作るのに、ムール貝何処にもなし。昼はダラダラ入る。ティラミスの要望多し。
三時半、フーさん来店。一旦、出る。寂しい帰国報告パーティ。仕方なし。現実認識をしっかりせねば。ヨッシー、梶田さん、麩屋八代目の青木太兵衛さん、草葉裕さん、小国ミオちゃん、川嵜さん、奈良井さん、富士谷さんのみ。（立命大の堀口先生、来ると連絡あり、来ず）
最後に、レオが来る。オイタさん、岡西さんが居ないのは、やはり、寂しい。段ちゃんがいたら、なおうれし。千佳ちゃんも連絡なし。キヨさん、芳礼さんにも連絡せず。
十時過ぎまで、ほんやら洞。（八田さんは、後から、行けば良かった、とぽろっと言う）
深夜、姉に身内の事を訊く。母の実家の母の母、井原富枝（国分）から僕の祖父、シカタロウに嫁いだが、旦那を早く亡くし、シカタロウが園田家へ。祖母が亡くなった夜、僕を膝に抱いていた園田忠人の父親は、忠雄という。シカタロウのシュウトの名は、ミネさんという。
八文字屋には、堂本印象美術館での講演（堂本印象美術館での竹内さんの個展は十月五日まで）を終えてから、竹内浩一さんが、沖縄の大学を出て京都で修行し、大阪は、吹田市で陶器をやっている田中淳貴さん&日本画家の嫁さんが来て居た。不明若者四人も。奈良井さんは、ずっと寝ていたそうだ。八田さん、草葉さんがいた。富士谷さん、井上さん&梶田さんは帰った後。
村屋に寄る。南ちゃん、腎臓をやられて、入院中とか。

九月二十二日（月）

十二時、ほんやら洞オープン。

昼、夕方、共にちょろっと客あり。

「しみてつ祭り」用に、ポストカード、本を選ぶ。

夕方、一瞬、眼鏡を紛失。

エビスのグラス少し来る。

ゴミ代一万八百円。新聞、ゴミ回収とも二十五日〜三十日ストップと言う。

八文字屋、九時過ぎにオープンと同時にテキスタイル作家の河田孝郎さんが、精華大学の中村裕孝准教授、嘉門利誓助手、河田さんの教え子同伴。教え子の女の子「あれ、この方、ほんやら洞の人!?」と怪訝な顔。「真如堂前町に住んでいた」らしく「前に、ほんやら洞に入ったら、ベンチに寝ていた人に似ている」という。河田さんは、笑いつつも返答せず。千佳ちゃんも来て、日本酒を一緒に飲む。レオは、良い奴だね〜、と彼女。池田知隆さんは元毎日新聞の同志社大の教授（渡辺武達の肝煎での教授）、朝日放送と毎日放送の記者グループを同伴、深夜、咲希ちゃん来る。また八文字屋で眼鏡がないのに気づき、ないままに過ごし、帰りにほんやら洞に寄るがない。途中、長浜ラーメンを食う。ほんやら洞に沈没。

九月二十三日（火）

五時半〜八時、ＦＢ。ミニちゃん、「母、不調」と朝から、記す。カンの強い母と娘の軋轢？確執？想像に難くなし。

「しみてつ祭り」向けにコンビニに荷物を運び、二六キロで、一キロオーバーで撥ねられる。

朝早くにしか外出出来ないというルパンに出会す。散歩中の女性が、引くブルドッグの老犬を撮る。

中京郵便局では、三〇キロまでOKでホッとする。一一三〇円。八文字屋に行き、眼鏡を発見。

吉田に帰り、洗濯、水道メーター検針をして水道局へファックス。風呂入りしたら、十二時。

あとで、清水哲男事務所のアドレスが、眼鏡なしで、間違っているのに、気づく。

寝不足でランチ作りをサボる。四人逃がすも仕方なし。

桝形通りで、津村喬さんを見かけたが、声をかけず。ちょっと痛々しかった。

夕方、キーマカレー、タコライスを作る。

七時前に、姉から、もう寝るとTEL。「夜、TELしたかったら、して！」と珍しいTELが入る。

久しぶりに会う娘、息子、孫、感じることが多いのであろう。マイペースで生きて来ただけに、自分の眼鏡が冴え捲っている。もう少し若かって、体力があれば、書くことを進めるのだが。いや、現状は、書くしか、理解されないだろう。

九時過ぎ、八文字屋入り。口の利けない客、奈良井さんが共同の西出さん似の賀川真さん（別府大学の考古学の賀川さんの息子、一九八〇年同志社入学）と落ち合い、旧交を温めていた。阪大のチェコ人の神話学者&妻&元吉本興業のぶくぶくに太った三十歳の男が来たところ、ミディレコードの大蔵博さんが、高知土産（生ブシ、ニンニク、すだちのような高知ミカン、ジャコ）とDVDを齎す。これをさっそく、たっぷり頂き、精を付ける。段ちゃんも久しぶり。咲希ちゃんと入れ違いでシャコジロウ来る。最後に来たのは、四月に次期（十月一日より）学長の山極寿一さんと来店したサル学のDの女性が「今まで、山極さんも一緒だったのだが、忙しいみたいで帰ったわ」といって、三人の先輩らしき男の学者を連れてくる。八文字屋で、ダウン。気がついたら、狭いベンチに寝ていた。

六時半で帰ろうかと思ったが、九時半まで寝直す。

九月二十四日（水）

即、ほんやら洞へと思ったが、鹿児島には、休養十分で臨もうと、帰宅。

気がついたら、午後三時。

止むを得ない。

ここにきて、僕もややダウン気味。

ほんやら洞、営業ままならず。姉、兄よりしきりにＴＥＬ。大層な！と失笑を買うかも知れないが、歴史好きな方が大分なんかにはよくいるが、鹿児島で九州主義者が、万一、来場した場合を考えて、自分の足下の百年を知るに若くはないとの思いで、僕は、父親の里、小平の件、廃藩置県のころ、日田県の県令を薩摩の松方正義がなっていた事等をもっと知りたいと姉に口走った。それへの応答。

直子さんの橋本さんより何度もＴＥＬあり。自身の講演の件。

八文字屋は浅利ちゃん。客は、チーちゃん、八田さん、鹿さんのみ。

二時前には、終わる。どうやら風邪気味、シンドし。土曜日は、温ちゃんに入って貰える事になった。

木屋町通はガラガラ。昨日についで、長浜ラーメンに行く。大豊ラーメンは閉まっていた。

吉田で、眠らないつもりだったのに、バタンキュウ。超金欠病の中の出発。

九月二十五日（木）

危うく寝過ごすところだった。

七時三十五分に起きる。また十分間、眼鏡を探す。

何も食べずに出発。デジカメの充電ソケットを忘れるという大チョンボ。タクシーは、三四〇〇円。飛行機は、飛空時間五十分、アッという間に到着。鹿児島は、さすがに、暑い。二時、鹿児島空港発の天文館行きのバス。約四十分。一人一二五〇円。噴火中の桜島を撮る。異景の地に迷いこんだ感強し。嬉しくなる。清水さんに感謝。

バス停まで清水さんが出迎え。

游ギャラリーに直行。九時半まで作業。井上義雄さんも京都から手伝いを兼ねてわざわざ四時半に来てくれた。ギャラリーは予想以上に広い。もっとプリントを持参すべきだったか。メインはシーボルトハウスに行っているにしても、清水さんは、最近の写真も望み、期待に応じるつもりだったのに果たせず。当初、ほんやら洞で展示中のオランダ写真も持参予定だったが、実際プリントアウトすると、べたっと平面的すぎると判断して、持参中止。それでも、やはり、持参すべきだったかとやや後悔。一、二点を除き額なし。田舎の人は、額装していたり、本は、自費出版本より、出版社本を好む傾向があるが、清水さん周辺は、その傾向はないと勝手に思っていた。

高田渡&中川五郎&高田蓮君@八文字屋のプリント、リュックの中に丸めて入れておいたら、折れたので、これを額で伸ばす。失敗。

勝久さんが、ホテル（鹿児島エースイン）のチェック・インを済ます。搬入作業にエンジンが掛かるのに、少し時間が要った。「僕はメニエル氏病だから、バランス取りに手間取るのだ」と言いつつ、実地に則した手法を選ぶ清水さんに、好感をもつ。

僕の分は、指先が不器用な僕に代わって「テープ貼りは一人のほうが速い」というSに任せっぱなし。僕は、デジカメの充電器のソケットを京都に忘れてきたので、作業段階から記録に収めたいという思いを抑え、デジカメの電池切れが速まるのを回避で撮影も鈍る。

渡さん等のプリントは額に入れるも、やや珍竹林になるもヤムナシ。キャプションとも言えないが、清水さんは「どうして僕はこんなところに？」という詩的コメント、両親が登場する画像三点の下には、さらに素晴らしいキャプションが付されており、今回の「しみてつ祭り・甲斐扶佐義×清水哲男二人の写真展」への並々ならぬ意気込みがひしひしと伝わってくる。このキャプションは母、清水千鶴さんの「日々訥々」の歌が共鳴し合って胸を打つ。

固より、僕のは、このハリパネのキャプションには遠く及ばない。それへの対応の必要を感じ、急遽、冴えない頭でくだくだしい独白（補助線的なコメントを四、五本）を書き「手が空いたら、パネル化をお願いします」と清水さんに頼む。

コメントを書きながら、展示プリントの分類、配列を考え、プリントを取捨選択した。僕は、三十六年前の汚れたパネル展示も考えたが、「ノー」のSの意見を容れる。いつものように、それ位イージーな気分で天文館の展示場へやってきた。

Sは、持参の昨日買ったばかりのムーヴィー（ハンディカム）で、仕事の合間に恐る恐る少し回す。作業は、ギャラリーの壁に両面テープを使えず、障子紙を貼り、その上にプリントを貼る事になった。メンディングテープ＋両面テープ使用。障子紙がプリントの重みで落ちないように、ピンを何ケ所も差し込む。

清水写真は、交遊、交友関係を軸に対象への愛情がいかんなく額の中に押し込められている。モノクロだが、色的にも、用紙的にも工夫の跡が滲む。ぞんざいなオットリ刀の僕と比べれば差は歴然。丁寧に、小さな額に収め、やや窮屈ではあるものの、来場のモデルさんには、「宝探し」感が味わえるような趣向。

七〇年代の賀茂川べりの甲斐写真展「出町界隈あなたも写っていませんか？　写っている方には、

最終日にタダであげマス」展を髣髴とさせる現代鹿児島清水哲男版といえて、憎い。そう言えば、僕はすっかり忘れてしまっていたが、清水さんは、この青空展の助っ人を三十六年前に買って出ていたというのだ。

清水さんの写真には暮らし（飲食？）ぶりが反映されていて、好感度強し。今の僕の自分の写真セレクションなら構図、視覚的イメージ重視になっていて採用しないようなイメージの数々がこれでもか、と並ぶ。力技に感服。

これは鶴見俊輔のいう「限界芸術」の見事な一例。僕も限界芸術愛好家だが、今は少し逸脱しているか？そのデンで行けば僕のはさしずめ「大衆芸術」。ただし、純粋芸術ではない。

僕は、搬入作業中、ウトウト。プリントを手からぽろっと落とす一幕もある。困ったものだ。

やはり、時差ボケのままだ。

京都では、麻美ちゃんがバイトに入れないものと判断して「京大マリーン」には、泣く泣く「今日は、不在、バイトもなし」と断りを入れ、休んで貰ったのに、麻美ちゃんから「お客さんはないのですか？」とのメールが入り、ビックリ。収入なしでバイト代発生。八文字屋は、レオ。オイタさん、浅利ちゃんが来てくれた模様。でも、辛さに変わりなし。

セコムの関係上、游ギャラリーを十時に出る。

それから、去年のタカダワタリズムの打ち上げにも来たらしい「且座」という店（店主は、京大哲学科に七年在籍、五十歳前後）で、清水さんに散々ご馳走になる。明日のパーティについても宣伝は行き届いており「出来たら、行きます」と言わせる？ やり取りを見て、さて、この地でどういう層が写真展というものに関心を示すか？ 想像する。

清水さんは鹿児島の風潮に「一石投じれば良い」と言ったが、それにしても、ブレヒトの「真実を伝える際の五つの困難」ではないが、それ相応の仕掛けが要る。それは、大分、京都、ライデンでも共通の課題、芸術と社会の関係の在り方に対する対処の仕方だ。

　僕は、それを今回は清水さんに一任した。「甲斐さん、今度は売りましょうね」と言ってくれていたのが嬉しかった。特定の購買層を清水さん流に開発しているはずで、邪魔をしてはいけない、と思った。手作りのフォークソングの運動に熟知し、その手作り感を重んじているはずで、頭越しに僕がメディアに売り込むことという出すぎたマネは止した。清水さんの狙いは、彼の知人に僕の写真を紹介することだ。

　おそらく美術や写真に対する鹿児島での風潮は、県美展を中心とした東京譲りのヒエラルキーが形作るという点では、多分、大分同様、普通の市民は権威主義的な意識しか持ち合わせないであろうと容易に察しうる、それに対して、この地でどのように風穴を開けるかお手並み拝見だ。ラジオのパーソナリティとして、作家としては既に清水さんには、ファンが多くついている。また、生身の人間的魅力も十分に発揮している筈だ。

　清水さんが呈示（展示）する写真（では、狙いは明白）に対して、落下傘部隊の僕の写真に対して権威的手法でなく、如何にして関心を持たせるのか？その布石を打っているのか？この一点のみが多分、問題となろう。

　予断は避けるべきだが、僕を呼んだ背景には清水さんという存在（文化的背景をも含めて）にとってほんやら洞というものが意味があったのだという説明は分かる。が、僕の写真に興味を持つ層が実際のところ如何なるリサーチがあるのか？

　井上義雄さんは「フケイキーズ云々」と、面白がっているが、それにしても僕は弁士でもない（いや、訥弁士な）ので、当地では余程の根回しがない限り、僕のような存在は地元の人に取っては、間尺に合わないのは必定見るべきだ。

「こんなところに来ていいのか？」との危惧はある。その点に関しては、僕自身は、僕の鹿児島周辺の知人を僕が呼ぶべく要請されているのか否か？　その点に関しては、僕自身は、十分な努力もせず、オットリ刀で来た。清水さんの「いざ、鎌倉！」の合図に呼応して。おそらく、清水さんは、これを理解し切っていても、清水さんの負担過多ではなかろうか、と恐れる。僕も売れずに数日いるのは、実は、辛い。休養は出来たものの、いきなり、ピンチ到来は厳しい。

「おこば」というラーメン屋にも行って、もう一軒行こうとして、その店は、閉まっており、最後の我々三人は諦めて、引き上げる。

ホテルに戻ったのは、十一時五十分。フリーＷｉＦｉはなかった。デジカメのバッテリー問題未解決で不安。

拙速のキャプションを、今後の反省のために、メモっておく。


「しみてつ祭り」＠游ギャラリー二人展「どうして僕はこんなところで」に出展するにあたって

今回の「しみてつ祭り」に参加出来てとても嬉しく、清水哲男さんにまず、感謝します。

僕の写真は、基本的には、僕の生活圏から生まれた風景写真だ。昔は、ほんやら洞、今は、八文字屋とほんやら洞の間でウダウダしている間のもので、これを必ずしも精選せずに、当てずっぽうに持参したのが、吉と出るか、凶と出るか楽しみだ。

清水さんから「宴会をやるつもりで来い」という言葉に甘えて、オットリ刀で生まれて二度目の鹿児島入りだ。

清水哲男さんの知人、ファンに何を観てもらうべきか、ようく考えて来るという手もあったかも知れないが、ほんとに気軽に来てしまった。

メイン写真は、オランダに行きっ放しということもあるが。

持参した写真を概観すると、「川辺の光景」「猫」「子ども」「路上の遭遇」「ほんやら洞」と分類出来る。それぞれの被対象に対しての（あるとするなら）流儀などをキッチリ記すべきだが、そうせず、僕が写真撮影以前のモヤモヤとした気持ち、曖昧な気持ちをそのまま簡単に記してみた。


〈川辺の光景〉

仕事に疲れると、水面を眺めに賀茂川や木立が繁る糺の森（下鴨神社）あるいは、京都御苑によく行く。

単純に水面を眺めたり、緑の気にふれるだけのこともなく、骨休めだが、いつもカメラを手にしているので、自ずと子どもの動きを目で追ったり、老若男女のケッタイな動きや喜怒哀楽の片鱗を探してしまう。それは、昔の話で、今やそんな時間もなく、寂しい限りだ。古い写真が多い。


〈子どもたち〉

老人の醸し出すユーモア、仕事及び仕事人、異界へと誘う子どもたちなんてくくったら、ちょっと格好つけ過ぎかな？

仲間と喫茶店を始める事になって、若い時から自分が如何に無能の人かを嫌という程思い知らされた。

その自覚が深まると、自ずと？カメラを持ってほっつき歩くようになった。すると、街角で孤立している子どもやアホな事に打ち興じて子どもによく遭遇した。そのうちに同じ子どもに何度も会うようになり、一緒に遊ぶことが増えた。いつしか、カメラを持つ僕に彼らが遊びを仕掛けることもふえた。僕は子どものうってつけの遊び相手になった。彼らに付いて行くと、全く異境地（異界）に迷いこんで、戻るべき場所になかなか帰れなくなりもした。

と同時に、選択すべき職業としての仕事について迷い捲る二十代の写真でもある。


〈路上の遭遇〉

あらゆる意味で僕は落ちこぼれだ。

それでも、最近は、それでいいと思うようになった。納得すると、ホッとし、いつの間にか、自信めいたものすら湧いて来るから、可笑しい。

が、それにしては、もう歳が行き過ぎたようだ。

気がついたら、六十五歳になり、モノクロのネガ・ストックは、二百万コマに垂んとするというのに、その大半は未チェックというていたらく。

おまけに、さらに、最近、三十五年以上も前の気になるネガがごそっと戻ってきた。

出口なし、とは、この事か？日々の生活に無自覚でも、厚かましくもない。ただ、困っているだけ。


〈猫との付き合い〉

野良猫は、僕を食物と勘違いして、近づいて来る。

さほど僕は猫好きではなかった、と何度か書いてきた。

四歳まで歩けず、喋れない子どもだったので、両親は、僕を別メニューで教育しようとした。鶏をたくさん飼い、山羊も飼い、畑仕事をし、学校には、教科書もランドセルに入れずに通った。

少年労働が嫌でか？ 小学五、六年になると学校の宿直室に毎週とまった。小一時のランドセルをショタロウテ、中三まで通った。猫は、児童労働者としての僕の敵だった。フクロウも鼬も。鶏を襲いにくるからだ。

僕は空気銃で、それらを撃退した。それを見続けた姉は、その僕の中に危ないものを察知して、僕から銃を取り上げ、カメラをくれた。

この事がなかったら、写真の方に近づかなかったかも。「岩波写真文庫」も一緒だった。にもかかわらず？ 猫は僕を食物と勘違いして近づいて来るまで？ になった。


〈ほんやら洞の仲間たち〉

高度経済成長の申し子たる僕たちは、ほんやら洞の仲間たちは、当然の事のようにして、ベトナム反戦運動をやった。そのうち、自己教育の場であると同時に実体的に社会変革を推し進める場が欲しくなった。「ほんやら洞」はそんな風にして出来た。一九七二年の春の事だ。その前に、岩国市に米兵達の反戦・厭戦気分を煽る？ 場として「反戦喫茶ホビット」作りに「大工」として参加して、その延長線上に「ほんやら洞」が出来た。

屋号候補名をかけば、開店当初の店の雰囲気が伝わるかも知れない。

「フォークの神様」岡林信康は、自身も中津川で山小屋を作ったりしていた時期という事もあり、ほんやら洞でも工事現場に足場を組んだ事もあり、屋号として「足場」はどうだ!? と言い、中尾ハジメは、後に大学の学長になるだけあって同志社大学のとなりにあるので「《同志社総》本部」と主張。今なら通らないだろうが、当時、「同志社総本部」としていても、多分、同志社からクレームはつかなかっただろう。

僕は夢野久作のファンだったので愛読中の「ドグラ・マグラ」を主張。結局、皆が好きなつげ義春のマンガから取って「ほんやら洞」にした。

当時、ほんやら洞の前にはやはり、つげマンガからとった「ゲンセンカン」があったし、僕らの大工仲間が前年金沢で作った喫茶店は「モッキリ屋」だった。京都には、他にも芥川賞を後に取った高城修三らの「モッキリ亭」もあった。


二時就寝。

九月二十六日(金)

五時半、起床。

ノート整理を八時半まで。

ホテルの朝食は、豚肉の甘酢あんかけ団子、トリカツ、味噌汁、ふりかけ、海苔、ご飯。

九時十五分にギャラリーに行く。もう清水さんが作業をしていた。

十二時までには、格好つく。

様子を見て、近くの「丸一」というボリュームたっぷりのトンカツ屋に行き、後で海を見にいく。途中、名山町という昔ながらの界隈に少し足を踏み入れた。面白そうな界隈だった。

ドルフィンのショーも見る。二、三ショット、マズマズ?

五時半に戻る。清水さんの詩を朗読する女性、池田昭代さん、音響を設置するスタッフ、種子島で店をやっている女性ら何人かは、夕方から、身内然と身を置き続けた。京都で会った旦那がポリさんの橋元さんも来たが、これから天文館の酒屋でバイトと言う。是非、一度、一緒に飲もう、と言ってくれる。

「路地裏の京都」が何時になってもディスプレイされない。不安というか、不思議に思い、清水さんに訊ねると「自分の本も買い取らんと何いうてんねん⁉」と道出版の社長の弟の貴志カスケさんに言われたとの説明。この一言で了解。僕としては、これがあれば、清水さんの負担をせめて少しでも軽減させせられるのではと思っていた。気が引けずに居れると。清水さんは、もう既に先を読んでいたのだ。「三十部買取」と前言したが、周辺の状況を見て、多分、売れない、と踏んだのであろう。いや、実際、準備が勝久さんと二人では大変で、手が回らなかったはずだ。

その読みを伝えてくれていたら、あんなに荷物を送らなかったのだが。半年前、この話が持ち上がった時には「半年のブログを一冊にする。それが、僕の、《どうしてこんなところに？》を説明し尽くすことになろう」と僕は豪語したが、それも、金欠病で実現しなかった。そんな新刊でもあれば、清水さんも企画しやすかっただろうに。悪い事をした。

今日の客らしい客として、百田尚樹の元同僚で、「探偵ナイトスクープ」等も手がけた放送作家で「勇者たちへの伝言」で好評を博している作家の増山実さんが真っ先に来てくれ、最後まで付き合ってくれたのが、せめてもの救いだった。今日は増山さんの五十八歳の誕生日だった。

もう一人、高山富士子さんに会えた事も良かった。彼女は、ほんやら洞開店当時からの高校生の客だったという。月に一回くらい、名古屋からやって来て、店の片隅に身を置き、「ごろうぼうちん」等を買って帰るだけで嬉しかったという。ほんやら洞でゲリー・スナイダーを知ったのも重大な意味を！もったとか。彼女のように他府県からやって来る高校生は他にも多かった、と彼女は述懐してくれた。游ギャラリーには、喋れば面白い人もいたのだろう。が、エネルギーが枯渇していた。

福岡の和泉宏君の知人の鹿児島電通の方も顔を出してくれたようだったが、会えず。

まず、映像「ほんやら洞の甲斐さん」を流し、昭代さんが清水さんの詩「どうして僕はこんなところに?」を美声で朗読。さらに、「ブルース」も。が、客は、いっこうに増えそうにない。こんな事も清水さんとしては、折り込み済みなんだろう。「鹿児島では、パーティで無料と言えば、わんさかやって来るが、会費三千円と言ったら、この有様だ」と僕に気を使ってか?言う。

数日前に、「しみてつ祭り」の客層が分からず、スピーチというものがあるならば、シーボルトハウス風に成功させせられるか不安だった。「僕のような世代、同じ関心を共有する来客が予想される。僕が質問するという形でやるので大丈夫」と言ってくれた。今日、現実を目のあたりにして「なるほど」と感得。夕べの「且座」の店員さんも来ない、僕の鹿児島の知人まで僕が鹿児島に居るというニュースを配信していないが、手応えなし。

清水哲男さんにとっては、必然性があったのだが、多分、甲斐は、ミスキャストだった。客寄せには。自分が大分で個展を打つ際の努力を想像すれば、容易に分かる事。清水さんは、意味は後について来ると読んでいるかも。

井上義雄さんはSに「何時までも、甲斐さんのそばに居たら、アカンよ」と意味不明のアドバイスめいた事を口にしていたのが、聴こえて苦笑した。Sも何故、彼がそんなことを言ったのか、分からないという。

十時までセコムが来るまでギャラリー游で飲み、さらに、今晩も素晴らしい店に案内される。僕としては、充電器具忘れが気になっていたが、口外せず。

明日、二十四歳の誕生日の日向太は、インドで初下痢、FBに記していた。

ホテルに戻り、G・オーウェルの「なぜ書くのか」とB・ブレヒトの「真実を書くさいの五つの困難」を反芻。

九月二十七日（土）

八時半にホテルの食事。

九時半にギャラリー游に行くと、清水さんは来ていた。

午前中は、城山公園に登る事にした。野良猫もいた。「白熊」とやらを食う。肝心の西郷さん、自刃の洞窟は見損なった。鈍なこった。

桜島からの噴煙が発する塵灰が、容赦なく舞い降りる。普段はもっと凄いらしい。

橋元さんが、今晩十二時以降はどうか？とのメールよこす。ちょっと無理。

清水さんは、夜のライブの手筈で大変そうだった。後で聴いたところでは「PAが日にちを間違って、自分の車のタイヤを蹴飛ばす一幕を駐車場の人から見られ『清水さん、どうしたのですか？』と訊ねられた」らしい。僕はラーメン食い巡りの趣味はないが、誰かさんが乗り気満々で「のり一」という代表的な四百円ラーメン屋に行く。また、名山町経由で、港に行き、カワハギを釣るおばちゃん、鯖を釣って居るおっちゃんを見かける。

三時前にホテルで一休み中に鹿児島大学の信友先生が会いに来たと言うので、慌ててギャラリーへ。

信友さん、三日前に、パリから戻ったところ。

下鴨神社の樹木と、鹿児島の樹木の違い、東洋のナポリ・鹿児島について少し喋る。

彼が帰ったら、長崎からカナモリコウスケさんと「口笛彼方」の藤崎淳監督がくる。カナモリさん

「糸川耀史さんが、甲斐さんによろしく、と言ってました」と。

大分合同新聞の佐々木稔さんも、原稿依頼、連載の件で来る。大分県警の警察官募集のポスターに僕の写真が採用された話、ディックがリフーデ号がらみで臼杵に住んだ事、京都の白沙山荘の国東塔が日本最大の国東塔であること等を喋る。

まず、来週の金曜日まで12×80行の原稿を書く約束をする。連載は、来年に持ち越し。

カナモリコウスケさんのライブには、それなりにちゃんとお客さんが来てホッとする。

昨日と全然違う雰囲気で、安堵すると同時に、俺の怠慢へと思いを巡らす。

ライブは、バッテリー切れが不安なデジカメは止して、やはり距離計が壊れ、不安もあるがモノクロフィルムのニコンで撮った。

終わった後、西陣の郷田瑞昌と鶴丸高校で同級生というアロハシャツ男に「彼とは、高校以来会ってないが、元気か？変わった奴やった」と声を掛けられる。ライブの後も、今晩の聴衆はなかなか帰らず、十三人の二次会となったが、この会場も素晴らしかった。人生を慈しんで生きてこなかった我が身に思いを至す。もう遅い。後悔せず。

ホテルに戻り、熟睡。

九月二十八日（日）

朝から、桜島へ行く。

途中でデジカメのバッテリーが切れ、フィルムも無くなる。

三時からワークショップなので、早々に引返す。

ワークショップには、去年まで大阪に居たタン屋の息子さんのみが来る。

川内原発再稼動反対のデモに行く。猫探しも、デモ隊の声と右翼街宣車の騒音から避難してか、虚しい。

偶然、先日、ほんやら洞での「シーボルトハウス行壮行会パーティ」に来てくれた元国会議員の平智之さんに遭遇。握手し合う。鹿児島の議員、川内ひろしさんを紹介される。

デモ出発コーナーに山本太郎が居て、拍手と握手を繰り返していた。

清水さんが、山本太郎のためにだけいるのだろうが、SPって、なぜ、あんなに表情が硬いのだろう？とつぶやく。

ギャラリーには、枕崎の鰹節屋の上釜さんの奥さんが来て、写真集「Beautiful Women in Kyoto」を買ってくれる。鰹節をくれる。

富士子さん、デモに行ってきたが、福岡から来た障害者と喋ったけど、このデモには、涙が出たという。

清水さんとは、写真についてもっと喋らねばならないのに、今回は出来なかった。

「DVDの中での甲斐さんの写真作法について、こっそり撮るとナレーターが言っていたが、あれ、違うよね、もっと攻撃的よね」

清水さんの異論はオモロかった。

今日の打ち上げ会場「てぃだぬ島」も、高山富士子さん、勝久さん、清水さん、S、と四人だったが、素晴らしかった。富士子さんが、名古屋、三重での写真展の可能性について言及し、喜ばせてくれた。

勝久さん、清水さんには感謝。富士子さんも、大変な人物だ。

「清水哲男は、甲斐さんを先輩と仰ぎ、ほんやら洞の存在に感謝していたが、これで、チャラねてな風な事を言って、面白かった。

勝久さんの膝には、水が溜まっているのに、無理を押して、この間、頑張ってくれた。

九月二十九日（月）

夕べは、十二時十五分くらいに寝たが、三時四十五分に起床。

一時間書いて、また寝て、七時から、動く。

ホテルの朝食をいただき、十時には、游ギャラリーへ。

清水さんと三十分喋る。

清水さんのＦＢには「巨匠去る」と後ろ姿がアップされていた。

清水さんは、人々の、後ろ姿が好きらしく、また、面白くもある。「歴史の後ろ姿を追うの？」と僕もつぶやく。

ほんやら洞に六時に到着。タクシーにカメラを忘れるという一幕もあり。

三十五年位前に旦那さんが山内陽子さんと出会って来店の縁の雨谷理美子さんより、増山実さん経由か？友達リクエストあり。「月刊地域闘争」全セットいらないか、とのメール。

八文字屋に、家のキーを持って行くのも、忘れる。

八文字屋は、八時半オープン。浜松の六十六歳のバー経営者が、昨日に続いて来る。七〇年前後、熊野寮に泊まり、西部講堂に行くという事を繰り返していたという。

あと、段ちゃんが来ただけ。

八文字屋沈没。

九月三十日（火）

八時、ほんやら洞。

家に帰るのに、また、キーを忘れる。

洗濯して、昼まで休む。

十二時半から、ほんやら洞営業。ヒルゲートにTEL。

四時には、オイタさんが来店。Sにムーヴィーの編集の手ほどき。レオも顔を出し、四人でうどんをつつく。

映画監督の藤崎淳さん、京都造形大生当時八文字屋バイトだった岩澤侑生子さんとFB友達になる。岩澤さん、十月連休に顔を出す。

どん詰まりの九月末日、案じて内村育弘さん、六時より八文字屋来店。連れ合いの香利さんは、更に案じて、十月危機に際して「ライブの企画をたてよし！」とウッチーに進言とかで、話を詰めに来てくれた。香利さんは、八文字屋がもっと綺麗だったら、働くと言ってくれている？らしい。ほんやら洞は、何時でもOKと、ホンマか？嬉しい限り。ウッチーの知人は、明日から、福島の除染ボランティアに行く前にウッチーと飲み、チョイ横に。温ちゃんも、来てた。だん王の運動会のプログラム持参の臼倉さん、大分合同新聞の知人二人紹介してくれる。一人は、編集局長。河村亮さん、十月十四日から恵風で個展の宮田さんを、有望なテキスタイル作家と紹介。恵文社の永井愛ちゃんが、恵文社で展示をやってくれないか、という。やる際には、僕の仲間の作家、シンガー等の本、CD

も同時に販売して貰うつもり。清水哲男さん、清水千鶴さん、増山実さん、中川五郎さん、カナモリコウスケさん、黒川創さん、室謙二さん、ジャーマン&ティル。それまでに自分の新刊を出したい。できたら、八文字屋開店三十周年とかけたい。

一時、アイジ「大四畳半酒場ポン」に行くと言って帰る。

三時、姉からTEL あるまで寝る。

ほんやら洞に三時四十五分に戻り、六時半まで寝る。

十月

粟田祭
先頭は一澤信三郎さん（2000）

十月一日（水）

銀行も郵貯も開いていず、家へ。

九時寝る。今日も厳しい。

一日、ほんやら洞を開けて、客三人。Ｓも夕方から働きに来てこれだ。

平凡社からＴＥＬ。

「作家と喫茶店という本を来春、出版。高田渡とほんやら洞というので、急な取材、明日、明後日の都合はどうでしょう」

精華大学フォークソング研究会主催ライブのフライヤー届く。

ジェネットの山下麻子さんよりＴＥＬ。趣旨不明の企画だが、ロシア、ウクライナがどうのこうのと言って、明日、伺いますと。小西明子さん&武田好史さん来店。明子さん、八文字屋で歌いたいという。増田さん、川嵜さん、鹿さん、奈良井さん、オリヴィエ。

何時に終わったたか、不明。五時まで寝る。

十月二日（木）

八文字屋に、iPad取りに引きかえし、八時までほんやら洞にいて、ＦＢを弄る。

ほどほどにせねば、ほんとうに身をほろぼす。

「しみてつ祭り」最終日。

昼、幸先よく、客あり。

「作家と喫茶店」（来春、平凡社のコロナブックスで発刊）の取材あり。山中コウジさんから、郵便物が戻ってきたのですが、とメールあり。

京大マリーンは、先週は休んでもらったが、今日は来る。

ウクライナの五人（うち、一人は、ディレクターの亭主はフランス人）を連れて山下麻子さんが来る。段ちゃん、琢ちゃんはいたものの、客が少なくて、ほんやら洞の賑わいを撮りたいので、明日、出直すとのこと。インド留学中の日向太は、十月十七日に帰国との連絡あり。

十月三日（金）

ほんやら洞には、香港からの四人家族来店。鶏の煮込み朝鮮風が最高に美味しいと言い、味噌汁もお代わりする。

楠木しんいちさんが、十月十二日のライブのフライヤーを取りに来る。

大分合同新聞用の記事を書いたが、少し硬すぎたかも。

八文字屋には、十数年ぶりの時事通信の佐藤泰一さん、東京国分寺からのカップル客もいて、オイタさんも来て「何処かで会いましたか？」と泰ちゃんが聞き、仏教の記者クラブでは既知なはずなのが記憶を辿りつつ、判明。泰ちゃん、九時三十七分の新幹線で帰るとタクシーをとばしたが一分遅れでアウト。泊まって行く。一九九七〜二〇〇一年の間、八文字屋に通い、何百万円も使ったとやや誇大妄想的なことを言う。それ位気合いが入っていたのは判る。今の段ちゃんが、泰ちゃんの半数位年間で来ていて、一年で二十本、年間約二十万だとして、泰ちゃんがいくら、当時たかった？ユーちゃん&クウちゃんに奢ったのも考慮しても、四年で百万円未満のはず。「でも、ここで嫁を貰えたから、良いんだ」とニンマリ。

泰ちゃんが寝た後、工藤丈輝さんが来て、気の弱そうなスイス人とオリヴィエの知人のフランスのナンパ氏も来て、そこへ、三熟美女（いずれも、フランス人とイタリア人の亭主持ち）が来て、リセ、KG+、ニュイ・ブランシュの話題等で盛りあがり、ナンパ氏接近するも、撃退される。旧知のイタリアのマリオの奥さん、矢田由美子さん、佐枝ちゃん、タカコさん、熟女写真を撮ってよ！という。佐枝ちゃんヴィラ九条山にパートで入り、また、祇園古門前通のギャラリー「艸居」で働き始めたという。

十月四日（土）

朝まで熟女連、遠来の客と飲んだせいで、九時前に起きたのに、また、寝てしまい、昼飯に来る工藤丈輝さん（舞踏家、今晩、日仏会館のニュイ・ブランシュに出演）との約束をブッチしたと思っていた。

十五年目の客に、今や名物になったベルギービールを供して、彼らのステレオタイプ化した京都懐旧談が耳に入り、些かゲンナリしつつ、掃除でスッキリした店の一画を眺めると、シーボルトハウス展にも出した鶴見俊輔&井上美奈子（茅辺かのう）のツーショット、生前遺作集のボックス、ジャン・フィリップ・トゥーサンが撮ってくれた若い頃の写真、最初のギャラリーマロニエでの個展のＤＭが目に入り、ちょっとオモロイかな？と撮ったところ、工藤丈輝さん来店。このオモロ写真とカレーを食う工藤丈輝さんの画像をＦＢにアップ。

今日は、ほんやら洞、八文字屋とも、助っ人なく、ほんやら洞は、夕方は、ダラダラと客があり、切れたので、八文字屋に早めに行って、少し掃除をしようと思っていたが、六時に角倉さんらの現代詩話会の四人が、やって来た。

金森幸介さんから「鹿児島はお疲れさんでした。良い写真の下で歌えて良かった」とのメールが入る。九時まで、ほんやら洞に釘付け。

八文字屋のオープンは、九時半。

直ぐに、元バイトの宇治の病院で働く明子さんが、そこの先生と、同僚？を同伴。ヌルコ&富士谷さんは、「今日は私が奢るわ」とヌルコ。以上が早掛け。

ターキーか日本酒しか飲めない、草葉裕さんが来て、南座の舞台に来ている元「赤テント」のおとなしく地味な俳優さんと直ぐ続く。

更に、ティル。ティルが帰ったら、ティルに会いたかったと奈良井さん。冨樫は工藤さん狙い。ティルの数年前の飲み友だち？の関電の男は、電通の原野聰さん、「男の隠れ家」の高橋正文さんと来た「プレインズ」の平野有さんと飲みに行く。原野さんは、後で来た工藤丈輝さんが連れて来たサックス奏者の清水靖晃さんと話し込む。東大文学部教授の小林康夫さんも工藤さんが清水靖晃さんの奥さんのリサさんとともに連れてきた。僕は、不覚にも、清水さんのことを知らなかった。原野さんは「甲斐さんをプロデュースしようと思っているが、甲斐さんが、やたら貧乏とFBに書きすぎていて、演りにくくて、仕方がない」という。電通は、アベちゃんの尻馬に乗って、朝日叩きの一味なのも察することが出来たのも、面白かった。東京の業界では、そういうリンクは、依然強いのだ。彼らには、アベが世界の笑いものになるという意識は希薄。

彼らの後、月曜社の神林豊さんも来て、「また、ネガ、出てきたんだって!? 何年掛かっても、全貌を見たいね」という。聞かれる前に、書き下ろしは、年内にやっつけるという。神林さんに「ほんやら洞の甲斐さん」をあげてないのを思い出す。

阪大の神話学者のおっさんと嫁は、若者に払わせるべく、逃げ出す。

原野聰さんの奥さんが、二十年前に仕事をした「建築文化」の橋本リサさんと聞いてびっくりする。

こどもも十八歳という。布野修司さんが、建築学会長になっているという良いニュースも耳にする。

三時には、誰も居なくなる。

七時過ぎまで、クーラー付けっぱなしで寝る。

十月五日（日）

十時にほんやら洞に入る。

台風予報のせいか、客足伸びず。四時半以降、来客なし。

八文字屋にも、シメイビールを買っていったが、客は稲山さん、奈良井さんのみ。浅利ちゃんが入っていたにも関わらず。鹿さんは、猫と戯れると、浅利ちゃんにメールを入れたとのこと。

十一時前からダウン。十二時半まで。

一時から、やや雨足つよくなる。一時半には、吉田に引き上げる。

十月六日（月）

朝、六、七時頃、少し風あり。昼頃、関東、東北周辺、荒れる。福島も深刻そうなラジオニュースを聴く。

大分合同新聞の記事、要求はないが、やはり、リライトして送る。もっと精読すべきか？

ほんやら洞オープン、十時。吉田の家賃のみ、やっと入れる。相当ヤバイ。綱渡りもいいとこ。

田頭舞ちゃん、バイト志願。今度の日曜日に、一応、来てもらう。

九州の兄姉にオランダのポスター、天文館のフライヤー等を送る。

ウェズリアンのビルに早急にメールする必要あり。

毎日の鈴木琢磨さんにも、連載分、新潮が単行本の意思がないのなら、他所へ持ち込むよ、とメールせねば。

月曜日でもあるし、台風一過とはいえ、不安定な天気で客足鈍い。ほんやら洞も八文字屋も如何とも し難し。


十月十九日、ほんやら洞の二階、企画入る。

二ケ月ぶりに下鴨、糺の森を散歩。脚力の衰え著しい。

河合橋の下の猫を撮る。Sは、猫への愛情が溢れる写真を撮る。僕は、撮影の集中力さえ失せている。

神社には、やたらポリさんがいる。好きな池跡も、発掘とやら。またぞろ、何か作るためだろう。「細石」の出現にも、びっくりしたが、今度は何が出てくるか。

寺社区域外の下鴨本通りの西の、かつて「リラ亭」の前にあった「とり一」、武市さんから「こんな店に八文字屋をしたら」と開店前に紹介された大衆酒場だが、この店の奥さんの弟が下鴨でやっていた、数々のエピソードを残す凄い店（電通の加地さんは、汚さにかけては、八文字屋と双璧と評していた）「中川商店」が更地になり「下鴨神社斎場跡」の石碑が建っていた。神社は着々と金儲けの仕掛けを整えつつある。

賀茂川では、トンビに餌付けする少年がいた。トレーニング中の黒人少女も。弁天猫も。

八文字屋には、「東九条マダン」のポスター持参の段ちゃん、井上義雄さん&ノンちゃん&沢田さんのみ。沢田節子さん、西岡恭蔵の葬儀に矢沢永吉が来た話をする。段ちゃんに携帯を借りて、姉にTEL。姉が唯一の楽しみにしている畑いじり、娘の意思しだいで入手出来そうなのに、娘は、その、姉が管理し続けた猫の額ほどの土地を確保する気ないとのこと。

四時までダウン。五時、帰宅。

十月七日（火）

こんなに苦戦するとは、どこが間違っているのか？

朝、起きた時から、体力の衰えを感じる、この異常。体力自慢の俺、一体これから先、どうする⁉

鹿児島で、靴下が臭いといったら、富士子さんがくれた靴下、今日初めて履く。

ほんやら洞、谷川渥さんを含めて、ほとんど同志社関係者の客のみ。

八文字屋には、谷川渥さん、ルパンらのみ。十一時～二時半眠る。外国の客二人も断って帰る。

十月八日（水）

七時、起床。

やはり、大分合同新聞の記事、気になって、書き改めた。三度目の正直。これで行くとメール入る。

九時半、ほんやら洞オープン。

明日からは、早くオープンして、客を期待せず、ＦＢを弄るより、原稿に精出そう。

窓外の歩行者を、バシャバシャ撮ってから、ビル、申芳礼さんにメール。ルパンの店にポスターを持参しようとしたら、客あり。韓国からの観光客、表の写真集を二冊買う。同志社の村田学長の学生？三人ケータイを出して麻雀をやって行く。

ナタリア・ギンズブルグの「マンゾーニ家の人々」読み始める。やはり、すごい本。

皆既日食らしく、いい加減な写真を二、三カット撮る。

大分合同新聞から、僕が大使をギャラリーの写真説明しているのが、欲しいと言ってきた。Sの写真を使うことにした。

八文字屋には、九時十五分に入る。

川嵜さん、鹿さん、段ちゃん、奈良井さんがいる。奈良井さん、五〇〇ミリレンズ付きのカメラを持参。やがて、ヨッシー、段ちゃんの仲間のサカイ君が来て、さらには、礫礫帰りのウッチー&香利さん。香利さんが、ヨッシーに一瞬、悲しげな表情を示すのに、びっくりした。

段ちゃん、サカイ君相手に立ち居眠り。これで、終わり。沈没。

十月九日（木）

九時十五分、〈八〉で目を覚ます。

日向太が、インド写真を追加アップしていた。自分の誕生日にふれて、覚めたことを記していた。

青ちゃんが、草津立命に来るので、今晩、来〈八〉と連絡あり。芳礼さん、大分合同の佐々木さんから、メール入る。Sの兄、オランダでの妹の動向画像シェア。

ほんやら洞の大家に少し入れて、ほんやら洞、十時半にオープン。

午前中、少し客あり。ロンドンのフィルムメーカーがパートナー？のチャイニーズ・カナディアンの女性と来る。

午後、中弛み、瀧津孝さん&奥村雅彦さんが、亘家の借地の件で借家人と交渉する前に寄る。

井上義雄さんは、沢田節子さんと来店。

サッちゃんが、書道に行っている間にオリヴィエ来る。

鈴木琢磨氏からメール。もっと「京がたり」に出てくれる人物を紹介してくれと言うので、小沢征爾はどうなったのか？ 新潮社から単行本になると言っていたのは、どうなったの？ と返信。

夜、京大マリーン。

十月十二日と十月十九日のイベントのやや大き目のポスターをサッちゃんが手描きして、表に貼り出す。

八文字屋、十時オープン。オリヴィエ、顔だけ出す。

鹿さんが早く来て、開いてなかったので、プレオープンの「京楽」に行ってきたという。カウンターも代わっていたと。田端利子さんという、同じ歳の女性を同伴。

十一時過ぎに、青ちゃんが科学者二人、金成主（Song-Ju Kim）さん、玄相昊（Sang-Ho Hyon）さんを同伴。四時半まで。金さんは、鶴橋出身で、研究テーマも青ちゃんとカブる稀有な存在とのこと。玄さんは、東九条の近く北烏丸在住。青ちゃん、金さんから理化学研究所と小保方問題について聴く。

十月十日（金）

十一時、起床。

苦しい支払い。

ほんやら洞は十二時オープン。静かに流れる。水道水と河川の水系及び水道局の認識や対応を議論する五人のグループがゆっくり陣取る。リーダーは、久しぶりだが、顔見知り。内二人はギターなど楽器を持つ。一人暗い女性がいて、だんまりを決め込んでいたが、途中で、彼女用にジンジャージュースとヨーグルトをリーダーは、注文。リーダーが一人で喋り続ける。暗い女性は出て行って、一時間後に、彼にTELをして来て、「自分は何処にいるか判らない」と彼に言っているようで「そこにじっと居てて」と彼が言ったり、TELのため、何度も外に出たりで、ミーティングどころでなくなり、皆、口をつぐみ、そのうち、出て行った。

先週とほぼ同じペースの流れ。昭和四十六年に同志社卒の女性二人、それ以来初今出川と言う。ジンジャージュースとベルギービールを飲む。稲山さんも来て、ジンジャージュースとベルギービールを飲む。

今日、前の前の八文字屋大家の代理人から内容証明付き封書届く。開封せず。決着がついていると の認識だのに、蒸し返して来るのか？ 嫌な感じ。

レオ、久しぶり。一時間ほんやら洞で横になってから、八文字屋にベルギービールを買ってから、入る。

初めて？ アドちゃんのかわカフェ関係の女の子が二人来ていた。波長のずれていそう？ な感じ。アドちゃんが、先週から、少し甲斐甲斐しく動く。後二回で辞めてと言いづらい。ビールを飲んで！と言うまで飲んでないのも珍しいので、そう言う。が、やはり、二杯目は勝手に飲んでいる。相変わらず、だ。それなら、それとして対応するしかないと思ったわけでもないが、丁度、汀子さんのタカさんが来たので、ベルギービールを奨めて、アドちゃんに時間だし、上がって貰い、タカさんの相手をして貰う。いずれ、辞めて貰わねば、金曜を充実させねばと思っている。この件は、二ヶ月前から本人に言っているが、よく解ってないようだ。

義雄さんが京楽の新装開店帰りに寄る。「これで三連ちゃんでカイさんの顔を見ている」と言われる。梶田さんを呼び出す。SもオイタさんにTELするが反応なし。

梶田さんが少し残る。本当は明後日来るつもりだったと言う。「甲斐さんが、内容証明が……と書いていたから……」と言う。山形君も顔を出す。奈良井さんも。一時に誰も居なくなる。

帰ろうかな、と思っているところに富士谷さんが三人連れて、京楽から来る。二、三日前も来たが、寝ていたと言われる。一人は宇治の大工さんで、京楽のカウンターを作ったという。もう一人は「打倒甲斐」と思っているとか「京都の重鎮云々」と口にする男は、カメラマンらしい。

三時前には終わる。

四時には帰宅。椅子に座ったまま一時間寝ていた。

十月十一日（土）

七時、目を覚ます。充さん、茂さん（本当は、そうなのに、夢の中では、二郎さんで、何故か大柄。自転車乗りとか？大河内二郎との観念連合か?）、ユズルさんの三兄弟プラスもう一人、大男がいる。ムロケンにしては、口数が少ない。その四人がずぶ濡れで入口に立っているので、招じ入れる。タオルを渡す。充さんは「昨日は、柔道着を着て泳いだ」と自慢げ。

四人がなかなか座らないので、座れと言うが、なお、店内をキョロキョロ見渡し、ベルギービール、レモネードのメニューや写真集を見渡していた。そこで起きた。

ほんやら洞、午前中に少し客あり。先週の土曜日とほぼ同じペースだが、今日は、やや少なし。

パリより、三点の画像及びフランス語のキャプションを早急に送れとのメールあり。急に忙しくなる。十二月十一日〜十四日のSNBA（ボザール展）@カルーゼル・ド・ルーヴル（ルーブル美術館の地下ホール）に出展だが、カタログ用に急ぐのだと言う。

八文字屋には鹿さん、トップ。田端利美さんが後で来ると言う。次は、片岡さんだった。予てよりの朴ちゃんの言いつけに従い、朴ちゃんにTEL。早速、電話番号を聞き出した模様。彼女、朴ちゃんが独身なのをあからさまに喜ぶ。次は、鴻英良さん、毎日新聞の鵜塚健さん、映画監督の豊田直己さんだった。

十月十二日（日）

朝から、というか、ほとんど寝ず、プリントを探す。出て来たのは、四切のみ。

ほんやら洞には、自転車で市内観光中にナッちゃんの東京の知人、斉藤恵太さん&美穂子さん来店。バイトに田頭舞ちゃんが入る。四時間。本当は三時間でいいのだが、僕は「さあ、仕事が終わりましたよ、帰って下さい」と言えないタイプ。バイトに入ったからには、出来るだけ入りたいのが人情というものだが、ウチはかつかつでやってます、とよう言わんやな。それを、チャチャっと言わんとアカンと叱られたりする。誰に？

精華大フォークソング部企画ライブの日。

Sが四時前に来て、やがて、レオも。僕はほとんど寝れてなく、グロッキー気味だったが、二人がよく動いてくれ、助かる。

ライブには、出演者も含め、二十人以上来場。ちゃんと綺麗な女性シンガーもいれば、岡沢じゅんというアクション付きのオモロイシンガーもいた。

十時には、終わる。

八文字屋には、草葉裕さんと入る。京大の中川朋子さんから連絡があったのに、身動きとれず、遅れて行ったら、いっぱいだった。ひょっとしたら、岩澤さんも来ていたのかも。西村さんが、寿司の差し入れもしてくれていたし、死刑映画シリーズ@京都シネマの中村一成さんも来て、佐藤寛子さんと喋り込んでいたが、彼女が池田浩士の名も知らないのにはドッチラケていた。この間、二回来てくれていたらしいが、どちらも居なくて、さびしかったという。直ぐに、後ろに、浮田哲さん、久保マリさん、日下部篤子さんらが来てくれて、ベルギービールを飲んでくれる。川嵜さんはボトルを入れて帰り、奈良井さんもボトルキープ。読売の森重さん（月に何十本も演劇を鑑賞）、Kei-Kもくる。イルソンの後は、ティルが来て、寛子さんと話し込む。南座での「疑惑」の舞台に立っている元赤テントの俳優・伊藤さんは、大阪のバーのママさん同伴。最後は、白樺の常連の大阪大学の高橋先生が、ずっと来たかったのだ、と言いつつ、最後までいる。寝屋川の石田さんとは、ラグビー仲間。「京都猫町さがし」を持参。ティルに彼の訳書について話しかけていたが、ティルは、やや邪険にあしらう。

七時半まで、八文字屋にて眠る。

十月十三日（月）

九時前に家に戻り、やや寝過ごして、ほんやら洞入りは、十二時十五分。飯炊きが二人分、間にあわず。精華大学の安田昌弘vs佐藤守弘の「京都のアングラ/サブカルチャー」の対談（木野通信）が二階である。台風到来とかで、このお客さんしかなし。

八文字屋も坊主。十一時半には、風雨は止んでいるというのに。八文字屋のビル、何処も閉まったまま、コスモスも。山本義隆の講演メモ（ＦＢ上）面白し。

ほんやら洞で寝込む。

十月十四日（火）

〈ほ〉の先月の家賃をやっと入れる。

北山は、まだ時雨れているようだ。

昼前に、同女四回生の女の子来店。

この二週間内によからぬことが起こりそうな予兆があるのに、座して待つに等しい対応しか出来ない我が身の無能ぶり、情けなし。これまで、何度も、どっちかの店を止めるつもりで手を打ってきたつもりが、受け皿たりうる人物に希望を託しても、結局、受け皿を期待するのは、失礼みたいで更にひどい泥沼に嵌っている。体力、歳を考えて、後、自分がやりたいことを考えたら、結論は出るはずなのに、ここで、一転せねばならないのに、ズルズルと行っている。妙な意図？でＦＢに嵌っている。問題は、分かり切っている。書くものを終えて、引っ込んだら、いい。

清水さん、Ｈ・Ｃ・ブレッソンの動画二本、ＦＢにアップ。彼は、写真の基本に忠実になったり、世界の写真家の写真を見尽くしてやろうとしている。

レオが、傘投げのプリントを精華でスキャンして持って来てくれる。即、Ｓがパリへ送信。滑り込みセーフ？

三人でうどんスキ。明太うどんを食うレオを撮る。年末の餅つき、「伏見」行きを巡り歓談。

夕べもほとんど寝てないので、眠い。

九時、八文字屋オープン。ＦＢの画像をアップしようとしても無理。

ドイツ旅行に喜びを見出し、さらに懸案？のある女性ともよりが戻ったと言うジャーマン、奈良井さん、鹿さんのみ。鹿さんの恥ずかし嬉し？話みたいな不思議を聴く。八文字屋沈没。

十月十五日（水）

市役所前の脇には大魔神が立ち、広場中央ではジャイアントオタマトーンの組立作業見物。あまり興味ないが、二、三カット撮り、ほんやら洞へ。

昼一時間と夜一時間三十分に客は集中。

びっくりするような、ケチケチ学生五人組が来る。

八文字屋に急ぐのに、チェーンが外れて往生する。それでも、気になって、市役所前、立誠校前を撮り、店へ。Ｓは、オイタさんに預けているハンドムービーを受け取りに行く。Ｓはほんやら洞も伸び悩んでいるのに、苦しみ、憂鬱になる。何時になっても収入が得られないのだ。清水さんのように、達観し「貧乏を楽しむ」と表現するというふうには、行かんだろう、僕は。

八文字屋も低調。アンドレアスが来たが、川嵜さん、奈良井さん、鹿さんくらいなもの。鹿さん、奈良井さんにタケボウ＆Kei-Kの中書島のＭＩＣＡでのライブをシェアしてもらう。常連さんは皆ヴォガのチケットを買っているようだ。北川俊樹さん＆東京の編集者も来る。

深夜、フーさん＆昭和今日子がくる。

八文字屋泊まり。

十月十六日（木）

チャリを押して九時前に栄輪へ行ったが、十時オープンだった。「リスボンに誘われて」行けず。

ほんやら洞開店前に、糺の森を散歩。

昨日と同じパターンの客の入り方。

「リスボンに誘われて」に増山実さんは、行ったようだ。

夜、マリーン。カレーが無くなる。

永澄憲史さんから、八文字屋を九時に開けてくれとＴＥＬあり、ほんやら洞をＳに任せて、急行。

村澤真保呂さん、人文書院の松岡さん、杉村さん、杉村さんの後任の龍大の先生が、直ぐ来る。

一行は、十一時に帰り、深夜、かつて、赤垣屋から慶応の後輩ということでアイウエオに拉致られてきたドイツ哲学の先生。以上。

八文字屋沈没。

十月十七日（金）

九時前、ほんやら洞入り。

大分合同新聞からもう少し時間をくれとのメール入る。

カレーの仕込み準備をして、京都シネマへ。

「リスボンに誘われて」（原作・Night train to Lisbon）を観に行く。町の映画館では、この二十五年で二回目。（かつて「非情城市」を見た。ネガ整理のため禁欲）生活を変えようと、企図？
十二時四十分に戻ったが、夕方まで、ほとんど客なし。夜、子どもにゲームをやらせるために来た客あり。

久しぶりに、Sと三条珉珉。

バイト、アドちゃん。九時二十分に香利ちゃん&ウッチーが来るまでゼロ。

カオリンに十月二十九日昼、ほんやら洞に入って下さい！とお願い。そして「ウッチーもおいで！水道の蛇口かえて！」「オレ、電気屋」のやり取り。

その後、滋賀県守山市のメーカー勤務の二人、川井遊木さん、鹿さん、奈良井さん、琢ちゃん、増田さん、山形さん、ドイツ哲学の男（アドちゃん、一緒に帰ろう！との誘いも空しい）と続く。酔払いの談論風発。琢ちゃん、左京区の保育園の署名とりをすませ、アホらしい不毛な議論をよそに、カウンターで気持ち良さげに居眠り。Nさん「カイさんだけの時は来ない。話す事ないんだもの」で、いつも、カウンターでうつ伏せになっているのだろうか。女の子とは話す事があるというわけか？オモロイ。「来るな、というのなら、そう言って！そしたら、来ないし」とも言う。Mさんは、面白がっていた。Yさんは「Nさんは、自民党にいれるのやろうか!?」と。僕も随分、乱暴なことを口走った。

二時終了して、ほんやら洞に戻り、沈没。
たまには、発散せねば。

十月十八日（土）

ほんやら洞、十時前からオープンするも、十一時四十分、初客。

昼、チョイ客。

明日のデモ、顔を出すつもりだったが、日向太、海人彦もFB上でシェアしてくれたが「アメリカ出版事情、本音トーク」のイベントがあるので、そうもいかず。どれ程のマイナスがあるか、想像するだに恐ろしい。稼ぐと自覚せねば。「デモへ行け！さすれば、客がつく」という意見も。

「サムライ・日本」改め「クール・ジャパン」のジョー・岡田さん&鵜飼正樹さん来店。珍しくジョーさんが奢っていた。鵜飼さんも苦笑気味。「最近は、クール・ジャパン・ウォーキングの客が多くて、羽振りがいいんですよ、今日もベトナム人が何人、オーストラリア人が何人と数え、三十人近くいたでしょ」一人から三千円として、多少、お土産をつけるとしても、確かな実入りだ。一度案内した誰々から、その後、連絡が無いと寂しがるといった調子だ。ジョーさんは、ここのところ、何回もほんやら洞にきているのに「大将、こないだ、真剣（刀）を持っていて、ポリさんに注意された時以来やな（ここに来たのは）？」と多少、ドラマタイゼイションが進行している様だ。そんな彼のワン・カットをほんやら洞FBに画像アップ。

昨日来た、ゲームで子どもを遊ばせるために来店している母と子どもの三人連れも来る。

元八文字屋バイトの井上貴子さんにも、二十五年ぶりに会うことになる。画像アップ。やたら、「いいね」がある。明日、同志社の「ハリス理化学館」での松蔭寮五十周年記念イベントでやってきた。まだ、ロッキング・オン編集部に、いる。八文字屋草創期の常連、水田忠男さん、後藤嗣人君、豊島啓さんを懐かしむ話題になる。中三の娘がいるという。彼女は一九八九年同志社新聞学科卒だが、一、二歳上の女性で彼女と同じく、鞍手郡鞍手町出身の陣内由香さんもいたな。僕の叔父さん、縦に一棒を引いて「すすむ」と読ませる、親戚中で、一番僕に似ていると言われていた父の兄は、一九五九年その町の炭鉱の落盤事故で亡くなり、夏、なかなか遺体があがらず、最後までダメだったが、僕も、そこに行った。そのとき、飯塚の映画館で桑野みゆきのデビュー映画を見たのだった。

新聞の死亡記事で、中川安奈さん（どんな方か、見たこともないが）の祖父は、千田是也と中川一政とある。そんな立派な方たちを祖父祖母に持つ人もいるのだ。そういえば、野上弥生子の孫でとんでもないのが、いたな〜。二十年前の客で、マミちゃんという、「乗ってる、乗ってるヤマハメイトのＣＭに小六のときに出ていた」という綺麗な女性、中川一政の寵愛を受けていると言っていたな。

八文字屋には、八時半到着。

ジャーマンがトップで、また、自身の恋愛思い込み話で笑わせてくれる。

咲希ちゃんにメールを入れたけど、返信がない。何度も諦めたが、どうやら脈がありそうというか、「付き合おう」と言ったら「うん」言うのや。また、ぶり返しているのだという。（これ、六回目？）誰も来ないので、彼、寂しくて、京楽、ファニーを覗いて戻ってくる。「俺の恋愛の元凶は、ケータイや！」とジャーマンは宣う。固定電話とケータイのギャップが生まれ、二人の和合？を阻害するのもケータイ。はやる気持ち阻止されるのもケータイ等々。

南座の「疑惑」に出ている伊藤さん＆奥さん、そして、奥さんの友人がいて、一時、朴ちゃんの恋人候補のＳさんが居たので、ジャーマンに紹介したが、彼氏、彼女に飽きて、伊藤さんの連れに例のやり口で急接近しはじめた。今や、チャチャさえ入らなければ、ミネルヴァから出たばかりの本を小道具に相当いい所まで行けたのだが、所詮、お里が知れている。それでも、明日、女性二人を車で案内すると漢気をみせる。（結論を言えば、多分、朝まで、飲み明かし、明日は、起きれないに違いない）

川嵜さんは、「寒い」と言ってヴォガ帰りに飛び込んで来た。「長かった、カゲロヲさんを際立たせるために出来すぎ、ちょっとクセが強いなあ」という。あとで奈良井さんも来たが、ヴォガについての言及なし。旦那のマークから「甲斐さんとこ行きたいのだろう、行きなさい」と言われて中芳礼さん、何必館の梶川さんにも声を掛けてくれたんだろう、彼を引き連れ、久しぶりに来た。読売の木須井さん&森重さん（二人には「ブログは素晴らしい」と言われる。「文学です」とまで（笑）言ってくれた）が来たが、カウンター席が一杯。四国中央市の鈴木さんと梶川芳明さんと芳礼さんとで撮る。鈴木さん、梶川さんがベルギービールを飲む。二人のようなお客のためにこれは、あるのだ。これで、溜飲を下げる。奈良井さん（「夕べは言い過ぎでした」と言われる）、鹿さんが来た。最後は、学芸出版の編集者とその知人。

十月十九日（日）

寝たのが、五時で、奇妙キテレツな夢をみて、十時半に飛び起き、ほんやら洞へ。

まず、二階の片付け。田頭舞さん、三時間バイト。

直ぐに「アメリカ出版事情、本音トーク」のご一行様くる。渡辺由香里さん、堺三保さん、大木マキさんを囲む。凄く綺麗な女性が一人いて、撮りたかったが、「撮ろう」とか「撮らせて」と言えずじまい。先方も、撮って欲しそうな素ぶりを見せたのだが、そんなことをやっている場合でなかった。ぼくもエネルギーが無くなったものだ。

臼杵稔さんに会う。彼の企画の映画会を十二月三日にやるという方向で話を進める。今日のパーティは、Sが踏み込んだ画像を認めてくれ、アップ。

八文字屋は、九時五十分まで客なし。トップは、西村さん、名古屋での会議の帰り。三週続けて、日曜日に来店。今年の河原町グリーン商店街のアートプロムナードの写真展示は、商店街管内にある七十数種類の漢方の薬草の写真をスマホで撮ったもので行く、という立派な企画。水田さんのことを言うと「ああ、あのややこしい人ね」と一蹴。「でも、これから来る女性には、男の純情を示していたのですよ」と言う。

次は、佐藤寛子さんが来たので、西村さんを紹介、が、彼女、素っ気なし。西村さん、彼女の分も持つというのだから、間髪を容れず「ありがとうございます」くらい言ってほしいものだ。元バイトで、売っているのだから。僕は、小煩いおっさんに成り下がってしまったか。困ったもんだ。

そして、面識はないが「さっき松陰寮のパーティで会いましたね」と佐藤さんが座っている貴子さんを紹介すると、急に親しげ。パーティは、七十人位いたらしい。永田浩子さんも来て、貴子さんが、八文字屋がらみで声を掛けたがピンと来なかった様子だ。蒔田さんは、孫を連れて来たという。六十五歳定年らしくもう二、三年あるらしい。ロッキング・オンで仕事はないかと彼女に売り込みメールを夕べいれ、「ウチの社長、岡林信康が好きなので、話が通じるかも」と一応、プッシュしてくれそう。貴子さん自身は、今、映画雑誌担当という。鹿さん、奈良井さんも来る。鹿さんは、一も二もなく、ヴォガ絶賛。奈良井さんは、中書島のＭＩＣＡライブ終わりかけだが、顔を出したと言う。

大男のセバスチャンの紹介でと、イタリア人カップルが来た。さらに、二十一歳の京大、同志社の留学生も来た。

十二時半頃、誰も居なくなったので、浅利ちゃんと京楽へ。二時には、ほんやら洞に戻り、沈没。

十月二十日（月）

銀行に行ってから、吉田へ。ぐっすり眠ってしまった。

変な長い夢をみていた。

「カイ日乗の出版!? 私へのパッシングが表沙汰になるということ!?」と訝しむSが憂慮する夢の中盤以降しか覚えてないが、複雑な長編だった。書くとなれば、三、四時間かかりそうなので、書くのをやめた。

ほんやら洞から路地を阿弥陀籤風にクネクネ巡り、上御霊通小川辺りの瀟洒かつゴージャスな「法相宗手代」という屋号の料理屋に連れて行かれる。

一緒したのは、真以ちゃん、靭子さん、靭子さんの友人、ユーモアの権化みたいな女性。この友人、ユーモアの権化さんのイメージが固定せず、場面場面で変わった。一人は高山富士子さんみたいに機知に飛んだ小柄な女性のようでもあり、もっと身近な若い女性のようでもあった。

僕たちが入るのと入れ替わりに、いかにもリッチな感じの外国人観光客が出て行った。高いのだろうな、こんなのが今受けするのか!? 俺は一銭も持ってないぞ、と思いつつ玄関口から上がろうとすると「リカちゃんの知り合いの写真家さんでしょう!?」という声が右手上方の階段の仲居さんの口をついて出て来た。

座敷に座ると「何にしますか? 日本酒なら、最高級の月桂冠がありますよ!」と言われ、何が最高級の月桂冠だ!? と思ったりする。金の心配をしていると、靭子さんが、帳場の方に行って「母の付けで」てなことを言っている。後から追って来ると言っていた女性も登場。加藤登紀子さんだ。一緒に付き添っているのは人見ジュン子さんのようだが、加藤さんと分かると、桟敷席から「コッチで一緒しませんか!? 加藤登紀子さん」と声をかける女性も人見ジュン子さんだ。

「こっちで用事があるので、お声掛けは有難いが、今日は失礼します」と加藤さん。

何じゃ、これ、と思った所で目を覚ます。

久しぶりに日向太に会い、日向太に「毛が薄くなったね～、いつから？」と言われる。ちょっとのんびりし過ぎたかも知れない。

ほんやら洞に入ったのは、四時四十分。Sは、四時半まで居てくれたらしいが、坊主だったらしい。

七時半にブックファーストでSに会い、四条珉珉へ。帰りに、リカーマウンテンでベルギービールを買う。

八文字屋には、オイタさんしか来ず、もう閉めようとしているところに段ちゃんが来て、一時半まで飲む。

ほんやら洞で沈没。

十月二十一日（火）

ほんやら洞でダウンしていた。

夕べは、父が、後に九電＆中国電力の会長になる九電の瓦林潔さん（明治三十六年生、父は『きょっちゃん』と呼んだ）等と共に、戦後、九電の労働運動みたいなものを担っていた話を段ちゃんにした。九州の社会党が民社党・実質的には自民党になる過程のことだが。父は、退職を機会に十五年間勤めていた山香町大字倉成字又井金堂の九電の社宅と高台の下の離れにある自分が面倒を見て来た畑、二〇〇坪を自分に譲り渡して欲しい福岡天神の九電本社社長室に旧友・瓦林さんとの直談判に赴いたが、けんもほろろに追い立てられたと悔しがっていたことがある。そんな風に父を駆り立てた背景を少しでも理解するために戦後の大分合同新聞を、機会があれば、ゆっくり具に読んでみたい。組合運動とＰＴＡ活動が「幸福な結婚」をしていた束の間の戦後民主主義体験であるに違いない。同時期（多分、昭和二十一年〜二十三年）大分の最大手の運送会社？ 土建屋？「梅林組」（僕は四歳の頃に梅林組と漢字で書いたトラックを見た記憶がある）の社長夫人や当時、大分県知事の木下郁の弟で、後に参議院議員になる木下哲（木下敬之助前大分市長の父）なんかと父は、金池小学校で一緒に活動（木下さんがＰＴＡの会長で、父が副会長）していたのが、自慢の一種だったようだ。当時の父のイチビリようは、娘としては、目を覆わんばかりだったらしく姉の脳裏に刻み込まれているようだ。遠足で、山の池なんか行っても、真っ先に、父兄、学童の前で、池に飛び込んで見せていたりしたという。

僕が、四歳になるかならぬ頃「イイダモンキー」という九電の若手社員が、大分は上野変電所の井戸に飛び込むとか、飛び込まないとか、騒いでいたのを社宅の目の前の出来事としてよく覚えている。あれは、組合の方針変換を巡り、御用組合化への抵抗の表れであったのではなかろうか、と推測する。が、姉いわく、母によれば、あれは、失恋で、死ぬ、死ぬと言っていただけらしい。

当時、姉はスッチャカメッチャカな家の周辺を冷ややかに見つめていたようだ。金池の溝に沿って並ぶ屋台で皆しこたま、酒を浴び、やがて、家になだれ込んで来るのだが、その中に私服刑事が混じっていて、そいつの性的視線にゾッとしていたという。僕は、大分の街の思い出は、進駐軍、聾唖学校の生徒たち、パンツのゴムヒモ売りの竹町のトクちゃん、諫山のおばさん、藁切りで自分の手首を切り落としたのを持って走る冨士夫ちゃんの弟等を、強烈なイメージの元に想起出来る。僕は遅い、スケーターを蹴っていた。

当時の世相やその辺の実相を理解、想像するのに、当時の新聞に一通り目を通したい。交遊関係は事実だとしても父には、やや虚言癖（誇大妄想？）が無きにしも非ずで、その辺を割り引いて？ いや、検証？ するためにも。また、中央でなく、地方社会、戦後大分の世相をやはり、押さえておきたい。それは、親類縁者の権威主義、俗物根性（心性）とパラレルなものが、如何にして生育したかの一端を垣間見ることにもなろう。自分のようなアホが何故生まれたかも。

ほんやら洞、九時オープン。

神林豊さんにＤＶＤ「ほんやら洞の甲斐さん」を送る。

清水哲男さんからプリントをもう少し持たせてくれ、来月の鹿児島での櫂展に出すかもとのメール。

午前中は、客なしだが、午後は、いきなり、（多分、京大生の）若くて綺麗な来客ではじまった。外国からの客も続き、フランス女性のカトリーヌ・ガトウさん（ガトウは普通、日本人の旦那がいるのか、と誤解されやすいので、用いず、ただ、カトリーヌで通している由）が新宿ゴールデン街のバー・ジュテの紹介で来店。

来年、六、七、八、九月と京都に住みたいが、パリ一区の家とExchange出来る人を探しているとのこと。ジブリの映画の全ての字幕スーパーの他、黒澤明、北野武、河瀬直美等の字幕もほとんど手掛けているそうで、六月のパリの日本文化会館での甲斐写真展を見たという。

円安での外国人客が増えたものの、ほんやら洞は、あるべき売上水準に全然満たしてない。辛うじて、坊主を免れただけという体たらく。これでは、アカン！

心身の不調続く。不調なんて言っている場合ではない。月曜社に取り掛かりたいのだが……。

二時過ぎに来て四時半に上がったＳと擦れ違いに、Ｓの知人、美生さん来店。

ゴミ代の集金あり。大阪の写真ギャラリー・マゴットが閉まるとの情報、ＤＭ本人から落手。既に高山富士子さんから聴き及んでいた。

七時五十分に八文字屋に入る。

藤喬さんが友人と来店。ヌルコさんも来て二人にご馳走をして貰う。ヌルコが言うには、十一月十一日？ ヒルゲートで司修さんの個展のオープニング・パーティで、新谷有里さんの朗読がある。それは、八文字屋がモデルの「吉文字屋」についての描写のくだりとか。百枝明彦さんもチョイ寄りするも明日の電気代の支払い、覚束ないと思っていたが、意外と来客あり。

Kyle&Georgeは二度目の来店。十年以上前に篤太郎が連れてきたナイロビ生まれの文春の星衛さん、久しぶり、でも、篤ちゃんの名を忘れていた。世間では有名らしい小峰公子さん、向島ゆり子さんを同伴。ラグで「まづろわぬ民」発売記念ツアーだったらしい。十年前に中山ラビさんと来店した山口ともさんもこのグループにいるようだ。「白崎映美&とうほぐまづりオールスターズ」というようだ。星さんは、しばしば東京での僕の個展のオープニング・パーティで演奏してくれたものだ。馬頭観音巡りはまだしているのだろうか？

「生前遺作集」にも星さんは出ており、それを探すのだが、八文字屋には、一箱もなかった（京大のルネで仕入れたいが、資力なし）。小峰公子さんは、八文字屋を気に入ったようだ。

これで、明日の電気代は出た（じつは、全然足りないと翌日判明）。

Sからアメリカのビルへのデータ送りは、明日の夜やるとのメール。

ほんやら洞に戻ってダウン。

十月二十二日（水）

吉田に帰るつもりが帰れず。

九時ジャストに関電の営業所に行ったが、金が全然足らず、慌てて、本郷酒店に無心に走る。

戻っても、電話が鳴りっぱなし。どうせロクな電話でないと決め込み、三回の長電話を無視。そのイライラ感から、唾棄すべきことが進行しているかのように、断定的に記したり、「万事休す」とか、常連には耳触りで、誰にとっても人騒がせなことをFBに書き込んだもので、稲山聖修さんからもちろん、冗談だろうが「僕がボトルを飲み干すまで、潰れないで！」とメッセージ入る。また、ある人物からは「大変と判断しました。……」メール入る。ありがたい励ましだ。感謝。早く、月曜社を終わろう。そうすれば、この苦境から少しは脱出出来るだろう。この方のメールが、そう、奮い立たせるエネルギーをくれた。その推力とは何ぞや、についてては伏せておく。どれだけ力づけられたことか。いつか、その事を朗らかに語れる日が来るに違いない。その推力とは何ぞや、については伏せておく。

十時に来ると言っていたカトリーヌさんは、十一時二十分に来る。WiFiがあることを喜んでくれる。パソコンを開けると百件もメッセージが入っていたそうだ。

時代祭りだのに、午後、雨になった。

お陰で客足伸びず。イタリアに住むフランス人カップルあり。

三時四十分に、ウッチー&カオリンが水道管取り替えの作業に来てくれる。

澳門生まれの台北在住のグラフィックデザイナー&イラストレーターの袁志偉さん来店。

今日から、腰をいれて、月曜社の原稿を整理する。

ブルーデルさん、バイトのフランス人の絵のモデルになってくれと頼まれたことがあり、忙しいので、断った経緯のある男の画集を持参。山形拓史さんも出てくるとのこと。

夜、コネチカットのビルにデータを送る。（が、反応なし。ネット環境下に居ないかも。座禅でもくんでいるのか？）

「やまや」でレオへのお礼の酒、招徳の純米酒「花洛」を買いに行き、八文字屋へ。

八文字屋には、丁度、川崎さんが来たところで到着。杉村昌昭さん&T・ライトさんがいて、ハワイのコナ展をやろうと言うが、具にきけば、展望が開けるような話ではない。僕はおっとり老人たちの慰みに付き合える身分ではない。むしろ、ライトさんの痛々しさを目撃してややショック。明日は我が身。本来的に人の良い杉村さんの森山大道論は、べつに驚くに値しないが、テーゲイ。「甲斐のパリ写真はダメだ」論や「俺が案内しなければ良いのが撮れる筈がない」の主張はご愛嬌というべきか。「おや、まあ、先生⁉」と唸ってしまう。そんなにカイ写真を見ていないのにやけに、断定的に語るのは、笑止千万。何時ものこと。愛嬌と言えば愛嬌。ボスでもある人の悲しい性？ 大道評価はどうやら「パリ大全」のエリック・アザンに依拠しているようで「で、どうした？」と言いたい。この点に於いても、うっかりハワイ写真展行き話に乗るのはね〜、という感じ。実務をやる人がいないではお話にならない。コッチの状況など一顧だにしていないのも難点。杉村さんに「甲斐ちゃんは、阿部定の訳でも、河出の阿部晴政ちゃんを紹介して、ＯＫをとったのに、やらないから、京都写真以外は、信用せん」と。

月曜社の小林さんに大道のパリ写真集を杉村さんは送って貰ったらしいが、神林氏からは、肝心の僕の方には、一向に送って来ない。二十年の付き合いの成せる業で仕方なし。信用は失墜してから久しい。仕事をしなければ。今年がラストチャンス。これをカッチリと片付けないことには、信用も糞もないのだろう。杉村さんは、ライトさんの誕生日祝いに僕の写真集「白川筋の子どもたち」を買ってくれ、プレゼントしていた。僕は、「ツー・ショット」をプレゼント。

カウンターには、新谷有里さんが居たが、ほとんど喋らず。「甲斐さんは、いつも、私の事を気づいてくれない！」と今日も、向こうの方で言っていた。

浅利ちゃんは、忘れた鰻がないと可哀相に、愚痴っていた。誰かに持ち去られたか？ それにしても、そんな物を！ 誰が⁉ 鹿さん、百枝さん、奈良井さんが来て、十二時十五分に鹿さんと浅利ちゃんがヴォガに行って、営業は終わり。

FB上にしきりに、マサホが時代祭りでの自分の写真をアップしてる。屯平が撮ったりしてる。マサホは、扉野良人に、六平の三回忌はやろうよ、と持ちかけている。良人さんの最近のFB上での古証文披露は、さすがに、京都の素封家の文化的厚みを垣間見させてくれる。徳正寺が、戦後も、文化的センターであり続けたのは、当たり前だろう。

十月二十三日（木）

六時半、帰宅。

京大ルネで、今福龍太の「書物変身譚」を立ち読み。「生前遺作集」が沢山ある。いずれ、買取に来なければ。ずっと細川護熙さんの「胸中の山水」（青草書房）を置きっぱなしだったので、引き取る。

京都造形芸術大学の徳山詳直理事長が、十月二十日に亡くなったと知る。

ほんやら洞、十二時オープン。荻野晃也さんが、十月二十九日の打ち合わせに来る。

稲葉靭子さんの友人が四人連れでカレーを食べに来る。吉田上大路町に住んでいて、小岸昭さんのマラーノについての本に衝撃を受けたという女性と喋る。「あの方は、フリーメーソンですか？」には、笑った。

ついで、申芳礼さんがプリント渡しについて、なかなか埒が明かないので、業を煮やしたのだろう、ありがたい、現実可能な提案をしに来てくれる。レオのバイトの件も。Sは、相変わらず、店を綺麗にしてくれ、助かる。

佐藤真由美さんの友人、キャセイ航空の田川剛さん（ライデンのシーボルトハウス展を見てくれた）

初来店を喜んでくれる。
ハリーナの佐藤さんが蒔田直子さんの岩波ジュニア新書を読んだ？　ほんやら洞が出てくるよ、と
だけ？　言いに来る。
今日は、外国人客、若者、老人とバランス良く入る。まだまだだが。
九時四十分に永澄さんからＴＥＬ。「もう開いている？」から、四十五分後に、大阪共同通信の矢
代到部長同伴。矢代さんとは、清水正夫さんについて歓談。トップ客は、「小学校時分の神童」として、
それに相応しい「その時分の愛人？（笑）」同伴。同じくバツイチ。最後に「もう一度謝らなければ」
と奈良井さん来店。
一時過ぎ、閉店。長浜ラーメンに寄る。ここの客、荒んでいたな〜。
二時過ぎに帰宅。

十月二十四日（金）

八時半、起床。
十時、ほんやら洞オープン。午前中は、三人のみ。
日向太から「ほんやら洞は、ヤバイの？　八文字屋は？」と訊かれる。
一九六八年に立命館卒業したお喋りなオッチャンがきて、一時間以上、のべつ幕無しに昔話をして
行く。
八文字屋の大家の代理人の東京の「レッツ・クリエーション」の河野さんとやらから「不動産屋を
舐めたら許さんぞ！　誰に教わり（今のような）家賃の入れ方をしているのだ⁉　金を持っているだろ、

すぐ振り込め」「ケータイ代とか、家賃を払っているのだろ、それをやめてすぐ払え！ 差し押さえに行くぞ！ どんな手を使っても追い出してやる」等々長電話あり。コッチは「遅れを縮めるべく頑張っているので、もう少し待って下さい。昨日も三十万円入れたでしょ」等々謝る一方。笑うと、「なにを笑ってんだ!?」と怒ってくる。

ほんとうに頑張っているのだ。「今月、あと、二十、来月は百入れろ、そうしたら、ゆるしたる」と。

て、無理だったら、八文字屋を止めるしかない。写真が売れたりすればいいのだが。原稿も早く終え、ひたすら働いているのだ。上手なやめ方はないものかと考えている。そう思い続けている。どだい、ずっと無理な生活をしているのだ。上手なやめ方はないものかと考えている。歳だし、今、写真の整理をしなければ、一生は直ぐ終わる。ずっと撤退について考えているのだ。

確かに、FBに一年半かまけたという面もある。

日向太が今朝心配して訊いて来た時は、このような事態が迫っているとは、思っていず「当座の山は越した」と応えたのだが、その直後にこんな体たらくだ。そして、夜も、多分、心配して日向太は来た。

Sが来た時もまだ河野さんとやらと電話中だった。

Sは「場所を代わればいいじゃない！」と気軽に言うが、そんなに容易い事ではないのだ。また、一から店を始めるということは。

三時過ぎにベルギービールを飲む女性あり。姉から山香のカボス、椎茸を送って来る(画像アップ)。

東京芸大では、小泉文夫さんの下で学んだという佐々木翔太郎さんからフライヤー「ペルシャ古典音楽の若き後継者シューレシュ・ラアナーイーのソロライブ」届く。ペルシャ語通訳・解説・慶九（セタール奏者）十一月十六日@ほんやら洞、午後二時開場、二時半開演。チャージ二五〇〇円＋ワンドリンク注文。

トゥールーズから来て、東海道五十三次の絵を描いている Philippe Delord さん来店。仕事を見せてくれ、ポストカードも六枚買って、自身のカード四枚くれる。

大分合同新聞の佐々木さんに「原稿は没!?」とメール。三点教えろ、とのメールあり。即送付。「勉強になります」との返信。

アドリーヌが「今週と来週しか入れない。ビザのため仕方ない」とのメールしてくる。

こちらも、逼迫しているので、今日をバイト最終日にしよう、とメール。

アドちゃん最終日に、僕は、カボス&椎茸持参で九時過ぎに八文字屋に下で鉢合わせの段ちゃんと同時に入ったが、客は、稲山さんしかいなかった。やがて、芳礼さんが「ＯＰＡの裏の素敵な店に行って来た」と友人同伴。オイタさんが来て、広瀬純の解説付きの映画を京都シネマで見たＳ、さらにレオ、山形拓史さん、東義久さん、増田さん、奈良井さん、オリヴィエと来る。

これが、アドちゃんの最終日だ！ ちょっと淋しいな。火曜日には、バンソンが来るらしい。

六時まで、その場で寝てしまった。

十月二十五日（土）

七時過ぎまで横たわる。

ほんやら洞入りは、八時前。

午前中の客は、一人のみ。先週の土曜は、もう少し入った。

睡眠不足で、日中しんどい。二階で横になりたいが、今日もゲーム中学生が四時まで、一人でいる。

二時に昨日の Philippe Delord さん、ジュンク堂で「京都猫町ブルース」を買ってくる。表に五百円均一で出している「On Reading」を奥さんのEmmanuelleさんへのお土産に買う。

ほんやら洞、暇過ぎる。八文字屋、六時五十分オープン。

九時までに来たのは、圭ちゃんだけ。職場に部下として綺麗な（多分、間違いなく、その魅力に絆されて社長も畑違いを承知で採用した）バツイチ女性が来て、ときめいていること、妙ちゃんの妹さんが井村アートギャラリーで評価されている話、先日、モリモリが訪ねて来た事等を喋って、ビール二杯で出て行く。ジャーマン、バンソンの噂話もしたかな？

姉とは、トクちゃん、セッチャンの話、又井の園のヒデちゃんの話、兄がオンボロのロールスロイスを貰い、嬉々として乗り回していることや山香の飲み屋の木俣さん、西鉄ライオンズの豊田泰光と親戚の精米所の大神さん等の話と自分の発熱との絡まりを喋る。

僕は、年内、大分に行けないとのことも、一応、言う。

土曜日というのに、十時前になっても客が全然居ない。僕は間違った生活をしているのかも知れない。このピンチに、自分から働きかけず、誰がこっちへ向いて来るというのだ。確かに、Sは、店を綺麗にしてくれたし、イベント等に気を配り、僕のだらしないところを補完してあまりある。しかし、飲み屋には、そういう風な動きだけでは、人は集まらない。情動に訴えかけねばならない。僕は、根本的なところで間違いをおかしているかも。この客の少なさたるや、なんだ⁉

日本シリーズのせいではない。

段ちゃんは、ファニーの前を通っていたら、ニコニコ笑い掛けてくる女性がいた。てっきり、自分の知人だと思って、ついて店に入って、かなり飲んでしまった。全然知らない女性だった。自分は、目が悪いのだ。そんなに早く、八文字屋があいているのなら、くればよかった、という。

白石さんが来て、ジョージが、日本語が良くできるイギリスからの二十歳の留学生ジュリアンを連れてくる。気に入ってくれた。LPレコードを楽しげにチェックする。

その後、AHO会の流れで、ヨッシー、梶田さん、遊部康遊さん、もう一人、ヨッシーの弟子、藤村伸二さんが来る。愉快な仲間たちだ。が、ヨッシーと遊部さんがお互いの頭をパカパカ叩き合いを延々やるのに、段ちゃんが嫌がって、突然立ち上がり、中島みゆきの「Fight」をアカペラで歌い出す一幕もある。

そして、伊藤政之さん、西浦さんと「南座」の「疑惑」千秋楽出演前日の二人、さらに、鈴木琢磨さん&娘&寺脇研さんと来る。先日、杉本秀太郎さんに会ってきたという。寺脇さんはお疲れの様子だったが、少し話し込む。寺脇さんの母方は、佐伯市出身。我が家と由布院の中谷健太郎さんの後継者と目されている湯平温泉の渡辺さん？との因縁話しもする。寺脇さん「カボスはこう絞るのですよね」と通常演りがちなやり方でない、切り口を上向きにして絞ってみせる。鈴木さんは、お父さんを気遣って早く帰る。鈴木父娘が帰った後、寺脇さんは、鈴木さんを誉めちぎり、あんな別嬪な娘、きっと、鈴木さんの嫁は別嬪だろう、と酔いながらも話しの目鼻を付けて面白し。

新潮社の親友、南慎二さんが新潮社を止めたので、直ぐに写真集出版の運びとならなかったが、何とかするといわないが、任せておけ！的な顔をする。

二時半、閉店。

十月二十六日（日）

十時、ほんやら洞オープン。

今日から、ほんやら洞「モーニングサービス」（トースト、ホットコーヒー、茹で卵、サラダ、ヨーグルト＝六百円）開始。

ダラダラと客あるも、褌を締めてかからねば。
S、四時頃、顔を出して、モーニングサービスのポスターが汚いと言って、こじんまりとリライト。
中芳礼さんよりメール。プリント十月三十日にパリに持参したい、用意できるか？と。「査収」の文言あり、書き違いでは？と思う。

早速、鹿児島にメール。OK。

馬淵と同じ六地蔵の石田団地にいて、縄手四条下ルのバー「ゲリラ」でも同じく常連だった市職員の元社会党支持者の森さん来店、ティラミス＆ホットコーヒーを食す。嘱託で残っているとのこと。

神田稔さん、プロジェクター回収に来てくれる。用事は、隣の中華料理店「燕燕」から、もっと広い会場が必要になり、銀閣寺の方に変更したという。富山一郎さんの名が出ていたので、神田さんの知人が富山一郎さんの研究室に来たはずなので、その方の歓迎会なんだろう。邪推すれば、「白沙山荘」か。

詩人ジョン・ソルトさんより、ウィリアム・ジョンストンの消息に関わる親切なメールあり。息子は、NYUで働いていることも聴く。自身もカイ写真のプロモーションに努めているとも。

ヌルコ、田島征三さんの弟子の米山耕さんと来店。米山耕さんは、一九七九年頃、ほんやら洞に出入りしていた当時、立命館の探検部生の現舞踏家兼写真家の坂井敦さんとも知り合いとのこと。ヌルちゃん＆米山さんは、銭湯芸術祭巡りの帰り。「左京ワンダーランド」巡りの予定がずれて、これから、村屋へ行くと。ヌルちゃん「私が、〈八〉のバイトに入ろうか」と言ってくれたが「客を引っ張る自信がないとダメ」と返答。

レオ、フランスの漫画評論誌に佐々木マキのインタビューを出すのに、仲介者が「ギャラは？」と言ってきたのに、懇切丁寧な手紙を書くのに腐心する。

姉妹のような綺麗母娘の山口さん、三十何年ぶりかの来店で「二階に行きたい。昔、学生時分、よくたむろした。最初に来た時に、(多分、出雲路の)大原女である祖母(山口キミさん)のプリントが展示されていてびっくりした」と母が言うので、帰りに記念撮影。FB上に初ヌルコ画像及び、夕べの「愉快な仲間たち」画像をアップ。昨日、二度会ったホームレスのおばちゃんも。

オリヴィエが「表の花、枯れているよ」と言って、代わりの小さな花持参。

八文字屋へ発つ直前、武市さんが顔を出す。矢部宏治著「日本はなぜ基地と原発を止められないのか」(集英社)が読みやすいし、面白い。元編集者だけあって、ツボを押さえて、素晴らしい、あんな本が出てきたら、歴史家も、現代史書き直さざるを得ないだろう、と言う。

八文字屋オープンは、九時前。浅利ちゃんは休み。

客がなかなか来ないので、まず、姉の悩み、愚痴を聴く。一昨日は又井の元庄屋の園の知人がトクちゃんが姉を使っているのを見てびっくりして「変電所のアケミちゃんやでぇー、マドンナやでぇ」と吹聴しているという話もあったが、今日は、心配過多。

お客さん、「京楽」帰りの奈良井さん、そして増田さん来店。二人のみ。少し寂し過ぎ。

奈良井さん、先日、レオ、アドちゃんとで村屋に行ったとか。女性のOさんの消息も聴く。「ほんやら洞も、イベントも色々決まり、店は良い方向に行ってますね。餅搗きの臼、杵の手配は出来ましたか?」という。僕の苦境は伝わってないようだ。親戚の臼、杵の話しから、そこには、立派なスキャナーがあるとも語る。

増田さんの富士山麓で開かれた「第二回全国猟友会サミット」参加話面白し。美山の田歌の千松さんは、やはり、抜きん出ているようだ。増田さんも退職後の久多での農業暮らしには、鹿、イノシシ、猿撃退に銃が要るのだろう。

八文字屋は、あっさり終わり、寂しい。明日からは、もっと頑張る必要あり。

三時まで、八文字屋で客待ちも空しい。五時まで、そのまま寝る。

十月二十七日（月）

六時二十分まで、八文字屋でメモ。八文字屋は三十年を迎えられるか、微妙だが、その前年の一年、つまり、二〇一三年の「日乗」の出版化の話、真剣に進めたい。それが少しでも借金を減らす方向への手だてになればいいのだが、難しいか。

七時、帰宅。メモ、絲山秋子の「離陸」を読みはじめる。

九時二十分、ほんやら洞。

午前中は、一人、あと四人の客だけ。

とてもつらい。

どうしたものか。やはり、食物を充実させるとか、若者に働いて貰うとか、酒に切り変えるとか、その辺をミックスせなアカンのか？

赤瀬川原平さん死去。享年七十七歳。ファンだったが、ついに会うことは、なかった。美学校伝説は、燦然と輝く。扉野良人さんも、その内に書くだろう。赤瀬川原平さんが芥川賞を取ったとき、扉野さんの母、章子さんは、大島紬をプレゼントしたという噂だ。路上観察学会の面々は、徳正寺に依拠していたはずだ。小説「雪野」の冒頭の大分駅のシーンは印象深い。一時期、大分にいたはずだ。兄の赤瀬川隼さんも、その縁でか「大友宗麟」を書いている。

ピンチを底の底から切り崩すための方策を考え詰めねばならない。

数年前、クラコフのミュージアムを紹介するにせよ、どのサイズのが、何点あるのか、ハッキリさせよ、と基本的アドバイスを頂いたまま、それには、応答せずのままに終わったという失礼をしたままになっている、写真界の重鎮、多田亜生さんに手紙を書き、DVDを送る。この事についても、もっと早く、条理を尽くしてやるべきだったか。僕は、いつも、浅はかだ。

そういう意味でも、戦線を縮めて一点突破でやる必要がある。

武市さん「昨日、八文字屋に行く前で話せなかったからまた、来た」と来店。彼の読み掛けの「日本はなぜ基地と原発を止められないのか」をコーヒーを飲みつつ、読みついでは、講釈をしてくれる。左京区の飲み屋街が流行っているね〜、それに引き替え、出町、同志社界隈はダメだなあと言う。「仕事にあぶれた京大生がやっぱオモロイのだ、出町が一九八〇年当時、甲斐ちゃんのやりたいラインでやらせなかったから、今日の出町の衰退があるのだ」等々喋る。

岩波のSさんとOさんにメールする。シーボルトハウス展を見に行ける友人はいないか？と。

多田さんの大磯のアドレスをSがパソコンの中で発見してくれたので、もう一度ハガキを出す。

不手際、不手際。

ブルーデルさんに支払い。

川口貴士さんにも、メールで八文字屋三十周年記念本のことで知恵をかせと言う。何が出来るか知れんが協力はしようと応答あり。

僕には、思索というものがない。

すっかり忘れていたが、約束していたことを思い出させてくれたSに失礼極まる物言いをしてしまう一件もある。

Sが「今度の土曜日、レオと伏見に行けるの?」と言うのに、「行ける訳ないだろう。こんなに借金取りに追われているというのに。レオと二人で行って」と言う。

Sは言う「甲斐さんが居なければ、意味ないでしょう。じゃ、私が金を払うから、行ってくれる?」まあ、行くのに同意したが、僕の口の利き方にすっかり落胆したようで、それからSは不機嫌になり、口を利かなくなった。本当に、申し訳ない。こういう時は、黙り込むのでなく、謝らねばならないのに、金作りについて、強迫神経症的になってしまっている、すっかり、ダメな僕。

ブルーデルさんがくれたパンを夕飯に食ってもらい、先に行ってもらった。

「明日来ないから」と小声で呟いて出ていった。

僕に甲斐性がない事も、すべて泥縄式なのも、彼女を憂鬱にさせるのだ。

とりかえしがつかない話だが、Aにとっても同じであり続けたに違いない。

温ちゃんとのFB上でのやり取りで、八文字屋に土曜日に入って貰うことにした。夜中、温ちゃん&米山君の画像もアップ。

先斗町北入口でKei-Kのチャリを見る。撮影。

八文字屋には、九時半に聾唖のおっちゃんが来て、後ろの席で写真集「笑う鴨川出町篇」を捲りつつビール一杯だけ飲んで直ぐ帰る。

十一時四十五分に、迦陵頻の片山茂樹さんが顔を出して、漆作家の下出祐太郎さん、山折哲雄さんの話、自分が原告として抱えている一億円の損害賠償裁判(これが片付いたら、奥さんとヨーロッパ旅行に出掛けるという来るべき優雅な境地も語る)話、中国との商売、三人目の孫の話等について一人で喋り捲り、帰り、それで終わり。いつもの如く、坊さん相手の話や中国バブルの話は、話の桁、金の桁が違う。

水田忠男さんの話題、昨日、梁山泊の橋本憲一さん夫妻の訪問を受けた事などをとくとくと喋る。「吉田光邦さんは、もう死んだ？今度、彼の仕事を凌駕する本を実物に則して書くわ」と行って、明日七時、長浜だ、と言って帰る。働き者だ。

一時半まで客待つもむなし。

姉を取り巻く現状と彼女の疲れぶりを察していたら、同情に堪えない。

三時、帰宅。四時、就寝。ちょっとFBやりすぎ、ヤバイ、ヤバイ。

十月二十八日（火）

八時、起床。十時、出町三角州を四カット撮り、有馬敲さんと出くわし、ほんやら洞入り。

午前中は、坊主。

十二時ジャストに工事現場のお兄さんが二人、さらに、旅行者の女性二人、おっちゃんと十二時四十分までボチボチとくる。それ以降は、ピタッと客足は止まる。四時になっても誰もいない。

三時にパークスのお祖母さん（梨の木旅館）が、パークスら、四、五人が日本に来てライブしたいと言っているのだけど、応援できるのは、私だけなんですが、どんなものでしょう？と言うので、アバンギルドの話をする。

三時半に申芳礼さんが、写真を取りにくる。十二時半の次のお客さんは、六時四十五分。凹みます。ま、絲山秋子さんの「離陸」は読了。

八文字屋には、八時半入る。

最初の客は、十時半の増田さん、次が井田照一の弟子だったダグラスが二人友人を同伴。そして、鹿さん、草葉さんで、ソレでお終い。「甲斐さん、再婚する気ないの？ オレ、ない。そこを誤解され易い」等々。僕は、毎度、下品にも、客の給料を邪推論評してみせ、鹿さんの受けを取る。彼は「オレも年金なんかあてにしてないから、甲斐さんと同じだ。オレ、部下の給料が上がるように頑張ってんだ。オレの給料より。オレ、もっと来て甲斐さんを応援するわ」

十月二十九日（水）

妙にリアルな夢を見ていた。

十時にほんやら洞。

香利さんが、十一時四十分に来て、十一時五十分に出発。

人参、玉葱、生姜の微塵切りを頼む。

戻ったら、ウッチーが上でギターの練習をしていた。やがて、芳礼さん&カマラちゃん&リュウ君が来て、レオも顔を出す。

客が来ないのに、弱りきる。

八文字屋に神妙な気分で行ったが、やはり、ダメ。

山田さんは「（FBを見て、常連が）沢山来ているだろうと思ったが少ないね〜」という。

一件だけ役を担って貰ったが、勘違いの当該請求書がKさんに行ったらしい。Kさんも呑み込み済み。

Nさんは「ミノウにいる父が行方不明という電話が入ったがどうしようもない」と呟きながら帰る。

鹿さんは、他所の店へ。段ちゃんも口にはしないが、色々、案じてくれているのだろうか、早めに来る。「伏見」で「甲斐さんは元気なの？」と言われたというアンドレアスがジュネーブから京大への留学生を連れて来る。カリーナの教え子。彼女に八文字屋で働かないかと、誘う。まだ黄檗住まいなので、出町柳に来たら考えると、逃げられる。オイタさん、冨樫がきて、二時半に終わり。どうしても金が出来ない。

十月三十日（木）

ほんやら洞、十時オープンも空しい。

昼、大沢眞一郎さんの教え子来店。三十年前に上賀茂に住んでいたらしい。大沢眞一郎さんの墓は何処にあるか知らないか？ときかれる。

昼は今日は寂しい。

前に「インドちょっと見ただけ」を買って行った、耳が悪くて補聴器を付けた活動家風学者？が来て、日本の状況を憂えて、ずっと状況分析を独り言として、披瀝すること二時間。五分おきに、甲斐さんは、どう思われますか？と相槌を求めてくる。

その最中に、福岡電通の和泉宏さんが、奥さんとともに来てほっとする。この男性は、唐津出身と判明。

「レッツ・クリエーション」の河野さんから、明日の入金の確認の電話あり。攻防戦を楽々と切り抜けたいが、なかなかそう容易いものではない。あれこれ、頭を巡らせる。売り上げを伸ばすだけで何とか成ればいいのだが、困難。

京大マリーンの新部長の増野くんが、自分が部長に成ったと挨拶に来る。マリーンのハロウィーンの仮装を撮らされる。

あまりにも暇なのに耐えかねて、ＳにＳＯＳを発信。そして、次のようなことをＦＢ上に、先日についで、今日も記する。


来年、八文字屋は、順調に行けば、満三十周年を迎える。

それに向けて、記念本を二、三考えていた。

それも、自費出版として。

が、どうも順調に三十年を迎えられそうもない。今、八文字屋は、何度目かの追いたての催促を食らっている。

自費出版どころではない。明日まで纏まった金を入れなければ、直ちに出ていけと言われている。また、十一月の終わりにもしかるべき金額を、と。ほとんど絶対絶命のピンチだ。でも、自費出版を諦めてない。

ＦＢに少々かまけ過ぎていた。ほんやら洞が立ち直るように、力点をコッチに掛けていた。八文字屋がほんやら洞を支えていたのに、八文字屋の大家さんのことをちょっと蔑ろにしすぎて、ピンチを迎えている。海外展にもかまけすぎた。反省しきりだ。

書下ろしも早く済ませれば良いものを、毎日新聞連載本が単行本になれば、しのぎになるので、それからで良いとたかを括っていた。その淡い期待も毎日新聞に任せきりの中で、泡と消えそうだ。連載が終わって半年になっても、一向に音沙汰がない。問い合わせると、出すと言っていた某出版社の担当者は、その会社をやめたという。

一から仕切り直しをするのはきつい状況の中の追いたてだ。奥の手を使いたいが、そんなものはない。三十年店を経営する大方は、その手があるが、僕には、ない。

書下ろしにも全力をあげているが、何せ、二つの店を掛け持ちにしながらでは、スイスイとは行かない。自慢にならないが、一日数時間酔っているのだ。そうも言っておれず、一ヶ月内にやりきるのだが、これ、一本では、ラチがあかない。

三十周年記念本を作るどころではない。でも、何としても乗り越えたい。出版社の協力が必要だ。そこで衆知を集めたい。今後の見通し、方針を打ち出す集まりを持つ。楽観は赦さない。毎日、どちらの店も三万円の売り上げがあればいいのに、それがないのだ。

ベストは尽くす。店がなくなっても、本は残すつもり。その方針の元での、皆の忌憚ない意見をききたい。

十一月二十二日は、その会議。去年の応援団は、様々な理由から流産したが、今回は、応援団ではない。「八文字屋三十周年記念本」編集会議だ。八文字屋がなくなっても（なくならないようにベストは尽くす）十二月までやれば、約三十年やったことになる。継続の如何に関わりなく、三十年本をは作る。既に何人かに相談している。反面、この会議では、十二月二十八日の餅つき大会の有無を発表する。その日に、十二月で八文字屋を閉店するか否かも発表する。

高い家賃を支払ってお店の経営を続けるのは、至難の業だ。

店を守るには、地域社会では、内堀も外堀も必要だ。地縁、血縁の内堀。選択縁の外堀。絶えず選択縁の開発も必要だ。その開発のつもりで海外展を打ってきたが、その点では失敗だった。本来なら、選択縁の開発に繋がる「日本ペンクラブ」会員も、結局、一度も会議に出席できず、会費もはらえず、除名処分になった。

今の状況は、その時の状況の二の舞のようだ。

離婚では、僕は内堀を失った。小中高大を京都で過ごし、京都で働いた社交的な相棒を失うことは、どういうことになるか身に沁みてわかった。この喪失を埋め合わすことができなかった。何故かと考えないでもない。

逆に、新たな選択縁をもっと生み出し、延命すべくもっと早くから手を打つべきだった。この際、少しずつ！ずらしずらし行くしか手はない。進退は、十一月二十二日会議で決意表明する。

ズバリ、十一月いっぱいに百万円を蓄えねば、八文字屋はアウトだ。

ほんやら洞一つだけになった方が身体が楽になるのも確かだ。これまでも、いっそ、八文字屋を閉めようか、と何度も考えてきた。収益率は八文字屋の方がいいのだが。ほんやら洞だけになれば、老衰で死ぬようにやがてほんやら洞で死んで行くのだろう。手に取るように分かる。ほんやら洞を後進に譲ることも十年以上考えてきたが、空しかった。夜、八文字屋をやるだけなら、昼の撮影時間もできる。が、酒を飲み続けることになり、体調も壊す恐れもある。いっそ、ほんやら洞を細々とやったほうが、写真の整理の時間が出来るのだろうか？その方が身体のために良いと身内から声も上がる。が、ほんやら洞の昼の喫茶はもっと若いエネルギーが充満した方が流行るだろう。バーも若くて魅力的な女性がいた方がいいに決まっている。

それは、ともかく、八文字屋を追い出されるのはしゃくに触るという意地もある。

一方、ほんやら洞も八文字屋もやめようという誘惑もある。店がない方が……と思うが、無くなったら、なくなったでハリを失い、不善をなすことになる。そしたら、タダのゴロツキだ。ネガの整理をするにしても、もうこんなにボケが進行したら、ヤバイ。酒の、せいだろうか。が、まあ、十一月いっぱい、更に、十二月いっぱい全力を尽くしてから考える。

どっち道、写真家生活を展開するには、Ｓの協力を仰ぐしかない。

八文字屋三十年に関わった各方面の常連、元常連に書いて貰うと言っても、おいそれと原稿は書けるものではない。

そこで、前々から、そのつもりだったが「ほんやら洞・八文字屋往還カイ日乗」の単行本と抱き合わせにするのが、現実的かも知れない。「日乗」は自画自賛だが、多くの知名人も登場するので、出たら、徐々に出回るだろう。

編集者に、ほんやら洞のホームページはオモロイぞ、と広めて欲しいものだ。

八文字屋が潰れた暁には、最初の仕事としては「パリ写真集」を、そして、二番目には、この「一年の日乗」を自費出版する。


今晩の八文字屋には、九時十五分に入る。

来てくれたのは、段ちゃんだけ。ナタリア・ギンズブルグの「マンゾーニ家の人々」をカウンターに置いて、時々、段ちゃんがこの本のあとがきを捲ったり、構成について感想を言ったりしてくれる。「そうか、三大レクイエムの一つ、ヴェルディのレクレイムを捧げられた人か⁉ イタリアの建国の父⁉」「イタリアは、どうやって統一されたんだろう?」等々。また、「福島の甲状腺癌の問題は、他所と一緒なのに論う人がいるのは、おかしいという意見があるが、どうなの? えっ、福島医大というのは、御用大学なの?」等々日本の政治、国会の話もする。

三時間程楽しく飲む。

でも、一人というのは、辛い。

一時半には、段ちゃんも帰る。

きつかろう、もう止めろ、と姉は言う。

窮地を乗り越え、また、次に必ずやって来る窮地の狭間のことを姉は「その途中が、地中から放り出された幼虫みたいなもんや、楽になれ！」と。

十月三十一日（金）

六時半、八文字屋で起床。

変な夢を見ていた。

今晩、僕の結婚式やのに、寝過ごして、最終の新幹線で式場に行くことができなくなっても、父母は、平然と寝ているという荒唐無稽な夢。僕は、嫁の親族に呆れられるよ、と言うが、二人は、平然と寝ている。

僕抜きで式が挙行されるのに、一歳年長の兄だけが出ている。僕は、ずっと京都（大分？）の家でボヤく。が、あれこれ考えているうちに、新居はどこだ？とか思いを巡らせて行く内に、家などなく、現実でない、これは、夢だと分かっていく。相手は、新城市のＨＷさんだった。

八時まで、八文字屋でウダウダする。

ほんやら洞、十時オープン。

御所の一般公開の客、ロンリープラネットを見て来た立命館大のリヨン出身の教師と双子ちゃん。いいだももさんの孫の朔君、稲山さんの他は大半は、外国人だった。その中で、今年、初ＡＫＰ客の来店もあり、ウィリアム・ジョンストンさんに、コネティカットのウェズリアン大学で教わったというネパール出身のSadichchha Adhikari（サディチァ・アディカリ）さん、Annelise Giseburtさん、Karen Huddlestenさん等が来て、和み、散々写真集を見て、ポストカード、写真集も買ってくれる。

六時半、三条の土下座前でレオ、サッちゃんと待ち合わせていたので、六時に閉店する。久しぶりに「伏見」にレオ、サッちゃんと行く。後で、バンソン＆アドちゃんも来る。

八文字屋に戻って氷を買いに行っている間に、朔君が父と祖母（いいだもも夫人、玲子さん）を連れて来てくれる。ももさん周辺の人々について二、三時間歓談。バンソン、アドちゃんも直ぐに来る。増田さん、稲山さん、枚方の後藤嗣人君が次男坊の啓太君を同伴。オイタさん、鹿さん、随分久しぶりのアサヒちゃん、読売の森重さんも来店。さらに深夜には、角川英治さんと、小川優さんが来る。稲山さん、河上徹太郎は叔父さんと初発言。鹿さん、母見舞いで戻っているミナコさんに会った由。「ミナコさんは、独立心旺盛、扶養家族に入らんでもいいと言う」そうだ。

閉店は、三時半。

十一月

オランダへ帰国前のディック・ステゲウェルンスさん
左端は葦津なおとさん（1994）

十一月一日（土）

神妙。

ほんやら洞バイト、田頭さん、二時間入る。

二時〜五時、第四十九回プロレス文化研究会。

昼の客は、からきし。七時前に、レオの和歌山の友達四人来て、カレーとシメイビール。それで、人心地する。

八文字屋では、温ちゃんが、第一回目のバイトだったのを忘れていた。

九時半、八文字屋に入ると、そこそこ客あり、ほっとする。

川口正貴さん、大道先生、瀧津孝さん、冨樫連れの台湾の態度の大きい男、韓志倫さん（任眞設計有限公司）。韓さん、美女本二冊購入。

川嵜さん、温ちゃんが瀬戸内芸術祭で会った青年もいる。ベルギービールで勝負。川口さんは、酔っていたが、八文字屋三十周年記念出版兼八文字屋延命に向けての協力を頼む。可能か？

一時に終え、フライヤーを配って回ろうと思ったが、ほんやら洞に沈没。

十一月二日（日）

十時、ほんやら洞オープン。

そこそこ入る。東九条マダンには、行けず。

ひとりだから、少し慌てるが、大丈夫。

ブログ上での自己認識、現状分析、我がコンスターレーションの読みに対する違和感をSは表明。Sの批判は正鵠を得る。僕の浪花節やマヌーバー活用も理解は得られず。地縁を取り込んだ営業は至難の業と単に強調しただけなのだが、理解を得ず。

Sの協力無くしては、僕の今後の活動が困難なだけに批判を厳粛に受けとめる。猛省！

ベルギービールを多く買って、八文字屋入り。

一九八八年頃、ほんやら洞でバイトをしていた京大で演劇をやっていた中西智さん（現電通の札幌の幹部？）の同級生（福井で医者）の小野雅之さんと婚約者（看護師）の「ホスピタル・ラブ」組が待っていた。去年の九月も、二人はほんやら洞、八文字屋に来てくれたが、僕がパリ行きで留守のため会えなかったと。

カゲロヲ、Nさん、鹿さん、佐藤寛子さん、督あかりさん&高木ナツコさん（初来店）、草葉裕さん、モッチ、西村さん、段ちゃん、山田造園さん&日吉ヶ丘高校同級生グループ、B。

段ちゃんが、金光敏さんが心配していたよ、と。

六時までダウン。

十一月三日（月）

十時半、ほんやら洞オープン。

昼、少し、ダラダラ入る。

家族三人（父親が二十六年ぶり）別府より来店。大分で猫本を買って持っていると表明。

疲れている場合でないが疲れ、否めず。節制を心掛けるべし。夕方階段から落ちたと思ったが、夢だった。疲れて単にベンチで居眠り中、脚が落ちる瞬間に生起せしもの。久しぶりにS来る。ベルギービール買いは、今晩も。柳泥鰌か？

八文字屋、九時、行路社の楠本さんの息子、シュウジ君（裏目とか、フータンと呼ばれ、FBでは、Whotown Awaked何チャラ）がサヤカさん同伴。サヤカさん、この店、何か癒されるな〜、と呟く。あとは、Sと鹿さんのみ。京楽、石丸商店、ろくでなしに、十一月十六日のほんやら洞ソロライブのフライヤー持参。

咲希ちゃんに、出会わし、少し飲む。

大分合同新聞、シーボルトハウスでの会期中に出して下さいよ！とのメールには、OKメール。でも、出稿の元原を当方に見せそうもなし。作家性も大分では、無視なのか。これも日本の現状の一つ。

ウェズリアンのビルに送ったデータ、彼がダウンロードしたのを確認。

A兄が、狭間に「嫁に突っかかれ」？寄ったとのこと。なんと「犬も一緒に泊まれる別府のホテルに泊まったついで」らしい。その言い草、T嫂の口を通しての言も可笑し。A兄は如何にも彼の感強し。それへの対応も笑止千万。笑ってばかりいると恨まれるか？

十一月四日（火）

ほんやら洞、ステファノ・ロンゴさん来店。撮影。面白い格好。

昼、少しだけ入る。「ルポ京都朝鮮学校襲撃事件」の著者中村一成さん、谷川渥さん来店。

アダムの妻、中西孝子さんがハバネロをくれる。お返しにカボスをあげる。もっとお客ほしい！

八文字屋の前の前の大家の代理人から電話。

僕に言わせれば、ほとんど言いがかり。代理人は、代理人の仕事なんだろう。困ったもんだ。

こっちは、京都土地買取センターで終わったと思っている。後ろから、前から、攻撃がやってくる。

これでも時間を取られるのか。

八文字屋は、段ちゃんのみ。

三時、閉店。

十一月五日（水）

ほんやら洞、十時オープン。

FBに次のように書く。

「誰か恵文社、ガケ書房、六曜社、堺町画廊にペルシャ音楽のソロライブ（十一月十六日昼@ほんやら洞）のフライヤーを持って行ってくれませんか。（メディアショップ、ヒルゲート、小泉楽器店も必要か）」

国際交流会館、日仏、Hub Kyoto等に持参すればいいのだろうが、暇なし。

薄着での八文字屋、ほんやら洞に連泊で風邪をひいた。

弱音を吐いている場合ではない。

座して、死すより、切り込んで行くべし。

しばらく、大状況はさておいて、中状況、小状況に集中だ。

八文字屋、ほんやら洞に賑わいを創出可能なバイト募集。八文字屋にも整理整頓も出来てオモロイ女性を急募。ほんやら洞は、これからは夜にも客の吸引力があり、食事を積極的に作れる、やはり、チャーミングな女性を。

八文字屋の方は活況を齎せる人材には時給は弾むつもり。ほんやら洞は、客を呼べずば薄給!? 今晩は、内村育弘さん（ウッチー）＆中川五郎ライブ＠「明日（メイビー）」の日だ、挙って押しかけようぜ!! ＦＢに記すも、行けず。

二人には申し訳ないが、窮地続きの折り、十時ギリギリまで、ほんやら洞でおでん作り、その後、ワイン、おでんを持って八文字屋入り。

八文字屋では、八時から、浅利ちゃんが、何時ものように、写真家陣へ向けて、魅力を振り撒くべくスタばっていたが、到着時には、まだオイタさん、川嵜さんのみ。やがて、鹿さん、はつ菜さん、奈良井さんが来て、やっと待望の「明日」ライブ帰りのヨッシー、梶田さん、時間を置いて、ミュージシャングループ。そのあとは、近藤和見さん＆コピーライターの女性、外国人二人で終わり。奈良井さん周辺に尋常ならぬ事態出来か？ 此処の所、あの、永遠に！ 明るい？ 彼が暗いので心配。

二時半終わり。六時まで、半袖寝。六時、帰宅。

ここ数日、沈滞し切った、暗雲垂れ込める八文字屋に、発破!! とＦＢに記したが、ほんやら洞も同様でイマイチ。

十一月六日（木）

ほんやら洞、十一時半オープン。

おでんのポスターを貼る。

超暇な店にも泰西名画の中から飛び出したかのような貴婦人登場。帰りしなに一言。

「悩ましいことにくよくよしてたけど、懐かしい所で、ボォーとしていたら、スッキリしました」

ほんやら洞も八文字屋も暇が過ぎる。

マリーン。夜、それ以外の客少しいる。

電話、両店ともストップ。

八文字屋には、隈俊子さんが韓国の知人の姜さん&黄さんのカップル同伴。ドヒマジン、潤さんとも癌と闘っているという。

黄さんと喋り、「外八文字」歩きは、「両班ステップ」と判明。殿平義彦さんの、話題あり。

十二時に誰も居なくなり、寂しく思っているところに、梅棹マヤオさん初来店。初対面。「路地裏の京都」の代金先払い。来春、父親、梅棹忠夫さんが住んでいた家をギャラリーにするので、また、相談に乗ってくれ、というので「僕の個展をやって下さい」と言い、快諾を得る。

村屋にフライヤー持参。四時まで、居眠り。

十一月七日（金）

九時、起床。

十時、ほんやら洞開店。

昼、山田さん来店。

荻野晃也さん来店。「弁護士・藤田一良」（緑風出版、三二〇〇円＋税）を買わされる。代わりに、自著「汚染水はコントロールされていない」（第三書館、二〇〇〇円＋税）をくれる。この二冊を捲り、その梗概をＦＢにアップするだけで、原稿は一字も書けず。藤田一良さんの本にグイグイひきこまれる。

自分のことが出来ないとは、虚しい。ＦＢをやめねば。

レオが来たので、おでん、チャイをご馳走して、洗い物をして貰い、帰りに恵文社に、ペルシャ音楽のフライヤーを持って行って貰う。レオは、来週、再来週と、日仏のバイトがめちゃくちゃ忙しい。

二月には、精華のマンガの学生が、ほんやら洞で一週間、展示を考えている、と教えてくれる。

三条大橋の下でポリさんが十人以上繰り出して、演奏している若者を取り囲む。禁止の方向に踏み出すのか。

木屋町は、今日も死んでいる。

八文字屋も空回り。鹿さん、奈良井さん、増田さん、Ｂ。

寝ていると、ティルが来たが起きれず。五時まで寝る。

五時二十分、帰宅。

十一月八日（土）

十時二十五分まで、家でぐったり。

店を開けるのが早いか、二階に飛んで行く少年が居る。何時ものＰＣボンだ。二時間経っても注文に来ないので、行くとポツリ「お金、持ってない！」おりしも、祖母の迎えあり。

湯葉屋の青木さんは、七五三帰りに寄る。「昨日、深夜+1にいったら、甲斐さんによろしく、言ってました」と。

ほんやら洞は、五時くらいまでそこそこ忙しく、ぐったり。

サッちゃん、鳥取砂丘の画像をアップ。

姪が電子本を出したようだ。

K社のN文化部長に、善は急げとばかりに、藤田さんの本の書評させろとメール。

以下の通り。


弁護士の藤田一良さんの素晴らしい本がでました。

藤田さんは、中川五郎のフォークリポートわいせつ裁判では、明治以降二件しかない（もう一件は、武智鉄二の『黒い雪』）無罪を一審で勝ち取った弁護士です。

また、伊方原発訴訟裁判の弁護団長であり、狭山事件の影の団長とも言われてました。

小西反軍裁判や俳人の西東三鬼の裁判も担当しました。

人情味あふれる方でした。

ぼくのようなものにも親切に接してくれました。

八文字屋がもっと清潔なら、常連だったのに、と笑ってました。

ユーモアあふれる立派な弁護士です。

本書の文章も、科学技術の世界、七面倒臭い法理法文読み砕き、機知と情理に裏打ちされた肉声で、素人にも専門家にも語りかけている。

黙示録世界の何処に非はあるかをポエティックに、説いてます。

「伊方原発訴訟裁判が遺したもの」一つ読んだだけで感動します。

どれを取っても、とってもグイグイ引き込まれる名文です。

わいせつ裁判でも「（中尾ハジメに）ライヒ学者として論理的に論証してくれるのを期待したが、

アカなんだ。仕方なしにワシが、ライヒ等を勉強して、陳述したんやがな」と笑って聴かせてくれたものです。

巻末の年譜も、素晴らしい。

日共の弁護士連盟に長年トロッキスト扱いされていたことも書かれてます。

彼らに脱帽させ、後にその件に関して共産党からの謝罪文が出るほどでした。

徹頭徹尾、市民と人権のために手弁当で闘った方です。

もう一つの大阪史（裏大阪史）とも読めます。

（荻野さんは、裏京大史をいつか、ものにするかな？）

実際に生前の藤田さんにインタビューを続けていたら、そんな本ができたでしょう。

「御堂筋のジョン・ケージ」「プーランクとラヴェル」等々のエッセイも味わい深い。

余計なことを記せば、奥さんの妹は、元ジャズシンガー（現宝飾デザイナー）の笠井紀美子です。

藤田さんは、マラーノにも通暁している大教養人です。

マラーノ関連の書物は、阪神淡路大震災で喪失したと悔いてたな。

金時鐘さん、真継伸彦さん等との交遊も有名です。

貴社の書評欄でも是非、取り上げて欲しいです。

誰も書き手がなければ、僕に書かせて下さい！

川内原発が問題になっているおり、タイムリーかと思います。

是非、よろしく。

荻野晃也さんの本も、専門的だが、図版をいっぱい使って、説得的。

荻野晃也さん自身も今、藤田一良弁護士の評伝を執筆中で、近々、第三書館から出るでしょう。

僕らも負けておれません。

八文字屋も、とても苦しい。

そういう折りだからこそ、書かせて欲しいものです。

去年の「スカンポ」での偲ぶ会にも出席しました。

そこで、記念集合写真も撮らせていただきました。

どうか、よろしく、ご検討下さい。長々とすみません。


乱暴なメールだが、こういう作業も必要だ。

ヌルコちゃんが三十分遅れるというので、九時に八文字屋入りとした。

到着して、エレベーターに乗ると、香しい匂いプンプン。

この匂いの、行き着く先は、うちの店でないなと思ってフロアに立つと、果たして、店の前に美女、イケメンが三人立っているではないか!?

ヌルコちゃんは居ないようだ。ノー・ウェイ。入ってブレーカーを上げると、開いたドアの向こうから「甲斐さん、トイレ、汚いわぁー!」と金光敏さんの声。

結婚式の帰りに「希望の家」の面々を引き連れて来店してくれたのだ。

トイレから出てくるなり、言う。

「今年の東九条マダン、最高やったよ! 来んかったなぁ、店大丈夫!?」

「遠いから、来れんけど、まだあって良かった」

等々、嬉しいことに、心配してくれる。

飲み始めたところに、八幡のお神楽を見に行って遅れたと、ヌルコ。

この十二月に結婚式を挙げる男性、段ちゃんと仲良しらしく、「ナンジョウさん」と間違って覚えていた。希望の家の子ども達は、段ちゃんを熊さんとよんでいたらしく「熊さんと言われて嬉しい人いる？」と叱正したとか。

光敏さんは相変わらず、綺麗でした。

冨樫が、スイス人のマリアとその連れでカンヌ映画祭に今年出展したというキールという男等を連れてくる。「温ちゃんのファンになってその日に来よう」と言う。Bもくる。奈良井さん、一瞬来る。

深夜、ウッチーが樫原中学の同窓生六人を引き連れて、カオリンと来てくれる。

四時、帰宅。

十一月九日（日）

九時起床も辛く、十一時半まで寝る。

梅棹さん、先日、どうやって帰ったか、覚えてないとのメール。

ほんやら洞、天気も悪かったが、超暇。

小田実さん、パギやんと一緒に済州島に行ったことがあるという東京の藤田さん来店。

神戸から大変な！美女が来て「また、色々、聴かせてもらいに来ます」と言って帰っていった。

イケメンがバイト志願で来たが、頼りなさげだった。

夕方、去年の三月に山極寿一さんと来〈八〉した美女、ツボカワ桂子さん（『美女&野獣』に収録）も初来〈ほ〉。

美女繋がりで言えば、今日、申芳礼さんがパリから帰洛したはず。

〈八〉は、浅利ちゃん。草葉さん（後で、他所の飲み屋で会った男を呼ぶ。地鶏持ち込み、傍若無人に食うので、ペナルティを科すぞ！と言う）、西村さん、八田さんが来ていた。アルファステーションの田中聡さん（来年七回忌）の知人三人、鹿さん等三人、奈良井さん、Bも顔をだす。アサリちゃんの連続写真を撮る。

ルパンの店（ヘリング）に居る川嵜さんから、アサリちゃん、鹿さん、奈良井さん、八田さんに続け様にTEL。明後日、リアルちゃんの送別会をやるので、来い！と。八田さんは、造形大学は、後二年首が繋がったそうだ。ルーマニアで十七、八年前にモトコさんと共に会ったいま、二十六、七歳の女の子からの手紙持参。昭和三十年頃の自分と一昨日久しぶりにゆっくり語りあった弟さんが写っている写真のコピーも、最初にほんやら洞に持ち込んだミニコミ（中学で担任した生徒たちの学校を批判した文集収録）。弟さんが洛北高校で、画家の鶴田健次と同級と八田さん初認識と。弟さんのBMWで京都まで来たらしい。

彼とよっぴいて、出町、下鴨の地誌を巡って歓談。

三時、帰宅。

十一月十日（月）

九時、起床。

家でひさしぶりにノンビリするも入浴時間なし。

ほんやら洞、十一時半オープン。はじめ土曜日バイト希望の萩原実奈子さんより、メール。金曜日に八文字屋に入りたい、と。

大分合同新聞の記事、姉曰く、尻切れトンボ風とのこと。見出しとかが大きいらしい。どうやら、原稿は半分カットされたかな？　一〇〇〇字の予定だった。

毎日新聞の鵜塚次長より、明日、朝刊でペルシャ音楽＠ほんやら洞の記事を出してくれるらしい。

サッちゃん、鳥取のお土産持って来る。梨、梨ケーキ、美作の純米酒。

八文字屋に、もう一人の写真家（パリ二十区在住、須田一政の弟子と名乗る）来店。明後日、植田正治写真美術館に行くと。

司修さん、奥さん、直子さんと来店。ゆっくり喋れず。冨樫、ポポちゃん、加維君、ショーン、クリストフ来店。冨樫「甲斐さん、マリアは監督でなく、連れのカイルが監督よ！」と叱正。

司修さんの新作小説は自伝風らしいが、震災、フクシマを経ての新境地らしい。「幽霊さん」（ぷねうま舎）には、伝言ゲーム風に妙に伝わっていたが、八文字屋でも吉文字屋でもなく、七文字屋という名の店が登場するだけの話のようだ。明日、早速入手するつもり。奥さんと東京のほんやら洞の話、猫話をする。明晩、失くした「猫町さがし」を買いに、また、八文字屋に来ます、と言って帰る。

変な夢。三条大橋の下で、大きな魚をまた、発見（何時も、意外な場で、発見している）し、誰か捕まえれば良いのにと思う。

凝視すると、メチャ大きな鯵だ、何匹もいる。どうやって海から来たのか？と思っていると、大きな鯖もいる。チビ鯨くらいある。

仕留めたくなって佇んでいると、Ｓがくる。手伝うか？と言うと、それ、仕事？というので、そうと言う。首尾次第だ、と。

橋の上に上がり、方々から見渡していると、魚は消え、大水が上流から、ゴーゴー流れてくること十分。大量のゴミが橋の下に沈殿した。

見ると、隅に鯖がいっぱい。思わず、駆け寄り、次々に、捕まえる。掴むと死んで行くので、しめたほうがいいのか!? と思う。どれも見えていたのと違って、小さい。大きいのは何処？ と目を凝らすと、ゴモクの中から大きな尾っぽが屹立しているのが見えた。

それ、行け！ と近づくと、上流から轟音を轟かせて洪水が忍び寄ってきた。仕方なく、逃げた。

どうやら、現実でないようだと思い、目を覚まして、ミヨシでラーメンを食って帰る。

十一月十一日（火）

八時、起床。久々にゆっくり風呂に浸かり、垢（特に、足の裏周辺、加齢臭発散源）を入念に取る。

十一時前に、ほんやら洞入り。昼客ひとり。

あんまり天気が良過ぎて、こんな暗がりには客足が伸びないのは、よく理解出来る、そんな日中だった。

ヒルゲートに行き、司修さんの「幽霊さん」を買う。魅力的な東北弁、されど、やや読みがたし。関東大震災後の津波と三年前の震災・津波の犠牲者と宮沢賢治、時空を越えた幽霊の会話の中に風土や根源的な悲哀等を浮き彫りにさせる卓抜な仕掛け、ポリフォニックな構成、東北弁は少し読みづらいが、ニクイ、上手い！ ペドロ・バラモしてる。鴨川で、チャリ漕ぎながらの読書、久しぶり。二〇九〇円。人見さんにパーティに誘われたが、そんな気分でなし。ギャラリー周辺で、七十歳前後の小父さんが浮き足立っていた。

帰りに萩原健次郎に遭遇。「どう？ 店、ウチもガタガタ」と言う。

鴨川堤防で、バク転の練習をする青年、猫を追う子供、楽器の練習をする老若男女に出会す。何れも決定的瞬間を逃がす。ま、良いのだけど。

こんな日に客は、よっぽど用がなければ来ないだろう、と思いつつ好天を満喫。

やっぱ、惨憺たるほんやら洞だった。レッツから封書。ラブレター、対応できず、開封後回し。問題を後回しにしても何も解決しない。ヘビー過ぎる。何処でどう金を作るか、手をうたねば。そんなことばかり考える日々から解放されたい。

何時ものように山崎哲さんの映画評読む。宮崎から、広大に行ったと知る。高取さんらとは、結構親しいようだ。

谷川渥さんグループ四人、「昔ながらのカレーですか?」という客が来たくらいのもの。

八文字屋も、九時二十分、新オリヴィエがサッちゃんにポートフォリオを見せに来る。オリヴィエは、河原三条下ル二筋目東入のバー〈あうん〉で教えられたと名刺を見せる。

〈ヘリング〉では、リアルちゃんの歓送会。奈良井さん、アサヒちゃん、川嵜さん、「思う女」、猫で働いていた女性、濱田信義、谷川渥さんらが集まった模様。ヒルゲートは、有里ちゃんが朗読をするという司修さんのミニチュアール展のオープニング・パーティ。ここから、引っ張れないのは、ヤバイ。

十一時、サッちゃんが帰ったあと、中村公認会計士の元仲間でやたら「先輩」「先輩」という大阪の西田順一（あずさ監査法人、公認会計士）が二人連れてくる。ディックが来る。十一月十六日には京北でボタン鍋をする約束。シーボルトハウスには、まずまずの来場者あるとのこと。彼は、今日、日文研で発表をして来た。アサヒちゃんが最初に連れて来た東京から祇園の妹の家に移住したという、全く酒が飲めず、炭酸しか飲まない尺八男、杉沼左千雄さんが来る。佐久の電気屋で紅葉撮りに来た大層なカメラ持参のカップルも一緒。その愛人とやらは、押さえつけられている様子ありあり。彼には、ベルギービールを飲んで頂く。

そこに、佐枝ちゃんが、高見沢こずえさん、ＪＩＣＡのニジェール帰り（佐枝ちゃんの留学仲間）のマイコさんを連れて来る。八文字屋で三週間働けないかというが、節約の折、ショートは無理という。最後に、谷川渥さん、濱田信義さん来店。佐枝ちゃんらと歓談、濱田さんにもシメイビールをマイコさんらにご馳走させる。三時になる。

十一月十二日（水）

辛い展開のほんやら洞。ウッチー、京大に息子に会いに行ってからランチに来店。

毎日新聞の鵜塚健次長の二〇一一年テヘランでの撮影の写真付きで、十六日の演奏会の紹介記事出る。

何必館帰りのサッちゃんにチャリでペルシャ古典音楽演奏会のフライヤーを十二軒配布して貰う。クタクタで戻ってくる。

ニジェールでマイコさんと同僚だったというTokairin Mikiさんから、FB友達リクエスト。

閉店間際に来客あるも、断る。原稿進まず。共同の上野俊彦さんが「神馬」の本を出したとメールをくれる。

八文字屋には、やはり、鳥取砂丘帰りでお土産持参の川嵜さん（先日のＴＥＬは砂丘からと表明）、疲れ切った奈良井さん、久しぶりの段ちゃん（あとで、酔って不調になるサカイ君も）、住吉神社の網野さんが吉田神社の女神主を連れて来ていた。そこに「わからん屋」で歌って来た元気そうなカオリンの先発隊後にウッチーの友達二人とアメリカ人＆ベエネズエラ人カップル。ネイトポーターが頻りにシティライツというので、僕も行った、ビート詩人のファーリンゲッティらはよく知っている、来〈八〉した、という話からライブ始まる。彼はウッチーのギターを借りて歌い始める。段ちゃんもチャング唱和、ウッチーはブルースハープで（途中、段ちゃんの太鼓を奪う）。このカップルは来週、ベトナムへ行く。来年、オークランドで会おう、と約束。彼らとの楽しいひと時をすごし終わった頃に「香織ちゃん」の徳さんが無口な女性を同伴。杉沼左千雄さんのグループ、さらにオイタさんは久しぶり。B。閉めようという所に富樫。

二時、閉店。帰宅、三時。四時まで寝れず。

十一月十三日（木）

九時、起床。

十時半までゴロゴロする。

ほんやら洞、十一時過ぎオープン。午後、芳礼さん、パギやん来店。ネイトポーター、ガブリエラも来る。

読売の森重さんのために、京極消防分団に、次の火の用心巡りの確認に行く。

八文字屋には、アドちゃん、Ｂがいた。それで終わり。

二時半まで待つも諦める。

十一月十四日（金）

プーチンがほんやら洞に来て、延々とロシア文学、二十世紀の世界文学について喋るというアホな夢を見る。政治についても。政治的にも厳しい状況の中でも文学を忘れないとか。一緒にモノレールみたいな高速道路を車でぶっ飛ばしているのに、彼は無限遠点の目標をハンドルを握り見つめていて、僕には、レールが外れないようにチェックしろという。それは、写真を撮らせろということからスタートしたのに、二、三時間した後も撮っていず、文学談義に耽っていた。

パントマイマーの清水きよしさんの公演をネットで見付け、シェアして、友達になる。

ほんやら洞には、東さんが同志社大の創作課の茨城県出身（三・五畳でバイトの）の登坂文香さんを同伴。Ｂ級喫茶について卒論を書いているので、協力してくれ、という。

カナオカダイコン氏、稲山氏来店。

レオ来店。来月、合気道の試験があるので、火木金土は朝練＋火木は、夕練もやっているので、全然八文字屋に飲みに行けない、とボヤき、今日は漫画家の佐々木マキさんへの電話で来年早々の対談の確証を得たと喜ぶ。

ＦＢ上に、次のような事を記す。

ここ数ヶ月、ほんやら洞の存在価値、社会的意義は減少したと痛感している。

家賃が半分なら、老人写真家が、タバコ屋さんの店番をするように、カレーとコーヒーを出し続けて人生を終わるにはうってつけだ、と思う。

ま、後、二週間で結論を出す、いや、出るはずだ。

石門心学つうか、石田梅岩だったか、「商売は舟車の便」と言って、流通業の繁栄を称えていたが、僕は、これを捻って、ほんやら洞を流れに乗れない舟に喩えて、これに、もっと車がついていたらな〜、と思う。車は、客であり、評判等々の付加価値が産むものだ。

ほんやら洞に車がついてないというのは、社会的意味がないという事だろう。それは、分かっている。分を弁えるということも知っている。

だが、まだ、あきらめてない。

今日も、昼の二十分で十二人も、様々なお客さん（外国人を含めて）がきた。これが一日に三回あればいいのだ。

昨日までの現状がもう二週間続くなら、輪っかが飛んでこなければ、ほんやら舟は沈没するしかない。

が、今週の昼の二十分に僕は、光明を見た。今週の日曜日は、京北町のディックさんの家に牡丹鍋をやりに行くが、来週から、ほんやら洞も、出来るだけ（特に、アサリちゃんが八文字屋に入っている日は、多分、十時、十一時まで）営業して今日の昼の「二十分」を創出したい。「中川五郎の三十センチ」ではダメなので、近場の方、ほんやら洞もよろしく！ なんとしても自力（地力）でサバイバルしたいのです。「集中的飲食を！」とお願いするのは、これを持って最後にしたい。

ディックさんの家での牡丹鍋のために、改進亭に行ったら、猪猟は、明日、解禁なので、来週からだ、と言われる。そこをなんとか、と頼んだが、メチャ高いということはないだろうか？

八文字屋新人バイト萩原実奈子さん初登場という事で、七時二十分に八文字屋入り。が、全く、掃除出来ず、七時半には稲山先生登場。八時過ぎには、元京大シネ研の蟹江？ 敬介君（京大美学院生）が、美術史の女性とともに今年で京大教授を辞するという吉岡洋先生の近況をもたらす。で、彼は泡食っているのだが。

段ちゃんも、八時二十分に来店。奈良井さんもやがて登場。

鹿さんが来るのではと、思ったが、来ず。稲山先生は、八時五十分に新人バイトに会わずして堺市へ帰る。

実奈子さんは、九時過ぎに登場。

奈良井さんは、実奈子さんが同志社大という事で、元気が漲り、やや張り切って先輩風を吹かせる。同志社の愛社精神たるや、やはり、凄い！

それ以降、静かな時間が流れる。沈滞と言っても良い。

十一時にバイトが引け、更に、沈滞。

十一時二十分にケーズバーからのフランス人一人、スイス人のジュゼッペと妹の二人（ドイツ語圏）がカウンターに座る。アドちゃんといつもの数学のフランス人が来る。それでもまだ沈滞ムード。

十一時半には、依田高典先生が久しぶりに来店。山極さんらと先斗町で飲んだ後らしい。かなり泥酔だが、珍しく陽気にフラフラしながらも（久しぶりという事で、申し訳ないと連発しつつ）、客を掴まえては、自分は何者だ、貴方は？とホスト役を演じてくれる。

アドちゃん＆数学者が他所へ更けようとする絶妙な一瞬を捉えた奈良井さん、後ろの席へ移動。表情からすれば、彼からも二人はズラかろうとしていたのだが、お邪魔虫扱いをされないで済むタイミングで、キャッチというべきか。多分、彼としては、二人について他所に行かず、残っていた方が、後の雰囲気を堪能出来たはずなのに、それを味わえず。

ケーズバーから来たフランス人は、父親が豊後竹田出身（相良といったか？）で僕が荒城の月を口遊むと、追随した。という事で、意気投合。随分心地よく飲んでくれた。再上洛を約束。パリに来たら、連絡をくれ！と言うKEN LAOUEさん。父親はJALのパイロットだったようだ。彼は警察官とのこと。ちょっと格好いい、彼とのツーショットをあとで送ってくる。

更に、京大総人で英語を教えている真鍋晶子さん（滋賀大教授、アイルランド文学専門）&八幡浜出身の筑前琵琶奏者の学習院大非常勤講師・片山旭星さん（十二月十四日には、勉強会『琵琶本語り』を祇園琴の内貴で午後四時から開催。入場料一〇〇〇円）、アサヒちゃん、フィリップ・バーの六人、十年ぶりにクエスト訪問で振られて来店した広島出身の三川さん（京大物理出身、元吉田寮？）。

十一月十五日（土）

ほんやら洞、十時オープン。

十一時半、大分合同新聞の佐々木稔記者、新聞持参。

暇な一日。

八文字屋には、音楽に全く関心がないというヌルちゃん入り。

本領を発揮することになるオイタさん、八田さん、カナオカダイコンさんのグループ四人がいた。楠木しんいちさん&友人、奈良井さん、鹿さん、佐藤寛子さん、白石千代子さん、B、迦陵頻の片山さん、有里ちゃん、篤太郎と来る。篤ちゃん、新刊「病名がつかない『からだの不調』とどうつき合うか」（ポプラ新書）をくれる。明日、森まゆみさんが紫式部賞の授賞式に上洛し、小山鉄郎さんも来るかもと言う。生憎、僕は、明日、留守と告げる。最後まで居たのは、「オオイタ・色気カップル」

十二時半には、ほぼ誰も居なくなり、ひっくり返っていると、冨樫来店。三時四十分まで。

十一月十六日（日）

十時、ほんやら洞オープン。

先週に続いて、暇な日曜日。

ペルシャ音楽がなければ、ほんやら洞は惨憺たる日曜日。

元バイトで熊野寮時代は宋斗会のケアをやっていた歩ちゃんも久しぶり。元アース書房の玉岩氏来る。

営業展開は本当に辛い。五時まで。本来なら、もっとゆっくりして貰いたかったが、ディックパーティのために早く終える。終えてから、佐藤寛子さんがケーキ持参とか。記念撮影も少しお座なり。終えてから貴船口まで、消灯サービスまである叡山電車で京北を目指す。後は一路ディックさん運転の車で芹生経由で京北まで四十分。

今日は、シーボルトハウス展の最終日という事で、少人数打ち上げ。

肉一・五キロ、〆て二万二千五百円也をSと割り勘。純米酒、全てディックさん持ち。久々の休みを堪能。

ディックさんの隣人、倉敷出身の陶芸家の安藤卓美さんも見事な和え方をしたサラダ持参（一時帰宅）。

彼は草間さんを筆頭に、共通の知人は多かった。ま、京都では、何処に行っても同じ。それだけ、僕も歳を食ったということか。京都は狭い！倉敷の内山さん（華の桑原仙溪の嫁の兄）とも知人で、建松さん（と喧嘩したダグラス）とも親しく、ジョン・マギー&マサアキさん絡み話は、十二時過ぎまで。僕たちは三時まで痛飲。ディックさんの住む家は明治の初めに作られたという立派な家。家賃二万円という。同時代を生きた大家さんの蔵書の大正デモクラシー時代の初版本等全て残されている。ディックさんの秘蔵の純米酒二十本を次々と飲む。猪肉四人で、まあ、六時間がかりだが、ペロッと平らげる。

それよりも、三人の会話を聴きつつ、俺はこんな生活をしてはダメだと痛感。

今晩は、皆、老後の見通しを考えているというのに何も考えてない自分に気づく。

宴会中にキヨさん、塔下弥生ちゃんからメール入りをS確認。八文字屋は、客四人(四国の鈴木さん、鹿さん、奈良井さん、佐藤寛子さん)のみ!

京都にいて、八文字屋に一度も顔を出さなかったのはこれで、二度目のこと。電話から、八文字屋のダレタ雰囲気が伝わってくる。

十一月十七日(月)

iPadを探しても探しきれず、五時過ぎまでまんじりともせず、布団に横たわる。

急に腰骨にぎっくり腰の痛みが走る。神経性のものだ。

七時五十分、起床。

今日からは「仁義なき戦い」?だ。

お二人さんは、ずっと十二時過ぎまで寝たまま。

僕は、この状況から脱出するのに、何処で金策できるのか?について計り頭を巡らす。

午後、京北の鶴野一帯を散歩して「安藤」でコーヒーをよばれる。周山までディックの車で送って貰う。そこから北野まで、バスは、一人一〇八〇円。プラス市バス二三〇円。

戻って、画像処理をSにやって貰う。八文字屋用の付き出し、一応作る。

神田さんご夫妻、サンフランシスコのユキさん同行で、隣の中華料理店「燕燕」帰りに顔を出す。記念撮影。

夕べは、浅利ちゃんで売上六千円しかなかったようだ。ヤバイ！

八田さん&堀江麗奈ちゃん（は、コンセプチュアルアートの松澤宥の信奉者が座長の劇団に居た）、ルパン&武田好史さんのみ。八田さん&麗奈ちゃんは、今日、明日と京都観光。彼は母が三宅八幡まで帰ったりしたので、草臥れて、浅利日を二度までブッチしたとボヤく。土曜日のヌルコデー体調変調を来たしたと面白おかしく語る。

十一月十八日（火）

六時まで、ベンチ寝。いや、八時半まで。

ほんやら洞、九時入り。安倍解散表明。元バイトの俊子さんのメールあり。ストーカー問題。

午前中に、同志社大での杉本彩の動物愛護講演帰りの四十年ぶりの女性来店。

「昔は、この辺でanan, nonnonに出るのは、ワビスケとほんやら洞さんだけでしたねえ、そのワビスケもなくなって……」

「杉本彩は、絶対、毛革のコートを着ないといっていた。意外とちゃんとしているのには、びっくりした」と言う。

午後、鞍馬山帰りの工業繊維大学ＯＢ六人、八田さん&麗奈ちゃん、常寂光寺帰りに寄る。見頃だったようだ。梨の木旅館泊まりの静岡の男のみ。

完敗。上野俊彦さんから「神馬」恵送さる。宮本常一学徒だった！僕も十代から宮本を深く尊敬しながら、宮本のようにも、上野のようにも、生きて行けなかった不甲斐なさったら、ない。

高倉健が十一月十日に亡くなっていたとのニュース。僕としては、格別な感慨なし。ずっと不感症だったかも。歪な人生を送ったからな〜。増山実さんは自著「勇者への伝言」をたかじんと健さんに読んでもらいたかったが、二人とも亡き人になってしまった、と記する。皆、カルチャー、サブカルにどっぷり浸かって生きているんだな。俺は何に浸かっていたのか。烏丸紫明の喫茶「花の木」のマスターが京都新聞に出ていたが、「花の木」は、一九六六年創業とある。一九六九年の深夜に通ったものだ。マスターは、僕より一つ歳下。健さん話では、まさしく一九七七年十月十五日の同大学館ホールでのホビット支援の集会では、初めて司会をやらざるを得なくなった醜態を思い出す。ヨネヤマママコ、伊藤一葉、いいだももが出演した。そこでは、当然、岡林信康も出演してくれると思い込んでいて、連絡を長いこと怠ったまま、二、三日前に電話すると、その日は、高倉健さんと会う約束ありと言われたのだった。

八時半、八文字屋オープン。

八田さん&麗奈ちゃん、冨樫&ポポちゃん、誰も見ていないが全身にタトゥーがあるらしいアラスカの漁師でアンバーという女性、奈良井さん、数学者、拓ちゃん。

SOS二人に発信。一週間で三十人発信が目標。

〈八〉寝。

十一月十九日（水）

七時五十分、起床。

関西電力に電気が止まる前に行く。

賀茂川で、鳶、川べりで花嫁花婿を撮影している中国人を撮る。パリにも、この手合いが多かった。

キーマカレー作り。

原稿進まず。

Sが洗い物に来る。脇で見ていて、我が身を省みる。俺は、何といい加減か！　これで八文字屋を汚いままやって来たのだ。お尻オン・ファイヤーなんて駄洒落を言っている場合でないと痛切に思う。これまでやってこれたのは、一つの奇跡なんだ。

夜、八田さん、川嵜さん、奈良井さん、鹿さんがいて、そこにウッチー&カオリンが、同志社香里出身の元「第三劇場」の男と連れ合い同伴。その男が、新島襄の歌「ジョー」を披露。ウッチー作曲、相棒、作詞。近々、同志社香里高校で歌うと言う。グランピエの二人、百枝さんも来る。八田さんは、Sにも一九七七年三月の教え子による君が代拒否事件の元になった文集を見せたいと、カバンから出す。これを預かって、ほんやら洞本に写真として掲げることにした。

〈八〉寝。

十一月二十日（木）

八時半、起床。

久しぶりに吉田に戻る。掃除、洗濯。

今月、八文字屋の大家に百万円入金しなければならない重圧、ひしひしと感じる。

出来なければ、十二月いっぱいで八文字屋閉店。

月曜社の原稿も。

ここ一月ほど、そんな事を考えながらやってきたが、やはり、よしんば、十一月危機、十二月危機を乗り越えたとしても、八文字屋は、来年六月には閉店すると決心したが、あっさり引き下がる訳には行かない。全力を尽くす。僕のアイデンティティに関わる問題だ。この十年の苦しい生活を支えてくれた方々に申し訳ない。何のために、一年半も一日数時間もＦＢをやって来たのだ。今こそ役に立つか否か試す時だ。

ここまでやって来れたこと自体が一つの奇跡だったが。お客、友人に支えられ続けてきたのだ。半年前から、八文字屋三十周年記念本を来春出版したいと訴えて来たが、今回は誰一人として、それに呼応する客、元客がなかった。そんなもんだろう。そんなことでめげやしない。やりたければ、自力でやればいいのだ。

もう十日間、八文字屋のサバイバルのための努力だ。たとえ危機を乗り越えたとしても「ほんやら洞の青春」を出版後、また八文字屋の掃除が終わり次第、甲斐八文字屋は閉店とする。引き継ぎたい方に譲るつもり。ちゃんとした人物なら、そこそこやれる筈。僕のように気が多すぎたら、難しい。

ほんやら洞の本も古本屋に叩き売るよりも、今の内から少しは実入りがあるように売って行こう。ほんやら洞も自分の力の限界を弁えて、譲るなり、終息に持って行くつもりだ。

元気があれば、写真の整理にエネルギーを傾注して、来年は、ニューヨーク、ボストン、サンフランシスコ、パリで展覧会を成功させて、それからつつましい生活をして行く。

ただ、まだ元気な内に、十六年間付き従ってくれたＳが将来にわたってデザイナー業を出来るように精一杯配慮するつもり。

老いては、子に従え！という言葉があるが、僕は、この四十数年間、女性に支えられて来たにも関わらず、ほとんど女性の意見に従わずに来たが、今回こそアシスタントに従おう。そのことも反省。

今日は、ノンビリして、ほんやら洞オープンは、十二時とした。

静かな午後。便利堂が、二種類のショップカードを置かせろと来る。

京大マリーン、連絡なく、来ず。

八文字屋、八時半オープン。

木屋町ツアーの亮太郎、フライヤー持参。来年は、フランス、韓国、台湾とフライングダッチマンと公演を共にするという。来年の市議選、広海ロクローを応援するとのこと。八文字屋ピンチ話「何とかなるやろう！ いままでもやってきたのだ」と言う。彼の！ような重心と取り方に接し、ホッとする。彼のような客がもっと戻って来なければ。タケボウ、オリヴィエの事も心配する。

京極消防団取材（十二月一日号）後の森重さん、来店。ぼくが出町の消防団の皆から知られているのに、びっくりだとか。自分も東京に戻ったら、消防団に入ろうか、等喋る。

十一時に誰もいなくなり、十二時半に京大のイギリスからの留学生、アメリカから同大留学生のジョージ、スイス人のスキーインストラクター二人（共に「On Reading」を買う）、イギリス人とイギリスの高校で同級生の東京からの二十一歳の二人、奈津子個展帰りの数学者。

一時半、誰もいなくなり、二時半に冨樫（数学者が面白いと言っていた）は、来て、四時前まで。

十一月二十一日（金）

ほんやら洞、十一時までの八文字屋、共に超苦戦。十一時以降の八文字屋も含めて、ほとんど外国人の日。

ほんやら洞には、佐藤真由美さん、北口さん、大芸大の教え子（八文字屋にも）来店。佐藤真由美さんには、組んで一緒に本を出せないか打診。

メキシコのカメラマンのカルロス、ヴィラ九条山のレジデント（金箔の作家）マニュエラ、レオの知人のフランス人三人（来週は、レオと伊勢志摩行予定）等。

電話開通せず。古いのを二度入れたかも。

八文字屋バイトは、二回目の実奈子さん（同志社香里出身）七時入り。掃除。トップ客は、荒野さん。彼女が居る間来た常連さんは、井上義雄さん、増田さん、玄ちゃん、段ちゃんのみ。

芳礼さん、島井佐枝さん、高見沢こずえさん、マイコさんら、十人グループには、ライカギャラリーの学芸員（京教で島井さんと同期）、在田さんらが含まれる。アサヒちゃんも潰れると心配して来る。

十一月二十二日（土）

昼過ぎから三時まで客があり、あとは、途絶える。

電話代金、正当なのを入れたのに、まだ、開通せず。S来店で、ブログ、アップ。

八文字屋も、十一時までほとんど客なし。

温ちゃんバイト。

八田さんは、六時から飲んでいたので疲れたとか言って、後ろの席で寝ていた。

カウンターには、競馬話をする元サンケイ新聞記者&友人。ケイバさんは初来店らしいが、潰れると言うので来たFB友達だという。片山茂樹さんとケイバさん喋っていて、川端通り時代の「彌光庵」での知人と判明。カナオカダイコン氏、奈良井さんと続く。数学者が来て、奈良井さんは合流して、八田さん、上がった温ちゃんも。ダイコンも。ダイコンが写真への姿勢をブツと、八田さんが「で、どうなんだ!?」と応ずるので、ダイコンはカリカリ。数学者が「カイ、コッチに来い！」と何度も救いの手を求めるが、放っとく。

奈良井さんは、温ちゃんを何処（ヴォガ？ 京楽？）かへ連れて行き、目出度く解散。

その後、東京のリエさん&岡本さん、カルロス、琢ちゃん&モッチーと続く。深夜パターン。

四時半戻って、ラーメン、空焚き、危ないところだった。

五時に寝る。

十一月二十三日（日）

十二時前、ほんやら洞オープン。

二時頃、Ｓが来て良かった。ヨ氏、嫁、子ども連れ。

五時まで切れ目なしは、今や珍しい。あとは、客二人だけ。久しぶりにサングリア、クスクスの注文あるも、対応出来ず。明日、クスクス、明後日、サングリアを作る予定。

八文字屋には、九時過ぎに入る。

八田さん、中国語四級検定試験帰りの川嵜さん（餅つきはどうする？ との質問、答え、十一月三十日まで待てと言う）、グランピエへカーペット買いに行ったという杉沼さん&友人、鹿さんがいて、これがスタート。アサヒちゃんは、お母さん（府庁の地下で皿洗いパートのヒロコさん）と初飲み屋行き（石丸、ろくでなしの後とかで）来店。数学者、奈良井さんにも会わせたかったらしいが、タッチの差で会えず。弓削道鏡&ながチン話でやや盛り上がる、如何にも、飲み屋ネタ。山田さん、八文字屋ラストならば、五人連れて、ラストボトル入れ。

向日市の陶芸家の方を連れ合いにする女性、鹿さん、八田さんは、遅くまで居て、ご満悦。今度、水曜日に来て、日曜日はラストスクーリングで来〈八〉せずと。

客が切れてから、レオら八人、どんちゃん騒ぎ。数学者、やはり、レオと擦れ違うも口利かず。

四時、帰宅。

昨日、一昨日と「八文字屋が失くなる前に、一度来たかった」「ラストボトルを入れに来ました」というお客さんがいた。ありがたい。

この一年か二、三年か判らないが、常連の解体が深く進行しているだけにうれしい。

常連さんが歳を取ったり、病気をしているという訳でもない。店が格段汚くなった訳でもない。

確かに僕の動きの鈍化には目に余るものがある。記憶自慢も廃れてしまった。例年出していた美女写真集も暫く出てない。得意分野でも取りこぼしが多くなったわけだ。

そう成れば、やはり、分不相応事は止めて、得意分野一点集中は道理に適っている。

それでも、不景気は、不景気。格差社会も徐々に進行中。

となると、八文字屋閉店は納得いく？　そういう時こそ頑張るための店の筈だった。

一方、二度試みて、二度とも成功したプリペイドカードの発行、三ヶ月飲み放題五万円は何れも成功した。

なのに、今回、このおハコの手を何故つかわないのか？　という質問も来る。

単純に同じ手はそうそう使いたくない。ゲリラの鉄則でもある。

それとは、別に、今回、ある事業家と喋って、違う手、逆境を反転させるやり方があり得ると確信したので、そのラインを追求しようとしていたのだが、その方に連絡するも、梨の礫で泡食っているのだ。

一挙にほんやら洞活性化と引っ掛けようとしたのだが、少しあざとい作戦だったかも知れない。好きな人、尊敬する人に「頑張って！」と言われると、十一月をクリアー出来なければ、閉める積もりだったのが、一気に揺らぐというか、何としても死守へと方向転換したのだった。

しかし、クリアー後は、もっと熟考する積もりだ。

そこで、やはり、集中的飲食と、出版計画に小口でも短期融資をお願いする次第だ。

そして、来春、四月十九日八文字屋満三十周年パーティを開きましょう。

月曜社の書下ろしも、出来上がりに手応えが確かにものになりつつあります。十二月二十日には、校正終了予定です。

この状況の中、ミスミス引き下がる訳には行きません。

乗り越えて十二月二十八日は、ほんやら洞餅つき大会をやりましょう。

まだ、何の確証もありません。

どうか、皆さん、よろしく！

赤山禅院の紅葉は見頃らしい。今年も行けず。西村説では、ここからの落日の景色、絶景らしい。

十一月二十四日（月）

八時、起床。

そこら中で、知人、身内、至る所で親たちが「アレレレ」とビックリする程熟年離婚をしているカップルが次々に登場して唖然？感嘆を繰り返しているとシーンがサッカーゲームと絡まる。夢の話。

死んだ両親も生きていて、これから離婚するのだと宣う。

　何故、今回は、伝家の宝刀、一万円券発行をしないのか？　とか、小口借り入れにしないのか？　との質問出てくる。何故？　同じ事を繰り返したくないのだ。潰れるより、マシだろう!?　という意見あり。

　正論だ。が、「他人を見たら金かして！」人生は辛い。

　ほんやら洞、午前中からクスクスを作る。作りすぎか？

　二階に数人の客あり。

　これに、対応中に、旅行者風情のガラガラを持った女性親子あり。「開いてますか？」という。聞かなくとも判る状況下の質問。少し待って下さい！　と言うと「忙しそうだから、後で注文します」と言って「娘はちょっと賀茂川にいきます」と言って一時間娘戻らず、母は写真集を眺めつつ、こっそり弁当を広げ、たいらげ、持ち込みウーロンを飲み、後はうつ伏せに寝て、ちょっと娘を探して来ますと言って出て行った。戻った娘は出町ふたばの袋を持って後ろに立っていた。「ああ、写真集は見たが、何も注文しなかったので、金は払いません」と捨て台詞を残して出て行った。出町ふたばは異常な行列のある日だった。

　五時頃まで、ダラダラと客がある。

　不調を押して、六時過ぎに来てくれたＳ洗い物。

　彼女を残して、八文字屋へ。

　トップ客は、出町柳のRyu君。最近、ダイコンさんと付き合っているのですよ！　と言う。吉田中大路の「屯風」の後に来た。朝から同窓会等で疲れてウッチー登場。仲間内でのマッチョ・トークがカオリンを傷つけた模様。数学者＆アドちゃん、奈良井さん待ち合わせ、ティルも来店。やや紛糾。最後は仲良く、チュー！

〈八〉泊まり。

十一月二十五日（火）

四十四年前、三島由紀夫自決の日。

九時四十分、ほんやら洞オープン。

バイト初の吉居さん、二時間入る。

オランダからの女性客あり。佐藤さんから、簡潔なＳＯＳ文くれ、英訳するよとのメール。直ぐに書き送る。

平さんよりレスキューに応じるとのメールあり。

パントマイマーの清水きよしさんが来店。三十数年ぶり。写真集を買ってくれる。

中川五郎さんから、メール。今晩、行くと。

八文字屋、オイタさんが開けてくれる。

山下君という母（旧姓土谷）が国東出身で両子寺の寺田豪淳法嗣を幼い頃には「ゴウジュンちゃん」と呼んでいたという茨木で障害者介護の仕事をやっている青年、初来店。父親は、滋賀県の朽木村出身。

次は、ヨッシー。音峰さんも来店。行く行くは、京都を引き揚げて、大阪に残された弟の遺児と孫と住むかもとか。

十二時には、誰も居なくなる。五時まで横になり、客待ち。

三時に佐藤真由美さんよりＳＯＳの英訳文届く。

Because of my fault, Hachimonjiya is facing a financial crisis.

After a couple times of crisis, I need your help again! SOS! I am afraid this is an emergency.

I have been running a café called “Honyarado” where many beat poets, Kansai folk singers and civil activists gather for 43 years in Kyoto. In addition, I am also managing Bar “Hachimonjiya” loved by different writers, journalists and exchange students from overseas on Kiyamachi-dori and it will be its 30th anniversary next year. Currently, Hachimonjiya is facing a crisis of shutting down.

In recent years, I have been focusing too much on my own photo exhibition abroad and I can only feel loneliness about shutting down the BAR and that perhaps I am too old now that I should shut it down so I seriously considered shutting down the BAR that has also been supporting Honyarado Café substantially.

I once thought that I would just put all my effort in organizing my photographic works and the two million pieces of unchecked negatives of black-and-white photographs.

However, I was encouraged by many people whom I respect and my beloved friends and that I should not give up during the difficult time of Japan’s politics and economics! Although the two stores are nearly bankrupt, I decided to work on them in response to the support of so many people and those who love the two stores.

Therefore, I would like the support from everyone! Everyone’s support is essential. Your help is greatly appreciated!

I am going to publish one book and three photo books called “Autobiography Honyarado Theory”, “The Youth of Honyarado”, “Beauty and the Beast” and “Paris” by spring next year. Then I would like

to celebrate "Hachimonjiya's 30th Anniversary" with everyone
on April 19, 2015.
Please help me to make this possible by all means!
I would like to make an equal and creative relationship; for example, in exchange of a 100,000yen loan, you may use the gallery of Honyarado on 1~2F.
Depending on the amount, I would offer the original print of my photographs as security.
I will also issue IOU properly for the loan.
Thank you for your support in maintaining these two stores full of variety of activities, history and love!

五時半、英文ＳＯＳアップ。二、三日で如何にして届けるべき人に届けるか。

十一月二十六日（水）

ほんやら洞、九時オープンするも、三時半になっても、客二人のみ。バイトがいたのに。

二十人程、英文ＳＯＳ送信。もっと効果的にやらねば。

鹿児島から、現像タンク戻る。

清水正夫さんは鎌倉から沖縄に越したようだ。そういった、節目が作れる人、羨ましいなあ。

僕は遺り残しの仕事をズルズルとだらしなく引き摺り、生きている？

Ｐ・グッドマン「人民か人員か」「五年」、Ｊ・エイジー「この有名な人々を称えよ」、Ｄ・アーバス伝、

E・スミス伝、W・ジョンストン「阿部定」等の著作翻訳は全て（殆ど終えている未定稿を含め）夢の残骸の中に埋もらせたまま行くのか。今一歩の「豊後十六世紀エルドラード伝説」、今こそ書いても面白く出来るはずの「彷徨う弁天さん」の書き下ろしが半端に終わったのも、店と写真を掛け持ちにしたせいだ。カタリヤと言われても仕方ない。だから、今度こそ危機を乗り越えても同じ轍を踏まぬように用心。

夕方、少し客があり、ちょっとホッとするが、全く予断は許さない。

八文字屋は、浅利ちゃん。川嵜さん、ウッチー&七五三太、ルパン&玉岩、鹿さん&ジュンジ。客を待ち、店に沈没。

十一月二十七日（木）

ほんやら洞、トップ客は、フォークシンガーの南正人さん。実家の事、片桐ユズルさんとの縁についても喋ってくれる。七十歳という。最近、四十二年間連れ添った奥さんと別れて、初めて、家庭の良さというものが、日に日にしみじみと感じられるものの、如何せん、どうしようもない。幸い、今は、親父が残してくれたビルの地下も、注文通り、天井が通常の一・五倍あり、心地よく音楽活動は続けられる。関西フォークとも、友部正人らのように、保てたはずなのに、URCレコードの秦政明さんがネックになって、と言う。甲斐さんが、こういう写真家と分かったからにゃ、これから、京都に来たら、寄りますと。

午後、ズルズルと少し入る。ひとりだから良いようなものの、サバイバル作戦の動きなし。都築響一さん、石井窓呂さん、平智之さんから連絡があったくらいなもの。

京大マリーン、連絡なしで休む。

閉店間際に数人の外国人客が覗いたが、八文字屋があるので、断る。

木須井さんから、明日、話を伺いに行くとメール。

十時に永澄さん&杉村さん、十分寄る。電話が通じない、と叱られる。永澄さん、藤田一良さんの著作についてやや陳腐な書評アイデアを出して笑わせる。

この二人のみ。村澤真保呂さんから、来週行くとメールあり。

ほんやら洞に戻り、SOSを四時まで発信。

十一月二十八日（金）

ほんやら洞、十時五十分オープンも空しく、五人の客しかない。

同志社の学園祭の流れ、昨日、今日ともに全くなし。これ、案外堪えた。少しはあると読んでいた。八田さん、ウッチーや鹿さんのように、確実に客を引っ張ってくれる客の減少。オイタさん、谷川さんみたいに飲み屋の醍醐味を要求する客も減少。井上章一さんもフェイドアウト。

石井窓呂さんよりの入金あり。クレマンス&ピエールが振り込むよ、とメールくれる。姉が心配しているとのことで、TEL。米を送るのに、店がなくなってはしないか……、と。北口さん、ほんやら洞での上映会の可能性、持ち駒を披瀝。

サバイバル作戦、完敗。

誰にどう訴えるか、判断を間違えた。店の存在意義の減少も否めない。

誰かに強く頼むか？　いや、そうまでしたくはない、という思いが交錯。躊躇が齎した敗北。形振り構わずいくべき。現に、楽しんでいるお客さんがやはり、極めて少ない。

永江君&ルイ（東京芸大で語学留学生）、オイタさん、鹿さん&ジュンジ、温ちゃん、谷川渥さん（八文字屋は存続すべきなので、忘年会をやると）&衣さん、段ちゃん（琢ちゃんは日曜日から一週間、アメリカへ行くよ、と言う）、田川剛さん（香港情勢、香港での甲斐写真展の可能性追求、八文字屋存続の心配を語る）、レオの仲間三人。以上で全て。一時前には、誰も居なくなる。寝て五時半まで待ち、二回ドアが開いたが、対応出来ず。

六時十五分、帰宅。

十一月二十九日（土）

九時半、起床。

勘違い。団体十三人来るのは、来週だった。

ほんやら洞、四時くらいまで、ダラダラと客あり。とても、日割り家賃、仕入れ、水光熱費には及ばず、ましてや人件費はとてもとても。

申芳礼さんより、案じるメールあり。万一の場合を考えて、西村さんにメール。琢ちゃんにTELするも掴まらず。

閉店間際、オランダ女性来店。他に客がないので「日本人の食事時間は？」と訊ねられる。

八文字屋には、温ちゃんが入り、富士谷隆さん、ヒルゲート（作品を数十点購買）のスポンサー的存在の奈良の加藤さん、時々「京楽」で見かける男が居た。そこに、奈良井さん、片山さん、今日が来〈八〉最後という数学者、瀧津孝さんと川口正貴さん来店。少し安心させてくれると言うので、ともかく、乾杯と寿ぐ。不安は残る。

村屋で一杯飲んで帰る。

十一月三十日（日）

創造的攻勢に、如何にして打って出るか考える。

そして、あれこれＦＢに書く。

以下も、その一つの要約。


この二週間、八文字屋の生き残りをかけて、いろんなものを犠牲にしながら結構、必死に動いたので、原稿「ほんやら洞の青春」に係る時間が全くなかった。

バトルは依然続くが、明日、多分、山を越すと思うので、今日から書下ろしに専念。

十二月末にもまだ小さな山はあるが、日々、勤勉に過ごし、お客さんたちの協力（八文字屋で飲むということ）を得られれば、これも越えられるでしょ。

いろんな記念日に因む訳ではないが、十二月八日に来年から展開する「ほんやら洞、八文字屋の詩人、作家、エッセイスト、アーチストたちの著作のブックフェア、アートフェア」展の雛形作りの試みとして、ささやかなイベントを開催する。

これを向上的に展開し、一乗寺恵文社の同種展、そしてKG+展とも絡めて行こうと思う。

少人数でも決行するので、連絡をください。

楽しくやりましょう。

これをやりつつ、ゆくゆくは、スペースとして八文字屋の昼を活用をも見越して、八文字屋クリアランス活動にも、お客のご協力を仰ぎたい。

（これと並行して、ほんやら洞の蔵書も整理予定。欲しい本を分けるつもり）

危機は感覚を過敏にする、誰が頼りになるか等々考えることで、悲劇を生むこともあるんだろうな。

昼のほんやら洞には、コンスタントに客あり。

八田さんのグループも、三時半に来店。

まだまだ、打つべき手が残されていないか、考える。

二十四日間止まっていた電話を開通させる。また、十二月五日から十日間ストップ予定。

八文字屋のトップ客は、芳礼さん。「八文字屋が無くなったら、私の行き場がなくなる」と言う。

一応、多分、大丈夫と伝える。

木須井さんが同僚ら七人と来てくれる。グリーン商店街の西村さんも心配して来てくれる。多分、大丈夫という（実は、大丈夫ではなかった）。何必館の梶川芳明さんは、小倉の女性と。Kei-K は久しぶり。

不安で〈ほ〉泊。

十二月

南座前
ホテルサンルート奈良社長中野暁子さん（一九九一年）

十二月一日（月）

十一月八文字屋危機克服か!?と、思うとワクワクして寝れず。〈ほ〉泊。
九時と同時に、郵貯、中信に確認へ。中信に郵貯の通帳忘れる。電話鳴り続け、不安のみ。
克服予測、外れてやや落胆。いや、まず感謝すべし。
外れの場合、十時にNさんに電話入れると夕べは言っていたが、電話せず。店も体調（寝不足
不良のまま、客なしでずるずる過ごす。気がついたら、closedだった。慌ててOpenにするも甲斐なし。
東京A新聞のAさん五千円カンパ。感謝。
夕陽がキレイだった。
八文字屋、八時オープン。S、オイタさん、「八文字屋が無くなる」と聴き来たという嵯峨芸大の先生、
忠田愛ちゃん、懐かしい。鹿さんも心配で。安井曾太郎の孫の袖崎俊宏さんは「コニカミノルタホー
ルディングスの大田会長が近々京都に戻って来る。彼は甲斐ちゃんを好きなので、ちゃんと付き合っ
て欲しい。無私の人なので」と言う。A兄を国際人と評価したのには、オッ！と笑いを喚起したが、
カナダの年金なんて、月に一、二万しかないのだと切実な、ある種同情を兄に寄せる話もある。八文
字屋にせよ、ほんやら洞にせよ、出て行け！と言われたら、保障費が取れることを頭に入れておけ、
特にほんやら洞は、自分の土地になる可能性が高いのだと、諭される。さすが伊達でニューヨークで
何十年もBusiness Manをやってないのだ。来年、ワイオミングの浜野安宏の別荘へ行かないか、と
誘われる。安否を気づかって、来春、ほんやら洞で十人掛かりで展示をやるかプリントを買う形でか
貢献するというスイスのアンドレアスの来店で終わり。トランジスタープレスの佐藤由美子さんから
未来志向で行こう、本を送ります、本の売り上げカンパとのメールあり。有り難し。

三時、帰宅。

十二月二日（火）

七時半に目を覚まし、今日為すべきことは何か？

暫く顔を出さなかった乙川正一さんが続けて来店したことを思いおこす。近々、大阪へ転出？一時は、教え子等を同伴したり、教え子自慢をしたり、他の客に自分とほんやら洞との紐帯を語るのが常だった彼の話に耳を傾ける客がすっかり減った八文字屋は、どういう状況にあるのか？

氏は、八文字屋の開店記念の栓抜き（南部鉄）を持っている唯一の客で、甲斐さんとは、ペンタグルやブリジッド・フォンテーヌ好きで趣味が一致と言って、この店でのポジショニングをするのはご愛嬌。親は姫島出身で某八文字で責任あるポストにあったと言うのは、父親の仕事上でのディレンマの吐露でもなく、単に有名な事件、古い事件との自分の引っ掛かりを述べているだけでは、頂けないが、立ち位置を示す発言ますます多い。（自画像がほしいのかな？）と思う。それが嵩じて、会話なのに、俺は甲斐さんと同郷だと言うのは彼の密かな愉しみ（愛郷心）かもしれないが、そこまで堕っするのか、と思わなくもない。それでは、塚本邦雄の息子が親友だというのは、幼稚な自慢話になってしまう。座をもたせ役として八文字屋では重宝されて二十九年きたが、時として彼のボケ話に我が身を見るようで、過敏に反応する。僕としては、僕もボケのまま居ればいいのに、自分は音楽教育のエキスパートだの、絵画と写真を融合させたデザインの研究者だの言い、一介の元小学校教員の立場を消去するようなお座なり噺をする内に自意識が肥大化していくのを目のあたりにし、いささか鼻白む。ごめん！乙川さん！よせばいいものを、突っ込みを入れてしまうのが落ちとなる。これは、ひょっとしたら、越権行為? ましてや感情を露わに口汚く罵るは、アンフェアかも知れないとやや反省。ここまで来れば、僕もただの酔っ払い。違和感を感じさせるのも、彼の退職後の無聊かこちと見るべきだろう。ましてや母の病気を一手に引き受けている日々に思いを馳せ、優しく包むべきだろう。八文字屋から足を遠ざけさせる素となる言動を慎もう。マスター失格だ。彼流の解釈では彼と僕との繋がりの最後の橋頭堡は、中島岳志へのシンパシーのようだ。「最近の中島君は……」と語り、楽しめるのは、八文字屋しかないと確認するために来てくれているのだ。

酒場は、酔っ払いも居る場があるようにせねばならない。これだけは死守せねば……。

というように、来なくなった客の会話の断片やその人の趣味や仲間を想起して、店の変遷(変質)史?を辿ったりするのも、営業としても有益だろう。

最近、来なくなったり、回数が減っているのは誰か、考えよう。まさに、Missing community の総点検だ。

アイウエオ(今晩、半年ぶり来店)、高田の海坊主、中村勝さん、松ちゃん、福原のおっちゃん、樽家さん、ター、井上章一さん、杉本秀太郎さん、HATAO、草間喆雄さん、ジャーマン、小山鉄郎さん、濱田信義、竹内浩一さん、龍谷大の鈴木何某、精華大の鈴木さん一党、森岡パパ、郭徳俊さん、朴ちゃん、小岸昭さん、ヨリッセン、田中国男さん、玉岩信義、後藤嗣人、豊島啓、東映の佐野ちゃん、清水忠さん、宮田恭伸さん、水田忠男さん、李相玉さん、兪正根さん、天地洞の金さん、有馬敲さん、日高六郎夫妻、鶴見俊輔さん、嵐山の中島のおっさん、モリモリ、チャーリー、川澄君、仏教大の並川先生&松田先生、同志社の李長波先生……。

何れも、かつては、八文字屋を騒がせた男だったり、八文字屋の顔だったりした。それぞれ、飲み屋文化を愛している人物たちだ。さしずめ、今の代表格は、段ちゃん、八田淳、奈良井さん、鹿さん、オイタさん、谷川渥さん、山田拓宏さん、杉村昌昭さんになろうか。

かつては、特に、若きジャーナリストの活躍には目覚ましいものが有ったものだ。東京の編集者、水上勉さん、司修さんとか様々なキーパーソンを思い出す。

美女で語る八文字屋史も欠かせない。酒好きの妙齢のかせぎの良い独身女性群も飲み屋には欠かせない存在。外国の有名作家、学者は、時として華となる。ジャン・フィリップ・トゥーサン、エマニュエル・ギベール、コリーヌ・アトラン、シルヴァン・カルドネル、ナディア・ポルキャール、ウィリアム・ジョンストン、マサオ・ミヨシ等々。俳優も橋爪功、国生さゆり、ミュージシャンもいっぱいいる。亡くなった面々では、水上勉、黒木和雄監督、写真家・東松照明、針生一郎、北沢恒彦さん、中山容さん、梁民基さん、飯沼二郎、西川長生さん、薮内弘さん、長谷川さん、馬渕、松ちゃん弟……。

忠田愛ちゃんの出現でこんな面々を思い浮かべた。

八時半、布団から抜け出す。

九時半、ほんやら洞オープン。お歳暮が三個も来た。おかしいな、ピンチのせいか？それでも知らん名だなと思う。一つは、中信の理事長からだ。オランダの個展を寿いでくれているのか？と思って、一つ開けて、やっと気がついた。すべて阿部とある。お隣が阿部さんであるのを忘れていた。でも、宅急便の人は「甲斐さんですね」と言い（そう、聴こえた）、甲斐とサインするのをじっと見ていたのだ。

もはや、認知症の世界に足を踏み入れたかも。

アンドレアス、ほんやら洞にも来店。来春のほんやら洞でのグループ展、買い上げプリントのこと、スイスの写真センターの可能性について喋る。

エマニュエル・ギベールからもSOSに対して「心中は察するに余りあるが、如何なるpractical

なactionを取ればいいか具体的に言ってくれ」とのメールあり。

八文字屋、七時三十五分オープン。姉、不調。

九時半まで客なし。アンドレアスは「九月末に、覗いたが、ほんやら洞は潰れたと思っていた」という HATAOを連れて来〈八〉。HATAO、大いに語る。僕の個展の心配まで。二〇一二年にヴィラ九条山のアーチスト・イン・レジデンスのエリック・ファイの日本紀行（日記）には、シルヴァン&佐枝ちゃん登場、「長崎物語」は、良いが、前著には、疑義ある、お前はファイを知っているのか、等々近況報告。ルーブルの財政部門のナンバー2か3の HATAO の親友ギラン・ド・ランクサンと貴方はよく似ているが云々の話も。春先、ほんやら洞へ僕のドキュメンタリーを撮りに来たドアノーの娘、クレモンティーヌと通訳の佐藤正子さんにも偶然会ったが、あのドキュメンタリーはどうなったのか？　我が母、増田れいこもフルブライトでアメリカへ行ったが、CIA の宥和策には気をつけた方が良いよとのアドバイスも。アンドレアスは、八文字屋に飾っているパネルの純ちゃんプリントを買ってくれた。

府庁の井藤さんが友人連れでSOSに呼応、ハンガリー行きを控えている男性も同伴。鹿さん、オイタさんがだいぶ前にろくでなしから連れて来たことのある女の子が、今度は糸魚川の男連れで顔を出す。そこへ半年ぶりにアイウエオ来店。アイウエオ、また、出入りしていいか？と言う。「俺、デキンに成っていたのだ」と嬉しそう。出入り禁止のことをデキンというのか。アイウエオとその女の子は、ろくでなし友達だった。やはり、師走仕様だ。

四時、帰宅。

十二月三日（水）

九時、起床。今日から、選挙戦始まる。応援に出掛けられないが、ＦＢで平智之を応援する。森まゆみさんも彼を応援している。

九時半、ほんやら洞オープン。

十一時、バイトさん来る。掃き掃除、ガラス磨きを頼む。

午前中、当然のように、客なし。

パリのウーハオより、今、ロンドンに居るが、とにかく、十二月十五日にほんやら洞、八文字屋の状況をこの目でしかと見に行くとのメール。

しんどくて、八時二十分に店を閉める。

九時前の八文字屋には、浅利ちゃん以外、誰も居ず。ヤキソバ風切り干し大根をメニューにする。

八田さん「模擬店より、非道いのじゃないか⁉」との憎まれ口をたたく。

浅利ちゃんは、先週は、寺町二条界隈では、旧川越芋屋さんの隣の骨董屋さんで、扱っていた北宋時代の木の葉天目が二億七千万円で売れたとの噂で持ちきりと聴いたが、今日はニュースなし。

八田さん、川嵜さん（とは、臼をいつ、どうやって運ぶかについて喋る）が来て、ナッちゃんはボチボチ結婚相手が欲しいと言う。南さん（六平の「戦争を止めた喫茶店」では北名で登場）&息子さん&姪の丸山千秋さん（寺町三条下ルの丸山洋服店〈サウス・モルトン〉）同伴。海坊主&知人（何ヶ月ぶり?）、鹿さん、高見沢こずえさんの旦那とフランス人友人二人、京都新聞の岩本敏朗さんと来る。岩本さんは状況を心配して、ボトルを入れてくれる。

浅利ちゃんが帰って、一分後に、トノヤン（京北町の塔下守）、いっちゃん（高松伸の娘、樹さん）&古関君&業者、さらには、チュン君の友人。トノヤンは、ジンがタンカレーでなくなっていると言っては、騒ぐ。「オレ、嫁は、弥生ちゃんとみなちゃんや」と相変わらずの妄言。

四時まで。

十二月四日（木）

チンタラとやる。

でないと、ダウンするかも。

三高餅、取り壊し中だった。

二日酔いだ。酒が抜けるのに、十二時間かかる。しんどかった。

姉から、ライム、レモン、みかん、米が届く。

店も体調も不調を極める。「ろくでなし子」と安倍晋三批判を展開しているその支援者？が、また、逮捕されたという。見せしめ？ 酷い話。

昨日も来店していたトルコの美女がバイトに応募して来たが、ほんやら洞には、その余裕なし。八文字屋は、どう？ と言ったが、やはり、近くに住み、ほんやら洞が好きだから、とのこと。八文字屋も受けるはずが、酒飲みでないかも。

名はセレンさん。精華のアニメーションＤ２のイスタンブールから来て二年目。ＦＢに画像をアップしたら、佐藤守弘さんから「セレンは理論系」とチェック、レオからも「オー！ セレン！」の反応あり。一気に「いいね」が三十以上つく。良さげなので、確保。メールを訊き、空きがあったら、よろしくと言う。十二月二十八日の餅つきには招待。どこかで入れるつもり。

増山実さんの新刊「空の走者たち」好評裏に発売されている模様。

八文字屋、久々に坊主。ナッちゃん、夕べ、食糧を忘れた、とＴＥＬ。

木屋町も死んでおり、木屋町三条の長浜ラーメン〈みよし〉が、二時に客ゼロなのを初めて見る。

ダンス、アクロバット、動物、ワールドミュージック系の動画を沢山シェア。

二時半、帰宅。

十二月五日（金）

八時半、起床。

同居人がエアコンのリモコンを紛失させ、リモコンなしで作動しないので、寒く、布団の中で、一時間原稿書き。

ほんやら洞不調。デカジェローム（コルシカ島出身）がフォアグラをお土産に来店。Ｓには、シリアの石鹸を。

「昭和三十九年度山香中学卒業同窓会」（十一月二十三日、別府、悠彩の宿）の報告あり。

原稿も捗らず。土屋さんという美女来店。八文字屋バイトを誘う。

久しぶりにＳに会う。近況を訊く。苦戦模様。ほんやら洞のＷｉＦｉを変える手筈したという。来れば、僕にオモチャが付く。

八文字屋バイトは、実奈子さん。

トップ客は、十月十日前後に、目の手術後初めて（四年ぶりに）東京で個展をやったが、やはり、時代？の歯車が噛み合わないという印象が残ったという河田孝郎さんが教え子の女性、今、マロニエで「ALONG THE RIVER 展」をやっている（十二月七日まで）中川裕孝さん同伴。精華大のカルメンさんが女友達二人同伴。カルメン、撮り損なう。

次は、ナッちゃんが男友達（Shun NOKUBO?）同伴。富士谷隆さん、妙ちゃんが妹の裕子さん（来週の木曜日、八文字屋入り）同伴、サッちゃん、鹿さん、カナオカダイコンさんグループ。元朝日新聞の石井さんの知人（数研勤務）、青幻舎の苑田大士&副社長&赤々舎の面子、広海ロクロー&三宅ようへいのポスター持参の百枝昭彦さん。

八文字屋にてダウン。

十二月六日（土）

五時過ぎ、寒くて目を覚ます。カーディガンを着て、八時五十分まで寝る。

十時、ルパンの店に行くが、起きて来ず。

十時半、ほんやら洞オープン。いきなり、アベック来店するも「あっ寒！」の一言で消える。

ほんやら洞にも、広海ロクローさんのポスターを貼る。

バイトちゃん、十五分遅刻。

神田さん、来店。

カオリン&ウッチー来店。（八文字屋にも来店）大枝の柿持参。

二階、十三人の読書会。
S、来春の抱負を語る。
まだFBに時間を取られ過ぎている。でも、必要最小限に留めても、やらねばならぬ。

八文字屋は、温ちゃん、九時半には、八田さん、友人連れのウッチー&カオリンが居た。青木太郎左衛門、カナオカダイコンさんと女の子、釜ヶ崎の彼も来る。佐枝ちゃんと芳礼さんがフォイルギャラリーに行き、山上君&彼女を拉致って来る。白石千代子さん、福井由紀ちゃん、草壁カゲロヲ、段ちゃん、ティルと続く。カゲロヲ&由紀ちゃんを芳礼さんと共に応援して送り出す。ティル&段ちゃんが議論。

四時、閉店。

十二月七日（日）

ほんやら洞、やっと昼にオープン。吉居さん、バイト二時間入る。

イスタンブールのセレンが来て、金曜日に〈ほ〉にバイトで入ってもらうことにした。

二時半、ルパンの店、ほんやら洞の大家さんの桐生の家、マロニエ、サンキュー（三九〇円）ショップ、フォトハウス、ジュンク堂に行く。

ルパン留守、大家の家のベンツが消え、表札も無くなっていた。転居？　病院？　区役所、法務局へ行く必要性あり。

マロニエでは、中川さん、一澤さんの写真を撮る。サンキューショップでは、ジーンズ二本買う。フォトハウスでは、四本ネガ回収。どれも、目盛の壊れたレンズで撮った気配ある。二十本預ける。ジュンク堂では、増山実さんの「空の走者たち」、永田浩三「ベン・シャーンを追いかけて」探すも見つからず。黒川創「京都」（大半は、見過ごして読んでなかった短編）を買う。パスカル・メルシエ「リスボンへの夜行列車」も気になる。

帰り、一瞬、シャッターチャンスを逃がす。写真家生活も終わり？

戻ると、ほんの少しの客だけど、有って安堵する。下瞼がドドメ色になっている。気をつけなければ。明日からのブックフェアの準備をする。

八文字屋に入ったのは、九時三十五分。ベルギービール、ワインを仕入れて。後ろの席には、奈良井さん&アドちゃん、杉村さん&吉永周平記者、八田さん、冨樫、母が両子寺付近出身の茨木の介護施設で働く二回目の二十七歳の青年が居た。片山健さんが帰った後。朴ちゃん出たり入ったり。仕事だろう。

ティルも居て、新妻さんから電話が有ったという。やがて、新妻さん来店。パリ行きのリアルちゃんの目当てのガイ君母来店。この母同伴の女性、資産家で、ダンナとは、全く上手く行ってないが、旦那、資産目当てで離婚してくれない「甲斐さん、私と結婚しよう！　私、資産あるよ！」だって、何のこっちゃ。深夜「京楽」の友希ちゃんが居て、ビールを飲んでいると、流郷さん&中山ラビ&亮太郎が来店で友希ちゃんは、スルリと帰る。

四時近くまで、ラビちゃんと歓談。唐十郎とラビの間に亀裂を入れた朴保嘶、笑える。来年、ラビの京都ほんやら洞ライブの可能性も喋り合う。

帰宅、五時半。どっかの店で三十分くらい眠ったのだろう。

十二月八日（月）

ブックフェアの初日。一九四〇年の今日、日米開戦日。ジョン・レノンの死んだ日（日本では、翌日、報道）。

タコライス、豚汁作り。ランチ客一人、これ以外が良いとかで、入らず帰る。

トップ客は、古川豪さん。ハジメさんに会いに行ったが、留守だったとかで、来店。

川口さん、ジャイアント芋、白菜、大根、みかんを持って来てくれる。感謝。

産休中のK記者、生後四ヶ月の赤ちゃんとで来店。

数年ぶりの客が三時間以上いて、区役所、法務局も行けず。

昨日に続いて、ほんやら洞は超暇。

八文字は、久しぶりにメニューの短冊、綺麗なのを張り出す。

トップ客は、「京楽」の友希ちゃん、ついで、奈良の尾花劇場の中野暁子《さとこ》さん参上。同志社香里人脈の「甲斐を救え！」の支持を受けてのこと。元木津高校の農業の先生で、今、東京で農業の研究と事業をやっている（タキヰと取引）二十五年前の常連が、来て、元嫁を八文字屋に連れてきた「反原発めだかの学校」のメンバーでもある高校の化学の教師、山本幸市郎にTEL。浜ちゃん&鈴木一民さん来店。十一時五十五分で鈴木一民についで、浜ちゃんも帰る。

閉店、三時半まで客を待つも虚し。

三時四十五分、八文字屋を出る。四時二十分、帰宅。

十二月九日（火）

九時、起床。

奇妙な夢、三つ。

八文字屋のお客さんには、お寺の娘、息子が多くて、処分しきれないネガ、プリントをお寺に寄付しようと次々と交渉して回るのだが、預かってくれそうになって、いざ、という段になると、スルッと、その話が消えるのだ。その繰り返し。その前に、田舎の町に町おこしに頂きましょうという話もあり、それも、スルッと、手の平から落ちていた。

次の夢は、僕は、昔と同じく、ほんやら洞の二階の奥の小部屋二つに、ヨレヨレになって住んでいる。猫数尾、尾が異常に大きくて、一階の窓の前で、尾をふるだけの奴と一緒に住んでいる。七十五歳くらいかな。コーヒーを出すのがやっとの晩年のクンパルシータのお母さんみたいになっている。本数百冊あるだけの生活。布団だけで、写真とか家財道具は一切ない。客のその稀覯本を売れ！と言っては値切りに帰るだけ。客は猫の尾の魅力に目が眩んでやって来る。僕はコーヒーしか出さない。

それで、悠々と暮らす。もう家賃を払わなくて良くなっている、なぜか。

最後の夢は、セックスをしている。まさにその行為の最中が見える。いや、僕が意思的に見ようとして、自分の行為が見えている、そんな夢。

相手は若く、普段なら、立たないフニャチンなのに、ちゃんと立っている。そして、続いている。ピストン運動も。好い加減外れそうなのに、外れない。猫みたいにペニスにギザギザがついているのか、見ようとするが、それは見えない。

相手は、気持ち良さげに「行って！」と言っている。外でなくていいの？と聴くが、内でいいと言う。そして、行ってしまう。僕は、七十歳の爺さん。子どもが出来ても子どもと一緒なら、頑張って働ける。産むのだと。

僕は、二、三年後に死ぬのは分かっている。「それでもいいのか、収入源をどう用意すればいいのか？」と訊く。今回の「結婚」の為には、健康保険に入るのか⁉ 僕は、この子ども写真を撮るのを愉しみながら、死ぬのだな、と思って納得したら、死んでいた。

洗濯、入浴。黒川創「京都」を捲る。

十一時四十五分、出発。

三角州撮影。

銀行で天春さんに五万入れる。あと五万。

法務局、区役所行き、もう少し見合わせる。岡村正史さんより「力道山」三冊届く。

秦恒平「湖《うみ》の本・一二二」九年前の安倍政権と私自身（流雲吐月・三）一二〇、一二一も読了せぬ内に恵送された。うれしいが、僕の読書は、遅々として捗らない。

黒川創著「京都」（新潮社）を本屋で発見。

これは、書下ろしにも関わるから、黒川少年の経験が四つの小説に結実しているので、今晩、一気に読むつもり。

「深草稲荷御前町」「吉田泉殿町の蓮池」「吉祥院、久世橋付近」「旧柳原町ドンツキ前」いずれも、八ヶ月の間「新潮」に発表された、生まれ育った京都を舞台に四つの町をめぐる連作小説。

帯には、こうある。

「平安建都千二百年」が謳われる京都で、地図から消された小さな町。かつてたしかにそこにいた、履物屋の夫婦と少年の自分……。

幾重もの時間が降り積もる京都という土地の記憶。四つの「町」をめぐりながら人の生の根源に触れる連作小説。

客少なし。荻野さん来店。八田淳が欲しがっている藤田一良さんの本持参。

亮太郎は、ラビＣＤ持参。ラビライブやる気なら、拾得と組んだら、どうだ!? と現実的アドバイスあり。

八文字屋、八時半オープン。と同時に、谷川渥さん、アサヒちゃん来店。奈良井さんも直ぐに来て、東京の千駄ヶ谷の飲み屋「町人」（日本画家・大沼憲昭の東京の行きつけとか、言ってたな、十八年前）でモリモリに会った円町の五十三歳の女性あり、奈良井さんが親切に応対。

次は、梅花女子大の事務の平智之支持者来店。後は、一昨日、アメリカから帰って来た琢ちゃん。彼は、「年に一度はアメリカに行きたい。ところで、克ちゃん、どうして来なくなったんやろうな〜。左京区の無党派の市議候補の支持者、ちょっと、イデオロギッシュじゃない!? マサホも役に立っているよ。前原に連んでいるのはねえ、ちょっと頂けないけど、、マサホ、今度は危ないの？」等々。

十二時前に誰も居なくなる。三十分横になっていると、ルパン&谷川さん戻って来る。ルパンは「温ちゃん、きれいですよ」の一点張り。ルパン、一、二月もう一遍入院とのこと。谷川さんは「日夏耿之介全集（八巻）は、神保町で十二万だったけど、値崩れしてるの？ ルパンは、なんぼで引き取ってくれるの？ えっ？ 二万五千円!? 三島論を数百冊持っているけど、もういらないので引き取ってや」等々、ルパンも商売は順調風。谷川さんは、明後日、永澄さんと会い、後で来店とか。土曜日は、佐枝ちゃんがヴィラ九条山でフランスのキューレーターと引き合わせるとかで行く。多分、その後は、八文字屋？ とのこと。

二時十五分、閉店。

松屋で牛丼食って帰る。今日は何もできず。

三時、帰宅。

十二月十日（水）

七時半、起床。

十一時まで、布団のなかでゴロゴロ。

Terminal Business に思いは駆ける。

嫁が死に、ほとんど終わっている商売をやっているおっちゃんの夢を見ていた。場所は、ソワレ。

ジュース、タバコ類のみ。自分の食物も何も出来ないおっちゃん。崩れて行く様。

二兎追う者は一兎をも得ず。夢としてあった Missing side business の個人史を振り返っての結論?

ひとすじの道は、強し!

生暖かい一日。アベちゃん、公務員籠絡ボーナス、今日、支給。特定秘密保護法案施行日。

八田淳は、冨樫店長の「禅カフェ」で、二月か三月に個展予定。ルーマニアの十八年前に会ったマリアさんにメール。

不調、この上なし。八田淳は、高価な「ユルナール」を愛服用。杉本秀太郎さんの前立腺苦労噺、マルセル・デュシャンの便器を思い出す。

八文字屋には、本郷尚子さんと旧知の同成社(僕は、ここの「風土記」を持つ)の三浦彩子さん久しぶり。奈良井さんは、懇切にヘリングへの道を説明。

森元斎の知人の東京理科大教授の後飯塚僚さんが友人と来店。

氷買いの途中で見た顔、発見。戻ると奴さんら来店。十四人。京大防災研の面子。ホッとする。

闘いは、これからの二十日間だ。

川嵜さんは臼手配の段取りをやってくれる。奈良井さん、ヌルコを巻き込む?

りわちゃんと西川氏、ＦＢ友達になる。

ルーブル美術館地下の中央にカイ写真三点、今日、収まる。ボザール展。

N氏、いよいよ、サンジェルマンへ進出。

大分、ジゴロ、ドン・小池、ロールスロイス乗り回す。

平智之さん、九条界隈での感動的な出会いをFBにアップ。

斎藤洋さんの消去法でしか入れる人物なし、投票箱を蹴飛ばそうかと思ったとの記述、同感。

武器輸出禁止の三原則を取っ払った前原誠司なんかに入れるもんか！とも書く。平智之さんも、この選挙を戦争への道の分岐点と位置付けて闘っている。

十二月十一日（木）

ノンビリする。

ほんやら洞、超暇。

同志社の元教師風の男四人来る。

夕方、ディック来店。木、金と二週間集中講義。吉田孝次郎さんの無名舎にオランダ関連企画を持ち込みたい造形大学の女性教師に掴まっていた。女性、知人の同志社の谷口先生が親しい新町六角下ルの無名舎で「酔い心地の会」を開けたら良いねという。でも、難点は、吉田さんは年に二度しかここでイベントをやらないらしいのです、と。祇園祭りでも、そこで屋台を出せたらとも。話を聴いていて、一言だけチャチャを入れる。吉田さんは、祇園祭に屋台が沢山出るのを苦々しく思っている張本人なんですよ、と。

今日からフランスのSNBAのボザール展始まる。思い通りのフレームは文無しで出来なかったが、ルーブル美術館地下の中央近くの良い場所で展示出来たとNよりのメール。観る眼を持った人物の眼に留まればいいが。

京大マリーン数人来店。

谷川渥さん、永澄さん来店し、永澄さんは、ほんやら洞をやめたらどう？ それしか辞退の打開策はないのではないの？ と言い、三十分でミキハウスへ消える。

坊主でなかったのを喜ぶべし。

次の客を寝て待つ。

一時すぎ、京楽客（写真を撮る久世の男、岩井正樹）、フライヤー置き、酎一杯。

更に寝て待つ。姉の体調不良。

二時に、夕べの土方巽の所に居た後飯塚僚東京理科大学教授（三上賀代、玉野黄市知人）が、免疫学会の三次会で、T徳島大学教授、阪大の近藤さん、京大の瀬海さんを同伴。T先生、模擬パワーハラ、セコハラ・ワールドを披露して笑わせる一幕も。後飯塚さんは、森元斎が数年前に同伴。関東の方でほんやら洞を全く知らない。Tさんは、関西出身で、ほんやら洞は、西日本で最も有名な喫茶店という認識。一度も行ったことはないが「高石友也か何かと関係あるんやろ!?」との認識。そこのオーナー、そんな凄い人が、目の前の人？ ウソやろ!? と。瀬海さんは、八代出身。大学は名古屋、それから、去年から京大で教えているらしいが、日向太は習ってない。

四時十分、閉店。四時四十分、帰宅。

十二月十二日（金）

十時、起床。

今日も厳しい一日。

ほんやら洞バイト一時入り予定のイスタンブールから留学中のセレンさん、担当教授が海外に出る前に会う必要が発生し、三時着。二時間働く。

レオ、S、稲山さん以外は、夕方のカレーの四人組の同女大生のみ。

苦しい。

八文字屋、萩原さんのバイト。かなり片付けをやってくれている。

西本願寺の高林さん、三浦友和似のイケメンの元プロサッカー選手でルーマニア滞在の京田辺のお坊さんがトップ客。

関電の男、冨樫グループ、奈良井さん、鈴木奈々さん&東福寺の女性、鹿さん、K新聞選挙担当。

閉店四時、寝て行く。

十二月十三日(土)

六時半、起床。

十一時四十五分までうだうだする。飲み過ぎでダウンの女性もいた。

ほんやら洞オープン、久しぶりに十二時を過ぎる。

一時~三時は、田頭舞さん、バイト。

暇。原稿進まず。寝不足。

八文字屋、温ちゃんバイト。富山の(伏見の寺の娘で八文字屋オープンの頃、大分医大の連中と飲んでいたジュンちゃんの旦那)大西さん&ジャーマン、出たり入ったり。鹿さん、川嵜さん、奈良井さん、オイタさん、高松樹ちゃん&古関さん&業者さん、海人彦&エナ・リリィ・ヤマグチさん。〈八〉泊。何も羽織らず、風邪か？

十二月十四日（日）

軽いマニフェストを書く。

本の夢　夢の本
ほんやら洞・八文字屋の夢　夢のほんやら洞・八文字屋
ほんやら洞でのブック・フェアを細やかながら始めました。

ほんやら洞、八文字屋のお客さんの著作、或いは、編集した本を一堂に集める試みです。

平素、店でお客として接しても深く喋ることもなく終わる方の思考、夢が本を通して見えるのも面白いし、素晴らしいことです。

もう二度と店で出くわすこともない（物故者の）作品に時を置いて触れ、あり得たかもしれない会話を想像するのも、オツなものです。頂いた本が販売用棚に並べられるのを不本意と思う方は、どうかお申し付け下さい。

店の広がりを示すのに貴重であり、宣伝のために良かれと思い並べたものです。夢の企画の成せる業です。売れたら即仕入れに走ることもあります。

お客の好みの本、欲しがるお客の顔が分かるフェイス・ツー・フェイスの企画です。

時期的にも、ほんやら洞、八文字屋の経済を忖度して「売れたら、三割上げるよ！」と嬉しい申し出もあります。

五ヶ月間の小さな試みです。

伸縮自在、移動可能なプロジェクトで他のイベントとの連結も夢です。

夢を現実にしましょう。

展示即売する本のリストを、二、三度「ほんやら洞通信」として発行する予定です。

定価よりも高値で市場に流通する稀覯本もあります。それは、多少高値で売らせて頂くかも知れません。汚くても定価で販売することも厭いません。ご容赦下さい。

八文字屋、ほんやら洞の延命用の企画でもあります。

時期を見計らって、ブック・フェアの違う棚の本も多少、手放します。私の歳からしてもう読むチャンスがないと思うのは、一抹の寂寥感もあります。仕方ありません。思い切って、本に旅をさせましょう。

頒価は新年初めに発行の「ほんやら洞通信」に掲載します。

この企画と絡めた写真展、ライブ等の情報についての紹介記事も掲載します。

どうか、お楽しみに！

昔の客、今の客が、自分の「夢の本」「本に託した夢」を語る機会も設ける予定です。ほんやら洞に数ヶ月間、著者の方々、本を託して下さい。ご一報をお待ちしています。

著者の宣伝にも、努めます。

神田さんが同志社の客員教授のDorothy Wangさんを同伴。二階を四時間活用してくれる。マニフェストを読んだせいか？多少、二階客あり。

海人彦が、僕のＦＢに即反応したのは、初めて。やはり、女の子との画像アップのせいか？

最低の結果の総選挙。小選挙区の弊害。半分の有権者はどう考えていいか、考えあぐねている。有権者の二〇％に満たない支持者しかない自民が好き放題にやろうとしている。ナチスの手口に学べ！といみじくも麻生太郎は言ったが、ドンドンそれが現実味をおびてきている。沖縄は、素晴らしい。自民は全て落選した。多くを教えてくれる。

宮原麻美さん来店。

武市さんもナオちゃんが、経ケ岬で講演をしたこと、彼女がツイッターを始めたことを教えてくれる。十二月二十四日の沖縄の忘年会に行こう！紹介するよ、と言ってくれる。武市さんのファンのサルディニア出身の女性が三条珉珉でバイトをしていて、そこで娘、孫連れの中尾ハジメさんに会ったという。

ボザール展最終日。

八文字屋、超暇。浅利デイ。

迦陵頻の片山さん（ウーハオに会いたがる）、小沢明子さんの友人の近江八幡の「一生、競馬をやる」（今日、勝った）という元立命大生、奈良井さんのみ。寂し過ぎ。選挙速報のせい？

三時半、閉店。

四時、帰宅。

十二月十五日（月）

九時、起床。入浴。

昼前にやっとほんやら洞へ入る。

一昨日、書いていたほんやら洞の大家へのハガキ、やっと投函。ほぼ同時に、桐生香暢さんが死んで、養女二人が相続したと宮川町の宅建業者が契約書を交わそうと来る。??と思っている。これには、気を引き締めて早急に対処せねばならない。まず、不動産屋にこれまでの経緯を記した覚書を渡す必要あり。僕の立場、方針を明確にすること。要するに、値下げ要求をし、その根拠を示す。多分、拗れるので、供託をする覚悟をして、対処し、裁判所に判断を委ねる。その前に、不動産屋に相場を確認する事、多分、弁護士をスタンバイさせて置くこと。

パリから、ボザール展でジャン・ラリヴィエール賞を貰ったと連絡あり。

喜んで、FBにアップ。大分合同に知らせるが、対応は、イマイチ。京都、読売、朝日にメール。喜びそうな兄にも。パリには、もっと詳しい情報を求めるが、何もなし。そんなことより、原稿に専念すべきか。今晩は、期待した三人が三人ともども、振られたか？ウーハオさんは、遅くとも来ると思うが？永澄さんは、六時四十五分にわざわざ電話して来て、行くといったのだが、どっかで酔い潰れているか？

鹿さんは、一ヶ月前から予告。十二月十五日月曜日は行くからな、と。まあ、三人三様の来店の意思表示に賭けてほんやら洞でのクスクス作りも、カレー作りも放棄、いや、それどころか、昨日から溜まりに溜まった洗い物も。

武市さん推奨の、三条珉珉のサルディニアの美女の御尊顔を拝して後、八時前に八文字屋入り。

「早出特打？」した事を二時間ばかり後悔し、独り愚痴ていたが、さすが我らが仲間、信頼は揺るがず、やっと十時に動きあり、一息つく。

京都の永澄さんの、お歴々を引き連れての登場である。（明日は、十三で、杉村さんの忘年会、とか）

そこへ楠木しんいち（向日市議の飛鳥井さん話も）さんとその支援者、さらに真打ちの鹿さんグループ来店。鹿さんもパリのニュース承知の上で。これで、働き甲斐というものの成立。

ウーハオは、結局、来なかった。久しぶりの京都、忙しいのだろう。ほんやら洞へ来たかったのか？（九時十一分にほんやら洞、十一時四十五分メール送信と翌日分かる）そうではあるまい。二十年ぶりの京都だ。記憶に繋がるもの、全てが懐かしいに違いない。小学校二年から五年まで、修学院小学校に居ただけだ。

パリのルーブル美術館地下でのＳＮＢＡ（フランス国民美術協会）ボザール展、「傘投げ」写真がジャン・ラリヴィエール賞受賞とのニュースには、永澄京都新聞文化部長、森大阪読売文化部、共同通信大阪の八代到文化部長が対応してくれる。「おめでとう。だが、副賞はないのか？」と皆、「今日は、甲斐さんの驕りかと思って来たのだ」と、さすが。でも、取ってつけたような吹き出しは如何のものか!? と。

永澄さんは、ミキハウスの結婚話、有馬さん、ヒルゲートの人見ジュン子さんの企画（日高暢子展）噺。八代さんの小山さんの口調のモノマネよく似て面白し。長崎で面目躍如の西出勇志さん話も懐かしい。沖縄移住の清水正夫さんの娘＆娘婿の内輪話も聴く。

深夜、写真集「美女３６５日」の三月二十五日に登場する美女の旦那来店。

八文字屋ダウン。

十二月十六日（火）

六時半、寒くて目を覚ます。

九時まで、八文字屋でうだうだ。

中信で、二時間時間を取られる。

四時まで客なし。八文字屋もほんやら洞も惨憺たるもの。

矢萩多聞さん、インド関連のイベントのフライヤー二種持参。T先生、同志社大、今学期最終講義。

「あの、ほくそ笑む、ニタニタは、消して欲しいな～」

より良い年末、年始を過ごすための覚書
一、原稿
二、ブックフェア並びにほんやら洞通信
三、餅つき
四、大家死亡後の養女との契約の前に渡す覚書作り。熟考の末の単純化、ポイントを押さえる。四十三年間の、前大家との関わり、果たされてない約束事項の列記。しがらみ、理不尽を噛み砕いて、万人が妥当とするもの。（これは、不動産屋と一緒に桐生さんの後継者に会う前に送っておくべき確認事項。これを前提でなければ進めない。これを飲んで貰わねば、法務局への供託となる）
五、姉の顔を見るための帰省
六、写真集作り
七、暗室入り
八、確定申告の準備

八時二十分には、八文字屋入り。

トップは、ルパンが送り込む黒澤正一さんもすぐに帰り、山田拓宏さん。そして、二十年ぶりの京都というウーハオ来店。センチメンタルジャーニーだ。昨日は、京都駅では何も感じなかったが、出町柳まで来たら、パッと分かり、家まで、まっしぐらに歩いて行った。修学院小学校（二年から五年まで過ごす）では、着くと、涙が流れて止まらなかった。学校が小さいのに、びっくりしたそうだ。幼い頭の中では、大きかったのだ。その後、故坪野米男さんの事務所（ウーハオの母が働いていた）に行き、食事をした。明日も夜は坪野米男さんの子ども、孫（ユウタロウ）と食事予定。今日は、奈良へ先生を訪ねた。夕べ、今日と、五条で泊まったというので、次回は、ウチで泊まればいい、という。明日、ルネで、本を買い、ほんやら洞へ。シルヴァンの家へ連れて行くつもりだが、シルヴァンはＯＫ？ 応答なし。ウーハオは、北京での甲斐写真展は「コウキさんに任せれば良いと思っていたけど、一向に動かないので、僕がやる。但し、段取りをつけるだけで、後は自分でやって下さいよ！ どっかから基金をとれませんか？ 北京でやるにしても、サイズ的にもエディションを付けて下さいよ」と言われる。

十二月十七日（水）

八時半、起床。

変な夢。

三条大橋西詰の船橋屋あたりにオープンバーがあり、そこで四十過ぎの実力派の大学職員の女性と飲んでいたら、突然、その女性が足早に通り過ぎアベックに向かって「先生！ また、飲みに連れていって！」と叫ぶ。男は、無視。大橋の上で、先斗町、祇園の方を指差して何やら説明していた。僕は、耳のチャンネルを絞り直して八文字屋の説明をしている先生の顔を見ると「オオ、カイさんじゃないか」と近づいて来た男の顔は三島憲一さんだった。夢ですよ。氏は、僕のベルリンを企画してくれた実力者だ。

ほんやら洞、レオ、十時過ぎに来る。上田晃久君と待ち合わせて、鶴橋へ通夜。

六時すぎ、ウーハオ&絵描きの渡邉敬介さん来店。八時前に、七〇年代に来たという滋賀県でレストランを経営する五十二歳の女性来店。「ずっと、やっているのですか?」と言われる。

ウーハオらは、京都産業大学のギ先生との食事に行く。

八文字屋は浅利ちゃんなのに、ヨッシー&梶田さんのみで十一時まで推移。後で、サッちゃん、チーちゃんと友人、迦陵頻の片山さん、奈良井さん、龍谷大学の法学部の二人の先生。片山さんは、ウーハオが若いので、会いたがっている本人と同定できなかったのだろう。ウーハオがエルメスで仕事をしているのを知ったら、悔しがるだろう。姉が、エルメスの中枢に食い込んでいるとかの話をしただろう。そして、深夜には、冨樫グループ。三時過ぎまで。

ウーハオとは、北京での個展の話、葦津直人のこと、ウーハオが若い時に軍隊に入りたかったこと、フランスに行っても外人部隊に入ろうかと思ったこと等を喋る。八文字屋でダウン。

十二月十八日(木)

八時、起床。

雪の中、電気代支払いへ。明日、ストップ前に滑りこみセーフ。

ほんやら洞、昼、ウーハオ、受賞祝いに駆けつけてくれたハイデッガーの京大博論で忙しい美女のみ。写真集「Beautiful Women in Kyoto」に登場の仙台出身者。

彼女に留守番を頼み、ウーハオとシルヴァンの家に行ったが、ルルちゃんしかいなかった。

夜、京大マリーン。

八文字屋トップ客は、満面笑みの色男。女性同伴。女性は、写真を撮ってくれ、写真集に載せてくれ、と頻りに言う。彼も、FBにアップしてくれ！と。

本願寺派の宗務所の面々来店。山上君も来年は木村伊兵衛賞を取るぞ！と言う山谷君同伴。

八文字屋にてダウン。

五時半、目を覚まし、六時、帰宅。

十二月十九日（金）

ウーハオ用に、ルネに「Beautiful Women in Kyoto」買いに行く。

一日、原稿も何も出来ず。

海人彦、友人と来〈ほ〉。餅つきにも来ると。

夕方から夜にかけて、ほんやら洞の電話しきりに鳴るが、八文字屋の大家の年末チェックと想像し、鬱陶しいので、出ず。最後にオイタさんに出て貰ったら、正体は、色男と分かる。昨日の写真云々と言う。

八時四十分に八文字屋入り。今日もイマイチ。ベルギービール様々。今日もSが書いたメニューの短冊が話題。夜、佐藤由美子さんから、「本を送った」とのメール。

オイタさん、府庁のおっさんの四人組、朝日の増田さん、明日から二十四日までソウルの申芳礼さん（年末は、上田と言う）、読売の森重さん、十時過ぎには、Sも。京都西高の美術教師の吉田孝光さん。

Sが帰るのと入れ違いでウーハオ一行来店。エレベーターと階段で入れ違い。坪野優太郎君は大きな手の男だった。小野誠之さんも坪野事務所だったのを思い出す。創業から約三百年の俵屋旅館の佐藤守弘さん（専務）の母の義理の姉が、坪野君の祖母。母は浄福寺一条近辺で、立派な町家ゲストハウスをやっているようだ。ウーハオは「山崎」を持ち歩く。本郷でグラスを貰って喜ぶ。ウーハオは、明日、伏見に連れて行く約束。五時、土下座前で待ち合わせ。今日、浅利ちゃんと行くのを奨めたが、浅利ちゃんTELに出ず。朴ちゃん、坪野君、浅利ちゃん、ウーハオ一緒と考えたが、朴ちゃんはタクシー転がしの日。段ちゃんも二週間ぶり。ブログ本、五冊予約。琢ちゃんは、インフルエンザらしい。ティルも来るが、心なしか元気なし。

最後に、賑やかな富樫がチュンちゃんと入江君同伴。ウーハオの心中なんて微塵も忖度する様子もなく、傍若無人にテーメエの脳内屑を吐きつける。

閉店、四時十五分。

十二月二十日（土）

九時、起床。しんどい。

十二時、ほんやら洞オープン。

一時過ぎから少し客あり。舞ちゃん、二時間バイト。名古屋から三十七年ぶりの客あり。

沖縄タイムスの新里健さん&弓華さん（弟さんは、堀之内大さん）のファミリー来店。

色男がうるさいので、アップしてくれと言っていたけど、消す。

五時、ウーハオと「伏見」。

ウーハオは、携帯を何処かに忘れ、一時間遅れ。上島からメールしようとしたが、ＷｉＦｉ使えなくなっていた。六時過ぎに「伏見」に行ったら、店内で待っていた。五十分待たされる。

散々食って、全て、彼がご馳走してくれる。北京でも、パリでも、自分がご馳走するなんてことを言ってくれる。北京での日本文化会館の個展、春節祭で帰って、決めてくれるとのこと。九時十分まで居る。政治家（副大臣クラス）の自覚が言葉の端々で感じられる。

八文字屋シンクホースを取り替え。村田マナちゃん来店。オイタさん（風流人）居る。オイタさん、オイタと呼ばれるより、風流と呼ばれるのが、良いという。中国語では、浮気の意味らしいが、日本受けを考えての事。

先斗町での忘年会帰りのディックが恩師、松尾尊兊先生が十二月十四日に亡くなり、告別式に十六日参列したという。鶴見太郎君にも会ったが、鶴見俊輔さんは、元気なのか？と言う。北京の可能性、ニュージーランドのアリステアへの突っ込みについて言及。明日、東京へ。そして、クリスマスのライデンへ。

レオ、マナちゃんに呼び出される。病み上がりの奈良井さん、二度目のデートというカゲロヲ＆紀香、紀香に粉を掛けられるウーハオ。

ウーハオは、北京での個展、自分の民際交流の一環としても頑張る、日本文化会館とギャラリーと同時にやろう「いや、そうして、売ろう、売れる個展にしよう」と言ってくれる。まず、中国からリクエストをする形でスタートするので、京都市も巻き込む形で応じてくれ、北京在住の京大出身者の会も後ろ盾になるようにするから、と。来年、七月には、パリに足場を残しつつ、軸足を北京に移すという。父親は、五十九歳。葦津なおとについて、僕がどういう印象を持っているかについての発言を聴いたのが京都最大の収穫でもある、と。

次は、パリか北京で会おうと約す。少し、一緒に歩く。明日、横浜、浅草に行き、それから帰る。京都の前は、東北、靖国神社にも行く。京都では、全く絵は描けなかったという。今朝は、違う弁護士さんに十万円するワインをお土産に持参した模様。

三時、ほんやら洞で寝る。

十二月二十一日（日）

夜、飲んだくれ、八文字屋かほんやら洞のベンチに寝て、起きたら、また、ほんやら洞のベンチに横になって客待ちをして、FBをチェックしながら、接客をさっさと済ませ、追い込みの原稿は気になりながらも、いっかな進まないというグウタラな生活。こんな生活でやっていけるのか？ 原稿は終わるのか？ 終わるのなら、それは、それでいいか。だったら、吉田の家は要らなくなる。来年は、六十六歳だ。

家の荷物をトランクルームに入れ、店に寝泊まりする……三十年前の逆戻りか？

「どうして、吉田の家を借りたのか」その意味を反芻して、半年後には、結論を出そう。この数年のスタンスの何処がまずかったのか？

カザフスタン、北京、沖縄、パリへ来年行ける生活の選択??「カザフスタンは逃げません」との今用さんの言はあるが、時期がある。北京は、来年だ……。

そんなことをつらつら考える。

やっと野菜カレーを作る。

ウーハオは、横浜へ、ディックは、東京へ。ディックはライデンに戻ったら、自分の家をギャラリーに見たてて、預かっているカイ写真を展示するという。ウーハオには書下ろし「ほんやら洞の青春」の出版の暁には、中国語への翻訳を頼んだ。彼は、お安い御用だ、と言う。エマニュエルへと「京都猫町さがし」をお土産として託す。エマニュエルは、今、イタリアを描いているそうだ。

「夢の抜け口」の子ども写真が良いという奈良の客、四十年以上前から活躍を知る岡田さんという「アジア太平洋資料センター」の武藤一羊さんの同志は相模原から来店と嬉しいお客さんあり。清水五条でガイドの仕事をしているイギリス人来る。つい、写真集三冊、安く売ってしまう。よく考えれば、四十年前、僕は、ほんやら洞を起点としたガイドの仕事をしたいと思いつつも果たせなかった。勇気も何もかもなかった。

レオが、日向太の知人でもある植田元気さんに映写機を借りて持ち込むが、レオ、風邪をこじらせている。

中信のキャッシュカード、チョンボで年末は危ない？アホなチョンボをしたものだ。

菅谷ナオちゃんから、「杵の手配はついた？」とメールがあり、岐阜の後輩に持って行かせるとの朗報。

八文字屋、九時に入るも誰も居ない。チュータローが、高菜を食い散らしていたとのこと。

浅利ちゃんのみ。琢ちゃんが居たが、村屋に忘年会へ行ったあと。

十時過ぎ、ウッチー&カオリン、ウッチー仲間の林さん夫妻、迦陵頻の片山さん、遅く奈良井さん、十五番路地で写真展の男。十二時には誰も居なく、浅利ちゃんに帰って！と言っている所に、北海道は深川、一乗寺の殿平真さん美味しい北海道チーズを持って来店。ベルギービール二本開けて貰う。

一時半、なお待つも誰も来ず。

十二月二十二日（月）

八時、八文字屋にて起床。

写真家生活へ邁進は夢想？

まず、月曜社をやっつけなければ。

九時から、隣の工事、五月蝿し。

年末年始の二十日間に顔を出してくれるのが常連というもの。

餅つき参加者未チェック。武市常雄&淳子さんが、陸奥の海のホタテ貝をお裾分けしてくれる。

今日は、クスクス、おでん作り。中信カード届く。畠中光享さんの「京都美術文化賞受賞パーティ」出欠は、どうすべきか？

夜は、レオ企画の映画上映会。Sは、客対応で観れず。

遅がけに少し客あり。若干疲れる。

十時五分に、八文字屋到着。一ヶ月前の予告（忘れていた）通り、塔下弥生ちゃんが随分久しぶりに「まだまだ山ガールズ」の親友二人を引き連れて来店。平成三年に京北町で、出産した四十五歳トリオ。井口輝美さんは、中央市場（で三番目に大きいタン何とかという魚仲買に戻っている）近くの実家らしく、今晩は、そこ泊まり。もう一人は、村山貴子さん。そこに、奈良井さんが来る。京大防災研の牧紀男教授が、学生四人連れて来る。牧さん、奥さんは美女写真集に登場。ツー・ショット写真を伸ばしたら、買うとのこと。フーさん、奈良井さんと拗れていた。

四時半、閉店。六時半まで松屋で寝る。

十二月二十三日（火）

昼までダウン。

ほんやら洞は、他府県からの客多し。原稿書けず。

ウーハオは、東京？ 横浜の？ ロナルド先生をアップ。

日向太、久しぶりに顔を出す。四月から研修医になるので、今のうちにとかで金髪。

八時五十五分に餃子半額の珉珉に行き、ベルギービールを仕入れて八文字屋へ。

女の子客消滅をひたすら嘆くオイタさんがトップ。グリーン商店街の薬草オンパレードの件、ネットでのアップ要請の西村さん、奈良井さん、緑十字を消してくれという乙川さん、石屋町ギャラリーでの講演帰りの建築家の村田真一さんは先週は大阪のポレポレの話題、柴田明蘭さんグループ。話題の少ない八文字屋で座持たせ発言の西村卓嗣さん提唱「浅利が袖にした男たち」という写真集を作ろうと。

二時、閉店。

要請の件アップにほんやら洞に行くが、四時半までやるも虚しい。iPad のキットが痛んで無理。

十二月二十四日（水）

吉居さんのお爺さん来店（八十四歳）。ドイツ人の東大、阪大留学生四人来店。ＳＤカードダメで、フィルムでお爺さん、留学生を撮る。

圭一郎からのメール、Gmail が勝手に迷惑メールにしていた。名をカットしてくれ、というので、色男に変更。チェック出来てないが、清水哲男さんは、お母さんの看病で京都にいる模様。レオ、サッちゃんと三人でクリスマス。そこへ餅搗きに三、四人同伴すると言うセレンが来る。山田拓宏さん、餅搗きに三人で行くとのメール。

タウンタウンから寸胴を買う。三八〇〇円。半径が三十六センチあれば丁度いいのに、四十センチ。

九時四十分に八文字屋入り。

カウンターにはベルギービールを奮発する純二、先週の土曜日にミナコさんの母が亡くなったと言う鹿さん、次は大晦日に来るかもとの草葉裕さん、クリスマスのケーキ&チキンの差し入れの奈良井さん、何時ものボトルをキープして海人彦の友達のエナさんとダンス談義する川嵜さんがいた。龍谷のS先生は帰った後。他にボックス席には二月二十二日の中川五郎&おもちゃ楽団のほんやら洞ライブ予約の佐々木さん&「店のSOSを発信するより、トイレの掃除をせよ」と言い放ったきり来なかった富久さんはヒッピー風髪型で「娘がカイさんのファンなんですよ」と佐々木さんに言う。餅搗きにチャンゴ持参予定の段ちゃん、S、海人彦&山口エナちゃん、ムサシが来る。中川五郎ライブに何時もいる佐々木さんの奥さんが向日市で市議選に出るという。

一時半に誰も居なくなる。〈八〉泊。

十二月二十五日（木）

八時、起床。

ほんやら洞、十時オープン。二時半まで客ゼロ。

天神さんに行こうかと思ったが、町内の武永商店に小豆、ついでに、餅米があるはずだと思いつき、行ったら、はたして、あった。で、篭ったまま。

ブックフェアにも少し客差あり。中信、また、ハンコが薄い、と書類に捺印を再度要求に来る。

レオ、Ｓとでコルシカ島出身のデカジェロームの土産のフォアグラ、朝日の有田洋造&麻夫婦がお歳暮にくれた海鮮品で食事。

京大マリーン、休みと思ったが、ある。

九時二十分、八文字屋入り。

十時五分〜十一時に二人客。「東京アートフェア（東京藝術博覧会）」のプログラム・ディレクターの金島隆弘さん&UMMM/KIWIの北原和規さん（松宮宏さん同伴で初来店）。それで終わり。〈八〉泊。

十二月二十六日（金）

ほんやら洞、九時オープン。珍しくモーニングサービス客あり。

佐々木米市さんより、二月二十二日中川五郎&おもちゃ楽団のライブ@ほんやら洞のチャージは、本人に打診してドリンク付きで二千円、と。

道出版の松尾圭吾さんよりメール「路地裏の京都」を電子本化の可否打診。ＯＫ。

軽井沢の申芳礼さんより浅間山の画像送信さる。

オーストラリアの写真家、Tom M. de Peyretさんよりメール、三日間京都、八文字屋にいるか？と。

京大ルネに客が欲しがる「美女３６５日」を仕入れに行く。序でに、欲しかった閻連科著「愉楽」を買う。その後、餅搗きの準備、餅米を買う。取り敢えず十三キロ。武永よりもＤ２の餅米のほうが良さげ。

原稿に苦しむ。ブックフェア、加藤典洋の「ゴジラ」本、写真家山本宗補さんの写真集、売れる。

北口さんよりもメール。十一時すぎに車で、映画会の相談等に行く。永澄さんも、日曜日餅搗き行けたら、行く、と。

八文字屋入りは、八時四十分。客二人のみ。

高林さんと来たイケメンサッカー選手（京田辺の寺、三十八歳）が、上品な上司？ 丘山新（願海）さんという京大理学部から東大印哲へ行ったという本願寺派総合研究所副所長（兼東京支所長）と待っていた。話が弾んで、各宗派のお坊さんに交代交代に八文字屋に入って貰うという奇抜なアイデア出る。

八文字屋の坊主バー化だ。僕がカザフスタン、北京に行っている間の家賃持ち留守番も頼むというアイデアも。

やがて鹿さん一行、フーさん、奈良井さん、K社の記者、S、ウッチー&カオリン&トモちゃん、北口さん、関西電力の男も。

二時半、閉店。〈八〉泊。

十二月二十七日（土）

七時、起床。

〈八〉泊はやはり、疲れる。寒い。

アマゾンより、Kindle fire HD7 到着。まだ使いこなせない。

臼倉さんが、明日来れないと伝えに来る。後輩にボザール展の取材の件、伝えたのにな、来なかったの？と言う。

明日用にグリューワインを漬け込む。

ほんやら洞詩シリーズ番外、ニッキ・ジョバンニ著、中山容訳「自我旅行（poem for black boys with special love to james)」（一九七三年、ほんやら洞発行）が出て来て捲る。三十二頁の小冊子。

これは、中尾と私が抜けている間、ほんやら洞を支えようと容さんが創意工夫したシリーズ。

あとがき全文引用する。末尾には、容さんとラビさんが住んだ拾得の北の双和苑の住所が刷り込まれている。玄琢から引っ越したばかりだった。

ニッキ・ジョバンニ
ここ数年のあいだにもっとも活躍した若い黒人女性。現代詩人の中でもっとも才能があり人気のある存在のひとり。シンシナチで育ち、フィスク大学に学んだ。詩集、「黒い感性（Black Feeling)」、「黒いおしゃべり／黒い審判（Black Talk/Black Judgement)」、「すてきな黒のうたを旋回せよ（Spin a Soft Black Song)」、「私の家（My House)」がある。彼女の自叙伝「ジミニ（Gemini)」は一九七三年度ナショナルブック賞の候補になった。また、朗読レコードもある。一九七三年六月二十一日ニューヨークのリンカーンセンター・フィルハーモニックホールで詩朗読会をひらいて三十歳の誕生日を祝った。ひとり息子トミがいる。

Lawrence Hill & Co.
150 Fifth Ave., New York, N.Y.10011

Ego tripping and other poems for
young people by Nikki Giovanni
illustrated by George Ford. 1973

中山容さんは、このシリーズで何冊出したか、容さんの若き盟友だった神田稔さんに聴いてみたい。これが、四冊ある。ブックフェアでの値はどうしよう？

八文字屋は、温ちゃん。トップ客は、申芳礼さん、吉兼氏。信州から元信大教授の木村仁さん、自身の仕事の集成「HITOSHI KIMURA」持参。プレゼント。申さんの感想にいたく感激する。松代大本営の話にもなり、信州での従軍慰安婦のこと、朝鮮人強制連行の話になり、吉兼氏食いつく。木村仁さん、福島の甲状腺の子供たちの件、ちゃんとした情報を入手してなかった。ヨ氏、造園家の山田さんのことを言うと、「山田さん、仕事くれないかな～」とつぶやく。

温ちゃんに、彼は、北川フラムさんと東京芸大ほぼ同期を言う。東京から「年一の」客あり。後ろには、一九九五、六年版「八文字屋の美女たち」に登場の山田純子さんの知人たちも。

芳礼さん、吉兼氏帰った後、元紀伊国屋博多店店長の北川さんが小倉の友人を連れて来て、鳥打帽を忘れて行く。佐野ちゃんが映画仲間を連れて来る。

山純さんの友人、最後まで残り、バッグを忘れていったが、誘惑二連発を振り切る。

四時半、閉店。

十二月二十八日（日）

九時半、起床。慌てて、十時、ほんやら洞へ。

十一時過ぎに、ヘルプしたいと言っていたが胡散臭そうなので無視していたパリのin)(between gallery のルイジさん&日本人のガールフレンドとともに、「カイさあーん」と言って入って来る。四、五月にほんやら洞で、二週間個展をやって貰うことにした。出来たら、KG+サテライトと絡めようという。一応、ＯＫをしたが、不安が残る。写真を見てないからだ。

先ず、餡作り。会場設置。造園家の山田拓宏さんが、晴宏君五歳連れて、ヘネシー、ボンベイサファイヤ、ウォッカ持参。二時過ぎにセレンさんの知人の大阪大学で、トルコ語、オスマン語専攻の院生三人、そしてセレンさんと友人も。ウッチー&カオリン&ツインズ、川嵜さん、エナ・リリィ・山口さんがイギリスから着いたばかりの友人ともう一人連れてくる。温ちゃんも早めに来て、早めに帰る。雨で、海人彦、ボンゴ持参せず。奈良井さん、オイタさん、夕べの八文字屋客も。Ｓは、四時半。稲山聖修さんご夫妻も。カオリン、酔って、Ｓの顔までとり粉を塗りたくる一幕あり。

奈良井さん、前半頑張ってつき、二階で休んでいる内に悪寒が走る。村田真一さん、富士谷隆さん、岡西さんは、遅く来る。岡西さんに、トイレの扉修理頼む。

餅搗きシーンをＳが撮り、アップしたら、一七〇〇人くらいに配信されたが、その画像を見て、ショック、僕はまるで亡霊、生ける屍のごとし。Ｓ「コンナンヤデ」でさらに、ショック。よくよく考えてみれば、オイタさん、この半年で老けたと思っていたが、我が身も、当然、同然だ。辻村信一さんからの「二日後にガクッときますよ」とのメールに大丈夫と返信したが、一日十数時間、しんどいと思いつつ、立ち仕事をしているのだから、当然。画像では、歯が無くて食いしばれないので間抜けな顔になっていると思われる。

Ｓと片付け、十一時までかかる。

十一時半、八文字屋には、後ろ席に、Tom M. de Peyret & 山本耀司のプロデュサーをやっている、Tom の大蔵省、Chloe（GF）。二人は明日から、直島に行き、ドバイ、南アフリカへ飛ぶという。二人は、マヌの友達で、八年前に来〈八〉していて、変わってなくて、よかったと言ってくれる。八文字屋に新写真集がないのを悲しむ。しきりに、パリのサンマルタンのアパートに泊めるから来い！と言う。浅利ちゃんには、小声で。ワッキーとも親しい。マヌには、生後二ケ月の赤ん坊あり、と。伏見の出版社の彼、浅井さん&二人の女性&ミルトン。カウンターには「フライング・タイガー・コペンハーゲン」で三百円の巨大パズルを二つ買って来たらしい海人彦がその一つを広げ占領していた。海人彦の相手を Tom と Chloe がしてくれる。モナちゃんに振られたショックだの御託を並べて居た。「浅利ちゃん、八文字屋の妖精ではなかったの!? 僕と朝までつきあってよ！」という。ボトルが自分の知らない間に増えているのに、ビックリしている鹿さんが居た。オイタさんは帰った後。菱東肥料取締役の篠原雅一さんが「大分の中島勤務だ！」と言いつつ、久しぶり。

浅利ちゃんは、次、新年は、一月六日入り。ほんやら洞、八文字屋ともに、それまで、バイトなし。S、帰りの電車で飛び込みの人身事故を見て、気持ち悪い！と電話して来る。

北川さんが知人の帽子の件でＴＥＬ「明日、忘年会後、来店」とか。

最後に、古門前の画廊「艸居」のスタッフ数人を引き連れて、佐枝ちゃん来る。「二人は、京教の日本画の同級生の西山君のお嬢さん」と感慨を噛みしめる佐枝ちゃん。海人彦にルルちゃんのお母さんよ、と引き合わせる。佐枝ちゃんに餅をあげる。餅搗き情報届いてなかった。

四時、閉店。

十二月二十九日（月）

久しぶりノンビリする。もう、すぐ一月十五日がやってくるだろう。何も出来ないまま。分かっているから、工夫必要。

戦線を上手に三分の一に縮小せねば、何もできない。

ぜんざい、焼き餅を食う。

回転寿司に二年ぶり。現像十九本。ルパンの店、閉まっていた。坪野優太郎さんも餅搗き画像をアップしている。

八文字屋、八時四十分オープン。

即、二組の客。立命大出身の週刊誌記者、新聞記者仲間四人、これから、ブルーノートに挨拶に行くとかいう。カナダの女の子と日本人のカップルはすぐ帰る。

姉に、九州の様子を少し訊く。

瀧津孝さん、川口正貴さん来る。来年の抱負を喋る。おとなしい介護少年、中田ユウタ君。来年は、東京に行き、映画の勉強をすると言う。

最後、冨樫、彼女の父親らと牡丹鍋をやったとのこと。やはり大口とまらず、来年は、日本酒の輸出の仕事をしたいという。C君は、イスラム国に行きたいと言っているとか。冨樫なりに、ほんやら洞の心配をしてくれる。四時半まで。

十二月三十日（火）

寝つき悪し。

近辺の医者の病院建設に関わる変な夢見る。

医師会会長の病院の廃材を他所の工事現場に捨てに行き、暴露して紛糾している現場に付き合わされるという。

十二時、起床。二時間書く。

確かに腰に少し身が入る。

黒川創著「京都」（新潮社二〇一四）所収「吉祥院、久世橋付近」面白い。最近の台風を取り入れているあたりは、にくい。あれは、黒川の中学同級のヤクザがモデルだなと詮索もオモロイ。虚実皮膜だ。

もう一つ「旧柳原町ドンツキ前」を読めば、四連作すべて読了。ドンツキと「吉田泉殿町の蓮池」には、そのうち、ちょっと突っ込みを入れてみたい。作家、黒川にも脂が乗ってきたかな？

いずれ、長編の黒川版「若き詩人たちの肖像」になるのかな？とかなんとか、好い加減なことを考えながら、読んだが、やはり、一気に通して読む必要があり。また、次の機会に。

「深草稲荷御前町」と「吉祥院、久世橋付近」は登場人物もかぶり、比喩と連なりの小説と読める。四連作、何れにも、部落、在日朝鮮人・韓国人が登場する。八幡は登場しないが、市内の部落で育った子供、在日朝鮮人・韓国人の子供たちの喘ぎがきこえてくる。ヤクザ未満、チンピラ以上の青春群像も、透視できる。フィクションだから、いちいちモデルを詮索しても仕方ないが、僕も「旧柳原町ドンツキ前」には、イエスの弟分として布置されているようだ。僕は、この「中野履物店」の奥さんに養子に来て貰えないものか、希望されたことがあった。

「深草――」と「吉祥院――」は、作家、黒川創の青春の歌であり、「吉田――」と「旧柳原町――」には母親の魂鎮めの意識が張り付いている気がする。母親、少年は描けているが、父は描けてない。「旧柳原町――」の続編で展開して欲しい。偶然はあるにせよ、何故、父は、あの時期、崇仁にかけたか、何を目論んでいたか、同時期の花見小路の串カツへの入れ込み、織商への接近等々、「一九七三年の父」への接近、形象化を期待したい。

午後、客を断りながら、チンタラしていたら、佐藤真由美さん、北口学さん来店。焼き餅入りぜんざい、コーヒーを出す。佐藤さん「今度、フィージーの写真家の個展をほんやら洞でやろう」と言ってくれる。大使館の協力も得られるとのこと。北口さん「昭和八年の崇仁を撮った映画をやりたい」と。コリア国際学園広報紙「越境人」(一〇号)持参。

城東の川田さんも来店。柔道をやっていたとは、初耳。

調子が上がらない。何処か悪いのか?

八時四十五分、八文字屋入り。ラジオカフェの、高嶋加代子さんの紹介グループ六人来る。

K社の偉いさん、二十数年前の京大同級生と来る。一月七日も来る、と。佐藤真由美さんの本を買った奈良井さん、お初のセレンさん、スティービー、ティル、生まれも育ちもアメリカの未来《ミク》さん、Everimさんくる。中川五郎待ち伏せの佐々木米市さん、アサヒちゃんも来る。

五郎さん、来たら、きっと喜んだはず。またまた外したことを、佐々木さんは笑う。

二時十五分、ほんやら洞へ。寝てしまう。

十二月三十一日(水)

九時、起床。

「年中無休じゃないんですか!?」と言う脚本家四人いたが、断る。

今日もぜんざい。

しんどくてほとんど何も出来ず。

日乗チェックと黒川の他の本チェックに終始。

松屋でキムチ焼肉三九〇円食う。オリヴィエが居て、写真を撮る気力失せたという。

八時半、八文字屋オープン。

トップは、段ちゃん。忙しかったと言う。姉さんの子供、次に産まれる子どもを抱えたお腹のこと等について喋る。彼も一昨日、ルパンの家に行ったが、留守だったと。

去年、東京に行き、ゲーム会社で翻訳の仕事をしているダニエル（去年まで、京大で西田幾多郎研究をやっていたオーストラリア人）が、同僚のアメリカの黒人のジェレミーというアニメーター同伴。青春18切符往復一万円で来て、夕べは、吉田寮で泊まり一泊二百円。上海の彼女とネットカメラで喋る。ジェレミーは、ニューヘブン生まれで、ニューヨークはブロンクス育ち、大学はロサンゼルスという。神社の一番混んでいるところに行きたいと言う。昼、ほんやら洞を覗いたらしい。ジェレミーは頻りに写真を撮る。

次に来たのは、竹村洋介さんカップル、四国中央市の鈴木さん、そしてオーストラリア人たち四人。

一時半には誰も居なくなり、帰ろうとしているところ、冨樫&入江君。冨樫が先に帰り、入江君が寝ているので、彼に朝まで付き合う。

篤太郎、ワッキーの居ない八文字屋の大晦日は何年ぶり？

六〇％が外国人。

八文字屋泊。

一月

二〇二五年

鴨川　荒神橋上ル（2000）

二〇一五年一月一日（木）

階上のオタクバーでは「宇宙戦艦ヤマト」を繰り返し歌いつつ、昼過ぎまで営業。

一時過ぎから雪。よくも元旦から、無情の大雪が降ってくれたものだ。

ほんやら洞、客なし。三角州、今出川、少し画像に収める。

徳永恂さんの賀状では、「ペンもラケットも盃もまだ捨てる気はないですが、そろそろ身辺の整理も必要になりそう。でもまだ目を開かれることも多いので、自分なりに、『見るべきほどの事は見つ』とおもえるまで元気でいたい」とあった。手書きで「とにかく、『元気にさえなるものならば靴も磨け歯も磨け』（中野重治）」とあった。

木須井麻子さん、高校同期の阿部清一等から賀状。

今年こそ、三兎を追うのをやめ、一兎に絞りたい。

何ほどのこともできずに終わる。

八時四十分に八文字屋入りするのに、今出川から丸太町の間、チャリの車輪が滑って時間食う。

客なしと諦めていると、奈良井さん＆ミルトン来店。仕事帰りの段ちゃん、山芋くれる。奈良井さんらは、京楽へ。段ちゃんが帰り、店仕舞いと思いきや、冨樫＆入江君、登場。アベーロード見せる。

四時前まで。凍てついた河原町経由で吉田へ。

四時半、帰宅。

一月二日（金）

十一時半、起床。

八文字屋、ほんやら洞に居るよりも、布団の中で原稿を書くのが、一番エネルギーロスが少ないので、二、三時間そうする。

ほんやら洞には、四時間居る。

日中は、雪なく、夜十時から二時間降り、積雪。セーター着ずに出てしまう。

八文字屋、ウッチー&カオリン、友人と米菓七種詰合せ土産に来店。十一時半に帰り、二時間眠る。

その間、外国人、一人覗いて帰る。二時前に「やまのや」さんが来店。バブルの頃は、年越しソバ、百貨店から、一度に、四十〜五十注文あったが、オカモチには、四つしか入らないのに、どうやっていたんだろ、と述懐。石丸商店でアサヒちゃん（元八文字屋バイト）に初めて会ったという。同志社生の息子が、やまのやを二部制の営業にして、夜、バーをしたいと言うが、場所柄、そんなに甘くないよ〜、と言っているのだとか。

二時四十五分、誰も居なくなる。京都の正月の雪、五十八年ぶりの大雪らしい。

四時五十分にお客さんが来たが、さすがに、断る。

新井純さんがシェアした桑田佳祐の「アベーロードＡ」シェア。

五時三十五分に出て帰宅は、六時二十五分。

雪の鴨川、チャリ車輪固まり、難儀。

一月三日（土）

iPad 壊れた。

三時間弄り効果なし。六十一年ぶりの雪とのこと。

温ちゃんが八文字屋バイト入っていると知らず、八時四十分に行く。

三人の京楽客経由の東京人あり。

レオすぐ来る。東京でレコード作りをやる友人、福岡から誕生プレゼント持参。
S、宮津土産持参。月曜社ゲラ見せると、「はじめに」はもっとキャッチーな「カイ節」の方がいいと言う。朝日の農業者、増田さんは、今日、山から降りてきたところ。
アベーロード、来る客ごとに、見せる、聴かせる、魅せる。

温ちゃんが、今晩は、奈良井家で、ミルトン&アドちゃんパーティと。トップに岩澤侑生子さんが、来たが、タッチの差で会えず。

十二時過ぎ、横になっているところに、亮太郎&山口タカコさん（劇団維新派女優兼松本雄吉アシスト）、美女&野獣写真。山口さんと岩澤侑生子さんは知人で、よろしくと言われる。ベルギービール三本飲んでくれる。「十二月にラビさんを八文字屋に連れていた時に、カイさんとラビさんが意外と意気投合し、しかも、ラビちゃんが喜んでいたのには、ビックリした」と言う。フライングダッチマンと、来月から、台湾等外国演奏旅行に出るのだが、政治的にデリケートな面もある、と。山本太郎と小沢一郎が合流したのをどう思います？と何時もの質問スタイル。もち、亮太郎の気持ち判るし、同感!! と言う。九月に梨の木旅館の孫、パークスの件、お願いする。カイ紹介と告げて、申し込めと山森さんに言ってくれ、三十人引っ張ってくれたら、嬉しいとも。

亮太郎、山口さんも帰った後、ワッキー、夕べは、河合家に行っていたと言う。亮太郎に会いたかったという。伏見まで帰るのに必要ならチャリを貸すよと言ったが、電車に間に合わず、ワッキーは、海人彦を呼び出していると言って、一旦、外出。一時間後に、海人彦を連れて来る。京楽に行っていたらしく、まだ三人働いていたが、バイトの美波ちゃんに、八文字屋で待っていると言ったらしい。そして、一時間後に京都芸大で陶芸をやっているバイトの美波ちゃん。海人彦はそれなりに営業をやってくれる。

場合によっては、経済学への転進も視野に入れていると言うので、経済学の依田高典教授が、海人彦、日向太に会いたがっていたので、転進の相談には、行けと言う。彼の理学部の担任は、山極寿一学長と言うので、彼のことも知っているし、娘は、八文字屋バイトだったという。

そんな事を喋っていると「何処吹く風」みたいな顔をしながら、「生まれてこの方、二十歳迄、お父さんと喋った分の倍、今日は、お父さんと喋った」と笑かす。ワッキー相手に、将来は、場合によっては、日向太、海人彦、母とで、塾をやっても良いと考えているとか、六年後に、京都芸大が、崇仁に来るのなら、この学生を下宿生として取ることも、もくろめるかも、とも。

海人彦は、徹夜で、明日、センター試験模試の試験監督に行くと言う。

一月四日（日）

昼までダウン。

原稿は進まず。ヌーインさんの妊婦姿をＦＢで見たのに、メッセージを送り損なった。

八文字屋、トップは、バー「人妻」から聴いたと伊豆からの不明客そして、彼にも親切な奈良井さん。

岩澤さん、来れないと連絡あり。

十一時で客なし。一時すぎ、オーストラリアからの二十一歳のベニー&富樫、純米酒持参、四時過ぎまで。三時、東京客二人、四時まで。ベニー「路地裏の京都」気にいって、二時間じっくり見て買っていく。

四時二十分、閉店。

五時、帰宅。

一月五日（月）

原稿手直しの他、何も出来ず。

大分合同新聞一月二十一日号の一面コラムに、ジャン・ラリヴィエール賞の件出すと、メール。

道出版の松尾圭吾さんより、ＪＴＢと組んで、電子本出せそうだが、社内的には、まだ、詰めてないとメール。
Ｓ、「少年の夢　老人の夢（仮題）」（日乗本）のゲラ、縦組の見本、上島まで持参。八〇〇頁になりそう。
レオ、餅を食いに来る。松浦里絵ちゃん、糸島より来る。福島からの避難者等と農業をやったり、保育所を経営したりしているという。子供も自宅で産んで、臍の緒も自然に切れるのに任せているし、胎盤も食べているという話や、両親を引き取る予定等話していく。今の私、あまり、元気ではないけど、甲斐さんも食いっぱぐれたら、糸島へおいでよ、糸島でコーヒーを出してもいいし、カレーを作ってもいいよ、と言ってくれる。彼女は、もう一人、子どもを産みたいてな、話もする。

原稿進まず。明日、永澄氏ら十八〜二十五人来るとのこと。

家賃、二つ入れたら、文なしになる。酒屋に払えず。明日の仕込み、熟慮必要。

梶田さん、人間国宝の村山明さん、安芸和美さんが来て、助かる。若い頃はとても綺麗だった志村ふくみさんのこと、黒田辰秋さんについていきく。

二時半まで待つも、虚しい。安芸さんは、僕の工芸会での四年前の講演を聴いてくれ、かねてから八文字屋に来たいと思っていた人。二人とも、「少年の夢　老人の夢」の出版パーティによんでくれという。

三時十分、帰宅。

一月六日（火）

三時に帰れると楽。

この十日間、ほぼ一人で店を開いたり、閉めたりで、書下ろし一気に書かねばならぬのに捗らず、つらい。疲れ過ぎだ。歳のせい？ 数日後には、大家亡き後、新地権者とのバトルが暫く続くかもしれない。もっと余裕を持って臨みたい。

ルネで、「猫町ブルース」「Beautiful Women in Kyoto」買う。やまやでワイン。

レオに来て貰い、臼を外に出す。新宿ゴールデン街の「ラ・ジュテ」の河合智代さんは仲良しの大阪産大のフランス語の内村先生と来店。洗い物が溜まっているので、八時からセレンさんに二時間入ってもらう。

京都新聞文化部の新年会、二十人集まる。人見さんは一月二十七〜二十九日の日高暢子さんの個展に来いという。暢子さんが何度もＴＥＬしてくること、池澤夏樹が褒めた云々。徐勝さんが、美女ばかり撮っていいな〜とか、真以ちゃんへのことづけ、おみやげはないか？ という。木戸衛一さん&セレンさん写真撮る。セレンさんは、一月三十一日、シンポジウムでコメンテーターで出るのに、日本語を不安がる。毎日ＴＶの西村さんもいる。一昨年、お世話になった大橋記者も来る。

十一時から八文字屋で、同志社社会学科の板垣竜太准教授、人文書院の編集者赤瀬智彦さん、矢代到共同大阪文化部長。

そこへ谷川渥さん＆Ｍ人形。矢代さん、ジャン・ラリヴィエール賞の記事、大分合同新聞配信の心積りあり。少し大分と齟齬？

二時、谷川さん＆Ｍ人形が帰り、そのままダウン。

一月七日（水）

六時、起きるが、ネット、不調。

八時半までダラダラ、八文字屋。

夕べの片付けが困難？ススだらけを失くすのに難儀。

家で久しぶりに風呂。明日、大分合同新聞に出すと佐々木稔記者よりメール。

一時四十分、ウッチー、そして、マリオネットの海井マネージャー。成人式絡みで檀王から海人彦のアドレスの問い合わせＴＥＬあり。一応、教えるが、対応は、彼次第。

二人の後は、大阪芸大の人権論の北口学さんが一九三〇年佐藤紅緑原作の映画「毬の行方」、崇仁小学校の校長の「崇仁の走り」の試写会をほんやら洞でやろうと持ちかけてくれた。「崇仁の走り」は、黒川創の小説「京都」の中の「旧柳原町ドンツキ前」にも登場。

山崎哲さんのＦＢで、Gee Fujita 監督の“Lost Rumbler”（赫尖たる逆光）（一九九〇年）を知る。興味深い。山崎哲さんにブログ本のネーミングに関して、小倉一郎さんからの陳腐なコメントがあり「オモロウナイ、読んでないだろ」と記したのを見られて「独り笑い」される。生きたコメント。まだ、

ＦＢに時間食い過ぎ。「少年の夢 老人の夢」？の一月分校正。

浅利デーも、超暇。西安帰りの川嵜さんが栗、カボチャの種等の土産持参。奈良井さん、鹿さん、佐藤寛子さん、迦陵頻の片山さんでおわり。マリオネットの資料を見せるが、興味示すものなし。「今年はどうなりそう?」と浅利ちゃんに訊ねる。

宮尾登美子死去。フランスでイスラム絡みのテロ。パリの日本文化会館辺りで西川氏デマで苦しめられているそうだ。

九州の我が細民噺は度し難し。

六時まで、寝て待つも虚しい。

一月八日（木）

六時半、起床。

九時まで寝たり、起きたり。

いつリクエストしたか忘れていたが、土田ヒロミさんから、友達承認あり。

去年、四月に友人に「是非、お前の口から言え」と頼まれて、お節介にも平野啓一郎さんに「貴方は次に、いや、直ぐにフランス芸術文化賞シュバリエを貰えるらしいです」とメールし、一瞬、怪訝に思われた経緯があったが、とにかく、実際、貰えて、ホッとした。パリに確認すると、六月くらいに貰ったはずだ、という。

一日何も出来ず。

京大マリーンも少し。

九時半に開けると直ぐに、依田高典先生が、イリノイ大学で一緒だった工学部の越後先生を同伴。今度は、父親が野球選手だった経済学部長の岩本先生を連れて来ると言う。クリケット、野球、アメフト等々の話をする。高山佳奈子先生は、今や、闘士です、という。日経新聞の連載「私の履歴書」の王貞治の連載は真面目でオモロイとのこと。萩本欽一もオモロかったという。

三時まで客待ちも空し。

三時半、帰宅。

一月九日（金）

十時、起床。

日乗一年分の本のタイトルを、寝ながら、あれこれ考える。

漢詩から取れないか？と思うが、手元にない。各月の最後の一頁が白紙らしく、如何にすべきか？月初めに写真が来て、最後も写真でサンドウィッチすべきか？カイ写真初心者向けに写真集の宣伝をすべきか？広告取り可能なら、そうすべき？

タイトルは、手に取りたくなるようキャッチーに？とくちゃくちゃ考える。

「Sieze the day」「この日をつかめ」「ほんやら洞・八文字屋の詩人たち」「わが友酔人」「京都を騒がせた詩人たち」「Bar Cafe を騒がせた美男美女たち・二〇一四」「美男美女交遊録」「酔生夢死的日乗」「撮った！愛した！枯れ尾花」「酒と美女と酔没の日々」「一年有半・二〇一四」「頓狂酔眼日乗」「カイ徒然草」「サヨナラ！ポンパチ」「抱き枕カイ日乗」？英語、フランス語では、「カフェと写真と愛の日々」とか「撮った、飲んだ、書いた！」等、羊頭狗肉も辞さず。

矢部宏治の「日本はなぜ、『基地』と『原発』を止められないのか」（集英社インターナショナル）をやっと入手。

十二時二十分、ほんやら洞オープン。

日ばかり過ぎて、新年のエンジンかからず。

姉より、好物の干し柿届く。学生時分、ほんやら洞のバイトだった北大のＷ教授の幼友達のＩ君来店。

ゆうべ、九時に八文字屋に来てくれたと言う。

癌で死に掛かっていたらしいが、友人のカンパで、腹が腫れていたので、入院して手術。今は、生活保護生活。息子は、中一から暴力事件で施設に二年半いたが、出所後、猛烈に勉強し、その施設始まって以来初の都立高校入学を果たして、今度は、アメリカ留学も決まったと言う。

西荻窪のほんやら洞が潰れた後に出来た「満腹食堂」にいた。その後経営していた会社も倒産しての入院だった。武蔵野市で生活保護を貰っているのだが、何時も約百人が列を作っているのだが、年寄りは、貰って直ぐに飲みに行く相談を列の中でしているが、若者は暗く、半分は鬱病みたいな顔をしているのだそうだ。

西荻窪の行きつけの「呑み亭」も常連が、次々に死んで行って、今は寂しい限りと言う。

こっちも同様だと言う。今晩、飲む約束。

彼は、神社仏閣に行っても、仕方ないので、昨日、今日は、水族館に行ったりしている。

七十過ぎて糖尿にも関わらず呑み続けている「呑み亭」での呑み仲間でほんやら洞客のドキュメンタリー映画監督の孝寿さんよりＴＥＬが入り、「カイさんによろしく」と言っていたとか。「金がないのは、本当に辛いね〜」とお互い、そんな点ばかり共感。子どもが四人いて、孫も一人らしい。独りで住んでいるが。

「マリオネット」のほんやら洞ライブ決める。

マリオネットは、今秋から、大分方面の計画あり、大分の知人を紹介して欲しい、とマネージャー氏、営業方の鑑的メッセージ寄越す。

数年、帰省していず、大分の様子を見て、紹介したいと伝える。

日向太が冬休み、勉強もせなアカンのに、旅にも出たい旨をFBにアップ。南米？アフリカ？何一つまともな事ができず、昼の部終了、客少なし。バイト休みのメールのみぞ多かりけり。寂しい。

今年二度目のS、顔を出し、デジカメとKindleを連動させ、画像をアップするカード挿入、設定してくれる。直ぐに活用せず。原稿だ。

もうほんやら洞に留まるべきではないのかも。契約時にもう数年だ、今度は、こっちにお返ししてくれ！と主張するぞ。

杵を返さねばならないのに、寒いので、お湯を沸かしてばかりで、餅に黴が生えてくる。餅をお礼に送る心づもりだったのに。

八文字屋、八時半にオープン。八文字屋のバイトが休みというメールあり。八文字屋でだ。

カンパ気分の石川君が来て、団体が来る。珍しく団体の中にひとりも親しい人物なし。三月十七日からメディアショップでブックフェアをやる十四人。ボトル一本のみ。

石川君、まさに福の神か。彼も日頃のボヤキを知っているだけに「早く、ほんやら洞の青春、書き終えよ」と励ましてくれる。彼のDJも良かった。オイタさん、結婚志願女性、増田さんと続く。

十二時に誰も居なくなったと思ったら、その後、川口さんが、青年同伴。川口さん「本が出たら、講演旅行しよう」なんて言う。川口さんは財布見つからず。（派出所にあった）

彼が帰り、さあ、帰ろうとしている所、冨樫が若い男と来る。

三時過ぎ、閉店。帰ろうとするが、撤去逃れにチャリを上にあげていたので、降ろすのが、億劫で、店に沈没。

一月十日（土）

寒くて、六時に目を覚ます。

今晩はネズミ取りを仕掛けねばと思いつつ、ほんやら洞へ直行。

不調続く。原稿進まず。小林隆二郎さんが死んだと連絡あり。

北口先生来店。古川豪さんと相談して「麹の行方」上映しようと言っていたが、ひとり相撲のようだ。

ほんやら洞の契約に立ちあうという宮川町の宅建業者の金谷佳一さんに、少し汚い手書きで、契約時の確認事項を書いて送る。

デジカメの発掘、杵送りせねばならないのに、出来ず。

ほんやら洞も八文字屋も超暇。

八文字屋、レオは、顔を出して直ぐに帰る。フーさん、鹿さん、奈良井さんのみ。温ちゃんは、二時間入り。

海人彦は、三人率いて来たが、誰もいず、直ぐに帰る。S、作業で疲れ切ったようだ。タイトルは、「カイ日乗」でいいじゃない!? と、いう。

一時、ベンチに沈没。四時、客覗くも入れず。

一月十一日（日）

ほんやら洞の大家の養女さんの戸籍謄本を一月十三日に持参して貰う必要あり。桐生さんには、一九九九年十二月より一八〇〇万円の貸しがある旨を記した手紙を送る。機先を制する走り書きメモ、代理人？の宅建業者の金谷さんに届いたはず。これでビル計画が多少とも揺らげばいいが、たじろぎを見せないだろうか？最初の見所になろう。桐生さんには何度も、修理か、さもなくば家賃値下げを！と電話で迫り、そのたびに、激昂させ（怒りたいのは、コッチなのに）、何日も何日も、一時間、二時間と、嫌がらせの電話をかけられ、警察に何度も言おうと思ったが、大家と険悪化したら消耗すると思い耐えてきた。老人で病人というので、同情もし、コッチは身を切り、我慢してきた十数年だった。

朝、荒神口で可愛いユリカモメを撮る。

疲れて、家で少しゆっくりする。出町桝形を行く寂しげな老人、ほんやら洞で松ちゃんを撮る。レオ、セレン来る。窓際の妖精風のセレンも撮り、アップすると、誰かが、絵に描きたいとＦＢに記す。

八時四十分、八文字屋入り。鹿さん、島原付近住まいのモリモリの紹介の二度目の谷中「町人」客来る。町人は、パンリアルの日本、大沼憲昭の行きつけ。息子はスケートのインストラクター。中、高校を同志社にやったのに、大学は、大阪の私学に行ったとボヤキ半分の自慢話。

誰もいなくなって、奈良井さん、来店。その後、同志社「ワン・パーパス」グループを率いてウッチー＆カオリンが来る。

帰る段に冨樫、そしてチュン君来る。聴いておれないウーハオについての論議、戯言アピールを聴き流し立ち寝していた。寒くなければ、ほんやら洞で原稿といきたいが、八文字屋にて沈没。

一月十二日（月）

六時半、起床。

十時まで、ゴロゴロする。

十一時、夕べ送った大家らに渡す覚書をSに打ち出して貰ったので、長岡天神へ行き、受け取り、明日のほんやら洞新相続人&不動産屋への万端の準備。今年一番の大勝負。家賃が、十万以下になれば、何でもできる。

駅前の「希望軒」でラーメン定食。

今日も仕事が山積み。

夜には、Pさん、Tさんに次のようなメールを送る。

T様
明けましておめでとうございます。

新年早々、知恵を拝借させて下さい。

ほんやら洞の大家さんが、昨年（実は一昨年）死んで、身寄りはなかったはずなのに、大家の従兄妹（四十数歳）の孫（二十数歳！）が相続人になって、契約しようと言い出して、明日、宅建業者は相続人（実際は、多分、祖父）を連れてきます。

これまでの大家は、契約書を交わすことを拒否して、十五年前に店親・店子としてスタートする際に「ちゃんとする」と言っていた借家の欠損部分（相当非道い水道、ガス、天井破損、雨漏れ）を放置したまま、長年の入院生活の末に亡くなるまで、家賃も、欠損部分を修復しなければ、三十万円から二十万円に下げると言っていたのに、下げないまま死にました。

要は、大家周辺のそのような約束をした事実を知っていた人も亡くなってしまっています。

僕は、当初、廃屋同然（備品もなし、設備超不良）だったので、十五万円を主張していたが、病気だったり、警察に捕まったりの大家にやや同情し、不当要求をダラダラと受けいれて来ました。

さあ、新契約には、何に注意したらいいでしょう。

僕は、十五万円を主張して、供託も辞さないつもりです。

また、ほんやら洞のボロボロの現場とこれまでの経緯を鑑み、家賃は幾らが妥当か？ T先生に、見たてて頂くことはできるのでしょうか？

明日、午後二時に大家方に会う前に相談に乗って頂けないでしょうか。

薄謝しかできませんが。

ほんやら洞　甲斐扶佐義

二〇一五年一月十二日

昼は、ブックフェアを覗く客のみだ。

Pさんに T さんにメールした名案と同じものを打診するも色良い返答なし。「相続は、継承するよ」のみ。FB に大家との事アップすると、パリの N 氏「弁護士に相談を！」と来る。ウーハオ絡みと返信すると、「トレビアン」と来る。

八文字屋、八時二十分入り。

中川五郎ライブの流れあるか？と思ってオープン。直ぐに、夕べ段階では、今日は来ないと言っていた奈良井さんが、ちょっと寄る。上記のメール文でなく、明日、相続人に見せる文書を彼にも見せる。

誰も居なくなって、頭がガンガンする。風邪？

十一時半にウッチー&カオリンが、五郎さんを連れて来る。ライブ、狭い所、良く入ったらしい。

十二時すぎ、海人彦がエナちゃんと中学の同級生、中山君を連れて来て、一瞬、五郎さん、ウッチー&カオリン等と合流。エナちゃん「カイが司会で、よくやってくれた。二十歳を祝われたのは、初めて。嬉しい」を連発。

一時に誰も居なくなる。

八女の嫂がもうひとりの姉に対する傍若無人ぶりを発揮と聴く。可笑しな関係。

打てば響く感のある坪野さん（ウーハオの友人）より、懇切なアドバイスあり。感謝。Ｐさんには悪気ないけど、月並み、いや、意欲なしの反応。彼自身、大変なんだろうな。

風邪なので、四時に寝る。

一月十三日（火）

九時、起床。

今日こそは、杵を返却と思いつつ、餅が少し黴びたので、家の冷凍庫の良いのを取りに帰ってからと思いつつ、果たせない。菅谷なおちゃんの信用に関わる。

固定資産税公課証書を家賃交渉の資料として取得したくて、上京区役所の市民課、固定資産課に赴いたがあっち行け！　こっち行け！　領収書を持参しろ！　とたらい回しされただけで、領収書取り帰店も功を奏さず、契約書なしでは意味なし、と言われ、スゴスゴと引き返すのみ。イラつく。ローザ薬局が無くなっているのを発見。

発熱。

Ａさん＆Ａさんの孫＆宅建業者は、当方まっとうなお願いをするとは、思いもよらないことだったのだろうか？　遅い。

待つ間に、なんと、一年前の二〇一三年十二月二十八日に亡くなっていたＫＫさんの財産を相続したＡさんの孫（実はＡさんしか来ないことがあるのだろうか？）はどういう顔をして来るのか興味深々。彼らの立場？　状況や如何に？

発するであろう主張について以下のように、忖度する。

一、ほんやら洞の地権者としてのメリットとデメリットをどう考えているのか？

相続するなら、もっと前に養子になって、五年かけて、三回に分けて生前譲渡の道を選ぶべきだった。そうすれば、相続税が軽減できたのに。それどころでなかったたか。

実際は、どうしたのか？　ＫＫさんの遺産が多く、はした金はどうでも良いのか？　固定資産税も楽勝？

二、故ＫＫさんは、一九九九年十一月の時点で、契約書を作るのを逃げながらも、「家賃は、取り敢えず、三十万円にしてくれ、ワシが、毎月十万円分飲みに来るから、実質、家賃は二十万円だ、何？

水道の配管の破裂？　湯沸器？　雨漏れ？　天井の穴塞ぎ？　空調設備？　トユの付け替え？　屋根の塗装のやり直し？　景気が悪くなったら、家賃を下げろだと？　そんなのわかっていることじゃないか」と言明し、その場を押し切った。が、契約書を作るのを避けて来た。

現実は？　言葉とは裏腹、モッチーに一瞬釣られ、数ヶ月、数万円を使いに飲みに来ただけ。必要でないベンチの皮張替えして、やはり、必要でない便器を自分用に大きくしろ！　と言って勝手に替えただけ。オーナー気取りで「ディナーの小鉢、もう一品ふやせ、学生さんのためだ！」とええ格好したが、ほかの急を要する設備の取り替え、修理には無関心、契約書作りも避け、入院生活を繰り返すことになった。そして、修理及び値下げ要求する当方を「生意気いうと、叩きだしたる‼」と恫喝する一方、何ヶ月間も、一日に何時間も「出ていけ！」と嫌がらせ電話を掛けっ放しし始めた。その間、親戚に暴力を振るい、しばらく、警察の世話になる。出てきて竹刀で僕に殴り掛かる一幕もあり、僕が、警察に告訴していたら、実刑を食らっていたはず。その数年後に亡くなったわけだ。

相続人は、新規契約に際して、ＫＫさんの残した負の遺産も平気で受け継ぐのか？　十五年（一八〇ヶ月）×一〇万円＝一八〇〇万円、僕にそれを相殺する契約書を結ぶのが道理だが、そんな胆力はあるのか？　これをハメに陥ると思うのだろうか？　もっと新機軸があるのか？　僕をハメようはないだろう。

おそらく、他にも、相続した財産はあるのだろう。国庫に取られるのが嫌で、相続させたと言っていたくらいだから、余裕のヨッチャンかも。こと、ほんやら洞の件に関しては、相続は失敗だったのではなかろうか。いや、遺産は多く？　もっと素っ頓狂な事を言ってくるか？

約束の二時になっても来ない。土曜日に出した封書が効いた（事も無くスイスイと契約更新出来るとふんでいたのが、単純でないと分かった）かな？と思っていたが、二時半に宅建業者のみベンツで来る。Ａさんも Ａさんの孫（今では、Ｋ姓を名乗る）も来ず。

上記のメモと重複するが、当方の意向を記した違う冷静な以下のメモを渡す。数度、ＫＫさんとのやり取りを克明に日記に記しているので、裁判になれば、それを引っ張り出せばいいが、その前に代理人にも見せたいが、写真パネルの下に隠れていて、そのコピーを今日渡せないのが、残念。

ＫＫさんの財産を相続された方へのお願い
新たに契約されるに当たって、二つのお願いがあります。

一つは、ほんやら洞の現状を具によく見て欲しいことです。ボロボロです。何故ボロボロなのか？

もう一つは、僕との約束、付き合いの歴史を深く勘案して欲しいということです。

もちろん、前者と後者は密接に絡み、不当に高い家賃を支払わされ続けて来たのを直視して、世間一般、また、法律にかなった契約を、今回こそ結んで欲しいのです。悲鳴しか上がりません。

確認事項を列挙します。

一、僕とＫさんとは、一九七二年三月からの付き合いです。
僕は、それ以来、ほんやら洞の二階に住み、現在もずっと住民票をここ、大原口町二二九に置いてます。八〇年代半ばから十年あまり、若い元バイトに任せ、木屋町で店を出しました。抜けた後も一九八四年まで契約に立ち合いました。大家と相性が合うのは、ほんやら洞の仲間では、僕しかいなかったからです。その間、家賃はほとんど上がりませんでした。弟のＴＫさんが、ほんやら洞で暴れる事件を起こしたことも、Ｋさんの親友（長年、代理人）Ｎさんが、寸借詐欺で僕を騙して逃げたこともあったが、Ｋさんに報告はしたが、それをＫＫさんに請求することも、警察に告発する事もなしで来ました。その間、家賃改定額を高く要求され、法務局に数ケ月供託した事もありました。

二、一九八七年の契約から、一九九九年まで、ＫＫさんとも、逃亡していたＮさんとも一度も会っていません。ほんやら洞の契約も若手に任せきりでした。家賃をなんと三十八万も言われるがママ、払って来ていたと聴き、仰天しました。七〇～八五年頃まで、ほんやら洞神話は生きていて、お客も多く、一九八五年、バブル元年以降ほんやら洞の若いメンツも浮かれ、稼ぎ、利益も店を中心的に担ったものが山分けしていたのでしょう。そして、バブルが弾け、ほんやら洞に賞味期限を自ら宣告したのでしょう。心ある客も離れ始めた時期です。ネオリベの台頭期です。

一九九九年十月にＮさんが、僕に会いにきました。ほんやら洞の若手から家賃を三十八万円（!!）取っているが、彼らに辞められたら、困る。車二～三台止めるのが、やっとの駐車場しか出来ない。「家賃を半分にするので、甲斐さん、戻ってくれ、住民票もあるというてるではないか」と、文字通り、懇願しにきました。

それでも、木屋町の店があるし、写真の仕事があると固辞し続けたのですが、「店には、空調もない、ガス湯沸器もなければ、水道も一本しか使えないのを知っている。それは、一年内にわしが何とかする。冷蔵庫、椅子、テーブル等を準備するのに、金がいるだろ、ある時払いの催促なしで良いから、百万円貸す」というので、重い身体を起こして、契約する事になりました。

三、契約の段になり、Ｎさんが、「家賃は、二十万円にしてくれ！金を持ち逃げして悪かった」と言うので、渋々契約する事にしました。

するると、「固定資産税もある、三十万だ！」と言い出したので、もうやめようかと思ったのですが、Nさんが、「二十二～三万に説得するさかいに、開店祝いに三万出すし、店内の傷んでるところ、全て直すと言っているし、毎月、十万円くらい使いにくる。こんなに可愛い女の子ばかりいるんだから、と言っているし、不景気になったら、家賃も下げる」とKKさんは、言っていると言うので、やる事にしました。「じゃあ、今まで、言って来たことを契約書に書いて下さい」と言ったら、「ちょっと待て！」と言い続けて、十五年経過しました。

四、そして、何処も修理せず、百万貸してくれた金も、二ヶ月後に返してくれ！というので返しました。そして、「毎月十万円、落とす」約束も数ヶ月間、数万円落とすことに留まりました。

その間、下水詰まり数回、天井からの雨漏り、トユの着け替え等全てほんやら洞が自腹を切ってやりました。数年間、エアコンも付けてくれるものと待ちましたが、ダメで計九六万円で自前で設置しました。

だから、今回の契約に際して、それら損傷部分の修理等全てを負担して貰うなり、それを当方にやらせるのならば、家賃を引く計算でよろしくお願いします。

単純に計算して、十五年間、月十万円×十二ヶ月、ほんやら洞が、最初の話（契約書を交わすはずだった金額）より、一八〇〇万円払いすぎていることになります。この数年は、病気ということで、同情して、何も言わずにきました。

その間、Nさん、新町寺の内のもう一人のNさん、従兄妹の旦那さんであるというAさんが代理人で来ました。

両Nさんは、「悪いなあ〜、ちょっと被害妄想気味で、誰かが間でピンはねしているのと違うか、と勘ぐったりして、甲斐さんにまで、迷惑をかけているんや。アイツ、言い出したら他人の話をきかんしなあ、悪い奴ではないのやけど」と言っていたが、Aさんは、従兄妹の旦那だけあって、身贔屓？で入金が、二〜三日遅れると飛んできては「甲斐さん、好い加減にしてくれ！俺は、間に入っているだけで、何も得することがないんだ。仕事をはよう切り上げて、ガソリン代を使ってきてるんや、俺の身にもなってくれよ」と叱責、時には、凄む有様でした。「何時になったら、最初の約束を守ってくれるの？それは、そちらの都合でしょ。僕が雇っているわけでもないし、こっちの都合も伝えてよ」と言いたいけど、角が立つので言わないで、苦しみぬいてきたのだ。

そして、ちゃんと確認していないが、新相続人は、Aさんの孫というでは、ありませんか。

五、KKさんが儲けるつもりはないと言ったことは、当時の僕の日記にもしつこいほど出ており、また、京都新聞にも、淡交社（裏千家筋）の本にもKKさんの言葉も次のように紹介されている。「出町のほんやら洞がなくなるのは寂しい。なんとかならないかという人がたくさん出てきましてね。家主さんも、あんたがやるんなら応援すると言ってくれている」と。

KKさんの遺志に基づく契約をお願いします。僕も六十六歳で年金も国民健康保険もありません。

二〇一五年一月十三日

京都市上京区今出川通り寺町西入ル大原口町二二九
ほんやら洞　甲斐扶佐義

宮川町の宅建業者には、一九九九年にほんやら洞にカムバックする時のやり取りの克明な日記（裁判に耐え得るドキュメント）を大量に持っているし、半ば公衆の面前でやったので、証人は幾らでもいるので、裁判になる方が望ましいと思っているからと言って、供託の方針を告げ、二月八日に新債権者と合う約束をする。先方は、ＡさんもＫさんも日曜日しかダメらしく、「じゃあ、じっくりよろしく！一応、大家さんは今の家屋を解体して、ビルにする腹案もある」と言って、柔かな表情で出る。業者としては、複雑で、長引いた方が、クライアントから金を引き出せるのだろうか？ましてや、相続した金の多寡を知り、ビル建設可能な資金ありと判断しているのなら。そうなれば、僕が、ほんやら洞を休んでいる間の代替地紹介も、彼の仕事だ。悪くはないだろう。

Ａさんは、ほんやら洞の建物は老朽化したので、ビルにするかも知れない、休んでいる期間の喫茶代替地を用意するので、移動してくれと言うかも知れないと匂わすのだが、僕としては、外観は現状維持、大家としての義務であるメンテナンスと家賃を下げることを要求した。「ほんやら洞はこの現状の姿にこそ、値打ちがあり、これこそが国際的にも人気の源泉で、世間文化遺産で京都の観光資源になりうるのだ」と言うところまでは、振りかざさなかった。でも、ここは、ポイントと確信している争点だ。市当局も、外国からの観光客が、こういうのを求めているのだ、とすぐに気づくだろう。そういう意味では、先駆的カフェとして、脚光を浴びるに違いない。ほんやら洞はもう一踏ん張り処なのだ。契約で家賃を下げて、無事更新して軌道に乗ったところで、店は後進に譲ればいい。ちょっと遅いが、そこから、写真の再スタートだ。ここで、布石を打てずして、凡百の政治家を笑えないかも。芸術的というか、粋な形で行きたい。僕でしか闘えないポイントだけは、クリアしよう。

宅建のＫ氏出て、表に駐車していた車に乗り込み、ＴＥＬしていた。Ａさんに報告だろう。どう、報告していたか、興味深い所だ。どう踏んだか？

まあ、ともかく、今日は、終わりだ。

中村勝さん、明日、退院して、介護施設に入ると、そば切り蕎岳さんのＦＢで知る。
Ｓ、来る。妹の不調もあり、家に留まること多し、と。「そんなにコピーして、どうするの？」と
宅建業者に渡したプリントの残り九コピーを見て、嘲笑気味。ピンチはチャンスの観念ないやろうな。

反転のエネルギー、その反射的勢いのみで生きて来た感のある僕は思う。

月曜社本、カイ日乗一年合本の出版、ブックフェア、契約更新（ピンチはチャンス）への対応とほんやら洞の存在意義の連続的アピールの流れに加速度をつけ、重層多岐の動き作り、一気に跳躍するチャンスを捉えずして、どうするのだ!? まともなプロデューサーなら、その布石を打つ。本気で、僕のドキュメントを作ろうと思っている人がいたら、ここが勘所なんだけどな〜。

四条珉珉に久し振りに行く。リカマン行き。

「我々が、我々のなかにあるほんの一部分を生きることしかできないのなら――残りはどうなるのだろう？」

読みかけのパスカル・メルシエ著「リスボンへの夜行列車」（観た映画では『リスボンに誘われて』）の中で、主人公のグレゴリウスが、影の主役？プラドの本を読み込んで行き、ストーリー展開の駆動力とする、この本の影のテーマのひとつとも言える？未読了ゆえ、不明だが、魅力的キーワード、いや、上記のテーゼがいま、ここで、僕の状況のなかで、甦る。無論、こんなテーマでほんやら洞を書く筆力はない。

書下ろし終了へ向けてのルーティンワークと並行して、署名活動「世間文化遺産こそ貴重だ！」のアピール書き（賛同者集めのフライヤー）の雛形作成に取り掛かる。取り壊しを阻止するには、内外

に訴える必要性を痛感。山極寿一さん、井上章一さん、杉本秀太郎さんも協力するだろう、と永澄さんにアイデア開陳。鷲田清一さんはどうかな？荒巻禎一さんは、僕の写真に関してOKなので、発起人のメンツ次第だろう。例によって、永澄さんは、数時間遅れの反応あり。

八文字屋は、七時五十分オープン。

滋賀県のイギリス人の男二人来る。

その後、琢ちゃん「八太君、凄いだろ、どうだ！」「カッチャン、女できたかな～」「スマホでモノクロにするのはオモロイぞ、哲学的に見える！どうじゃい、このちょっとイカレタお兄さんも崇高に見えるだろ」とか言いながら、十五分飲んで、直ぐ帰る。段ちゃんには、GFくらい出来ているだろう。

十時には誰も居なくなる。

正月明けとはいえ、両店とも暇な日が、三～四ヶ日も続くのは、ヤバイ！

誰も来ず、一時半に閉める。二時、帰宅。

一月十四日（水）

ほんやら洞の大家が亡くなってから、一年以上、亡くなった事実を知らされず、他人に振り込んでいた訳だ。して遣られた訳だ。

新相続人は、店子に対して前大家の遺り残したメンテナンス上での義務を果たさずに、放置したまま、長期（十五年）に渡る前大家の責任逃れのための契約書未作成を逆用、盾としてこの土地からの増収を画策せんと、負の遺産隠蔽工作も兼ねて、ほんやら洞の敷地を高層ビル化するんじゃないのか？

高額家賃支払いに喘ぎ、いまや、観光資源として辛うじて延命するほんやら洞を文字通り解体して「追いたて」作戦を展開画策中なんだろう。生き馬の目を抜かんとする族（いや、凡庸で僕みたいな杜撰な連中？）が相手なのだという自覚が必要。大家自身は考えて無くとも、K家の財産を巡っては、遠い親戚しかいないはずだが、諍いの元が燻っているのだろう。そうでなければ、KKさんの死を知らせるのにここまで引っ張る訳がない。

家族の意向に対して、もう一つの観光資源、大上段に振りかぶって「創造的文化資源、国際的文化交流の拠点」のほんやら洞を守れ！くらいのことを言わんとアカンのかな。署名運動に京大総長の山極寿一さん等を引っ張り出して、対抗する必要があるかも知れない。ほんやら洞なんて大した空間ではないし、家賃十万だったら、年金、保険証のない老人が一人食って行くには、丁度良いくらいか。早急に手を打つべし！ほんやら洞も戦後思想の最低の鞍部をヨロヨロと越えているようでは、ダメだ。メリハリつけよう。

世界ナンバーワンの観光地・京都と言われながら、格差社会の現実の中で、グローバル化と軌を一にする街の平準化勢力が、地の人間、貧乏人の昔からの親密空間のブルドーザーで押しつぶして行くのも事実だ。ほんやら洞は、それに抗いつつ、バリアフリー等にして、我々、魑魅魍魎を結集して、我々の街、店を守れ！の声を上げる、大風呂敷を広げるべき時かも知れない。行政の中にも賛同者が居るはずだ。

京都市は、今のところ、ぼくには、好意的と読む。仕掛け次第だ。

新相続人にオットリ刀で立ち向かっていたのでは、放り出される。

相談に乗ってくれと永澄憲史文化部長に上記の走り書きを送る。が、忙しげ。誰を事務長にすべきか。「ほんやら洞の現状保存をお願いします」の賛同者つきのアピール文は、次回、二月八日に会う時に新大家に渡せるようにしよう。

仕事が手につかず、ヤバヤバ。保健所から数年越しの講習に来いとの案内。まだ、一九七二年の早川正洋の名で申請したままだ。

野菜たっぷりのシチュー（香辛料なしで充分美味しい）を堪能。開店以来、最高の味だ！

古川豪の仕事報告&ボヤキをFBで見る。森恭彦さんのFBにもチャチャをいれるが、無視される。チャンマキ来店。夜、八文字屋にも来るというので、アップしたが、来ず。やはり、相変わらずの女の子。稲山聖修さんのFBでは今回の「フランスの官製デモ」についてのロシアでの報道の仕方に不服表明。

九時前、やや精彩を欠く川嵜さんのみ。只管、カボチャの種と向き合う。町内の片山家の訃報知らず。浅利デーは、フルメンバー欲しい所だが、Kei-Kは欠けて久しいし、カゲロヲには新事態発生で来店望み薄、段ちゃんは、恋愛？に邁進に越した事はない（段ちゃん、頑張れ！）、さて、誰が来る？と期待したが、十全な展開なし。奈良井さんは、商談の朴ちゃん（十三駅チャリ留め）同伴、髪が妙に黒々として可笑しい鹿さん「喪中返しは寒中見舞いで良いんだ」と納得顔でお務め（浅利デー出勤）、R大のSさんは開口一番「八文字屋、生き延びて良かったな」と久々の来店。後は、金閣、銀閣の元旦雪化粧の画像を披露。並の店の光景。朴ちゃんがカラオケで十八番は、〝Over the Rainbow〟だと宣えば、Sさんは、すかさず、年長者らしくジュディ・ガーランドのそれをiPadで披瀝。ちょっとお洒落なチョッキ？が冴えていた。

朴ちゃん「ジャーマン元気なし、咲ちゃん、男出来た話、それ、話したら、ダメ！ダメ！」と手をノーノー振り。「ダバダ火振の森重」さんは、片山家で二日忙殺話。アドちゃんの八文字屋での去就ネタ読み以降、カイ日乗から興味失せたが、再続の要あり!? と言う。麻ちゃんへのビラ預ける。大阪勤務も後半年かな？ 京都では、突然死は別にして、伝統芸能畑の大物死は、これにて終息！ 的な話。仕事ネタが、転がってないかと関係ツイッターも絶えずチェックの仕事人。やはり、今回も毎日が一等地抜いたようだ。

後の席には、鵜塚次長&伊藤共同記者（水腰さんと京大仲間）が来て、共同の京都支局長は大分出身なのに、八文字屋デビューなし!? とは「今度引っ張って来る」と確言。鵜塚次長、初任地、大津では、水腰記者と一緒だった由。カザフスタン写真展に伴い、八文字屋の後継者は浅利ちゃん話で受ける。毎日の若手記者のタメ口話も隔世の感あり。歳行く訳だ。鵜塚さん、ほんやら洞での甲斐さん写真展なら、全面的にバックアップする記事を！ 書くからね、と励ましてくれる。

十二時前に誰も居なくなり、浅利ちゃんにも、十二時二十分に上がって貰い、二時半まで冨樫待ちも虚しい。

今日も、〈ほ〉〈八〉ともにイマイチ、イマニくらいかな？ 努力不足。

ベンチに崩れ落ちる。

一月十五日（木）

六時半に八文字屋で目を覚まし、拡げたベンチにちゃんと寝直す。

九時、起床。

外は雨。今日も隣のピンサロ、九時前からオープン待ちの立ちんボあり。

鴨川は、少し増水。雪解け水。鴨川べりの頼山陽の「山紫水明」の脇の雪だるまは、今日中にも溶けそう。今年の金柑（果物）高し。昼前から、鶏朝の注文あるも、次の客は、六時四十分という不甲斐なさ。中村勝さんからＴＥＬあるも、ＴＥＬストップで喋れず。ロンドンから二人。同志社大生二人、マリーン。

不調。風邪？ジュネーブ経由ガーナ風ジンジャージュースを飲む。

ぜんざい、シチューを食す。

不調でゴロゴロする。ＴＥＬ、ストップのまま。

iPad、相変わらず、不調。多分、普通の三、四倍時間を食っているのだろう。

原稿に掛かれず。

レオに国民健康保険の書類、届く。

今回の海人彦が、しばしば、画像を活用してくれる。まめに、日向太が海人彦に関しては「いいね」を押している。ウッチー、「死をポケットに入れて」等をゲットとＦＢにアップ。

京都新聞の「現代のことば」評者陣の一人として、伏原納知子さんを採用しているが、永澄さん、納知子さんと親しくないらしく「ほんやら洞の存続に関する緊急アピール」の発起人代表に、山極寿一さんに就いて貰うのに、内諾を得るようにと要請したが、山極寿一さんとのホットラインを聞き出すので、自身でやって欲しいとの事。

ま、無理をする事はない。大家側との話し合いの成り行きを見ながらでも、遅くないか。裁判になれば、コッチには、大家の言質を捉えたノート（日記）が無限にある。これが、笑える、傑作ものだが、それをこの日乗に折にふれて紹介したいと思い続けてきたが、我が側近が、反対し続けてきた歴史がある。芥川賞には、同郷の小野正嗣「九年前の祈り」。小野さんのは、数年前から、折に触れて読もうとするが、引っかかって読み進めないできた。今度のはどうか？出身の蒲江には、一度しか行ってないが、気になる漁師町だった。

S「日乗」本の校正、六月まで終わる。

京大マリーン「十分だけですので、注文しなくてもいいですか?」とカッコウ悪いことをいつも言って、ズルズルと最後まで居る客、約二名。

九時には皆さんには、上がってもらう。

八文字屋には、楠木しんいちさん、トイレを使用して帰ったとあり、フライヤーを放り込んで行く。

直ぐに祇園の片山家取材で疲れた様子(片山家に関しては、毎日が強いのだ)の西田大智さんが来店。相変わらず、精力的。社で、麻ちゃん&ダバダ火振間のほんやら洞を巡る立ち話を小耳に挟んだようなので、「火振さん」に渡したのと同じフライヤーを渡す。ほんやら洞の大家には二月八日までに山極寿一さんにもお願いをして、このままのほんやら洞がいいのだ! 素晴らしいのだ! とのアピールに目ぼしい賛同者を得て当日渡す予定だと言ったら、文化部の中では自分が年長者なので、この件はフライヤーができたら、自分に連絡をくれと名刺を出す。さすが出来る記者は違う。この方は相当良い線行っているなと思わせたのは、それだけでなく、さりげなく八文字屋の冷蔵庫を開けて、僕の、そして経営状況をチェックした辺りは、当方としては辛いが、憎い! 自分より出世したという神戸芸短大教授の奥さん、ばんばまさえさんは、今「恵風」個展開催中。明日、起きたら、真っ先に見に行き、ついでにルパンの店にも入院の前の彼を訪ねて行こう。一つ値のはる本でも手土産としよう。

よく考えたら、ほんやら洞、八文字屋客の読売さんには、仕事が出来る記者多い。西田さんには、大家との交渉での奥の手「世間文化遺産・ほんやら洞を守れ!」的なアピールを。木須井さんには月曜社の本を。ビラが出来たら、ともかく、真っ先に西田さんに連絡する約束をする。

西田さんは、木曜日なので、オイタさんについでに会えるかなと思って来たようだが、今日も空振り。オイタさんが最初に彼を連れて来たのだった。

誰も居なくなってから、去年の今ごろ、来たという四十歳過ぎのお坊さん二人、なんとか藤知道さん&山下さん（京大総人、一九九六〜二〇〇〇年、ヨリッセンの教え子）も偶然来る。龍大卒の方が、挑発的物言いをしていたが、「九五年版 八文字屋の美女たち」（三三〇〇円）を買う。山下を名乗る男は、色白の美男子（両方）で、母は、越前大野市出身。

一時二十分、閉店。

三時間、横になる。ほんやら洞へ行き、FBを弄ろうかと思うが、止す。

四時二十分、若い女性一人が「まだやってます？」と来るが、断る。寄る辺なさそうな、ハリネズミみたいな小柄な女の子。一時間原稿を書き、帰ろうとすると、ドンドンとドアを叩くアベックがいた。アメリカ人風の二十代後半の男は眦を決した風もあり、美女は四十代後半の柔和な笑みを浮かべていた。入ったら、二〜三時間長っ尻になりそう。もちろん、断ったが、二十年前だったら、入れている。

五時半に出て、五時五十分、帰宅。

二月十五日のマラソンの回覧板があったので、隣へ。

一月十六日（金）

「大変、大変！」と言って、階段を上がって来る声で起こされる。

「ほんやら洞が燃えている」

Sの声だ。夢でない。レオが送ってきたと言う画像を見せられる。

ここから、ほんやら洞なしの新しい？生活が始まる、混乱の初日。

なんか胸騒ぎはしたが、ほんやら洞に向かってチャリを漕ぐが、夢の中を行っている気分。

消防、警察の人たちが、鎮火後の検証のために忙しく立ち回っていた。
ウッチー&カオリン、鈴木マサホも駆け付けてくれていた。車椅子の在野真麻さんもじっと見つめていてくれた。

何故か異常な報道陣の数だった。新聞は、全く見てないが、日経、時事がいないくらいで、テレビ局は、ほぼ全局が押しかけ、何度も「最初に火事と聴いて何を思いましたか？」というような似たような質問をうけた。井上章一さん、岡林のインタビューは出来るか？というので、中川五郎、中山ラビにしてくれという。中尾ハジメにも行ったらしいが、喋らなかったのだろう。森崎寛子さんにも二十年ぶりに会う。

トップでお見舞いに来てくれたのは、徳正寺の井上迅和尚だ。千四百何十年前から、蓮如の弟子として、戦乱も掻い潜ってきたお寺の法嗣だ。沈着そのもの。祖母、日本画家の秋野不矩さんは、六十四歳で火災にあい、さらに、その三、四年後にもあい、絵を焼失しながら、そこからまた見事な、豊穣な秋野不矩ワールドを開花させて行ったのだった。チーちゃんが「カイさん、カイさん、」と泣き崩れて寄って来た。ずっと泣いていたのよ、と。集酉楽サカタニのおっさんは相変わらずで、他人の火事現場に来てまでも、自分の店の宣伝をしようとするから可笑しい、笑ってしまった。「TVのインタビュー受けても良い？ 甲斐さんの友達で、古い常連と言うよ」と。近くのおばちゃんたちが何人もやって来て、普段全く来ない六十〜七十歳くらいの彼女たちが何人も「早く再建してまた、頑張って下さい」と言って帰っていくのには、感動した。客ではないが、ほんやら洞は、地域にこんなにも信頼されてきていたのだ。

電通の和泉さんの奥さんも娘のアパートに来ているといってチャリに大根を積んで通り掛かる。朴豊子の元彼も、角先生だったか？ 山嶺健二先生の教え子？ か不明方も安否を案じて駆けつけてくれる。

途中から、頭がボォーとしてきた。

元京大シネ研（ＩＢＭ）の牧野真平君も、「屯風」の頓平も顔を出したので、インタビューの途中「おお、頓平！」と言うが、マサホといるのに気づかなかったのか？　無視。天春さんの奥さんらしき女性が、トレーナーにヤンキー座りの小母さんとして、コッチに向かってでなく内々に「甲斐さんが来た」と言うのがきこえる。聴き覚えのある声。

写真のカナオカダイコンさん他、八文字屋客も多く詰めかけて居た。後で訊けば、ヤフーニュースのトップで、報じられていたそうだ。各社、決まって、岡林の事をききたがったが、極力その話題は避けたのだが。京都新聞ですら、「京都美術文化賞」「ジャン・ラリヴィエール賞」受賞写真家のネガ二百万コマ焼失と一言も触れなかったらしい。検証（消防、警察）に付き合うこと日暮れまで三、四回。結局、今日の段階では、出火原因不明。お隣さんがどうしてくれるのか？　というので、この火事の責任は、大家との話で決め、御宅に費用で迷惑をかけませんと明言。早速、ガラスの修理等は、堀代さんにお願いする。今年の五月に父の五十回忌を予定していた大広間は、この有様だ、もう五十回忌も出来ない、どう弁償してくれるのか？　母の嫁入り衣裳、布団等がこんな惨状になっている。

ちゃんと見て、写真を撮っておいてくれと何度も言われる。

朝のニュースを見て、色んな人が、詰めかけてきた。火事の現場から烏丸法律事務所の小野誠之さんに電話相談。朝からテレビニュースで見たよ、と言われる。「物事を整理して考えて！　借家人が火を出したら、もう、それは終わり……」云々。テレビには井上章一さんも出た模様。

毎日の鈴木琢磨さん、共同の小山さんから、何度も電話があったらしいが、ゆっくり対応した。臼倉さんも駆けつけてくれた。スッピンの申芳礼さん、黒島千佳ちゃん、海人彦、日向太も駆けつけたが、日向太はマスクして顔面蒼白で一言も発せず、僕の姿を確認して、すっと後向きに行ってしまった。坪野優太郎さんも来る。

　現場からは早く離れた。ウッチー&カオリンは出ずっぱりだったので、一緒に食べず、帰る。ウッチーは、僕が隣の阿部さんに「脱国者ジョーの作曲家、内村さんです」とウッチー紹介した意図が読めず、僕が動転していると思ったらしい。

　実に、何百人もの人から、激励のメール、フェイスブックでのメッセージ。英仏韓。

　まだ、十分にチェックしていない。

　消防に提出する書類は、一括して、Sに託す。

　七時に八文字屋に入ると、朝日の若い記者が先ほどは、名刺がなかったけど、再度、「カイ日乗本」「ほんやら洞の青春」についても併せて取材したいと来店。切通里香さんはFBで「近い内に行く。あっちゃんは、朝、現場に行ったみたいよ。家を探しも」と。青野真士さんからは「これだけのテレビ、ネット、ラジオに出たんだから、チャンス！本を早く出さねば」とくる。篤ちゃんからは「大変でしょう、カンパします」と。トランジスタープレスの佐藤由美子さんからは、早速、一月三十一日に新宿のカフェ・ラバンデリアで宮沢章夫さんをゲストスピーカーにほんやら洞支援の義援金募集のイベントをやると連絡。梅棹マヤオさんの知人？グループも、また、「月刊むすぶ」も義援金を募ると紀井早苗さんが言ってくれる。火事現場での映像の中の僕は場違いの観のあるニヤケぶりだったようだ。

　鹿児島の清水哲男さんからは「居ても立ってもおれず、急行する」とのメールあり。明日、ご母堂の清水千鶴さんは、九十二歳の誕生日。中川五郎さんも心配して駆け付けたい気持ちでいるので、彼にもメールを入れてくれとの配慮も忘れない。有難い友だ。ネット環境悪し？iPadの問題？身動きとれず。

今回は自分が火事の罹災者だが、何か妙な因縁を感じる。

写真を二十歳すぎて再開したきっかけは、これまであれこれ言ってきたけど、二度の火事現場との遭遇だ。興奮——日頃馴染みの風景が一変する経験による覚醒——が写真を再開させたのだ。引いては現実を捉える武器としてのカメラに対する認識獲得。カメラこそ自分に相応しいと思い至る。火事を目の前にした人民の海？に僕も興奮したのだ！日常と非日常の交錯、ここに極まれり、と感じたのが、スタートだった。

八文字屋のトップ客は、今度の国会議員選挙では、落選した平智之さんが、元秘書と来店。鹿さんグループもたこ焼き持参。温ちゃん、バイトの代わりに手伝ってくれる。ワンズコーディネートの加藤学さん&藤田雅司さん、坪野優太郎さんも駆けつけてくれる。

一九六九年の「三条橋の下大学」の言い出しっぺの「錦水館」の田村精太郎さんがお見舞いに来る。永澄さんは、十時半すぎ。読売テレビの桑原さんも上目遣いに皮肉な口調は、相変わらずだが、大学一回生からの客。

HATAOも、珍しいことだが、さすがに、顔を出す。一ヶ月前に「ほんやら洞は潰れたと思い込み、逆に、ああ、これで甲斐は写真に専念出来ると思った」と言っていたが、火事にはびっくりしたようだ。申芳礼さんは、夜も。谷川渥さんは、武田好史さんと。谷川さんとは関わりなく、明日からの「志村ふくみ展」の搬入を終えた川井遊木さんは、炎上のことを全く知らずに来た。チーちゃん&浅利ちゃん、奈良井さん、川嵜さん、数ヶ月ぶりの山根さん、この事態についての報告をフランス語に訳して貰うために、レオにも来てもらう。山のやさん、朴ちゃんも。モッチー&琢ちゃんは遅くまで。火事が二人に「ふぁいあー！」と。モッチーは、午前中、ずっと泣いていたという。ティルは、事態を飲み込めず、キョトンとして帰る。

吉田へ。

内外から無数のメール。一〇〇どころではない。

一月十七日（土）

近いうちに、「火事の夜」を書こう。この混乱、この風邪の中では、無理か。

今回の火事で秘蔵？のポール・グッドマンの著作の大半（『Making Do』『Parents' Day』『Creator Spirit Come!』『Adam and His Works』『Gestalt Therapy』『On Revolution』『Speaking and Language』『Communitas』『People or Personnel』他の『Collective Essay』という著作集等）を焼失した今、グッドマンの次の言葉を思い出す。

「若い作家にとっては、書き上げるという事が、一番、肝要であり、美徳なのだ」

若くもなく、作家でもない僕だが、グッドマンの、いちいちの言葉をいつしか噛みしめるようになっていた。中尾ハジメ譲りから発して、コレクションするまでになったが、ついぞ、読み込む時間がつくれず、今回のこの事態だ。今度こそ書き切りたい。

度肝を抜かれた火事から一日経ち、徐々に、焼失したものの多さ、大きさの個々が思い上がってくる。膨大な（約二百万コマのモノクロの）ネガ、思い出の詰まっている蔵書、預かっていた書籍類、二十代を掛けて訳出したポール・グッドマンの「People or Personnel」もほぼ完成していた未定稿六百枚。「Five Years」もだ。それはどちらも僕を鍛え生きた知の何たるかを教えてくれた記念碑的論考だった。（もちろん、北沢恒彦、中尾ハジメも教えてくれた）この本とともに何百時間を費やしたか。千時間以上だ。グッドマンの、アナーキズムの世界にとって独自世界を開いた古典中の古典的な理論書「人民か人員か」だ。この建設的アナーキズムに時間があれば、とっくんでいた。僕が多少なりとも英語に馴染めているとしたら、この本を通じてでしかない。イヴァン・イリッチ、勿論、訳者の片桐ユズル、中尾ハジメにも影響を与えた。（兄との共著の都市計画論『コミュニタス』は一九五〇年代に建築家の槇文彦が翻訳し、黒川紀章のメタボリズムにも影響を与えたと推測するが）僕としては、これを訳出することで精神的に中尾・片桐らと伍して行くための高級なイニシエーションだった？ともかく、馬鹿の一つおぼえよろしく、これを自分に課していた数年間の格闘があったからだ。最初の訳を津野海太郎さんに見せて、バラバラな文体をケチョンケチョンに批判された日をありありと思い出す。その批判は正当だったが、雌伏三十五年密かにリベンジを企んでいた。懐かしい。一九八二年ほんやら洞離脱劇と共に、津野さんとの関係は、ほぼ途絶えた。一九七九年〜一九八一年は、ほんやら洞の図書販売コーナーでは、毎月、何十冊もの晶文社の本が売れていたのに、僕が現場から手を引くと鬼のクビでも取ったような気分になったらしく郷田らは、甲斐絡みで続いている関係を切りたくて、僕にも、津野さんに断りなしにいきなり晶文社へ在庫を返品したのも思い出す。それで、営業部と僕との仲介者としての津野さんが社内で信用を失うという一コマもあった。そして、津野さんの信用を失った。北沢さんでさえ、そのことに気づいていず、僕が、彼の本（『五条坂陶工物語』『自分の町で生きるには』）が晶文社から出るように働きかけていたのを知らず、編集担当の村上鏡子さんとの次の打ち合わせに来た時にのっぴきならぬ急用で、僕が遅れたことを、裏事情（プロデューサーは、僕と）も知らず、彼女の前でボロクソに！　言う始末だった。だから「仕事！」の出版記念パーティには僕は出なかった。晶文社と僕との関係は突然絶たれ、僕は、中山容さんを通じてしか付き合わなくなった。ちょっとした落魄の落武者の気分（北沢さんは『甲斐さんの受難期』と命名し、ガールフレンドのＹと切れたのを問題にし、出町の商売人に毒された面ありと呼ぶ。池田浩士さんは、『甲斐が出町ふれあい広場に事務局長として、自衛隊を呼んだ事で、ほんやら洞の若手の反乱にあった』と吹聴した時期もあった）で、近くにいた。「ほんやら洞の詩人たち」の出版に際して、津野さんとユズルさんの関係が捻じれたのを、僕が、津野さんと親密に付き合うことで修復していたのを台無しにし、僕自身が津野さんの信用を失うことになったのだった。津野さんと僕との関係が切れたのを知らない北沢さんは津野さんに黒川創・渡辺潤・甲斐共著「新京極物語」を持ちかけたが、相手にされなかったのだった。ここにも、甲斐受難期の一つのドラマがあったのは、僕と津野さんしか知らなかったのだった。

ついでに記せば、僕が星野高志郎さんに最初に会ったのは、「新京極物語」取材時の成安大の「サバサバフェスティバル」でのこと。

火事とは無関係な、こんなことが頭を巡った。

「ほんやら洞の青春」を完全脱稿したら、真っ先に月曜社にお願いしようと、たえず、身近に置き、グッドマンの初期の小説と共に時間があれば、読み返していた。

が、二十年近く、どうしようもなく身動きの取れない生活を送り続けていたのだ。

大分の田舎に関する、僕しか持っていないであろう地誌類（僕の大分論のタネ本類、これを使って百五十枚も書いた京大総人の科研費での紀要内の「十六世紀、豊後エルドラード伝説」も焼失）、三十五年前に出町芝居を黒テント指導で作る構想もあり、数万円をはたいて買った『彷徨う弁天さん』という出町形成物語を脚本化の予定の種本にしていた（未完）限定三百部の宮内庁書陵部刊行巻物「文机談」（三十七年前に三万八千円）等々、超稀覯本、山上憶良は山部赤人だったとか記した本等、老後に再読したいと思っていた。

俺は、欲深すぎたのか。

ＦＢに、あれこれ、垂れ流し式に書くのは如何なものか、得しないかもと、二十歳の海人彦に窘められる。

今日は、現場に行かないことにした。

Ｓは、十二時から八文字屋でスタンバイしていたが、僕は遅れて、二時二十分に到着。風邪。

清水さんは、昼前から来て、焼け堕ちた後のほんやら洞を覗いて撮った画像を見せてくれる。ウッチー同伴。

Ｓとマルイに食事。八文字屋で、四人で暫く、駄弁り、「静」に行く。火事にあった当人が来たというので、奥さんは、びっくりする。カオリンも遅れて来る。

八文字屋に戻る。八文字屋には、トンデモナイ？　美女連が揃う。温ちゃん助っ人、二〜三年前に姿を消した山窩小説の三角寛の兄の孫の三浦優子さん、申芳礼さん、宮越一家、咲希ちゃん、名を思い出せない着物美人等。

岩本俊朗さんは、去年、吉田で火事にあった佐藤さん（「ショーリン」の息子、小林ゆう君とコンビで京都新聞に連載した）の話をする。明日、片付けに行くと言ってくれる。ダバダ火振の森重さん、朴ちゃん、奈良井さん、アドちゃん。

次々と見舞い客あり。冨樫、入江君、修平さん、千佳ちゃん等々。ナッちゃんは建築家松本崇君同伴。山上君、ナッちゃん泊。

四時まで。

一月十八日（日）

十二時から、ネガ救出作戦。黒子沙菜恵さんも覗きに。

熟睡で出火に気づかなかったご近所さんである「こなから」のみなちゃん（この直後盲腸になったときく）、「Zen Cafe」の冨樫、荒川悠里子さんは、見舞い方々、おにぎり持参。アニメーターの伊藤さんは、お見舞いに来て、精力的にネガ発掘作業に取り組んでくれる。

横浜から時事通信の渡辺修さんがわざわざ駆けつけてくれ、七〇年代の「朝日ジャーナル」を焼け跡で撮影。ウッチー&カオリン、清水哲男さん、レオ、温ちゃん、奈良井さん、段ちゃん、S、「吉田の森」の学芸員だったモウさん、ナッちゃん、松本崇君、大阪芸大の北口学先生、佐藤真由美さんも駆けつけてくれる。

みっちり五時間作業。

段ちゃん、冨樫、坪野さんが阿部さんの家の手伝いをしてくれる。段ちゃんは阿部さんにえらく気に入られる。申芳礼さんも手伝いたいと言う子ども二人を連れて来たが引き返したと言う。

少しネガ救出。ウッチーの車、随分久しぶりの堀田薫君の車で吉田の家に運んでもらう。岩本氏は、来れず。

皆、焼け跡をよく画像にも収めてくれる。神田さんはシゲのパンのシゲとポスターのツーショットのパネル等、半壊したパネルを奈良で保管してくれるとのこと。

八文字屋は、浅利ちゃん。

読売の楢崎さんが一昨日の続きの取材。

そこへ谷川渥さんが、チャンマキと。グリーン商店街の西村さんもお見舞いに来てくれる。井上章一さんはプロレス研究会を八文字屋でＯＫ？と確認に来る。段ちゃん、大層なお見舞いぶり、感謝。

そしてすぐに帰る。朴ちゃんは、奈良井さんの相続の話を外で済ませ、一緒に来る。

東京からのモリモリは、河合塾の新井憲昭さんを引き連れてお見舞いに。新井さんは、一月二十四日の生野のＫＣＣ会館での「『言論弾圧をゆるさない！ 歴史修正主義、そしてファシズムへの道と闘う大阪集会』実行委員会」のフライヤー持参。中村イルソンが新井さんに「酔ったらアカン」と諌める。

清水さんも、一度、お母さんのもとに顔を出してから出直す。芳礼さんは、八文字屋にも。

カザフスタンの、今用さんより「未来に向けてカザフスタンで活躍の舞台を準備すべく日々頑張っています」との激励のメッセージあり。エマニュエル・ギベール、コリーヌ・アトランら無数の安否を気遣ったり、激励のメール。

一月十九日（月）

雨。昼から片付け。メールの対応に明け暮れる。

永澄さん、鈴木英生毎日記者、伊藤公雄（京大文学部）を連れて来る。

鈴木マサホ来る。山本恵見舞いに来る。

佐々木米市さんは、旧友を連れて来る。

最後にモリモリが、泣きじゃくりながら、「ほんやら洞なんて、どうでもいいんだ！ 甲斐さんさえ生きて居れば良いんだ」と言いに、来る。

荒川ゆりこさんが来て、冨樫と後輩が来る。

パリのペーター・ステファン・ユンク（ロベルト・ユンクの息子）より、安否を気遣うメール。

風邪最悪。〈八〉泊。

一月二十日（火）

消防署、上京、左京区役所行き。介護保険証もらう。

月曜社の神林さんから、「ネガが焼失したとの話が伝わってきて、その無念たるや、いかばかりかと思います。わたしとしては、甲斐さんの本の刊行をお約束する以外、できることもありませんが、本のことであれば力のかぎりを尽します」というメールあり、感謝。

毎日記者三人、森重さん来店。朝日の増田さんも。ジャーマンも久しぶり。京楽にも顔を出す。

星野高志郎さん、寝ていると思ったら、金を払わずに帰る。

今日から左京区民。

あっちこっちに罹災通知を出す。

次のような事とともに火事の報告を思いつくままに出す。


七〇年代からの京都の市民運動、反戦活動、南ベトナム・韓国の政治犯救援運動や、わいせつ裁判事務局としても知られ、オーラル派の詩人たちのポエトリー・リーディング等の中心的拠点、若者の対抗文化の象徴的な喫茶店「ほんやら洞」（延べ一二〇平方メートル）が全焼した。

私は、この店の最初期から中心的メンバーとして関わり、バブル経済期から一九九〇年代末まで後進に運営権を譲り、一時身を引き見守ってきたが、若手、他の創立メンバーが、この店を見放すのに義憤に近い感情に囚われ、カムバックして十五年、二足の草鞋ならぬ、中途半端な三足の草鞋と象徴の上で、トリレンマに苦しみ、不景気に喘ぎつつ、ほんやら洞の七〇年代の栄光の日々を閉ざすな、「灯火を守れ！」というお客、支持者の期待に応えてひとり支えて来た。

私は、写真家として、また、ほんやら洞の歴史を記述する記録者として、晩年の仕事に移行する時期だと考え、後継者にこの店をバトンタッチする道を模索してきた。

おりしも、この店の土地、家屋の地権者が亡くなり、新たな相続者が、ほんやら洞をスクラップにして、ビルの中に入れる腹案があると知らされ、これに強く反対し、ボロボロながら、メンテナンスの手を加えることを新地権者に主張していた矢先のことだった。各界からの支持の署名を取り付けて、新地権者にお願いする文書を渡す予定だった。

不幸なことにこの一月十六日（金）午前四時四十八分頃、原因不明の出火による火災に見舞われ、店の備品はもとより、私が四十数年精魂掛けて保存してきたモノクロ写真のネガ二百万コマ、数万点のプリント、四十冊を越える自著の数千点の在庫、ポスターやポストカード、愛着のある数台のカメラ、四十三年間書き続けた百数十冊の日記、出版間近だった草創期の楽しかりし日々を綴った「ほんやら洞の青春」の草稿、開店当時の雰囲気をビビッドに伝えるお客の記した貴重な落書き帳等を数千点の蔵書と共にほぼ全焼し、喪失してしまった。

類焼した近隣への補償等、何から手をつけていいか、今、途方にくれている。


甲斐扶佐義は、二〇〇九年「京都美術文化賞」、昨年は、パリ・ボザール展（フランス大統領後援／二〇一四年フランス国民美術協会（ＳＮＢＡ））にて「ジャン・ラリヴィエール賞」受賞。

（佐藤真由美さんに英訳を依頼）


こう書いていても書いていても、言葉がずり落ちる感覚。

そして、また、書く。

ほんやら洞は、一九六八年をピークとする思想が切り拓いた爛熟した思想の落とし子、いや、国際的な解放思想の落とし子との自覚に基づき、懸命に活動を続けてきた。世情での人気、好悪のレベルでも話題になり続けてきた。風通しの良い時代風土の産物であり、それを享受した老若男女を問わず、広範な人々の記憶と関わり、ほんやら洞の魅力の浮き沈みも激しかった。にもかかわらず、一方で、管理社会の中で、文明病が日々進行した。管理主義病が蔓延り、市民的自由が目減りして行くのが実感できる人々の心の拠り所でもあった。統制的な動きに対して無頼といわれようとも、個人、グループが反抗する歴史の末端に連なろうとしてきた。アングリーヤングメン、ビート、ヒッピー、パンクの歴史を見れば明瞭。そこで、鵺的集団であるほんやら洞が輝く、という構造ではないだろうか？

ほんやら洞は、繰り返すが、世界大戦後の解放思想の落とし子として世界各地の同世代人と感覚を共有してきた。ほんやら洞人気は、最近の衰退を鑑み、戦後民主主義思想（教育）勃興と衰退の軌跡と軌を一にしている。ならば、反撃の手はある。

楽しかりし日々へのノスタルジーが増幅するなかで、鵺的なほんやら洞への期待が高まり、ほんやら洞は、ほんやら洞なりに、一定の役割を果たしうるとの確信を、ここ半年で実感していた。個人や集団の中に、自由、好悪、善悪等がアマルガムとしてほんやら洞という、社会の隅っこに沈殿し、反転して願望へと投影され、噴出せんとしていた。ほんやら洞も現代病と表裏一体で、病気が深化する社会にあって、病気に巻き込まれながら、逆行的状況に竿差す機会を窺う個人、グループの間では、人気がさらに高まりつつあった。

夜、西田大智さんと歓談。海人彦、エナちゃん、立命の友だち同伴。

ナディア・ポルキャールのブログ「lettre à Kai-san」が素晴らしいと聴く。

ほんやら洞（2007）

反響

■甲斐扶佐義のことは二十世紀の終わりから知っている。つまりは古い知りあいということだ。バー八文字屋で過ごした夜の思い出なら山ほどある。私はあのバーのことを——だれもがそう呼んでいるのだと思うが——〈写真家のバー〉と呼んでいる。ずいぶん昔、私が京都に住んでいたころ、そして雑誌や酒瓶やカメラが雑然と置かれたあのバーの薄暗がりで夜、長い時間を過ごしたころから、私たちのつきあいは途切れたことがない。私は甲斐の出した本の序文として、彼の写真に関する文章を書いたし、ほんやら洞で自分の写真の展覧会を開いてもらったこともある。数日前、友人であるシルヴァン・カルドネルがメールで、ほんやら洞の火災という悲しい出来事を知らせてくれた。私はそこにつけられたURLを辿って、事件を伝えるNHKのニュース映像を、ブリュッセルの自宅のパソコンモニター上で、悲しみに打ちひしがれる思いで見つめた。とりわけ感じたのは、過去の時間が目の前で炎に包まれて燃え上がるのを見るかのようなメランコリーだった。火災を知ったとき、甲斐扶佐義はまさにそんな悲痛な気持ちを味わったにちがいない。彼にとっては比喩などではなしに、自分の過去そのものが煙と消えてしまい、これまでの生涯の仕事が灰燼に帰したのである。私としても、彼の悲しみを自分なりにわかちあいたい。しかし私は、とりわけ幸福な日々のこと、甲斐が示してくれた歓待の精神、彼の寛大さ、情熱のことを忘れずにいたいのである。二〇〇〇年代始めに私の写真の展覧会場となったほんやら洞の二階の部屋がいまでもありありと目に浮かぶ。あの部屋は私の思い出の中では焼失してなどいない。あのままの姿で保たれているのだ。

ジャン＝フィリップ・トゥーサン（作家、映画監督）

（翻訳／野崎歓）

（原文）

Je connais Kaï Fusayoshi depuis la fin du XXème siècle, autant dire depuis toujours. J'ai tant de souvenirs nocturnes au bar Hachimonjiya, que j'appelais — que tout le monde appelle ? — le bar du photographe. Nous ne nous sommes pas perdus de vue avec Kaï depuis ces temps reculés où je vivais à Kyoto et où je passais de longues soirées dans la pénombre de son bar parmi un désordre de revues, de bouteilles et d'appareils-photos. J'ai écrit un texte sur les photos de Kaï pour la préface d'un de ses livres, il m'a invité à exposer mon travail photographique au café Honyarado. Il y a quelques jours, mon ami Sylvain Cardonnel m'a envoyé un email pour m'annoncer la triste nouvelle, l'incendie du café Honyarado. Il avait ajouté un lien avec une vidéo, et j'ai regardé ce reportage de la NHK qui relatait le sinistre sur mon ordinateur à Bruxelles, avec tristesse, avec consternation, avec mélancolie surtout, comme si je voyais le passé partir en flammes sous mes yeux. C'est ce sentiment poignant qu'a dû ressentir Kaï Fusayoshi en constatant le désastre. Ce n'était plus une métaphore pour lui, c'était vraiment son passé qui était parti en fumée, c'était le travail d'une vie qui avait été réduit en cendre. Je partage sa tristesse, à ma modeste échelle, mais c'est surtout des jours heureux que je veux me souvenir, de l'hospitalité de Kaï, de sa générosité, de son enthousiasme. Je revois très bien la salle du premier étage du café Honyarado où j'ai exposé mes photos au début des années 2000. Cette salle n'a pas brûlé dans mon souvenir, elle reste intacte dans ma mémoire.

Jean-Philippe Toussaint

■眼裏に焼きつくほどほんやら洞を描いたので、いつでもそこに戻ることができる。思い出すだけでいい。甲斐さんは入ってすぐ左側の最初のテーブルに座って、ネガの整理をする最中。フランス語を喋りにサチコは来て座る。すべてが木材。プリント、ポスター。驚異的にグチャグチャ。ダンボールに乱雑に詰め込まれた甲斐さんの本。サンドイッチとビール。上の階。格子戸の外は出町柳。ボクの愛する過去の姿、とシャルル・トレネも言ったように。

エマニュエル・ギベール（バンドデシネ作家）
（翻訳／島井佐枝、シルヴァン・カルドネル）

（原文）

D'avoir dessiné Honyarado me l'a tellement mis dans l'oeil que je peux y retourner quand je veux, il me suffit d'y penser. Kai est à la première table à gauche en entrant, il classe ses négatifs. Sachiko vient s'asseoir et parler français. Le bois partout. Les tirages, les affiches. Le foutoir phénoménal. Les livres de Kai en vrac dans les cartons. Un sandwich, une bière. L'étage. Demachi Yanagi au dehors, par la porte à claire voie. Le cher visage de mon passé, comme disait Charles Trénet.

Emmanuel Guibert

■甲斐さん
これは本当になんとも言えない展開です。真に悲劇です。

私と友人は皆、何年に渡って、ほんやら洞をとっても大事に思ってました。甲斐さん自身が無事ということは何よりです。

しかし、この度は、貴重なものがこんなにたくさん失われたのは本当に悲しいです。

こちらでお役に立てる行為を考えます（ディックくんとも連絡を取ります）。ともかく、海外にも大勢の人々が甲斐さんを大事に思っているということを念頭に入れておいてください。なんとか頑張ってください。


アリステア・スウェール（近代日本史学者）

■事件についてミユキ（そしてテレビ画像）から知ったところだが、災害の深刻さとその背後の策略がよくわからない……。私は、三月二十日に京都に居るはず。ちょっとだけね。
大丈夫。お分かりの通り、貴方には支援者がたくさんついている。私は、貴方のパネル写真をまた買います。半分焼けていても。

私たちは、いつものように、続けよう。

私たちが必要なものは、取り戻そう。

アンドレアス・クレシグ（美術家）

■甲斐さん

ケビンです。私は東京在住のジャズピアニストです。私はペーター・ユンク（『原子力帝』著者、ロベルト・ユンクの息子）の友人で、約一年前に私たちは一緒に貴方のバアーを訪ねました。

考えるに、貴方は世界でもっとも私が好きな写真家であり、おまけにほんやら洞が全く恐ろしいことになったのを聴き付けました。惨事が貴方の身にふりかかり、ご愁傷様です。

もしなんらの形で支援できるならば、どうかお知らせ下さい。何程かの手助けをしたいのです。きっと誰もが貴方の喪失に対しては深甚な思いを抱いているでしょう。万事うまくいきますように。

ケビン・マキュー（ジャズピアニスト）

■甲斐さん

なんて酷いこと。言葉を失うくらい大変なことです。どうすれば良いのですか。教えて下さい。

コリーヌ・アトラン（翻訳家、作家）

■全く信じられない。何という喪失。酷い。

ほんやら洞は過去四十数年以上、京都の文化的記念碑だった。酷い。

私に貴方を援助する金があったなら、金で解決するものならば。

とても悲しい。

ウィリアム・ジョンストン（日本史学者）

■親愛なる甲斐さん

ほんやら洞全焼ってなんと忌々しい悪夢か！

生涯かけての写真生活が灰燼に帰して貴方の心中いかばかりか察するに余りあります。

私もショックに打ちひしがれている。貴方はほんやら洞に尽力した。ユダヤ人の格言「罰せられぬ善行はない！」を引き合いに出しても慰めにならぬだろう。

貴方の次の一説は、如何なる鈍感な人物でも嘆き悲しませずにはいられない。

「四十年余り撮りためた二百万コマ以上のモノクロネガフィルム、数万枚のプリント、四十冊余りの出版物の何千冊もの在庫、ポスター、ポストカード、お気に入りのカメラ、四十年書き溜めた百何十冊ものの日記、出版目前だった草創期の楽しかりし日々を書き綴った「ほんやら洞の青春」の草稿、開店当初の雰囲気を活き活きと伝える貴重なお客さんの落書き帳等は大抵焼失し、喪失した」

これはまさに鴨長明の「方丈記」の無常だ！もしくはおそらく「平治物語絵巻」に近い。

貴方は今何をやろうとしていいのか？多分貴方は天与の才の眼を京都から世界に向けるべく、京都を離れ、放浪のデジタル写真家になるべきだ。

どうか私がどう手助け出来るか知らせて下さい。私は途方にくれ、無力ではあるが。貴方を憐れみ、タイ北東の農村で寄り添っている。こんな時こそ友情が物をいうのを望む。連帯こそ。

愛を持って

ジョン・ソルト（詩人）

■元気ですか、甲斐さん
悪い知らせを受けて悲しい。

火事の知らせを受けたときは、私はベトナムで仕事中でした。

この火事は貴方の人生に一大転機をもたらすに違いない。

貴方は元気で、この苦難を乗り越えるのを期待してます。

貴方が喪失したすべての美しい写真と偉大な場について思いを通わせています。

が、きっと貴方が創っていく場は、どこもほんやら洞と同じ雰囲気を湛える場になるに違いないでしょう。

サチコと貴方は元気ですか？

ラシムと私には仕事がたくさんあります。そう、私は妊娠中です。予期せぬことでしたが、私たちは大変幸せです。四月末に生を享けるのは、男の子です。私は大きなお腹を抱えとてもゆっくり歩いてますが、その点を除けば、妊娠生活は良好です。

貴方にとって万事が好転しますように！

今日は、ベトナムのお正月です。二〇一五年が良い年になりますように！

ヌイン・リ（映像作家）

■親愛なるカイさん
何という酷く破壊的なニュースなの…。貴方にとっても京都にとっても損失の知らせを受けて残念。

何か私に手助け出来ることはありますか？　いま、貴方は、どう対処しているの？

ほんとうにお大事に

マリコ・ペーターース（世界銀行勤務、元オランダ国会議員）

追伸　私は今、家族とケニアのナイロビに住んでます。母から聴いたのですが、シーボルトハウス展はとても良かったのですね。私はその場に居合わせることが出来なかったけど、母が貴方に会えてよかった。

■親愛なる甲斐

生涯を掛けての結晶を貴方が喪失したとの報告をマリコ経由に知りました。

しかし、記憶の中では、私たちは皆、貴方の仕事のあらゆる生気を見過ごしている。

私はバーの雰囲気、臭い、貴方の顔の表情そして貴方の闘争に対する大いなる愛と熱情を今なお思い起こせる。

まるで昨日のことのように……もしいつかハイデルベルクに見えることがあれば……深い愛と同情を捧げつつ。

カロリーヌ・ヘリング（童話研究家）

■「ほんやら洞通信」と「流星雨の夜」

一九九九年春から三年間、大阪文化部勤務時代、上京区の寺町今出川上ルの同志社女子大の裏手に住んで、大阪まで通った。

そして土日はすぐ近くの「ほんやら洞」に顔を出し、夜になれば「八文字屋」まで足をのばした。そのうちに甲斐さんが『ほんやら洞通信』というものを出そうと思うのですが、何か書きませんか」と誘ってくれて、中上健次、吉行淳之介、安部公房、須賀敦子ら文芸担当記者時代に知った作家たちで鬼籍に入られた人の横顔を書いていくという連載を始めた。タイトルは前年十一月に東京で見た獅子座流星群から「流星雨の夜」と付けた。

これが意外にも評判となり、甲斐さんの店以外でも「『流星雨の夜』を書いている人ですか」と客から問われたことが何回かある。当時京都では「ほんやら洞通信」はかなり知られた雑誌だった。二〇〇二年二月刊の「011」号なんかを見るとなんと百二十七頁もあって、これはかなり本格的なものである。

私も含め常連たちは新刊の「ほんやら洞通信」を手にすると、まず「カイ日乗」をざっと読んで、自分の不規則発言、酔態ぶりが書かれていないかを急いでチェック。その無事を確認して胸をなで下ろし、知り合い達の悪行が書いてある時は欣喜雀躍して熟読し、その後に別なページへ移っていくというのが常だった。よくも悪しくも「カイ日乗」は「ほんやら洞通信」のトップバッターだった。

「ほんやら洞通信」のゼロ号刊行直後に松任谷由実のアルバム「Ｆｒｏｚｅｎ Ｒｏｓｅｓ」が出て、中に「流星の夜」という曲があった。私と同じ獅子座流星群を見て作った曲だと思うが、「流星雨の夜」を書く際には必ずユーミンのこの曲を聴きながら書いていた。ギリギリに書き上がった原稿を浜田佐智子さんに送り、数回のやりとりをすると夜が明けているということもしばしばだった。

翌日、「ほんやら洞」に行くと、整理された原稿群が裏表コピーされ、まん中の折りの部分をホチキスで留められて、最新号の「ほんやら洞通信」が次々に出来上がっていく。それを見ながらご飯を食べ、珈琲を飲んでいるのは、本当に豊かな時間だった。「流星雨の夜」は原稿用紙で計算すると四百枚分ぐらいはあると思うが、自分の書きたいことを書きたいだけ自由に書いていくという楽しさを「ほんやら洞通信」で教えてもらった。

「ほんやら洞」焼失はまことに残念だが、「ほんやら洞」の文化に深く感謝している。

小山鉄郎（共同通信社）

■同志社大学の授業のあとにいつも学生たちとほっこりする場所。また拙著『書物のエロティックス』刊行を記念して甲斐さんがパーティーを開いてくれた場所。ほんやら洞は私のそんなかけがえのない思い出のうちに永遠の観念の城となった。

谷川渥（美学者）

■甲斐爆発

おととい久しぶりに八文字屋を訪れた。ソウルに住んでいる私はフェイスブックとメールを通じて火事のことを知った。甲斐さんどうしてるかなーと、あんまり心配はしていないけど、気になったので行ってみた。そうしたら突然ほんやら洞について原稿を書けと言われ、こうして（しぶしぶ）書いている。

二十代のほとんどを八文字屋のアルバイトとして過ごした私にとって、甲斐さんは飽くまでも「八文字屋の甲斐さん」だ。私が八文字屋から足を洗った後に、甲斐さんがほんやら洞に復帰し、二足の重たーいわらじを履いて苦労をしているのは知っていたけど、ほんやら洞に対する思い入れは正直そんなになかった（すみません）。

ほんやら洞は甲斐さんの青春だから、彼にとっては何にも代えがたい大切な空間なのだろうが、私は八文字屋にもっと集中してほしかった。しかし欲張りな甲斐さんは、ほんやら洞も八文字屋も写真もぜーんぶやろうとし、そしてどれも本人が思うほどうまくいっていなかったと思う。

久しぶりに会った甲斐さんはちょっと落ち込んでいる感じがしたけど、勤めて飄々とふるまっているように見えた。私は性格が悪いので、「甲斐さん大丈夫？元気出してね」などと優しい言葉をかけられない。甲斐さんも性格があまりよくないので、慰めてあげたくないのだ。危機はチャンス、重荷がひとつすっきりなくなったから、写真家としてこれからもう一発、二発、いや春節の爆竹のようにはじけまくってほしい。

甲斐さん、最近はなんだか欧羅巴づいておられるようですが、これからはアジアにも目を向けて、いい写真をどんどん撮ってください。韓国にもぜひ来てください。ソウルで写真展、やりましょう。

稲葉真以（韓国美術研究）

■ネガ焼失。また撮ろうぜ！

甲斐さんのネガとノートが焼けてしまった。残念ではある。しかしある意味ではよかったのかもしれない。美術館人として最近思うことがある。コンセプトがなければ創造は成り立たないし、アーカイブがなければ研究は進まない。しかしコンセプトやアーカイブがあれば、創作や研究ができるのかと言えば嘘になる。六十を過ぎた男が覚醒する時に甲斐さんの作品に勇気をもらう。自分の子供の様な若い学生たちと朝近くまで飲んで、芸術論に無気になっている自分に気づく時である。甲斐さんの店にいるからではないが、甲斐さんの写真が頭をよぎる。当の亭主はいつものどんぐり眼でファインダー―の向こうでシャッターチャンスを狙っている。おいおい亭主は飲んでないのかい？　否、亭主はファインダーの向こう側で覗きながらも、口角泡を飛ばし泥酔する私たちの中に甲斐さんはいる。甲斐さんの写真はさりげない「当事者」の写真なのだ。だから見る者を有頂天にさせる。作品との「共犯者」意識を、甲斐さんの「親密回路」は誘う。それはふてぶてしい「名づけ」の自意識と恍惚とした「共犯」意識である。

甲斐さんの『猫の町』も『美少女たち』も私をやさしくしてくれる。「当事者」であることのほろ苦い喜びにあふれている。『ツー・ショット』も悪くないが、しかし私は『京都の子供たち』が好きだ。何故なら『京都の子供たち』は、ただ単にファインダー越しに見られていない。彼ら・彼女らは侵入者であるファインダーを明らかに睨み返してくる。『京都の子供たち』が目撃しているのは、彼らが時間の中で滑り込んでしまった「荒唐無稽」や「幻想や空想」の世界だ。

これらがすべからく日常にしか見えなくなった私たちは、甲斐さんのファインダーを通す事で、かつての少年・少女の退屈でしかなかった日々を思い出す。退屈という極上のスリリングさが約束された日々だ。甲斐さん！皆で一緒に、自分たちのしっぽを探しに行かないか。遅まきながら俺も参加するよ、いいだろう。

尾崎眞人（京都市美術館学芸課長）

■親愛なる甲斐さん
まだ信じられない、私だけじゃないと思うけど
ほんやら洞が
焼けてしまったなんて
いとも簡単に、夜明けに
焼けたカフェ
死者なし
でも確かにネガを失った
プリントを失った
貴方の写真生活の大部分を失った
思い出す
それはほんやら洞だった
ジェリーフィッシュの最初の8ミリ上映は
とても名誉なこと
ほんやら洞は昼
八文字屋は夜
もう夜しか残っていない、のですね
子供達を思う
彼らのおかげで
いつも夏

Cher Kai-san,
Je n’arrive pas à croire, et ne suis pas la seule,
que Honyarado
ait brûlé,
comme ça, au petit matin,
café brûlé
pas mort d’homme
mais bel et bien mort de négatifs
mort de tirages
mort de toute une partie de ta vie photographique
Je me souviens
que c’est à Honyarado
qu’avait eu lieu la première de Jellyfish, projeté en
8mm
– la gloire, pas moins
Honyarado, c’était le jour
Hachimonjiya, la nuit
il nous reste la nuit, pas vrai
Je pense à tous les kids
grâce à qui

美女たち
凄い美女たち
カシャ！
彼女たち
彼ら
永遠に生きている
貴方の本の中で
たとえ
人生は甘くなくても
毎日
それどころかはるかに厳しい
そして猫も
リョウタロウが言う
みんな甲斐さんの面倒をみるよと
そこで私はちょっと考える、私はここで何をして
いるのだろう
貴方たちと一緒に京都にいないで

ナディア・ポルキャール（作家、映画監督）
（翻訳／島井佐枝、シルヴァン・カルドネル）

c'est toujours l'été
à toutes les belles
les très-belles
clic !
à toutes celles
tous ceux
qui vivent pour toujours
dans tes livres de photo
même si
la vie n'est pas douce
tous les jours
loin de là
et puis aux chats
Ryotaro me dit
que tout le monde va bien s'occuper de toi.
Du coup, je me demande un peu ce que je fiche ici,
au lieu d'être à Kyoto avec vous.

Nadia Porcar

あとがき

本書は、私の最初の書き物になった。

ほんやら洞で働きながら、草創期の楽しかりし日々を描くのが念願であり、それがカムバック時の最大の動機であった。ほんやら洞が焼失した今となっては、それも夢と潰えさった。

私が離脱しているあいだに、ほんやら洞を消費し、金儲けの場にしながら、誰も店の歴史を記す人物が出てこないことへの義憤に似た思いを抱き続けていた。外からではなく、内から書くべきだと思っており、そのチャンスがやっと到来した、と喜び勇んでいたが、結果は十五年経っても、何も出来ていない。

溜め込んだ資料も活用出来ず火事で燃えた。一九七三年暮れから、ほんやら洞を軸に書き綴った百十数冊の日記も同様にツユと消えた。

十年以上私は何をしていたのかと反省しないでもない。早い話、忙し過ぎたのだ。強欲過ぎたかも。書下ろしも時間が出来たので、近々、陽の目を見るだろうが、それより先に、昨年一年の生活を綴った本書が出ることになった。私にとって、本書も次の書下ろし「青春のほんやら洞」も同様に愛着がある。実は書くことは、写真撮影と同様に日々の喜びであり、生活の駆動力の両輪だった。

従来より、私の日乗のファンの多さについては自負があり、営業上の有用性も先刻、承知していた。書き続けるのが自分のボケ防止にも自省の材料にもなっていた。

本書「ほんやら洞日乗」(元々、十五年前から『ほんやら洞・八文字屋往還カイ日乗』と題したブログ)を早々と刊行できた機縁は、昨秋、鹿児島在住の作家、清水哲男さんとの二人展にあった。私の写真展を未知の地でするにあたって、写真理解の補助線として、写真と表裏一体の「日乗」の半年分を、パンフレットにすることを思いついた。これを読めば、「私の今」、写真の背景が理解出来ると思った。いつもはやや品がないことを書き連ねていたのだが、鹿児島展の企画以来、あまり、他人の悪口を書かず、こつこつと半年メモったのが、実った。この転用の正否は読者の判断にお任せしたい。

結局、このパンフレット発行は不発に終わったが、今回、このような形でそのアイデアは活き、出版の運びとなったのは、清水哲男さんのこの企画のお陰だ。

実は風媒社の劉永昇編集長を紹介してくれたのも清水さんだった。お陰でトントン拍子で本書が出来上がった。

この奇跡的な出会いを後押ししたのは、火災だったかも知れない。これを機会に、遅ればせながら、今後はもっと攻勢的に、第二の人生を生きるつもりだ。

メッセージを寄せてくれた方々、本書に実名で登場するのを認めて下さった皆さん、ハードワークをこなしてくれた浜田佐智子さん、清水さん、劉さん、ほんとうにありがとうございました。

甲斐扶佐義

二〇一五年二月二十二日

［著者略歴］

甲斐扶佐義（かい ふさよし）

1949年大分市生。1968年同志社大学政治学科入学、即除籍。1972年ほんやら洞開店に貢献。11歳で写真開始。1977年写真集「京都出町」出版。1978年米国エバーグリーン大学で写真展。以降数年間で約 20回鴨川べりで写っている人にタダで上げる大規模な写真展開催。1985年 BAR八文字屋開店。京都市経済局で商業診断の仕事にも従事。90年代から約十年京都新聞紙上でフォト &エッセイを連載。2001年より連続的に欧米各地で招待個展開催。写真集は 40冊以上出版。本年、ほんやら洞全焼でモノクロネガ約 200万コマ消失。京都美術文化賞受賞、パリ・ボザール展ジャン・ラリヴィエール賞受賞。

ほんやら洞

1972年に、京都の学生街に岡林信康、中尾ハジメらが開店した対抗文化の拠点。ベトナムや韓国の政治犯釈放や、反原発、わいせつ裁判を支援する運動等の担い手に愛された国際的に有名な喫茶店。
朗読会、ライブ、映画・講演・展示会等に自在に活用された。片桐ユズル、秋山基夫、有馬敲、ケネス・レクスロス等の詩人や在野の学者、運動家の活躍の場でもあった。寄る辺のない若者たちが活路を見出す場でもあり、有為な人材を輩出。

ほんやら洞日乗

2015年4月1日　第1刷発行　　（定価はカバーに表示してあります）

著　者　　甲斐　扶佐義

発行者　　山口　　章

発行所　　名古屋市中区上前津 2-9-14　久野ビル
振替 00880-5-5616 電話 052-331-0008
http://www.fubaisha.com/
風媒社

乱丁・落丁本はお取り替えいたします。　　＊印刷・製本／モリモト印刷

ISBN978-4-8331-3167-4

ほんやら
洞